Los fundamentos histórico-espirituales del parlamentarismo en su situación actual y la polémica con Thoma sobre el significado de la democracia

Colección
Clásicos del Pensamiento

fundada por Antonio Truyol y Serra

Director:
Eloy García

Carl Schmitt

Los fundamentos histórico-espirituales del parlamentarismo en su situación actual y la polémica con Thoma sobre el significado de la democracia

Estudio preliminar
MANUEL ARAGÓN

Traducción
PEDRO MADRIGAL DEVESA
PATRICIO MONTERO-MARTÍN

Estudio de contextualización
ELLEN KENNEDY

Título original:
*Die geistesgeschichtliche
Lage des heutigen Parlamentarismus* (1923)

Diseño de cubierta:
JV, Diseño gráfico, S.L.

1.ª edición: 2008
Reimpresión: 2016
2.ª edición: 2018

Reservados todos los derechos. El contenido de esta obra está protegido por la Ley, que establece penas de prisión y/o multas, además de las correspondientes indemnizaciones por daños y perjuicios para quienes reprodujeren, plagiaren, distribuyeren o comunicaren públicamente, en todo o en parte, una obra literaria, artística o científica, o su transformación, interpretación o ejecución artística fijada en cualquier tipo de soporte o comunicada a través de cualquier medio, sin la preceptiva autorización.

© Del Estudio preliminar y notas, MANUEL ARAGÓN, 2008-2018
© Del Estudio de contextualización y notas, ELLEN KENNEDY, 2008
© De la traducción PEDRO MADRIGAL DEVESA, 2008
© De la traducción de La polémica Schmitt/Thoma sobre el significado
de la democracia, PATRICIO MONTERO-MARTÍN, 2018
© EDITORIAL TECNOS (GRUPO ANAYA, S.A.), 2018
Juan Ignacio Luca de Tena, 15 - 28027 Madrid
Maquetación: Grupo Anaya
ISBN: 978-84-309-7396-5
Depósito Legal: M-35.338-2018

Printed in Spain. Impreso en España

ÍNDICE

ESTUDIO PRELIMINAR, por *Manuel Aragón* .... Pág. IX
ADENDA AL ESTUDIO PRELIMINAR XLIII
NOTA A LA NUEVA EDICIÓN LIII
LA POLÉMICA SCHMITT/THOMA SOBRE EL SIGNIFI-
CADO DE LA DEMOCRACIA 1

I. CRONOLOGÍA 1
II. TEXTOS DE HUGO PREUSS: *¿ESTADO DEMOCRÁTICO (VOLKS-STAAT) O ESTADO AUTORITARIO INVERTIDO (VERKEHRTER OBRIGKEITSSTAAT)?* (1918) 9
III. TEXTOS DE RICHARD THOMA EN EL MOMENTO CONSTI-TUYENTE 16
   1. *Artículos de prensa entre 1918-1920* 16
   2. *Richard Thoma:* El concepto de democracia moderna, en su relación con el concepto de Estado. Prolegómenos para un análisis del Estado democrático actual *(1923)* 39
IV. CARL SCHMITT: *El concepto de la moderna democracia en su relación con el concepto de Estado* (1924) 91
V. RICHARD THOMA: *Sobre la ideología del parlamentarismo* (1925) 103
VI. RICHARD THOMA: *El* Reich *como democracia* (1929) ... 113

LOS FUNDAMENTOS HISTÓRICO-ESPIRITUALES DEL PARLAMENTARISMO EN SU SITUACIÓN ACTUAL (1926)

PREFACIO A LA SEGUNDA EDICIÓN (1926): *Acerca del antagonismo entre parlamentarismo y democracia* 151
INTRODUCCIÓN A LA PRIMERA EDICIÓN (1923) 187

I. DEMOCRACIA Y PARLAMENTARISMO 195
II. LOS PRINCIPIOS DEL PARLAMENTARISMO 217
  1. *La discusión pública* (Öffentliche Diskussion) 219
    1.1. Publicidad (*Öffentlichkeit*) 225
    1.2. Separación (equilibrio) de poderes [*Teilung (Balancierung) der Gewalten*] 231
  2. *El concepto de ley del parlamentarismo* (Der Gesetzbegriff des Parlamentarismus) 236
  3. *Limitación del Parlamento a la legislación* (Beschränkung des Parlaments auf Gesetzgebung) 243
  4. *Significado general de la fe en la discusión* (Allgemeine Bedeutung des Glaubens an die Diskussion) ... 251
III. LA DICTADURA EN EL PENSAMIENTO MARXISTA 255
  1. *El carácter científico del marxismo es metafísica* 258
  2. *Dictadura y evolución dialéctica* 262
  3. *Dictadura y dialéctica en el socialismo marxista* 267
  4. *La tautología del marxismo* 274
IV. TEORÍAS IRRACIONALISTAS SOBRE EL USO DIRECTO DE LA VIOLENCIA 279
  1. *La teoría del mito de Georges Sorel* 282
  2. *La imagen mitológica del burgués* 296
  3. *Mitos de la lucha de clases y mitos nacionales en el antagonismo entre bolchevismo y fascismo* 297

ESTUDIO DE CONTEXTUALIZACIÓN: Die geistesgeschichtliche Lage des heutigen Parlamentarismus *de Carl Schmitt en su circunstancia histórica*, por *Ellen Kennedy* 303

ESTUDIO PRELIMINAR

Por *Manuel Aragón*

I. LEER, HOY, A CARL SCHMITT

Escribir a estas alturas unas páginas introductorias para la edición española del estudio de Carl Schmitt sobre el parlamentarismo[1] supone, cuando menos, admitir

---

[1] El presente *Estudio preliminar* es, con la única variación que señalaré, el mismo que se incluía en la anterior edición española de esta obra de Carl Schmitt, publicada por Tecnos en 1990 bajo el título de *Sobre el parlamentarismo*. Acerca de ese título, del contenido de aquel libro y de la exoneración, por mi parte, de cualquier responsabilidad sobre la edición y traducción realizadas versaba precisamente la primera nota a pie de página de mi Estudio preliminar, nota cuyo texto, y es la variación que acabo de anunciar, sustituyo ahora por éste. Y lo hago con gran satisfacción, porque la nueva publicación ha mejorado notablemente aquella anterior, tanto en lo que se refiere a la edición como, manifiestamente, a la traducción. Me complace destacar estas mejoras precisamente porque no he te-

la oportunidad de esa edición. Adelanto que la oportunidad me parece mayor en lo que esta obra tiene de testi-

---

nido parte alguna en ellas, que se deben en exclusiva al buen criterio de Eloy García y al buen oficio del nuevo traductor Pedro Madrigal. El primer acierto de esta nueva edición es el de haber cambiado el título del libro, que ahora tiene el mismo del trabajo que se publica, como creo que debe ser, máxime cuando, también con acierto, se ha eliminado un corto escrito del autor sobre la disolución del Reichstag, que se incluyó, como complemento, en la edición de 1990 y cuyo valor a ese efecto era, a mi juicio, muy escaso. Es cierto que no siempre, al publicar esta obra, se había respetado el título exacto del trabajo de Schmitt: así Ellen Kennedy, en su traducción al inglés (Cambridge, Massachusetts, 1988), ha preferido emplear como título *The crisis of parliamentary democracy,* dando cuenta de ello en una modélica nota sobre el texto y la traducción (pp. IX-XI), o Jean-Louis Schlegel, en su traducción al francés (París, 1988), ha optado por una versión aún más sintética (y menos descriptiva): *Parlementarisme et démocratie,* sin ofrecer explicación alguna. Prefiero, sin embargo, que se respete el título que el autor quiso darle, no sólo por guardarle una fidelidad de tipo formal, sino también sustancial, ya que el título suele ser muy indicativo (y aquí, desde luego, lo es) del sentido que impregna el trabajo. Dicho esto, sólo me queda una duda referida a la traducción del título del trabajo de Schmitt. En la presente edición se ha optado por traducir *Die geistesgeschichtliche Lage des heutigen parlamentarismus* como *Los fundamentos histórico-espirituales del parlamentarismo en su situación actual.* Entre nosotros ha solido traducirse como *La situación histórico-espiritual del parlamentarismo contemporáneo* (así J. A. Estévez Araujo, en su libro *La crisis del Estado de Derecho liberal. Schmitt en Weimar,* Barcelona, 1989, p. 208), o como *La situación histórico-espiritual del actual parlamentarismo* (así P. de Vega, en el Prólogo a la reedición española del libro de Schmitt *La defensa de la Constitución,* Madrid, 1983, p. 12), o, en fin, como *La situación histórico-intelectual del parlamentarismo de hoy* (así figuraba en la anterior edición de Tecnos, de 1990, que antecedió a ésta de ahora). Creo que la traducción más literal es «La situación histórico-espiritual del parlamentarismo actual» (o «de hoy», o «de nuestros días»), es decir, cualquiera de las acabadas de señalar (con la excepción de la última, porque me parece que «intelectual» no equivale, y menos

monio del pasado (la época que transcurre entre las dos guerras mundiales) que en lo que pueda tener de valor para el presente. Sirve mejor para comprender «aquella» crisis del parlamentarismo que para entender los problemas del parlamentarismo de hoy. Sin embargo, y aunque prevalezca, a mi juicio, el valor histórico del texto sobre su posible significado actual, ello no quiere decir que carezca por completo de este último. El ensayo de Schmitt conserva aún buena parte de su capacidad revulsiva precisamente porque algunos de los problemas de que trata siguen vigentes. De todos modos, ni siquiera habría que dar estas explicaciones. Basta con decir que es una obra del más controvertido de los grandes autores de la teoría del Estado de este siglo. Con ello sobraría para dar por buena la oportunidad de la edición, que viene así a añadir un nuevo e importante título al caudal, ya crecido, de los textos de Carl Schmitt traducidos al español[2].

---

aquí, exactamente a «espiritual»). Ahora bien, en la buena traducción la regla no consiste en atenerse necesariamente a la letra, sino, sin desviarse por entero de ella, en captar su mejor significado, y en tal sentido el término utilizado ahora, «fundamentos», desplazando al de «situación», de manera que los «fundamentos» se predican de «histórico-espirituales» y la «situación» de «parlamentarismo actual», quizás pueda reflejar mejor lo que Schmitt con su trabajo pretendía, y de ese modo constituir otro acierto de esta nueva edición. Por último, también es un acierto pleno la inclusión, ahora, del excelente escrito introductorio y las inteligentes e ilustrativas notas de Ellen Kennedy a la edición norteamericana de esta obra de Schmitt, en cuanto que constituyen aportaciones de gran valor (que no lo pierden, claro está, porque algunas sean discutibles) para el mejor conocimiento de esa obra, de su proyección en su momento y en el nuestro y, por ello, para animar el debate intelectual que, sin duda, todavía sigue suscitando.

[2] *Der Hüter der Verfassung,* de 1931, se tradujo, en ese mismo año, con el título *La defensa de la Constitución; Verfassunslehre,* de

Con este libro el lector tiene en sus manos una ocasión de sustraerse a la frivolidad. Schmitt nunca fue un «intelectual piadoso», y por ello mismo con igual falta de «piedad» hay que acercarse a sus escritos, sin ninguna ingenuidad, pero sin caer tampoco en el prejuicio, poniendo, en fin, especial cuidado en no incurrir en las confusiones que propician los textos de quien fue, sobre todo, un implacable sofista.

Pasquale Pasquino, en el Prefacio a la edición francesa de esta obra[3], después de recordar que Rudolf Smend, en 1928 (en su *Verfassung und Verfassungsrecht*), había definido el debate suscitado por el texto de Schmitt sobre el parlamentarismo como una de las «discusiones más importantes y más instructivas de los últimos años concerniente a la teoría del Estado», añade que «sesenta años después, las tesis defendidas por el más controvertido de los teóricos de la política de nuestro siglo no han perdido su fuerza analítica y continúan representando un desafío para el pensamiento liberal y democrático».

Este párrafo resulta muy ilustrativo de lo que constituye, a mi entender, una defectuosa comprensión de la

---

1928, se tradujo (*Teoría de la Constitución*) en 1934; *Der Begriff des Politischen*, de 1928, se tradujo (*El concepto de la política*) en 1941; *Die Diktatur*, de 1921, se tradujo (*La dictadura*) en 1968; *Legalität und Legitimität*, de 1932, se tradujo (*Legalidad y legitimidad*) en 1971. Ésta es sólo una muestra, ya que, aparte de las obras citadas (quizás las más importantes de las vertidas al español), se ha traducido en nuestro país una treintena más de monografías y artículos de revista. Véanse los datos en G. Gómez Orfanell, *Excepción y normalidad en el pensamiento de Carl Schmitt*, Madrid, 1986, pp. 15-18. En ese libro puede encontrarse también (pp. 12-28) un buen examen de «la recepción del pensamiento de Schmitt en España» (pp. 12-28).

[3] *Parlementarisme et démocratie*, cit., p. 7.

obra de Schmitt. Es cierto, como decía Smend, que en los años veinte la carga polémica de aquella obra fue formidable. No lo es tanto, en cambio, que en nuestros días pueda desempeñar el mismo papel. La importancia que entonces alcanzó hay que explicarla, más que por la contundencia argumental) del autor, por las tensiones político-intelectuales de aquella época y, más específicamente aún, por la situación de crisis permanente en que vivió la República de Weimar. Ni el mundo espiritual de entonces puede compararse con el de ahora, ni los problemas que afligían a la democracia en aquellos años son exactamente iguales a los que la amenazan en el presente. Y, desde luego, esa amenaza o esos peligros eran por aquel tiempo mucho más intensos de lo que hoy pueden ser. Algunos de los problemas señalados por Schmitt persisten, no cabe negarlo, pero muchos otros sólo eran hijos de aquellas conflictivas circunstancias.

Pero no se trata únicamente de que haya cambiado el escenario: es que no todas las ideas de Schmitt sobre el parlamentarismo y la democracia poseen la suficiente «fuerza analítica» para seguir representado hoy un «desafío» al «pensamiento liberal y democrático». Algunas de esas ideas lo que sí tienen es una gran fuerza retórica, capaz de dar apariencia analítica a unos juicios sustentados, realmente en proposiciones dogmáticas, cuando no en sofismas. El pensamiento de Carl Schmitt no era, prevalentemente, analítico; era, sobre todo, teológico.

Pasemos a otra cita. José A. Estévez Araujo, en su excelente libro sobre Schmitt[4], se propone «llamar la

---

[4] *La crisis del Estado de Derecho liberal. Schmitt en Weimar,* cit. Se trata, sin duda, de uno de los mejores trabajos sobre Carl Schmitt realizados en España.

atención acerca de lo que podrían denominarse "trampas ideológicas" que se ocultan tras los planteamientos schmittianos. Con ello se intenta evitar que se lleve a cabo una utilización ingenua de las categorías de Schmitt, como si éstas fueran absolutamente inocentes»[5]. «Hay —dirá— que aproximarse a Schmitt, pues, con precaución. Sólo se acercan sin reservas a este autor quienes propugnan una salida autoritaria a la actual crisis o quienes inocentemente confían en la "fecundidad" de Schmitt sin darse cuenta de la carga ideológica que su pensamiento contiene»[6].

Ahora bien, estos mismos párrafos parecen caer (o al menos propiciar la caída) en otra «trampa ideológica» de la que conviene salir. Que no hay que ser ingenuos con Schmitt, por supuesto. Que Schmitt, con su crítica a la democracia parlamentaria, no perseguía su mejoramiento sino su destrucción, de acuerdo, y es algo que conviene resaltar. Que esa «intención» invalide, por sí sola, la crítica schmittiana, es cosa bien distinta. La falta de rigor de unas ideas no deriva de sus «malas intenciones», sino de su mal planteamiento. Denunciar que «el rey está desnudo», si verdaderamente lo está, no deja de ser un juicio riguroso, aunque la denuncia se haga no para vestirlo, sino para destronarlo.

Ni toda la crítica schmittiana a la democracia parlamentaria es «rigurosa», ni toda ella es enteramente «falaz». Distinguir lo que hay de rigor y de falacia en Schmitt (y lo que de efímero y permanente hay en aquella crítica) me parece que es el único modo serio de acometer el estudio de su pensamiento.

---

[5] Ibíd., p. 9.
[6] Ibíd., p. 261.

II. PARLAMENTARISMO Y ANTIPARLAMENTARISMO EN EL PERÍODO DE ENTREGUERRAS. LA ALEMANIA DE WEIMAR

La república alemana surgida con el desenlace de la Guerra Europea y regulada por la Constitución de Weimar fue, sin lugar a dudas, el escenario en que de manera más completa se expresó, a lo largo de los años veinte y treinta, la polémica parlamentarismo-antiparlamentarismo, discusión que se producía también en otros países europeos, pero en ninguno con tanta intensidad teórica como allí.

No eran la crisis económica o la sensación de humillación por las imposiciones del Tratado de Versalles las únicas causas que originarían en la Alemania de Weimar una situación política inestable y una pugna de partidos y de ideas en la que se enfrentarían, radicalmente, el autoritarismo y la democracia. Ocurre que allí se daban, además, otras condiciones que convertirían a la joven república en un lugar propicio para que se desarrollara, con virulencia, la llamada crisis del liberalismo o, más exactamente, del Estado liberal de Derecho. Esa crisis alcanzará en Alemania una especial intensidad porque a las circunstancias muy singulares antes aludidas (y a las circunstancias más generales que afectaban a todos los países europeos, y que, por conocidas, no hace falta señalar aquí) se añadirían otras condiciones, también específicamente alemanas: una firme tradición política de Estado escasamente democrático (asentado en el principio monárquico, en el primado de la burocracia y en el papel relevante del ejército) y una tradición intelectual donde el peso del liberalismo era muy liviano en comparación con la fuerza, notable, de las corrientes antiliberales (idealismo, conservadurismo, irracionalismo, anarquismo y marxismo). No es de extrañar el cúmulo de dificultades que allí encontraría, de inmediato, el nuevo Estado democrático-liberal establecido por la Constitución de 1919. En pocos lugares, pues, como en Alemania, la crisis de ese Estado se iba a producir con tanta intensidad y en pocos lugares también, como allí, iba a ser objeto de tan intenso debate intelectual.

La democracia parlamentaria sería atacada, desde la izquierda, por el anarquismo y el marxismo; desde la derecha, por el conservadurismo reaccionario. No hace falta extenderse aquí sobre la crítica anarquista, ni tampoco sobre la marxista, pese a que ésta desempeñó un importante papel en aquel período[7]. A los efectos que ahora importan, la crítica que cabe tener en cuenta es la que entonces se hizo al parlamentarismo desde la derecha (o, más exactamente desde el pensamiento reaccionario), ya que, si hubiera que definir a esa crítica por medio de un autor, el nombre no podría ser otro que el de Carl Schmitt. Y ése fue, por lo demás, y como bien se sabe, el ataque que allí, a la postre (en las manos del

---

[7] Un buen ejemplo de la polémica dentro del socialismo austríaco (y, por extensión, alemán) entre los partidarios de la democracia parlamentaria y los partidarios de la revolución y la dictadura del proletariado puede encontrarse en el debate entre Otto Bauer y Max Adler, bien estudiado por A. Gurland en *Marxismus und Diktatur,* Leipzig, 1930. Un aceptable resumen, aunque algo sesgado ideológicamente, es el que hace, de esa polémica, Roberto Racinaro en su estudio «Hans Kelsen y el debate sobre democracia y parlamentarismo en los años veinte y treinta», que está publicado como introducción a la edición española, México, 1982, de la obra de Kelsen *Socialismo y Estado*.

nacionalsocialismo), resultó mortal, al menos hasta 1945.

III. LA CRÍTICA SCHMITTIANA A LA DEMOCRACIA PARLAMENTARIA[8]

1. CRÍTICA AL PARLAMENTARISMO COMO FORMA DE GOBIERNO

La crítica de Carl Schmitt al parlamentarismo puede descomponerse en dos estratos: la crítica al parlamentarismo como forma de gobierno y la crítica al parlamentarismo como forma de Estado. Por lo que se refiere al primer supuesto, se achacará al parlamentarismo la inestabilidad de los gobiernos y el excesivo dominio de éstos por el parlamento; se dirá, así, que el parlamentarismo conduce o al gobierno ejercido por el propio parlamento o a la imposibilidad misma de gobernar, resultados ambos, se concluirá, que no sólo son contradictorios con la división de poderes (que el parlamentarismo, como régimen liberal, por principio habría de respetar), sino que también son inconciliables con las necesidades del Estado «administrativo» («eficaz») de nuestro tiempo.

---

[8] Esta crítica no se contiene sólo en su estudio sobre el parlamentarismo (que es objeto de la presente edición), aunque ahí se revelen ya los argumentos principales; se manifestará también, con más o menos intensidad, en la mayor parte de las demás obras de Schmitt, y muy especialmente en la *Teoría de la Constitución* y en *Legalidad y legitimidad*. En ese sentido, la exposición que sigue de la doctrina schmittiana utiliza como fuente el conjunto de su obra. Así se obtiene una imagen más completa de las ideas de Schmitt sobre el parlamentarismo de la que resultaría si sólo se tuviese en cuenta su aludido estudio de 1923-1926.

Este nivel de crítica será muy efectivo en aquellos años, aunque adolece de una patente debilidad teórica en cuanto que identifica el parlamentarismo con la situación específica de éste (en la III República francesa o en la República alemana de Weimar) en un concreto período histórico, olvidando otras épocas y otros ejemplos, y atribuyendo así a ese régimen unas características que no son exactamente consecuencias del mismo, sino de su corrupción en algún momento o lugar determinados. Esto es, a través de la operación intelectual, tan schmittiana, de la conversión de lo excepcional en normal, se definen como defectos teóricos del modelo (el parlamentarismo) los que sólo derivan de un ejemplo práctico de su mal funcionamiento. No es de extrañar que, en una crítica así, desaparezca cualquier planteamiento reformista destinado a corregir los defectos de la práctica sin abjurar por entero del modelo (por ejemplo, las propuestas de modificaciones electorales e institucionales tendentes a un nuevo «parlamentarismo racionalizado», que tuvieron su expositor más conocido en Mirkine-Guetzevitch).

El régimen parlamentario ha muerto, vendría a sostener Schmitt, porque genera gobiernos inestables; pero, en el caso hipotético de que tal inestabilidad no se produzca, también el régimen habría muerto porque existiría entonces un régimen de asamblea, es decir, un gobierno del parlamento y no del ejecutivo; no obstante, si por la disciplina de partido esa estabilidad significase, en verdad, el predominio, contrario, del gobierno sobre el parlamento, también habría muerto el régimen porque no sería ya «parlamentario», sino «gubernativo». Como se ve, Schmitt no parece dejar salida alguna al parlamentarismo.

Ahora bien, los sofismas, por muy inteligentemente que se construyan, tienen siempre unos límites. Schmitt es consciente (aunque no lo confiese) de las debilidades de su crítica en este plano (es decir, de su crítica reducida a descalificar el parlamentarismo como forma de gobierno). El parlamentarismo no siempre ha generado inestabilidad gubernamental; la estabilidad del ejecutivo no implica, por principio, un régimen de asamblea; el predominio del gobierno no tiene por qué conducir, inexorablemente, a una inoperancia del parlamento. Y, en todo caso, la tesis de la ineficacia o incluso la invalidez de la forma parlamentaria de gobierno parece que debiera desembocar, coherentemente, en la propuesta de su sustitución por el régimen presidencial, es decir, por una forma de gobierno (también democrática) en la que ya no pueden darse los «defectos» que él denuncia. No es ésa, sin embargo, la solución que Schmitt propugna. Su apuesta por el presidencialismo en la Alemania de Weimar no tendría nada que ver con lo que significa el régimen presidencial democrático. El «presidencialismo» de Schmitt lo que suponía, sencillamente, era una «dictadura presidencial», que es cosa bien distinta.

La crítica al parlamentarismo no conduce a nuestro autor a postular la adopción del presidencialismo democrático porque ello supondría admitir que en ese tipo de régimen el parlamento (al que ya no puede achacársele que domine al gobierno ni que sea dominado por éste) sigue desempeñando una función esencial (en la teoría y en la práctica, como se prueba en el ejemplo más característico, que es el norteamericano). Si lo que verdaderamente se pretendía (y ésa es la clave de la tesis schmittiana) es criticar al parlamento como institución, entonces la simple crítica al parlamentarismo como forma de gobierno, poco consistente incluso en ese plano interno, servía, en realidad, de muy poco. Había que acudir, pues, a otra crítica, externa al propio parlamentarismo como régimen. Era preciso disparar por elevación. Ir, en fin, a la raíz del asunto: efectuar la crítica no ya al parlamentarismo como forma de gobierno, sino al parlamentarismo como forma de Estado, es decir, a la democracia parlamentaria como sistema. Y eso es, precisamente, lo que hará Schmitt en el Prefacio a la segunda edición de su ensayo sobre el parlamentarismo para contestar a la crítica, razonable, de Thoma, y lo que desarrollará, de ahí en adelante, en el resto de sus escritos.

Esta crítica, ya en el plano de la forma de Estado, será, en realidad, la importante o genuina crítica de Schmitt al parlamentarismo, la que se enfrenta con el problema sustancial: el de la democracia representativa. Y en ese plano no caben distinciones radicales o antagónicas (es decir, «schmittianas») entre parlamentarismo y presidencialismo como regímenes distintos (al fin y al cabo sus diferencias no son sustantivas, en cuanto que ambos regímenes son únicamente especies de un mismo género, el de la democracia parlamentaria). La anterior crítica al régimen parlamentario de gobierno queda reducida a su verdadero y secundario papel: un ejercicio más bien de dispersión. La cuestión principal aparece ya enteramente desvelada: la crítica al parlamentarismo como crítica a la misma institución del parlamento, esto es, a la democracia parlamentaria o, más radicalmente aún, a la democracia representativa.

2. Crítica al parlamentarismo como forma de Estado

La crítica a la democracia parlamentaria se articulará, a su vez, en tres planos. El primero estará referido al significado de la propia democracia, sosteniendo Schmitt la disociación entre democracia y libertad (y, por lo mismo, entre representación y elección). La democracia no se basa en la libertad, dirá, sino en la homogeneidad. De ahí que, a su juicio, la democracia representativa sólo sea posible cuando la entidad representada (la nación) es homogénea, es decir, cuando tiene un solo interés (que es lo que ocurre con la reducción de la nación a la burguesía en el siglo XIX), pero no cuando aquella entidad es heterogénea (nación coincidente con pueblo, que es lo que sucede cuando existe el sufragio universal, del que dispone toda una sociedad que, a su vez, está dividida en clases o en grupos con intereses contrapuestos).

Una sociedad así —seguirá argumentando— es incompatible con la democracia liberal (la democracia parlamentaria) puesto que el enfrentamiento de intereses conduciría siempre al dominio político de una clase sobre otra (dominio, dirá, disfrazado de «democracia formal», coincidiendo así Schmitt, sintomáticamente, con el marxismo). El parlamento no serviría entonces para «representar» a todos, sino para que se impusiese, a través suyo, la clase dominante. La democracia, en consecuencia, no es conciliable con el «pluralismo», sino sólo con la homogeneidad; el concepto mismo de «democracia pluralista» sería, para Schmitt, un contrasentido. De ahí que, cuando la propia sociedad es «plural», el único modo de hacer posible la democracia reside en la negación de la «pluralidad», bien destruyéndola (en su estudio sobre el parlamentarismo dirá, literalmente, que «el poder político de una democracia estriba en saber eliminar o alejar lo extraño y desigual, lo que amenaza la homogeneidad») o bien silenciándola, es decir, excluyéndola de la «representación».

En este último sentido, distingue Schmitt entre *Vertretung,* o representación mediante elecciones, que es siempre, a su juicio, una representación política inauténtica, es decir, una representación de intereses (de ahí que por basarse en las elecciones, como dirá en su estudio sobre el parlamentarismo, «el sistema democrático resulta ser, en fin, una mala fachada del dominio de los partidos y de los intereses económicos»), y *Repräsentation,* o representación «espiritual», que se manifiesta no por la elección, sino por la «identificación» del pueblo con sus líderes (mediante la «aclamación» o el «asentimiento»).

Esta *Repräsentation,* única representación auténtica, no se verifica, pues, a través de procedimientos, ya que es algo «existencial». Por ella, el representante no es un delegado de la voluntad de los representados, ya que, por principio, como esa voluntad no existe (lo que hay es una diversidad de voluntades antagónicas), es imposible que pueda delegarse; por el contrario, mediante esa «representación» el representante «encarna» lo que hay de homogéneo en los representados, expresando así (o dando vida a) una voluntad popular que sólo es capaz de manifestarse (o hacerse presente) por obra del representante mismo, de su cualidad para «identificarla». Ésa es la auténtica democracia, se dirá, frente a la falsa democracia representativa.

A partir de ahí, de ese concepto de «representación» (y de ese entendimiento de la democracia), no es de extrañar que Schmitt afirme que la democracia es cosa distinta de las votaciones secretas, que democracia y dictadura no son términos inconciliables, que (y así lo dice exactamente en su estudio sobre el parlamentarismo) «bolchevismo y fascismo son, como cualquier dictadura, antiliberales, pero no necesariamente antidemocráticos».

Como puede observarse, la confluencia entre ideas de extrema izquierda y de extrema derecha es clara: bajo la apelación de Schmitt a una «auténtica democracia» (frente a la inauténtica o «formal» democracia parlamentaria) lo que se esconde es la destrucción de la democracia misma. Cuando a la democracia se le amputa la libertad, no queda convertida en «otro tipo» de democracia, sino, sencillamente, en dictadura.

El otro plano de la crítica a la democracia parlamentaria se expresa a través del rechazo al parlamento-legislador. La ley, se dirá por Schmitt, era norma «general» porque era expresión de una voluntad «general» y porque su emanación era el producto de una discusión «general» (libre intercambio de «razones» individuales). Producto de la discusión de unos parlamentarios que representaban intereses homogéneos, la ley aparecía en el parlamentarismo del siglo XIX como la manifestación de la razón (de la «verdad» que se abría paso a través de un proceso de libre debate). Esta consideración de la ley, dirá Schmitt, es consustancial con la democracia parlamentaria. Pero ocurre, seguirá diciendo, que en el parlamento de nuestro tiempo es imposible la «discusión», la capacidad de mutuo convencimiento, porque allí están representados intereses contrapuestos y, en consecuencia, la ley será sólo la imposición de unos intereses sobre otros o, en el mejor de los casos, la transacción entre intereses, pero nunca el producto racional de la discusión. Más aún, ya no hay discusión pública parlamentaria, pues las decisiones, los compromisos, se adoptan fuera del parlamento, viniendo éste a ser únicamente un instrumento de mera votación o ratificación de algo ya configurado y decidido al margen de la cámara. Hoy ya no existe, pues, el parlamento-legislador y, en consecuencia, tampoco existe la democracia parlamentaria, que se sustentaba precisamente en esa categoría. Lo único que queda es una forma vacía, periclitada, que está en contradicción con los tiempos modernos.

Hay que decir que esta crítica, aguda, no es por entero rigurosa. En ese sentido, parece claro que Schmitt, además de construir un modelo ideal de parlamentarismo que nunca existió (parlamentos que representaban intereses totalmente homogéneos, parlamentarios que sólo se guiaban en la discusión por su libre razón y no por su coartada voluntad, leyes que no necesitaban nunca de acuerdos, de compromisos adoptados fuera de la sede física del parlamento) para denostar el parlamentarismo de una época porque aquel modelo ideal ya no existe, cierra los ojos ante la evidencia de que la atribución de la capacidad de legislar (por delegación del parlamento) al gobierno no tiene por qué ser incompatible con la democracia parlamentaria, de que la «concertación» social y económica no es inconciliable con el parlamentarismo, de que tampoco lo es la negociación entre partidos y no exclusivamente entre parlamentarios, y de que la imposición del contenido de la ley por la mayoría no deja sin sentido la función de publicidad y de control del procedimiento legislativo parlamentario y, en general, de los demás procedimientos de adopción de decisiones en el parlamento democrático.

Sin embargo, no puede ocultarse la parte de veracidad que en la crítica se encierra. El actual parlamento de «partidos» y las nuevas formas de adopción de decisiones estatales por medio de la «concertación» social, política y económica, han transformado muy profundamente la praxis de la democracia parlamentaria. A Schmitt no puede negársele el mérito de desvelar esas transformaciones y alertar sobre los peligros que se encierran en una práctica alejada de la teoría. Lo que sí cabe reprochársele es que absolutice los términos del problema, presentando esas transformaciones y esos riesgos como prueba, indudable, de la destrucción de la democracia parlamentaria. Introduciendo en la crítica schmittiana la relatividad de que carecía en su rotunda formulación, puede ser hoy, muy probablemente, la parte de las reflexiones de Schmitt que ha perdido menos actualidad.

El último plano de la crítica de Schmitt a la democracia parlamentaria se vertebra alrededor de su crítica a la democracia «procedimental». Si es ley —dirá—, lo que quiera el legislador, es decir, lo que quiera la mayoría, entonces la democracia es sólo el dominio total (el absolutismo) de la mayoría parlamentaria, que en cualquier momento podrá decidir qué es lo legal y lo ilegal. La democracia parlamentaria, concluye Schmitt, lo que encubre es la dictadura de la mayoría, que no deja de serlo (dictadura) porque cada cierto número de años haya elecciones. Se ha eliminado la tiranía por injusto título, pero se ha aceptado la tiranía por injusto ejercicio.

Este tipo de razonamiento, en el que hay fisuras, desde luego es, sin embargo, el que parece intelectualmente más sólido, a mi juicio, en toda la construcción schmittiana y, como va a ser también (en sentido contrario) la piedra angular de la defensa que hará Kelsen del parlamentarismo, parece conveniente examinarlo al contraluz de las ideas de éste.

3. Kelsen contra Schmitt

La decidida defensa del parlamentarismo acometida por Kelsen en aquellos mismos años[9] está articulada de manera más lineal que la crítica de Schmitt. Kelsen parte de que el parlamentarismo, en sentido genuino, debe considerarse como forma de Estado (se refiere muy poco, consciente de que no es capital en la polémica que se estaba desarrollando, al parlamentarismo como forma de gobierno), sosteniendo, con razón, que la sustancia del problema no es más que el debate entre autoritarismo y democracia. Puesto que la democracia directa, como modo de ejercicio del poder, no es posible en el Estado moderno (otra cosa es que se entienda por democracia directa su falsificación), no hay más democracia posible en nuestro tiempo —dirá Kelsen— que la democracia parlamentaria. Merece la pena transcribir exactamente lo que dejó escrito sobre ello: «Aunque la democracia y el parlamentarismo no son términos idén-

---

[9] Principalmente en *Von Wesen und Wert der Demokratie,* 1920; *Demokratisierung der Verwaltung,* 1921; *Das Problem des Parlamentarismus,* 1925; *Demokratie,* 1926. La obra de *1920,* revisada y ampliada en *1929,* está traducida (a partir de esta 2.ª edición) al español desde *1934: Esencia y valor de la democracia;* en ella se contienen los argumentos sustanciales de Kelsen en defensa de la democracia parlamentaria. En adelante ésta será la obra que citaremos, en su edición española más actual (Barcelona, 1977). [En el momento de esta segunda edición, 2008, del trabajo de Schmitt, la publicación española más actual de *Esencia y valor de la democracia* es excelente, realizada por J. L. Requejo Pagés, Oviedo, 2006.]

ticos, no cabe dudar en serio —puesto que la democracia directa no es posible en el Estado moderno— de que el parlamentarismo es la única forma real en que puede plasmar la idea de la democracia dentro de la realidad social presente. Por ello, el fallo sobre el parlamentarismo es, a la vez, el fallo sobre la democracia»[10].

Inmediatamente, Kelsen denunciará el error de criticar al parlamentarismo por el expediente de construir un tipo ideal falseado de lo que «debe ser» y contraponerlo a lo que en la realidad «es». No es ésa, dirá, la manera rigurosa de entender el parlamentarismo: «La llamada crisis del parlamentarismo ha sido suscitada, en gran parte, por una crítica que interpreta equivocadamente la esencia de esta forma política y que, por consiguiente, no comprende bien su valor. Pero ¿cuál es la esencia del parlamentarismo?, ¿cuál es la esencia objetiva que no debe confundirse con la interpretación subjetiva que, por motivos conscientes o inconscientes, tratan de dar los partícipes o interesados en esta institución? El parlamentarismo significa: *Formación de la voluntad decisiva del Estado mediante un órgano colegiado elegido por el pueblo en virtud de un derecho de sufragio general e igual, o sea, democrático, obrando a base del principio de mayoría*»[11].

Es decir, lo característico es que la voluntad decisiva del Estado, esto es, la ley, se adopta en el parlamento democrático. No hay más que dos formas de Estado porque no hay más que dos formas de emanación del Derecho: autocracia y democracia; en la primera, el Derecho (más exactamente, su norma primaria, la ley)

---

[10] *Esencia y valor de la democracia,* cit., p. 50.
[11] Ibíd., ídem.

emana de arriba abajo; en la segunda, de abajo arriba, a través del parlamento formado por representantes del pueblo democráticamente elegidos, parlamento que funciona, a su vez, a través del principio democrático de la mayoría. La división de la sociedad en clases, o en estratos o en grupos con intereses contrapuestos, no es obstáculo para que el parlamento (de composición política plural) represente a esa sociedad plural (o, más exactamente, para que esa sociedad plural designe a sus plurales representantes de manera libre y democrática), ni es obstáculo para que la ley sea producto de la deliberación, del acuerdo y del compromiso; no hay ninguna razón teórica ni ninguna exigencia práctica para que, en la democracia, se sustituya la representación política por la de intereses, los parlamentos por las cámaras corporativas; la victoria de la mayoría no produce la aniquilación de la minoría, sino un sistema en el que la minoría tiene también derechos y en el que la igualdad de *chance* presta dinámica y legitimidad al ejercicio del poder[12].

Ahora bien, Kelsen es consciente de que la democracia parlamentaria es combatida por la extrema derecha y por la extrema izquierda por motivos más descarnadamente «políticos» (de pura toma del poder a cualquier precio) que «intelectuales», y así dirá: «Ocurre que la extrema izquierda del partido proletario abandona el ideal democrático creyendo que el proletariado no puede conquistar el poder dentro de esta forma, al menos en plazo previsible, mientras que la extrema derecha de los partidos burgueses hace lo mismo, pensando que la burguesía no podrá defender el poder político,

---

[12] Estos argumentos en todas las obras ya citadas en la nota 9.

siquiera por mucho tiempo, dentro de la democracia. En el oscuro horizonte de nuestro tiempo, asoma el rojo resplandor de un astro nuevo: la dictadura de partido, dictadura socialista del proletariado, o dictadura nacionalista de la burguesía; tales son las dos nuevas formas de la autocracia»[13]. La observación no podía ser más exacta.

En fin, para cerrar la argumentación, Kelsen sostendrá que precisamente no hay contradicción posible entre la pluralidad (con el consiguiente enfrentamiento) de intereses y valores que caracteriza a las sociedades desarrolladas del siglo XX, y el parlamentarismo (esto es, la democracia parlamentaria) como sistema, ya que la democracia no tiene un sentido material, sino sólo y exclusivamente formal: «es una manifiesta corrupción de la terminología aplicar el vocablo "democracia", que tanto ideológica como prácticamente significa un determinado método para la creación del orden social, al contenido de este mismo orden, que es cosa completamente independiente»[14].

La democracia es método y sólo método, dirá, y se corresponde no con el dogmatismo, sino exactamente con el relativismo. Merece la pena reproducir (aunque sea extenso) lo escrito por Kelsen al respecto: «Del espíritu de esta filosofía [se refiere a la filosofía absolutista] proviene el célebre lema, "autoridad, no mayoría". Y, en efecto, si se cree en la existencia de lo absoluto —de lo absolutamente bueno, en primer término—, ¿puede haber nada más absurdo que provocar una votación para que decida la mayoría sobre ese absoluto en

---

[13] *Esencia y valor de la democracia,* cit., p. 130.
[14] Ibíd., p. 127.

que se cree? Frente a la autoridad de este sumo bien no puede haber más que la obediencia ciega y reverente para con aquel que, por poseerlo, lo conoce y lo quiere; si bien es verdad que esta obediencia presupone la creencia igualmente incondicionada de que la persona autoritaria del caudillo se halla en posesión del bien sumo, cuyo conocimiento está vedado a la gran masa de los dirigidos. Pero, si se declara que la verdad y los valores absolutos son inaccesibles al conocimiento humano, ha de considerarse posible al menos no sólo la propia opinión, sino también la ajena y aun contraria. Por eso, la concepción filosófica que presupone la democracia es el relativismo. La democracia concede igual estima a la voluntad política de cada uno, porque todas las opiniones y doctrinas políticas son iguales para ella, por lo cual les concede idéntica posibilidad de manifestarse y de conquistar las inteligencias y voluntades humanas en régimen de libre concurrencia. Tal es la razón del carácter democrático del procedimiento dialéctico de la discusión, con el que funcionan los Parlamentos y Asambleas populares. Por eso mismo, el poder mayoritario de la democracia no es posible sin una minoría oposicionista a la que ineludiblemente ha de proteger. Y, por eso también, la política democrática es transaccional, del mismo modo que el relativismo tiende a procurar la compensación de los puntos de vista contrapuestos, ninguno de los cuales puede aceptarse íntegramente y sin reservas, y con negación completa del otro. La relatividad del valor de cualquier fe política, la imposibilidad de que ningún programa o ideal político pretenda validez absoluta (pese a la desinteresada dedicación subjetiva y la firme convicción personal de quien lo profesa), inducen imperiosamente a renunciar al absolutismo en política: sea el absolutismo de un monarca, de una casta sacerdotal, aristocrática o guerrera, de una clase o de cualquier grupo privilegiado»[15].

Justamente el relativismo, que a Kelsen le parece la virtud, más aun, el presupuesto, de la democracia (democracia «procedimental» y no «sustantiva»), a Schmitt le parece, en cambio, su mayor defecto, el principio contradictorio con la democracia misma. Para Schmitt, como ya se vio, la democracia no puede fundarse en el pluralismo, sino en la homogeneidad: «El método de formación de la voluntad por la simple verificación de la mayoría tiene sentido y es admisible cuando puede presuponerse la homogeneidad sustancial de todo el pueblo»[16]. Cuando esa homogeneidad no existe, es decir, cuando se «acepta» la pluralidad (porque no se la destruye o se la silencia), la democracia es imposible y la regla de la mayoría aparece como un instrumento de la dictadura (aunque sea una dictadura de la mayoría). Y así dirá: «Si se suprime el presupuesto de la homogeneidad nacional indivisible, entonces el funcionalismo sin objeto ni contenido, resultante de la verificación puramente aritmética de la mayoría, excluirá toda neutralidad y toda objetividad; será tan sólo el despotismo de una mayoría cualitativamente mayor o menor sobre la minoría vencida en el escrutinio y, por tanto, subyugada»[17]. Quien tenga la mayoría «ya no cometerá injusticias, pues todo lo que haga se convierte en Derecho y en legalidad»[18].

---

[15] Ibíd., pp. 156-157.
[16] *Legalidad y legitimidad,* Madrid, 1971, p. 42.
[17] Ibíd., p. 43.
[18] Ibíd., p. 46.

Aparte de que Schmitt silencie que la mayoría que, a través de la ley, privase de igualdad de *chance* a la minoría no estaría realizando la democracia, sino destruyéndola, y lo silencia porque para él la libertad no forma parte inescindible de la democracia (al contrario de lo que sostiene Kelsen), aparte de que también silencie el control social que, frente a los abusos de la mayoría, puede efectuar la opinión pública (y lo silencia por los mismos motivos anteriores: el control social sólo puede operar si hay libertad), al margen, pues, de la muy distinta concepción de democracia de que se parte en una y otra postura, lo cierto es que aquí, en lo que atañe exclusivamente a la denuncia de los riesgos que puede comportar un entendimiento puramente «procedimental» de la democracia, se encuentra un sólido argumento de Schmitt que no queda por entero rebatido en la tesis de Kelsen.

Una democracia totalmente procedimental y un Estado (un Derecho, habría que decir) ideológicamente neutral exigen entonces una Constitución, concluirá Schmitt (y en ello coincidirá, sustancialmente, con Kelsen), «que tiene que limitarse fundamentalmente a regulaciones orgánicas y de procedimiento»[19]. En ese modelo constitucional los derechos de los ciudadanos (y de las minorías), quedarían, «jurídicamente», en manos del legislador; el Estado de Derecho sería un Estado constitucional desde el punto de vista procedimental o «formal», pero sería sólo un mero Estado «legal» desde el punto de vista material.

Ése es el problema teórico más agudo al que el parlamentarismo (la democracia parlamentaria) tendría

---

[19] Ibíd., p. 39.

que dar respuesta: el de las limitaciones jurídicas del mismo parlamento desde el punto de vista material o, si se quiere, el de los límites sustantivos (y no sólo procedimentales) del propió legislador. Kelsen no eludió, desde luego, ese problema, al defender la conveniencia (más aún, la necesidad) de los tribunales constitucionales, pero su misma concepción de la justicia constitucional (y de la eficacia jurídica de las normas constitucionales) no significaba una solución completa al problema planteado. La respuesta, que no supondría la negación de la democracia parlamentaria, sino su reafirmación mediante un proceso de adaptación y modificaciones, no se produciría plenamente en Europa hasta después de la Segunda Guerra Mundial.

Mientras tanto, la crisis política del período de entreguerras, el enfrentamiento entre parlamentarismo y antiparlamentarismo, se saldaría en Alemania (como en Italia, España o Portugal) con el triunfo del antiparlamentarismo, esto es, con el aplastamiento de la democracia y el establecimiento de una de aquellas dos nuevas formas de dictadura que denunciaba Kelsen: la dictadura nacionalista (o fascista) de derechas. En la Unión Soviética el antiparlamentarismo ya había triunfado, asentándose la otra nueva forma de dictadura: la dictadura del proletariado.

IV. CARL SCHMITT ENTRE EL PASADO Y EL PRESENTE. LA SITUACIÓN ACTUAL DEL PARLAMENTARISMO

La derrota bélica de Alemania e Italia supuso para aquellos países la vuelta al régimen constitucional, después de una larga dictadura fascista. Se recuperaba así el parlamentarismo, pero con algunas correcciones respecto del viejo sistema, derivadas de las enseñanzas que proporcionaron las pasadas crisis. Por supuesto que en las nuevas Constituciones alemana e italiana se establecía una verdadera democracia parlamentaria que descansaba en la libertad y en el sufragio universal. Ese principio, como es obvio, no podía ponerse en duda. Ya se sabía muy bien adónde conducía la disociación teórica entre libertad y democracia y entre elección y representación.

Las transformaciones no afectaban a los principios nucleares de la democracia representativa como sistema, pero sí a determinados (e importantes) elementos de éste: a los partidos políticos, a los que se confería reconocimento constitucional, admitiéndose sin reparos su papel de actores fundamentales de la vida política y, especialmente, de la actividad parlamentaria; al Gobierno y a la Adminstración, a los que se reforzaba y, sobre todo, encomendaba la realización de tareas de intervención «positiva» para procurar el «bienestar» de los ciudadanos, reducir las desigualdades y, en definitiva, moderar los desequilibrios económicos y sociales; a la organización territorial del Estado, estableciéndose (o restableciéndose, según los casos) una descentralización política que no sólo acerca el poder al ciudadano, sino que supone un límite más para el poder mismo, en cuanto que a su división funcional se añade la territorial; a la ley, como categoría, y por ello a la libertad de acción de las mayorías parlamentarias, consagrándose un tipo de Constitución normativa, directamente aplicable (aunque sus distintas normas tengan diversa eficacia), que contiene cláusulas materiales (y no sólo procedimentales) que se imponen al legislador y que, en consecuencia, limitan su voluntad, de tal manera que ésta ya no será enteramente libre, sino que estará sumamente condicionada, sujeta a la observancia de unos derechos de libertad y de igualdad establecidos por la Constitución.

Esta última característica (pieza vertebral del «nuevo parlamentarismo», bien enraizada en la historia constitucional norteamericana, y que había sido ensayada, aunque limitadamente, en los años veinte y treinta en Austria y España, pero que no será hasta después de 1945 cuando se instale sólidamente, y con toda plenitud, en parte del territorio europeo) lo que viene a significar es el intento de conseguir un equilibrio entre la garantía constitucional del pluralismo político o, si se quiere, del relativismo ideológico (de la democracia procedimental) sin lo cual, como decía Kelsen, no hay democracia, y la imposición constitucional de determinados valores (democracia sustantiva o material) sin los cuales no hay libertad-igualdad, imposición que puede evitar el «absolutismo» de la mayoría denunciado por Schmitt.

La clave de tal equilibrio, con el que se pretende superar el enfrentamiento entre democracia procedimental y democracia sustantiva, entre la Constitución como «norma abierta» y la Constitución como «sistema material de valores»[20], reside en la creación y funcionamiento de los Tribunales Constitucionales, instituciones sin

---

[20] Véanse M. Aragón, «El control como elemento inseparable de concepto de Constitución», *Revista Española de Derecho Constitucional,* n.º 19, 1987, en especial pp. 37-49, y *Constitución y democracia,* 1.ª reimp., Madrid, 1990, en especial pp. 23-53.

las cuales es muy difícil (salvo en el caso todavía peculiar del Reino Unido) comprender teóricamente y organizar prácticamente el parlamentarismo democrático, forma política en la que el Parlamento sigue siendo el eje del sistema (aunque el Gobierno sea el poder «más fuerte») porque es el «centro» de su legitimidad y de su actividad normativa, pero cuyas decisiones pueden ser controladas, ya que la ley, aunque continúe ostentando el papel de norma «primordial», ha dejado de ser, sin embargo, la norma «primaria» del ordenamiento, que lo es la Constitución, cuyas prescripciones «materiales» (y no sólo «estructurales») se imponen a todos los poderes del Estado. La mayoría decide, pero no libremente; la mayoría controla, pero también es controlada; los ciudadanos (y las minorías) poseen unos derechos que la mayoría no puede vulnerar; ya no es justo («jurídicamente») lo que la mayoría quiera, sino lo que la mayoría acuerde «de conformidad» con lo dispuesto en la Constitución.

Y este nuevo parlamentarismo, que se extendió sobre las cenizas del antiparlamentarismo totalitario en Italia y la República Federal de Alemania, también acabó estableciéndose, en sustitución de otro antiparlamentarismo autoritario similar, en Portugal y España. Aquí también se produciría, ya en los años setenta, la recuperación de la democracia, que, como no podía ser de otro modo, significaba la recuperación del parlamentarismo, del parlamentarismo como forma de Estado (hoy que, además, las diferencias entre las formas de gobierno «parlamentaria» y «presidencial», dentro de la democracia, tienden a difuminarse), esto es, como decía Kelsen, del sistema en el cual las decisiones fundamentales del Estado se adoptan por un órgano colegiado designado periódicamente por el pueblo mediante elecciones disputadas, libres, por sufragio universal e igual.

Hoy parece que el antiparlamentarismo se encuentra en franca retirada (incluido el de ascendencia marxista, como lo prueban los acontecimientos últimos de la Europa del Este), pero la suerte del parlamentarismo en el futuro dependerá de su capacidad para autolegitimarse, y ello presupone, de un lado, la prevalancia de la tolerancia sobre el dogmatismo en la vida política y, de otro, la constante necesidad (o, si se quiere, el reto cotidiano) de revitalizar la representación, de vigorizar los debates parlamentarios, de mejorar, técnicamente, la legislación, de acentuar la función parlamentaria de control, al objeto de que no decrezca la importancia política del parlamento a los ojos de los ciudadanos[21]; pero, sobre todo, presupone la existencia de una sociedad, plural, sí, pero no fuertemente dividida por la desigualdad.

Desde este presente del parlamentarismo, la lectura del libro de Carl Schmitt que ahora, a los sesenta y siete años de su aparición, se edita en España, supone, por una parte, sumergirse en el pasado, en una época crispada y agónica como fue la de los años veinte en Alema-

---

[21] Véanse M. Aragón, «El control parlamentario como control político», *Revista de Derecho Político,* n.º 23, 1986, y «La función legislativa de los parlamentos y sus problemas actuales», en el libro colectivo *El Parlamento y sus transformaciones actuales,* ed. de A. Garrorena, Madrid, 1990, pp. 129-143; y, sobre todo, F. Rubio Llorente, «Parlamento y representación política», en *I Jornadas de Derecho Parlamentario,* Madrid, 1985, vol. 1, pp. 143-170; así como A. Garrorena, «Apuntes para una revisión crítica de la teoría de la representación», en la obra colectiva, *El Parlamento y sus transformaciones actuales,* cit., pp. 27-63.

nia, y, por otra, preguntarse, inevitablemente, si superada ya, por fortuna, aquella situación siguen, no obstante, perviviendo algunas de aquellas ideas.

Las ideas de Schmitt no desentonaban mucho en el «clima espiritual» de aquel tiempo, azotado por el vendaval de tantos absolutismos (marxismo, anarquismo, fascismo) que parecían eclipsar la vieja doctrina ilustrada de que sólo en libertad puede vivir la razón. Una sociedad fuertemente escindida y una vida intelectual sumida en radicales antagonismos dejaban muy poco espacio al relativismo, es decir, a la tolerancia. Schmitt se incluiría, desde luego, en ese amplio bando de los radicalismos: la política se reduciría, para él, a la distinción, neta, entre amigo y enemigo; la actividad política, en consecuencia, no habría de sustentarse en la discusión, sino en la decisión.

No parece, sin embargo, que deba incluirse el «decisionismo» schmittiano dentro de las corrientes «irracionalistas»; su dogmatismo intelectual lo acercaba, más bien, al pensamiento «idealista»[22] y lo alejaba tanto del «irracionalismo» como del «cientificismo». En ese sentido, resulta muy revelador que, en el amplio capítulo que dedica, en el libro, al marxismo, subraye más de una vez lo que hay en éste de «idealismo» y advierta (con agudeza) que es precisamente en lo que tiene también de «cientificismo» donde se encierra su mayor debilidad, pues al jugar así en el propio campo de la burguesía (el de la «racionalidad económica») acabaría, más tarde o más temprano, por perder la partida. Como resulta también revelador que vea, más aún que en el

---

[22] Véase J. A. Estévez Araujo, *La crisis del Estado...*, cit., pp. 140-151.

marxismo o en el anarquismo, en las doctrinas irracionalistas exaltadoras de la acción directa y del empleo de la violencia física (esencialmente en Sorel, a cuyas principales ideas dedicará buena parte de otro capítulo del libro) el enemigo más potente y actual de la democracia parlamentaria. No se equivocaba mucho, por lo menos en cuanto al futuro inmediato de Alemania.

No obstante, y aun atribuyendo a esas «nuevas fuerzas» tanta importancia política, la exposición que hace Schmitt de las corrientes irracionalistas es de un nivel analítico muy inferior a la que también hace del marxismo. Para éste hay mayor «comprensión»; para aquéllas, mayor «descripción». No es casual, en modo alguno, que Schmitt «comprenda» mejor el marxismo (o lo que de «idealismo» hay en el marxismo); al fin y al cabo, a éste le aproxima su concepción teológica de la política. Probablemente Schmitt ha sido, con un siglo de retraso, el último de los pensadores contrarrevolucionarios, el más genuino heredero de De Bonald, De Maistre y Donoso Cortés. A él podría aplicársele lo mismo que dice, en el libro, del propio Donoso: «Para Cortés, el socialismo radical es algo incomparablemente mejor que la transigencia liberal, porque lleva a los problemas últimos y porque da una respuesta a las preguntas radicales, dado que posee una teología.»

¿Se podía ser tan antiliberal como Donoso sin ser tan antiburgués como Sorel? En otras palabras, ¿se podía ser conservador reaccionario sin desembocar en el fascismo? Ése es el dilema en que, al final, se vio envuelto Schmitt. Su doctrina no podría desligarse, objetivamente, del nacional-socialismo[23], como tampoco su

---

[23] Ingeborg Maus, *Bürgerliche Rechtstheorie und Faschismus. Zur sozialen Funktion und aktuellen Wirkung der Theorie Carl*

misma persona. Aunque después hubiese permanecido neutral (que no fue así) ante los desmanes nazis, no bastaría el mero silencio como exculpación, aquello que le decía a Jünger para explicar su situación ante la violencia y la irracionalidad (después de compararse con el capitán del barco negrero dominado por los esclavos sublevados que aparece en el *Benito Cereno* de Melville): «Nom possum scribere contra eum, qui potest proscribere»[24]. Otros (como Kelsen), cuando pudieron escribir (como él) sin que los proscribiesen, escribieron (a diferencia de él) a favor de la tolerancia y en contra del absolutismo; y cuando fueron (como Kelsen) después proscritos (a diferencia de lo que le ocurrió a él) siguieron escribiendo, desde el exilio, en defensa de la libertad.

Pero no se trata de extenderse ahora en juicios retrospectivos. Más interés tiene alertar sobre los nuevos dogmatismos (nacionalismos, racismos, fundamentalismos) que hoy aparecen en el horizonte y que pudieran constituir en el futuro, otra vez, y con distintos rostros, el mayor peligro para la democracia parlamentaria. Desde ese punto de vista, el libro de Schmitt no deja de ser, desde luego, un buen acicate para que la razón no vuelva a adormecerse.

Schmitts, Múnich, 1980; Volker Neumann, *Der Staat im Bürgerkrieg. Kontinuität und Wandlung des Staatsbegriffes in der politischen Theorie Carl Schmitts*, Fráncfort, 1980, y «Vom Entscheidungs— zum Ordnungsdenken. Carl Schmitts Rechts— und Staatstheorie in der nationalsozialistischen Herausforderung», *Archiv für Rechts— und Sozialphilosophie*, Beiheft 18, 1983.

[24] E. Jünger, *Radicaciones. Diarios de la Segunda Guerra Mundial*, Barcelona, 1989, p. 244.

BIBLIOGRAFÍA

I. OBRAS DE CARL SCHMITT (SELECCIÓN)

Politische Romantik, Múnich/Leipzig, 1919.
Die Diktatur. Von den Anfängen des modernen Souveränitätsgedankens bis zum proletarischen Klassenkampf, Múnich/Leipzig, 1921 (hay traducción española, *La dictadura*, 1968).
Politische Theologie. Vier Kapitel zur Lehre von der Souveranität, Múnich/Leipzig, 1922 (hay traducción española, *Teología política*, 1941).
Die Geistesgeschichliche Lage des heutigen Parlamentarismus, Múnich/Leipzig, 1923.
Römischer Katholizismus und politische Form, Hellerau, 1923.
Verfassungslehre, Múnich/Leipzig, 1928 (hay traducción española, *Teoría de la Constitución*, 1934, reproducido en 1983).
Der Hüter der Verfassung, Tubinga, 1931 (hay traducción española, *La defensa de la Constitución*, 1931, reproducido en 1983).
Legalität und Legitimität, Múnich/Leipzig, 1932 (hay traducción española, *Legalidad y legitimidad*, 1971).
Staat, Bewegung, Volk. Die Dreigliederung der politischen Einheit, Hamburgo, 1933.
Staatsgefüge und Zusammenbruch des zweiten Reiches. Der Sieg des Bürgers über den Soldaten, Hamburgo, 1934.

Positionem und Begriffe im Kampf mit Weimar-Genf— Versailles (1923-1939), Hamburgo, 1940.

Der Leviathan in der Staatslehre des Thomas Hobbes, Sinn und Fehlschlag eiges politischen Symbols, Hamburgo, 1938.

Der Nomos den Erde im Völkerrecht des Jus Publicum Europaeum, Colonia, 1950 (hay traducción española, *El Nomos de la Tierra en el Derecho de Gentes, del Jus Publicum Europaeum*, 1979).

Verfassungsrechtliche Aufsätze aus dem Jahren 1924-1954. Materialien zu einer Verfassungslehre, Berlín, 1958.

Theorie des Partisanen, Berlín, 1963 (hay traducción española, *Teoría del partisano*, 1966).

II. OBRAS SOBRE CARL SCHMITT (SELECCIÓN)

BENDERSKY, Joseph W.: *Carl Schmitt Theorist for the Reich*, Princeton, 1983.

BENEYTO, José María: *Politische Theologie als politische Theorie. Eine Untersuchung zur Rechts— und Staatstheorie Carl Schmitts und zu ihrer Wirkungsgeschichte in Spanien*, Berlín, 1983.

ESTÉVEZ ARAUJO, José Antonio: *La crisis del Estado de Derecho liberal. Schmitt en Weimar*, Barcelona, 1989.

FREUND, Julien: *L'Essence du Politique*, París, 1965.

GÓMEZ ORFANELL, Germán: *Excepción y normalidad en el pensamiento de Carl Schmitt*, Madrid, 1986.

MAUS, Ingeborg: *Bürgerliche Rechtstheorie und Faschismus. Zur sozialen Funktion und aktuellen Wirkung der Theorie Carl Schmitts*, Múnich, 1980.

NEUMANN, Volker: *Der Staat im Bürgerkrieg. Kontinuität und Wandlung des Staatsbegriffes in der politischen Theorie Carl Schmitts*, Fráncfort, 1980.

PORTINARO, Pier Paolo: *La crisi dello ius publicum europaeum. Saggio su Carl Schmitt*, Milán, 1982.

RUMPF, Helmut: *Carl Schmitt und Thomas Hobbes. Ideelle Beziehungen und aktuelle Bedeutung mit einer Abhandlung über: Die Frühschriften Carl Schmitts*, Berlín, 1972.

SCHWAB, G.: *The Challenge of the Exception: An Introduction to the Political Ideas of Carl Schmitt between 1921 and 1936*, Berlín, 1970.

TOMMISSEN, P.: *Over en in Zake Carl Schmitt*, Bruselas, 1975.

ADENDA AL ESTUDIO PRELIMINAR

Al editarse de nuevo el libro de Carl Schmitt sobre el parlamentarismo, ahora enriquecido con la polémica con Thoma sobre el significado de la democracia, no he querido alterar el Estudio Preliminar que incluí en aquel libro y que vuelve a figurar en la presente edición porque creo que no ha quedado obsoleto. Sin embargo, me ha parecido conveniente añadir a ese Estudio Preliminar unas nuevas reflexiones, derivadas, en primer lugar, de la inclusión en esta nueva edición de escritos de especial relieve, como son el de Hugo Preuss, los varios de Richard Thoma y uno del propio Schmitt, publicados entre los años 1918 y 1929, polemizando sobre el significado del parlamentarismo y la democracia; y, en segundo lugar, de los cambios que, con posterioridad a 2008 (año de la anterior edición), se han producido en las ideas y en la práctica política de la democracia parlamentaria y que, en cierto modo, quizás nos retrotraen a la crisis sufrida por el parlamentarismo entre los años veinte y treinta del pasado siglo. No es ocioso preguntarse, pues, si está de nuevo en crisis la democracia parlamentaria. Al menos algunos oscuros nubarrones se ciernen sobre el horizonte político y espiritual del presente y obligan a que, en esta situación, los constitucionalistas no guardemos silencio.

La primera razón, ya dicha, de esta adenda reside en la inclusión en este libro de los escritos de Preuss, Thoma y Schmitt ya aludidos. Inclusión que considero un acierto en cuanto que dotan de una perspectiva más amplia al debate intelectual que sobre parlamentarismo y democracia tuvo lugar en la Alemania de Weimar. Ya en el Estudio Preliminar me he referido a la polémica Schmitt-Kelsen. Ahora el libro se enriquece al reflejar también la contraposición de las ideas schmittianas con las de otros importantes autores de la época. Ese debate pone de manifiesto, por un lado, la altura intelectual de sus protagonistas y, por otro, su capacidad para detectar no sólo problemas políticos y constitucionales de su tiempo, sino también para prever la incidencia de esos problemas en el futuro, como de hecho así ha sucedido.

Dos de esos escritos, el de Hugo Preuss y uno de Thoma (ambos de 1918) se enmarcan en proceso constituyente de Weimar y apuestan con claridad por la democracia parlamentaria como única forma política que, basada en el progreso social, en el sufragio universal, en el pluralismo y en la igualdad de libertades y derechos de todos los ciudadanos, puede evitar que la sociedad caiga en la violencia, en el despotismo y en la ruina de la vida económica. Preuss es tajante: los fundamentos políticos de la democracia «nunca podrán ser los de la lucha de clases, la opresión de un determinado estrato de la sociedad por otro, sino exclusivamente los de la unidad e igualdad de los miembros de la nación», de tal modo que no hay otro camino civilizado que la democracia constitucional, pues «las luchas sociopolíticas que puedan darse corresponde enmarcarlas pacíficamente en el texto de la Constitución democrática». No hay alternativa: «o democracia o bolchevismo». Thoma, de ese mismo parecer, alerta también sobre lo inocuo de la distinción, en una democracia, entre monarquía y república: «Dar alas a la cuestión de "monarquía o república" hasta hacerla figurar como primordial, es algo que carece de sentido».

En el escrito de Thoma de 1920 hay una defensa del «principio mayoritario», apoyada en un sugestivo rastreo histórico y, a la hora de entonces, en una convicción de que es consustancial a la democracia, frente a las ideas que basan el ejercicio del poder en el «inevitable» dominio de una minoría capaz de alcanzarlo y mantenerlo. Sin embargo, todavía no repara en que la democracia es algo más que la regla del principio mayoritario, lo que sí constatará después, como veremos. Es cierto que en su escrito de 1920 explicando por qué está a favor de la democracia, no oculta que, bajo ella, puede tener lugar su perversión, que sucedería si «arribistas y parlanchines ganan la atención de las masas, donde hábiles financieros corrompen y esquilman al Estado, en el que rige la más chata mediocridad». Pero confía en que la democracia, si es bien entendida, puede vencer ese peligro, mediante «una normativa social reformadora, educación, libertad e igualdad de todos».

Más interés aún tienen los escritos de Thoma y Schmitt entre 1923 y 1929, cuando en la vida de la Constitución de Weimar se han producido acontecimientos como el intento revolucionario de extrema izquierda y se avizora, además del comunismo, otro peligro para la democracia: el fascismo. El escrito de Schmitt, de 1924, sobre el «concepto de la moderna democracia», además de desvelar crudamente la entraña de la moderna democracia de partidos y de Estado de partidos, toma esa realidad como irrebatible, y no como patología, contraponiéndola a un concepto mitificado de parlamentarismo para sostener la decadencia de éste en aquel momento y, por ello, la inoperancia de la misma democracia. Son las ideas que vertebrarán la obra de Schmitt que se incluye en la parte central del libro que ahora se reedita. Me remito, por ello, a la crítica que a esas ideas he formulado en el Estudio Introductorio.

Lo que tiene interés, ahora, es referirse a la crítica que a esas ideas formuló entonces Richard Thoma. Primero en su escrito de 1925 «sobre la ideología del parlamentarismo», poniendo de manifiesto la trampa conceptual de Schmitt, al utilizar un tipo ideal de parlamentarismo que nunca existió para condenar que entonces, en su tiempo, no se diera. Como Thoma identifica, correctamente, democracia con democracia parlamentaria (que no exclusivamente con régimen parlamentario), mostrará que el camino de la democracia debe transitar por la vía de la democracia constitucional, la que se disfruta en los Estados Unidos y en algunos países de Europa (destacadamente en Gran Bretaña). De todos modos, Thoma, en ese momento, está convencido de que ese es el camino que va a seguirse, pues «en Europa, hoy, no hay una opción real de dictadura frente a democracia». Él mismo, pocos años después, se daría cuenta de lo errado que era ese diagnóstico. Y así, en su escrito de 1929 constata que la Alemania de ese año es «una democracia pobre» (con una inmensa mayoría de ciudadanos con escasos ingresos económicos), «una democracia agobiada» (con una muy alta tasa de desempleo) y «una democracia amenazada» (con la experiencia de la «rebelión social-radical de 1920-1921», y el peligro del «creciente movimiento fascista»). Ya no será sólo el bolchevismo, sino también el fascismo, el enemigo potente y real de la democracia en Alemania y en otros países europeos. Frente a esa amenaza, Thoma seguirá defendiendo a la democracia como «el nombre de la más grande aventura que en cualquier época de la historia universal haya emprendido la civilización occidental».

Para él, en 1929, la democracia ya no puede identificarse sólo con el principio mayoritario, sino también con la existencia de unos límites constitucionales a ese principio: los derechos fundamentales de los ciudadanos y la preservación de los derechos de las minorías. Es decir, democracia no es sólo pluralismo y procedimientos, sino también un conjunto de valores sustantivos que no pueden quedar a la libre disposición de la mayoría. Ese, a mi juicio, es el correcto significado de la democracia, cuya única forma efectiva es, pues, la de la democracia constitucional. Y ahí radica, como explico en el Estudio Introductorio, la única debilidad de las ideas de Kelsen sobre la democracia.

La otra razón de esta adenda descansa en que, en la actualidad, otra vez, vuelven a experimentarse nuevos peligros para la democracia, similares, aunque con otros nombres, a los que entonces se detectaron. En mi Estudio Preliminar (redactado en 2008) decía que «hoy parece que el antiparlamentarismo se encuentra en franca retirada», aunque alertaba de que su futuro dependería de que revitalizase la representación política, adquiriese más vigor el control parlamentario y se pusiese coto a los dogmatismos (nacionalismos, racismos, fundamentalismos) que podían, nuevamente, intentar destruirlo. Quizás fui demasiado optimista, pues el hipotético peligro se ha convertido ahora en una realidad.

Kelsen, en su obra *Esencia y valor de la democracia*, ya dijo, en 1920, y así lo expresó en el Estudio Introductorio, pero que ahora resulta pertinente repetir, que «Aunque la democracia y el parlamentarismo no son términos idénticos, no cabe dudar en serio —puesto que la democracia directa no es posible en el Estado moderno— de que el parlamentarismo es la única forma real en que puede plasmar la idea de la democracia dentro de la realidad social presente. Por ello, el fallo sobre el parlamentarismo es, a la vez, el fallo sobre la democracia». Tomado el parlamentarismo como forma de Estado, esto es, como la forma que adopta la democracia representativa, la democracia parlamentaria (ya lo sea en régimen presidencialista o en régimen parlamentario), la afirmación de Kelsen es cierta, y creo que intemporal, pero aún lo es más trasladada a la forma parlamentaria de gobierno. Y muy destacadamente a la forma parlamentaria de gobierno establecida en la Constitución española actual.

Por ello, al margen de que la representación política atraviese hoy una situación de cierta dificultad en la forma de gobierno presidencialista (nos basta como ejemplo lo que está sucediendo en un sistema tan bien equilibrado como el de los Estados Unidos de América), cabe constatar que esa situación es más grave en lo que se refiere a la forma de gobierno parlamentaria, tanto en Europa como en la propia España, por el auge que en los últimos años han experimentado los movimientos demagógicos (ya Thoma alertó muy tempranamente sobre ese fenómeno) bajo el signo de los nacionalismos, populismos y fundamentalismos identitarios, con su correlativa polarización de la vida política, la aparición del enfrentamiento radical, en los Estados democráticos, entre «amigos y enemigos» (concepto de clara raíz schmittiana), la ausencia de una capacidad de pacto entre los partidos sostenedores del sistema y, en fin, el descrédito de la política por la ineficacia y falta de ejemplaridad de los dirigentes. Otra vez, me parece, vuelve a estar en grave peligro el parlamentarismo y por ello la democracia.

Esa situación, como he dicho, es muy preocupante en España, donde, a partir de las elecciones de 2015, se ha fragmentado intensamente el Congreso de los Diputados, hay partidos nacionalistas que han optado decididamente por la secesión territorial y partidos de extrema izquierda con amplia representación parlamentaria, que pretenden, unos y otros, destruir el sistema constitucional democrático que, con tanto acierto, nos dimos los españoles en 1978 después de una transición política que, en términos generales, ha de considerarse ejemplar. Acabada la larga etapa de bipartidismo o cuasi bipartidismo, con una deriva patológica de régimen parlamentario «presidencialista», nuestros dirigentes políticos parecen que no han aprendido que el régimen parlamentario, además de por reglas jurídicas, se rige por reglas políticas que hacen necesario el pacto para garantizar la estabilidad y la gobernabilidad.

De manera que, cuando no ha habido mayorías claras para que el Gobierno recaiga en un solo partido, como desde 2015 está sucediendo, la investidura de presidente del Gobierno no ha ido acompañada de un apoyo firme a un determinado programa y la moción de censura no ha sido «constructiva», como la Constitución demanda, sino meramente «destructiva», como la Constitución no quiere. De la práctica, poco edificante, de un «parlamentarismo presidencialista» (poco compatible, además, con la Monarquía) parece que hemos pasado al otro extremo: el de un parlamentarismo de asamblea tanto a más pernicioso que el anterior. No se ha aprendido la lección histórica de que el parlamentarismo se desprestigia si hay gobiernos inestables o gobiernos incapaces de gobernar, que es exactamente nuestra situación[1].

Necesitamos cuidar de nuestro régimen parlamentario, no sólo porque el parlamentarismo, como forma de Estado (es decir, la democracia parlamentaria) es, como decía Kelsen, la única democracia posible, sino también porque en nuestro sistema constitucional el régimen parlamentario es insustituible, sencillamente porque nuestra Monarquía, que es pieza absolutamente fundamental de ese sistema, no puede ser más que parlamentaria. De manera que si cae el régimen parlamentario puede arrastrar en su caída a la propia Monarquía. Y esa advertencia deben tenerla muy en cuenta nuestros partidos políticos, al menos los partidos comprometidos con la Constitución, que admite reformas, evidentemente, pero para mantenerla y no para destruirla.

La lectura del libro que ahora, enriquecido, vuelve a publicarse, puede servirnos para alertarnos de los ries-

---

[1] Sobre lo que estoy diciendo me remito a mi trabajo «Legislatura fallida e investidura convulsa» en la *Revista Española de Derecho constitucional*, n.º 109, enero-abril 2017, y en general a los demás estudios contenidos en ese número monográfico.

gos que una mala práctica de la democracia y del parlamentarismo puede ocasionar. Y para confirmarnos en la idea de que la democracia constitucional no requiere sólo de garantías jurídicas (necesarias) sino también de garantías políticas y sociales, las políticas, fundadas en la ejemplaridad y lealtad constitucional de las instituciones y los partidos y, las sociales, basadas en una cultura cívica asentada en los valores democráticos, producto de la educación y del magisterio de costumbres de los dirigentes. Sin estas dos últimas garantías, es decir, sólo con las garantías del Estado de Derecho, la democracia puede quizás resistir algunos embates, pero sin ellas la democracia difícilmente se perpetuará. Por ello toca, en el presente de España, defender la Constitución, además de en los tribunales de justicia, en el discurso político e intelectual, esto es, en la opinión pública. La defensa de la Constitución es hoy, en España, la defensa de la democracia.

Manuel Aragón

Madrid, octubre de 2018

NOTA A LA NUEVA EDICIÓN

El deseo de renovar continuamente las ediciones de nuestros clásicos, evitando que se conviertan en meras reimpresiones y la plena conciencia de que un texto nunca ha sido escrito aisladamente y al margen de los argumentos de otros autores a los que pretende desmentir, enmendar o afianzar en sus aseveraciones, nos lleva a incluir en esta nueva edición de *Los fundamentos histórico-espirituales del parlamentarismo en su situación actual*, de Carl Schmitt, alguno de los trabajos más significativos de constitucionalistas contemporáneos con los que contendió directamente o en los que pretendió fundamentar su discurso antiparlamentario. Un discurso que se inserta en el contexto de crítica a la democracia y en la preocupación por definir su contenido que tuvo lugar en Alemania antes, durante e inmediatamente después de la Primera Guerra Mundial y que sitúa en las figuras de Richard Thoma y Gerhard Anschütz —por aquella altura principales exponentes del Derecho político (*Staatsrecht*)[1]—

---

[1] La expresión alemana *Staatsrecht* fue traducida por la primera escuela de Derecho Público española, el profesor González Posada y sus discípulos Nicolás Pérez Serrano y Francisco Ayala, por *Dere-*

los principales contendientes y detractores de Schmitt. Una impresionante querella —como la calificaría Smend— que, pese a su lejanía en el tiempo, no resulta totalmente ajena a nuestra realidad y que encuentra un punto de partida en los escritos de Max Weber en el *Frankfurter Zeitung* de 1917 que, junto con el célebre artículo de Hugo Preuss, «*Volksstaat oder verkehrter Obrigkeitsstaat?*» —aparecido en el *Berliner Tageblatt*, el mismo día en que era nombrado Ministro del Interior del gobierno de Friedrich Ebert—, marcarán argumentalmente el debate intelectual que desembocaría en la Constitución de Weimar y que tanto tendrá que decir en la definición del modelo de democracia que advendrá en la parte políticamente más consciente de Europa, durante los cien años siguientes.

---

cho Político, una terminología que servía para definir el propio derecho patrio español en el que la Constitución ocupaba un lugar pero no monopolizaba el derecho público y también para significar que en la concepción de los autores alemanes de una época, el Estado abarcaba y prácticamente monopolizaba todo lo político. [Nota del editor, en lo sucesivo cuando no se incluye referencia alguna las notas a pie de página son, igual que la cronología, responsabilidad del editor.]

LA POLÉMICA SCHMITT/THOMA SOBRE EL SIGNIFICADO DE LA DEMOCRACIA

I. CRONOLOGÍA*

1913 Incidente de Zaberne provocado por los continuos hostigamientos infligidos por los oficiales de los destacamentos prusianos destacados en aquella ciudad alsaciana a la población civil, y que desencadenaría una ola de tensión en las dos provincias arrebatadas a Francia en la Guerra Franco-Prusiana de 1870-1871, con notables repercusiones en la opinión nacional e internacional y entre la doctrina constitucional alemana (por referir algún autor particularmente relevante, cabe recordar que Anschütz publicaría un elocuente artículo al

---

* Al único objeto de ilustrar mínimamente al lector se incluye la presente cronología. Los textos señalados con asterisco (*) han sido incluidos en la presente edición.

respecto en la *Deutsche Juristen-Zeitung* y, así mismo, que el origen de los dos escritos de un joven Carl Schmitt sobre la situación de excepción y el derecho militar que anticipan su interés por la dictadura, hay que situarlo conceptualmente en este contexto problemático[1]). El incidente tendría como consecuencia inmediata que en diciembre de 1913 se aprobara el primer voto de desconfianza (recogido por el artículo 33 del *Reglamento de Procedimiento del Reichstag* sancionado en la reforma del año anterior) en la historia del Reichstag que perdería el gobierno de Bethmann Hollweg por 293 votos a favor, 4 abstenciones y 54 en contra; un voto sin repercusiones formales emitido por una mayoría engañosa que integraba a partidos adversarios e incapaces de mantener una coincidencia positiva. Una vez más, se ponía en evidencia la radical incompatibilidad entre la Constitución bismarkiana y las ideas de responsabilidad política consustancial al régimen parlamentario, y quedaban claras las diferencias que separaban al viejo *Reich* monárquico y extrañamente federal, de las emergentes democracias parlamentarias europeas encarnadas de algún modo por la República francesa.

1914 En septiembre estallará la Primera Guerra Mundial. La literatura histórica actual destaca muy especialmente entre sus causas inmediatas la creencia de los gobiernos y élites de las principales naciones contendientes, en que era posible resolver los asfixiantes

---

[1] Se trata de *Die Einwirkungen der Kriegszustandes auf das ordentliche strafprozessuale Verfahren*, de 1916, y *Diktatur und Belagerungszustand. Eine staatsrechtliche Studie*, del mismo año, recogidos ahora en español en Carl Schmitt, *Ensayos sobre la Dictadura 1916-1932*, Estudio Preliminar de José María Baño, Madrid, Tecnos, 2013, p. 3 y ss.

problemas internos a través de una victoria militar frente al enemigo exterior.

1917 En marzo, a propuesta del diputado nacionalliberal Stresemann, se formará en el *Reichstag* un Comité Constitucional (*Verfassungsausschuss*) compuesto por veintiocho miembros destinado a estudiar diferentes propuestas de reforma constitucional dirigidas a parlamentarizar y democratizar el *Reich*. El Comité se constituirá formalmente el mes siguiente bajo la presidencia del socialdemócrata Scheidemann. El 7 de abril en su *Mensaje de Pascua*, el Káiser Guillermo II aceptará la reforma democrática del sistema electoral prusiano fundado hasta entonces en un desigual «*voto de las tres clases*». En mayo, el proyecto de Constitución elaborado en su seno y que recogía los principios fundamentales de una Constitución democrática será discutido en el *Reichstag*.

El 14 de julio, como consecuencia de las presiones de la oficina del Cuartel General del Ejército (OHL) dirigida por Hindenburg y Ludendorff, que le acusaban de incapacidad de controlar al *Reichstag* y a los partidos, Bethmann Hollweg renuncia al cargo de Canciller ante el Káiser que, en virtud de su libérrima facultad constitucional, nombrará en su lugar a Georg Michaelis, un burócrata prusiano que apenas se mantendrá en el puesto unos meses.

El 19 de julio, el *Reichstag* alemán adoptará una resolución propuesta días antes por el diputado de la izquierda del partido católico *Zentrum*, Matthias Erzeberger, en favor de «*una paz sin vencedores ni vencidos*».

El 31 de octubre, incapaz de imponerse al *Reichstag*, Michaelis renunciará a su cargo y —tras una consulta informal a los partidos parlamentarios hasta entonces insólita— será sustituido como Canciller por Georg von Hertling, diputado de la facción derechista del centro católico y enemigo de la parlamentarización que, por primera vez en la historia, someterá a votación del *Reichstag* su programa de gobierno.

En el verano de ese mismo año, Max Weber inicia la publicación en la *Frankfurter Zeitung* de una serie de artículos, que posteriormente aparecerían en forma de libro, sobre la situación constitucional y política (*Parlamento y política en la Alemania reorganizada*) que servirán de referencia clave a la posterior discusión que dará vida a la Constitución de 1919. También, en esa misma línea, el bávaro Robert Piloty, futuro inspirador de la futura Constitución republicana del *Land* de Baviera, publicará *Das parlamentarische System: eine Untersuchung seines Wesens und Wertes*, una obra que explica y pondera favorablemente el régimen parlamentario en relación al cual la mayoría de la doctrina constitucional alemana se mostraba hostil por entender que chocaba frontalmente con la monarquía y el peculiar federalismo germano del *Reich* bismarkiano.

1918 El 30 de septiembre, Georg von Hertling, incapaz de soportar la presión de contrarios a que le sometía el fuego cruzado procedente simultáneamente de la OHL (que empezaba a preverse ante un final adverso de la guerra y buscaba eludir sus responsabilidades) y de la oposición mayoritaria en el *Reichstag*, renuncia a su cargo de Canciller del *Reich* y el 3 de octubre es sucedido por Max von Baden, que dos días más tarde sería el primer Canciller en solicitar y obtener formalmente la investidura del *Reichstag*. El 28 de octubre el Parlamento aprueba la *Gesetz zur Abänderung der Reichs-*

verfassung, que prescribe en su artículo 15, apartado 3.º: «El Canciller precisa de la confianza del *Reichstag* para dirigir sus asuntos», mientras que en el apartado 4.º afirma: «El Canciller es responsable de todos los actos de importancia política que efectúe el Emperador en ejercicios de los poderes que la Constitución le atribuye», y que en el 5.º decía: «El Canciller y sus representantes son responsables ante el *Bundesrat* y el *Reichstag*». Así mismo, se aprueban otras reformas constitucionales relativas a la responsabilidad del ejército y el OHL ante el Parlamento y no solo ante el Káiser, y que atribuyen al *Reichstag* la facultad de declarar la guerra y hacer la paz. No prospera, sin embargo, la enmienda que hace compatible el escaño del *Reichstag* con el mandato del *Bundesrat*.

El 3 de octubre, el nuevo Canciller urgido por un Ludendorff que había entrado en pánico ante la inminencia de la derrota militar, pide el armisticio al presidente americano Wilson. El 29 de ese mismo mes, la escuadra de la base naval de Wilhelmshaven se subleva, la marinería se organiza en *Räte* (imitación de los *soviets* rusos) y su señal será seguida en los días sucesivos de motines y rebeliones en todas partes. En Kiel, Hamburgo, Múnich y otras ciudades de todo el país estalla la Revolución de noviembre. El 7 de noviembre se proclama la República en Baviera y el 9, tras el anuncio oficial por Max de Baden de una abdicación del Káiser que en realidad Guillermo II no había firmado todavía[2],

---

[2] A este hecho aparentemente insólito y a sus inquietantes efectos jurídicos dedica Richard Thoma el tercero de los artículos incluidos en esta recopilación, véase «La renuncia al trono del Káiser. Un debate jurídico-político».

Scheidemann proclama la República alemana en Berlín. El socialdemócrata Friedrich Ebert sucede a Max de Baden como nuevo Canciller del *Reich*, y forma un nuevo gobierno integrado por socialistas de diferentes tendencias. Se superponen y confrontan en una lucha por el poder que las elecciones a la Asamblea Nacional dilucidarán en favor de Ebert, dos instancias: el gobierno del Canciller del viejo *Reich*, convertido ahora en República, y el *Zentralrat* (Consejo central de los comités de trabajadores y soldados), dominado por los futuros comunistas. El 11 de noviembre se firma el armisticio definitivo en base a los 14 Principios de Wilson y en espera de lo que luego sería la paz de Versalles.

El 14 de noviembre de 1918, el mismo día en que era nombrado *Staatssekretär* del Interior del gobierno del Canciller Friedrich Ebert, aparece en el *Berliner Tageblatt* el artículo de Hugo Preuss «¿Estado democrático (*Volksstaat*) o Estado autoritario invertido *(Verkehrter Obrigkeisstaat)*?»*.

El profesor alsaciano Robert Reslob publicará *Die parlamentarische Regierung in ihrer wahren und in ihrer unechten Form. Eine vergleichende Studie über die Verfassungen von England, Belgien, Ungarn, Schweden und Frankreich*, y Wilhelm Hasbach *Die parlamentarische Kabinettsregierung: Eine politische Beschreibung.*

1919 Apertura de la Asamblea Nacional en Weimar que redactará y aprobará en julio la nueva Constitución.

1918/1920 Artículos e intervenciones periodísticas de Richard Thoma fijando su posición sobre diferentes problemas relativos a la nueva Constitución y la naciente democracia alemana. Entre otros:

— «Republik und Monarchie»* aparecido en la *Neue Badische Landeszeitung*, de 21 de noviembre de 1918.
— «Jugend und Demokratie»* aparecido en el *Heidelberger Neueste Nachrichten*, de 16 de diciembre 1918.
— «Der Thronverzicht»* aparecido en el *Frankfurter Zeitung*, de 21 de agosto de 1919.
— «Das Mehrheitsprinzip»* aparecido en la *Deutsche Literaturzeitung*, de 4 de octubre de 1919.
— «Warum bekenne ich mich zur Demokratie»* aparecido en el *Heidelberger Tageblatt*, de 12 de mayo de 1920.

1920 Se redactan los trabajos que luego se publicarán en el libro homenaje a Max Weber (*Erinnerungsgabe für Max Weber*, Múnich, 1923[3]) con contribuciones entre otros de:

— Carl Schmitt, «*Soziologie des Souveränitätsbegriff und politische Theologie*».
— Richard Thoma, «*Der Begriff der modernen Demokratie in seinem Verhältnis zum Staatsbegriff*»*.
— Loewenstein, «*Zur Soziologie der parlamentarischen Repräsentation in England vor der ersten Reformbill*».

---

[3] Es importante tener cuenta que la fecha final de publicación del libro homenaje (1923) no concuerda con la de redacción e incluso de publicación individualizada en forma de artículos de las distintas contribuciones que lo integran, que son anteriores en el tiempo y aparecieron en diversas revistas a lo largo de años anteriores, algo que sucede por ejemplo en el caso del trabajo de Schmitt, pero no en el de Thoma.

1920 Kelsen publica la primera edición de «Esencia y valor de la democracia» en el *Archiv für Sozialwissenschaft und Sozialpolitik, 47, 1920, p. 50 y ss.*, enmarcado en el contexto de la impuesta obligación de elaborar para Austria una Constitución diferente de la alemana, y dirigido contra las pretensiones antiparlamentarias y de cuestionamiento de la democracia constitucional sostenidas hasta entonces por los autores austromarxistas.

1923 Primera edición de *Los fundamentos histórico-espirituales del parlamentarismo en su situación actual**, en la que no se incluye ningún prefacio.

1924 Aparece en los *Archiv für Sozialwissenschaft und Sozialpolitik* de Heidelberg, vol. 51, fascículo 3 (1924) pp. 817-823, la recensión crítica de Carl Schmitt al trabajo de Thoma publicado en el libro de homenaje a Max Weber y titulada «El concepto de la moderna democracia en su relación con el concepto de Estado»*. Este trabajo se incluirá luego en la posterior recopilación *Positionen und Begriffe im Kampf mit Weimar-Genf-Versailles 1923-1939*.

1925 Richard Thoma escribe su recensión «Sobre la ideología del parlamentarismo»* aparecido en *Archiv für Sozialwissenschaft und Sozialpolitik*, vol. 53 (1925), sobre la primera edición de *Los fundamentos histórico-espirituales del parlamentarismo en su situación actual*. La respuesta de Schmitt será «Acerca del antagonismo entre parlamentarismo y democracia»* (1926), publicado primero en *Hocland*, XXIII (1926), pp. 257-270, que también se incluye como prefacio en la segunda edición de *Los fundamentos*.

1928 Artículo de Richard Thoma «El *Reich* como democracia»* en el *Handbuch des Deutschen Staatsrechts* (1929), vol. II, p. 186-200.

II. TEXTOS DE HUGO PREUSS: ¿*Estado democrático* (Volksstaat) *o Estado autoritario invertido (*Verkehrter Obrigkeitsstaat*)?* (1918)*

Pocos días han pasado desde la caída del viejo sistema autoritario (*Obrigkeitssystem*). Un bandazo que,

---

* Artículo publicado por Hugo Preuss el 14 de noviembre de 1918 en el *Berliner Tageblatt*, el periódico liberal de mayor circulación en Berlín, la misma mañana en que era nombrado por Ebert *Staatssekretär des Innern* (puesto que en la terminología de la anterior Constitución de 1871 equivalía al de Ministro del Interior, que no tiene la connotación española de responsable de policía sino de ministro responsable de las cuestiones internas o de política doméstica), con el encargo de poner en marcha los trabajos de preparación de la nueva Constitución. Schmitt, que en su periplo académico sucedería durante algún tiempo en la cátedra a Preuss, en su trabajo *Hugo Preuß. Sein Staatsbegriff und seine Stellung in der dt. Rechtslehre* (1930), p. 17, lo califica de «uno de los documentos más importantes de la historia constitucional alemana», refiriendo a continuación en nota que en su homenaje fúnebre, su sucesor, el *Staatssekretär* Erich Zweigert, pronunció un discurso en el que recordaba su papel en aquellos días afirmando que Preuss «había tenido la decisión y el coraje de dirigirse al entonces gobierno provisional haciendo uso del escueto lenguaje empleado en el viejo Estado y advirtiéndole de la urgencia de que el nuevo gobierno no debería construirse solo sobre el poder de una clase, y de la enorme responsabilidad en que se incurriría de no convocar inmediatamente una Asamblea Nacional constituyente. Al mismo tiempo, llamaba a la burguesía a participar en la renovación del Estado. Las consecuencias de esta decisión valiente y sabia fueron notorias [...] supervisó con incomparable elegancia los preparativos electorales y [...] después presentó el proyecto de Constitución a la Asamblea Nacional».

Preuß, H., *Das deutsche Volk und die Politik*, Jena, Diederichs, 1915. El término *Obrigkeitsstaat* fue acuñado como concepto por Preuss y había sido manejado ya ampliamente en otro trabajo de 1916, *Obrigkeitsstaat und grossdeutscher Gedanke. Zwei Vorträge*, Jena.

hasta el momento, se ha consumado con un orden que para una revolución de tan formidable significado es, se mire como se quiera, tan sorprendente como prodigioso[4]. No paran, aun así, de escucharse gran número de voces que transmiten una suerte de nostalgia por el antiguo *Obrigkeitsstaat*, muchas de ellas expresadas también por soldados que de ningún modo habían sido partidarios suyos, al menos hasta ahora. Lo que políticamente es un sinsentido, pero que psicológicamente puede ser explicable. Pues si la extremada vejez de ese *Obrigkeitsstaat* fue causa de su quiebra y caída, también lo es igualmente que lo aparecido en su lugar tenga poco que ver con una democracia, y sea más bien un sistema idéntico

---

[4] El anuncio de la abdicación de la corona de Guillermo II, el 9 de noviembre, y la casi simultánea renuncia del canciller Max von Baden en favor de Ebert, el líder de la socialdemocracia, seguido de la proclamación de la República y la autoconstitución como Consejo (*Rat*) de un grupo de cien cabecillas revolucionarios (*Revolutionären Obleuten*) de las grandes industrias de Berlín, generó una dualidad de centros de decisión y puso el poder en manos de dos órganos: el Consejo de Comisarios del Pueblo (*Rat der Volksbeauftragten*), instancia revolucionaria estructurada al modo soviético, y el gobierno de Ebert, continuador formal del gobierno del *Reich* derrocado, que operaba a través de la vieja administración imperial que se mantenía en sus puestos orgánico-burocráticos como si nada hubiera sucedido. El conflicto entre los *Räte* y el gobierno de Ebert marcaría los primeros años de la Revolución generando una dicotomía insostenible que, aunque inicialmente y en el momento en que escribía Preuss parecía favorable a los *soviets*, los acontecimientos terminarían encauzando en favor del lado del Gobierno. Justamente a ese reposicionamiento hacia la opción de Ebert favoreció definitivamente este artículo, que marcaba, además de un objetivo final construido en el consenso, todo un programa de acción: la elección de una Asamblea Nacional que operase como poder constituyente repudiada e incompatible por principio desde el ideario que sostenían los consejos.

al pasado solo que equívoco en su forma (*umgedrehtes Obrigkeitssystem*). Es más, si en el pasado muy poco tenían que decir los *Bürger*, ahora ese poco se ha tornado en absolutamente nada. De resultas que, mucho más que antes, el pueblo en su totalidad se ha convertido en el mero objeto de un gobierno que legisla sobre él valiéndose de los más inescrutables consejos. Esta vez, eso sí, sin invocar la misericordia divina, sino encomendándose a otra piedad igualmente inaprensible como es la popular. El título jurídico, sin embargo, es en ambos casos el mismo: el poder (*Macht*); o incluso mejor, una razonable creencia en el poder coactivo (*Gewalt*) que tras él subyace. Abreviando, estamos ante el mismo régimen autoritario, solo que presentado esta vez de forma confusa y disimulada.

Podría ciertamente objetársele a la *Bürgertum*, en el desgraciadamente angosto sentido que esta expresión ha adquirido[5], la carencia que le asiste de cualquier derecho a quejarse sobre su exclusión, por el tanto de culpa que soporta al haber sido sus propios pecados políticos de omisión, su servilismo y su apatía, los causantes en gran medida del sobreenvejecimiento de aquel sistema autoritario (*Obrigkeitssystem*) y, como consecuencia, de su presente hundimiento. Resulta por lo mismo indudable que los cambios experimentados tanto por esa *Bürgertum* como por los viejos partidos, nunca habrían tenido lugar si de sus propias fuerzas hubiera de-

---

[5] En el texto se utiliza el término *Bürgertum* para referirse tanto a la categoría política de ciudadano como a la noción sociológica de burgués. En el fondo subyace la idea, extendida entre un sector importante de los autores alemanes, de la incapacidad de la sociedad burguesa de erigirse en ciudadanos y de las trascendentales consecuencias constitucionales que del hecho derivaban.

pendido que acontecieran. Es por lo mismo comprensible que los organizadores de la revolución deseen saborear sus frutos en exclusiva. Anhelos imposibles, no obstante, por el hecho no solo del propio desarrollo de la libertad política, bajo cuyo lema los mencionados cambios han llegado a efectuarse, sino por lo que tendrían de perdición para la suerte de nuestro pueblo alemán tan duramente golpeado.

La llamada política de los viejos partidos y sus dirigentes era miserable, cierto, pero tanto como lo eran la política y los dirigentes del viejo *Obrigkeitsstaat* con el que estaban interrelacionados. La culpa, ya se sabe, lo mismo viene que va. Aquel que, sin embargo, sostiene un convencimiento que no le viene de ayer o anteayer, quien a través de los años ha mantenido inflexible sus opiniones frente a los viejos dueños del poder (*Machthaber*) e intentado, aunque haya sido infructuosamente, hacerlas valer, ese no callará ante los nuevos amos que ahora lo detentan, sino que alzará frente a ellos la voz para decirles: acabaréis por hacer imposible la nueva vida para el arruinado Estado alemán, para su pueblo alzado y tan duramente castigado, si bajo el signo de la lucha de clases despojáis de sus derechos a su *Bürgertum*. Las intenciones de los actuales detentadores del poder (*Machthaber*) pueden ser todo lo puras y estruendosas que se quiera, pero de ninguna manera podrán rehuir la lógica que lleva aparejada el intento de constituir el Estado alemán arrinconando a la *Bürgertum*, y que a corto plazo conduce inevitablemente al terror bolchevique. Las actuales circunstancias, en las que numerosos elementos *Bürger* dirigen los asuntos públicos bajo los designios de una superioridad que en principio les es ajena, pueden ser consideradas como inevitables por la propia situación de emergencia; pero solo a corto plazo, porque a la larga son insostenibles y así serán consideradas por una parte u otra como insoportables[6].

Si no se ha hallado, como hasta ahora es el caso, la solución para construir una organización político-democrática estable sobre la igualdad de derechos de todos los miembros de la nación, puede que no haya otra salida más que la violencia y la completa ruina de la vida económica que lleva implícita, tras la desaparición de cualquier sombra de ley[7]. Por tales caminos, bien pueden transitar los que sueñan con poder imponer el dominio total del proletariado internacional, persiguiendo sus objetivos a costa de la destrucción de todos los elementos estructurales de la nación. Nunca los seguirán, sin embargo, aquellos que, debiendo unirse entusiasta y pacíficamente a los elementos nacionales que aún permanecen al margen, desean rescatar de su gran postración al democrático Estado alemán. Llegados a este punto, los caminos de pronto se dividen y sin vuelta atrás. Se trata aquí de una pregunta sobre si la «orientación es al este o al oeste» y planteada en un sentido tan novedoso como terrible. Como los reaccionarios, a contracorriente, hemos buscado una evolución del tipo

---

[6] La constitución de *Räte* se había extendido por todo el *Reich* de manera que los revolucionarios sustituían en todas las instituciones federales, locales y de los antiguos estados a las autoridades, manteniendo en sus funciones a la burocracia administrativa compuesta por los funcionarios que habían jurado lealtad al Imperio.

[7] Se está refiriendo al momento en que vive, marcado por la ocupación de fábricas y la puesta en marcha de los proyectos de socialización de la producción, al estilo de lo que acaba de suceder en Rusia.

de las «democracias occidentales»; aunque no solo los liberales hayan acudido al reclamo, porque lo han hecho igualmente los socialdemócratas. ¿Es que ahora queremos, en su lugar, un remedo del bolchevismo, la fotografía en negativo del zarismo ruso? En una suerte de epigramática gravedad, pero en el fondo dando en el clavo, acaba de escribir Albert Thomas en «*L'Humanité*»: «O Wilson o Lenin, o la democracia emanada de la Revolución Francesa y que la República americana encarna, o las brutales formas del fanatismo ruso. Se tiene que elegir.»

Si la suerte fatal de todas las revoluciones fuera que la Gironda hubiera de ser arrollada por el gobierno del terror jacobino, del mismo modo lo sería el de ser vencida por el regimiento de soldados que rescata a la sociedad. Que eso no tiene necesariamente que ser así, lo demuestra mejor que nada la evolución tanto inglesa como americana. Para el rumbo que las cosas han de tomar, en nuestro caso, tanto la actitud como el ánimo de la *Bürgertum* son de una enorme trascendencia. Para eludir la espantosa alternancia entre el terror blanco y rojo, nuestra única expectativa es la de que una poderosa y decidida corriente entre la *Bürgertum* alemana, bien asentada sobre el plano de los hechos consumados, muestre su cabeza, pero no doblando la cerviz y sin voluntad ante la autoridad (*Obrigkeit*), tal y como la ha doblado tanto tiempo ante los viejos mandamases para desgracia del pueblo alemán[8], sino considerando ade-

---

[8] El *Súbdito* de Heinrich Mann (*Der Untertan*, redactado antes de la guerra, pero publicado oficialmente en 1918), la famosa novela que en aquellos momentos triunfaba, narra espléndidamente la situación de sumisión en que se encontraba el «ciudadano» alemán bajo el Imperio, a ello parece aludir Preuss con la frase anterior.

más, plena y responsablemente, a aquellos que se les unan en la empresa como a iguales en derechos a los que no podrá marginar. *Bürgertum* que no deberá ni querrá prestarse a servir de avanzadilla para las pretensiones de la reacción, porque deseará marchar hombro con hombro junto a los nuevos poderes, y no para servir precisamente de peón sino en pie de igualdad con los demás compañeros.

No serán las aisladas contradicciones de la clase frente al grupo, ni del partido contra el estamento, quienes pueden crear la democracia alemana, sino el conjunto de su pueblo representado en Asamblea Nacional (*Nationalversammlung*) surgida de una plena y democrática elección. *Volksstaat* que urge constituir, so pena de infligir a la ya suficientemente vapuleada población alemana daños irreparables que la hundan todavía más en la miseria. Una democracia, ciertamente, que ha de estar imbuida por un fuerte espíritu de progreso social, pero cuyos fundamentos políticos nunca podrán ser los de la lucha de clases, la opresión de un determinado estrato de la sociedad por otro, sino exclusivamente los de la unidad e igualdad de los miembros de la nación. Las luchas sociopolíticas que irremediablemente se darán en el futuro, corresponde enmarcarlas pacíficamente en el texto de la Constitución democrática que habrá de redactarse. La posición que se le planteará a la constituida Asamblea Nacional (*Nationalversammlung*) de la democracia alemana es idéntica a la que pueda mantenerse frente a la alternativa: democracia o bolchevismo.

III. TEXTOS DE RICHARD THOMA EN EL MOMENTO CONSTITUYENTE

1. Artículos de prensa entre 1918-1920

1.1. *¿República o Monarquía?**

Por doquier bulle la ciudadanía y el acontecer político se anima. Los más amplios círculos hacen resueltos su aparición sobre la superficie de la democracia, en el nuevo edificio del *Reich* y el Estado, con su derecho del pueblo a determinar su destino. En los oprimidos corazones, el *Anschluss* germano-austríaco suscita esperanzas[9], se crean los organismos de nuevos partidos, y se presentan planes constituyentes que, si aún lo hacen tímidamente, no por eso son debatidos con menor pasión. Pero no nos equivoquemos: tan claramente como la prensa liberal y los políticos de idéntico signo reclaman con todos sus matices la forma republicana de Estado, cuando no es cosa que dan por hecha, en el corazón de los ciudadanos, funcionarios y labradores, se agita la contradicción que, surgida por el apuro que causa el leal apego a la dinastía[10], amenaza con enturbiar el

---

* Aparecido en *Neue Badische Landeszeitung* el 21 de noviembre de 1918.

[9] Se refiere a la posibilidad de crear un Estado alemán único que incluyera a Austria, algo que vetaría expresamente el Tratado de Versalles y que solo sería posible con el advenimiento del nazismo.

[10] Se está refiriendo a la dinastía local, los grandes duques de Baden que desde 1871 estaban integrados en el *Reich*, y que eran los monarcas más liberales del imperio. El último canciller Max de Baden era también el heredero del trono del pequeño territorio, católico y partidario de la progresiva democratización de la política.

frío y sereno juicio político. ¿Es esto igual entre los retornados del frente? Como mínimo, no podemos dar por sentado que no lo sea.

Lo cierto es, y lo sé de buena fuente, que en el gran ducado de Baden ha comenzado a extenderse, discretamente y sin ruido ninguno, un rechazo contra la imposición del republicanismo, con el que los partidarios de este, ni a tiempo ni seriamente han podido enfrentarse. Algo que, en realidad, tiene todo el fundamento además de ser de lo más agradable y, por otra parte, a lo que mucha gente se adapta con toda rapidez. Ninguna otra casa principesca alemana —esto hay que decirlo, y justamente ahora, alto y con toda claridad— tiene sus raíces tan profunda y firmemente arraigadas en el pueblo como la de Baden. El recuerdo de Federico I. La memoria de un carácter tan benéfico y fiel cumplidor de su deber como fue el de Federico II. La venerable dignidad de una figura como la de la vieja gran duquesa Luisa, cuyo mismo título era el de las virtudes alemanas, y que, con su incansable actividad cristiana a lo largo de décadas, y en la mayor de las medidas durante la guerra, fue consuelo y ayuda de los dolientes. La brillante imagen del príncipe Max, que se atrevió, incluso sin la determinación de la justa fuerza, sino con su voluntad de sacrificio y fecundidad de ideas, a hacerse cargo de los empeños del *Reich* en la más turbulenta de las ocasiones. Figuras y contribuciones, todas ellas, a las que nadie en Baden dejará nunca de admirar con orgullo y agradecimiento.

Lo que nuestros conciudadanos del principado desean saber es que, cuando próximamente la Asamblea del *Land* estampille su sello sobre la «República del pueblo de Baden», no lo hará sobre el fundamento de la ingratitud y del cobarde rechazo al sentimiento de nuestros corazones, sino en el sentido de la más alta ventura y en el de nuestro deber de servir a los mayores ideales nacionales. Es la huida de Berlín del Káiser, es la desdeñosa caída de los Habsburgo, que a dos grandes dinastías y sobre todo a la idea monárquica se habían irremisiblemente comprometido. Es el hecho de que, tras toda la experiencia hasta aquí acumulada, al Imperio Austro-Germano solo es posible ganarlo para la república. ¡Esto es lo decisivo! Y si el *Reich* es una república, naturalmente entonces, sobre la cúspide de ese único Estado, que resultará tras superar las minucias propias de estaditos minúsculos, no podrá figurar monarca ninguno.

Dar alas a la cuestión de «monarquía o república», hasta hacerla figurar como primordial, es algo que carece de sentido. Entonces, ¿dónde reside el meollo de la cuestión? A nadie sensato se le ocurre la idea de resucitar el hasta aquí habido constitucionalismo. El nuevo *Reich*, los nuevos estados, será gobernado parlamentariamente. El que, como en la mayor parte de las ocasiones, la cabeza del Estado tenga carácter decorativo y la ocupe un presidente electo o alguien por título hereditario, no es cosa que precisamente carezca de importancia, si bien encuentre yo como sistema más apropiado y conveniente el de culminación monárquica (siempre y cuando, claro está, se tenga a disposición una cabeza coronada que reúna sobre ella tanto la tradición como el favor popular), pero no es tan importante, sobre todo a la vista de la deriva que toman los acontecimientos, como para que este asunto sirva de controversia entre unos políticos que más han de ponerse de acuerdo sobre cuestiones vitales, lo mismo de la política que de la economía.

La más importante, y que nunca repetiré lo bastante, es esto: todo monárquico que, para erigir el Estado democrático *(Volksstaat)* liberal y republicano, preste actualmente su ayuda a los partidos, ya sean estos de izquierda, socialdemócratas o burgueses, ha de saber que al hacerlo se ha decidido por una senda la que no podrá hallar la realización de sus monárquicos anhelos. Pues una cosa está meridianamente clara: en el nuevo Estado alemán *(Volksstaat)*, la democracia alemana, no es un referéndum (al que por mi parte nada atribuyo) lo que ha de garantizar al pueblo, sino muy al contrario su derecho de iniciativa (expresada en el Parlamento). Y es ahí, precisamente, donde los monárquicos, una vez consolidado el edificio de la República, pueden hacer saber, con todo el peso de su opinión y finalizado el periodo electoral legislativo, su deseo de tener una presidencia de carácter hereditario, esto es, a un Káiser legalmente entronizado en su cúspide. Y si es el caso de que sean seguidos por una imponente mayoría, habrán entonces conseguido dominar el juego en el *Reich*, y aun posteriormente quizá entre algunos estados.

Lo que vale aquí y ahora no es otra cosa que la ¡libre determinación del pueblo libre! Único camino, me atrevo a decir, que a los monárquicos puede ofrecerles una posibilidad de triunfo. Porque con todo lo que ha ocurrido hasta el presente, tan solo la voluntad de las masas podría llevar a consagrar una nueva entronización. Y esta es reflexión que deberían hacerse los partidarios de la monarquía, si lo que desean en este momento es mantener vivos sus sentimientos. El más importante de los objetivos a alcanzar ahora es el de la unitaria conformación de un *Reich* austro-alemán. Un *Reich* de libertad, orden y paz. Y para conseguirlo, al menos hoy, la República es el único medio, el imprescindible además, para poder solventar incluso los peligros imprevisibles.

1.2. Juventud y democracia*

[Los partidos democráticos convocaron para la tarde de ayer un acto especialmente destinado a la juventud universitaria, que se celebró en el pabellón de deportes de la Klingenteich, y transcurrió en medio del mayor interés. Tres docentes universitarios, los profesores Thoma, Dibelius y Hellpach, que estuvieron a disposición de la audiencia como oradores, ofrecieron en sus respectivas intervenciones una significativa visión de lo que para el trabajador intelectual suponen las condiciones de la democracia, al tiempo que se manifestaron sobre diversos problemas políticos de la actualidad.

El profesor Sr. Hausrath hizo las presentaciones y dirigió el debate.[11]]

El profesor Dr. Thoma,
dirigiéndose al público asistente, en primer lugar, aludió en su introducción a la naturaleza de liderazgo cuya falta había sido tan ostensible en el viejo sistema; una falta de líderes, cuya selección únicamente puede lograrse en un parlamentarismo asentado sobre la colaboración de todos los segmentos sociales. Todo aquel que en la nueva Alemania desee postularse como políti-

---

* Publicado en el *Heidelberger Neueste Nachrichten* del 16 de diciembre 1918.

[11] Se trata de una crónica periodística que recoge un resumen de la intervención de Thoma en un acto público y no de un artículo de prensa directamente redactado por el autor.

co, tendrá que manifestarse abiertamente favorable a la democracia y habrá de poder encontrar su apoyo en las masas. Acto seguido, centró su atención el conferenciante sobre lo esencial de la democracia, y aclaró que, si tanto él como sus amigos políticos habían adoptado una posición firme e ilusionada en ese terreno, lo hacían así porque no habían perdido su fe en el futuro del pueblo alemán, que tantos sufrimientos ha padecido, pero que también había hecho tantas aportaciones. La meta de la democracia sería cooperar al triunfo del ideal de justicia social, y es a impulsos de lo social que el egoísmo del individuo ha de ser refrenado. Se refirió también a la *Sociedad de Naciones*, que para que llegue a ser una realidad, dijo, precisa primero que se señalen sus límites, a la vista del poder imperialista de Estados como Inglaterra, los Estados Unidos y Japón. El conferenciante se remitió más adelante a que, en la nueva Alemania, el libre desarrollo del talento habrá de estar asegurado, el sistema aristocrático hereditario quebrado, y el camino para la socialización, encauzado dentro de ciertos límites, abierto. Una reforma social de altos vuelos es imprescindible. El siglo XX no puede alcanzar su mitad sin redimirse del oprobio del XIX y, añadió, es preciso alcanzar el ideal evolutivo de toda la humanidad. Empresa, concluyó, que no puede quedar al margen de la juventud alemana, porque nos son imprescindibles dirigentes políticos, trabajadores intelectuales, cuya casa política natural se halla en los partidos democráticos alemanes.

El profesor Dr. Dibelius,
que accedió a continuación al podio, se extendió de un modo general sobre la relación de los dedicados al

trabajo intelectual con la política, manifestándose en contra de los eslóganes al uso que, en los últimos años, tanto mal han hecho y a tantas cabezas han desconcertado. El marco de la democracia sería aquel que precisa de ser completado, no precisamente con eslóganes, sino con metas a conseguir. Se adentró luego el orador en el campo de las relaciones Iglesia-Estado, y en el esfuerzo por no compartimentar el poder de aquella. Todos han de contribuir, siguió el profesor Dibelius, a que determinados intereses estamentales no acaben por dominar nuestra vida. Y si en el porvenir, el trabajador intelectual no forma parte de ese esfuerzo, la culpa será solo suya. Precisamente de estos, y de su posible influencia en el ámbito de la socialdemocracia, bien poco se ha oído en las últimas semanas. El nombramiento de Adolf Hoffmann para el ministerio prusiano de cultura fue, antes que nada, una mofa deliberada para el concreto menester intelectual, al que cuantas más personalidades en el ámbito de la política se dediquen, tantas más posibilidades habrá, a su vez, de que contribuyan con sus aportaciones a crear entre nosotros una atmósfera favorable de la que nuevamente llegue a surgir un gran genio político. El trabajo político realizado fuera de un partido es diletantismo, porque a través suyo ni a personas ni a masas se pone en movimiento. La Patria, tan gravemente derrotada, concluyó el conferenciante, anhela la realización de ese quehacer, y ya no le es posible seguir como hasta ahora en actitud de espera.

El profesor Dr. Hellpach,
recordó al introducir su exposición que, en el transcurso de aproximadamente 195 años, el pueblo alemán había sido por tres veces gravemente quebrantado: en

Jena, en Olmütz, y ahora en esta guerra. Una sucesión de derrotas que forzosamente ha de tener su origen en un error de construcción. La responsabilidad de tal encadenamiento de fracasos ha de serle adjudicada, opina el profesor Hellpach, a la mentalidad germano-prusiana, que de tan múltiples modos se hace valer y tanto influye en todo lo que abarca nuestra vida, que tanto contribuye a constreñir la multiplicidad de talentos que puede albergar el ser humano, y cuyo resultado ha sido el de impedir la concreción de las ideas sobre el mundo de la política. Es lo más cercano a una tragedia que el ciudadano alemán apenas haya tenido participación, si es que alguna vez así hubiera sido de algún modo, en la configuración del Estado. Semejante sistema es lo que ahora se habría venido abajo.

Las palabras de Fichte: «Ha de mostrarse ahora lo que la misma Alemania es y lo que no es», resaltan con toda su plena vigencia en el momento presente, dijo el profesor Hellpach. La antítesis de la libertad es lo que habría arremetido contra el viejo sistema, y lo que restaría en forma de objetivo sería una síntesis de libertad y amenaza. Al trabajador intelectual lo que lo separaría de la socialdemocracia no sería otra cosa más que la práctica imposibilidad de hallar en ese partido espacio para una personalidad de espíritu creativo. En tal sentido, el congreso que dicho partido celebró en Dresde fue una humillación en toda regla para los que aspiran a la creatividad con sus ideas. Allí, los discursos mostraron lo mucho que la socialdemocracia se ha aproximado a la perspectiva burguesa del mundo. Ese partido apenas podrá hoy día hacer otra cosa que seguir el programa democrático. La democracia aspira en sus designios a la libertad del individuo y al orden del conjunto, afirmó el orador, y sus expectativas sobre la juventud se cifran, señaló seguidamente, en que esta renueve por completo las ideas en cuanto a la política exterior, en que ofrezca una interpretación significativa de lo que supone la relación del hombre con la tierra, etc. Creer que en adelante dejará de haber política exterior, es pura y simplemente una majadería. Absolutamente nadie, amparándose en que el Estado habría encontrado una forma permanente de existencia, podrá decir con toda seguridad que no se producirá en el futuro una nueva guerra. Con toda nuestra alma hemos de ponernos al servicio del Estado, concluyó el profesor Hellpach, y dedicarnos a impulsar la construcción de su nuevo edificio. Nosotros, que transitamos ahora por la oscura noche de la derrota, tenemos sin embargo que mantener la fe en el pronto retorno del claro del día.

[Los discursos fueron acogidos con entusiasmo por el gran número de oyentes que congregó el acto.

Diversos estudiantes de ambos sexos tomaron la palabra en el turno de preguntas, generalmente para expresar un pensamiento contrario a lo que allí se había dicho, sin lograr no obstante presentar ante la audiencia argumentos convincentes. La Sra. Lissauer defendió el socialismo. Igualmente, un hombre del grupo espartaquista, que se había hecho notar por sus interrupciones mientras los oradores intervenían, se dirigió al público de la sala con un puñado de tan manidos como falsos trucos oratorios. Siguió un señor que desde las gradas superiores se dijo demócrata, y luego el señor Schöll, como replicante de quienes habían contradicho al profesor Hellpach. El profesor, Sr. Heinsheimer, cerró el acto con una sugestiva llamada a integrarse en los partidos democráticos alemanes.]

1.3. La renuncia al trono del Káiser. Un debate jurídico-político*

La transición de Prusia y el *Reich* alemán, de la monarquía a la forma republicana de Estado, se ha realizado por la vía de un movimiento revolucionario de carácter subversivo, y por mucho que surjan determinadas dudas y se formulen ciertas cuestiones jurídicas sobre si es a partir de la tarde del 9 de noviembre cuando ha de proclamarse la validez, en todos los rincones del *Reich*, de los plenos efectos jurídicos de la revolución triunfante y las disposiciones de los nuevos amos del poder como legalmente válidas y vigentes, algo hay que puede afirmarse como inamovible: ni aquello que dimane del mandato popular, ni lo que la Asamblea Nacional disponga en torno al nuevo Derecho Político (*Staatsrecht*), alterará de ningún modo, ni el cómo, ni el cuándo, o con qué clase de limitaciones, la efectividad de la renuncia al trono que Guillermo II ha efectuado. Donde la dinastía en pleno ha sido destronada y la monarquía abolida, y a la nueva forma de Estado poco le importa la cuestión, por lo que al inicio del punto de partida para la creación de su nuevo Derecho Político (*Staatsrecht*) se refiere, de quién sea el último vástago de la dinastía real que se haya sentado en el trono.

Importa sí, la cuestión enfocada acerca de cuáles han sido las circunstancias legales en las que la dinastía destronada se ha desenvuelto, y tienen importancia para la toma de consideración histórica, así como para la formación de juicio sobre su comportamiento moral y po-

---

* *Frankfurter Zeitung,* jueves 21 de agosto de 1919.

lítico en estos días decisivos, en lo que se refiera a la actuación de la que son responsables sus personalidades.

Un punto, el primero, sobre el que no me detendré más de lo preciso. El que Guillermo II, el 9 de noviembre, no solo albergaba el proyecto de renunciar al trono, sino que efectivamente llevó a cabo tal renuncia abandonándolo (por mucho que gran parte de los detalles del hecho se desconozcan), es un hecho, tal y como se desprende de la descripción que el conde Schulenburg hizo de los sucesos ocurridos el 9 de noviembre; lo que publicaría el *Deutsche Tageszeitung* del 17 de julio, o más recientemente, aparecería en una interpretación que de los mismos hechos hacía el príncipe Max von Baden (y publicó el *Frankfurter Zeitung* en su segunda edición matinal del 9 de agosto). Que ambos testimonios incidan en que esa renuncia fue solo parcial y referida únicamente a su dignidad como Káiser alemán, pero no a la de rey de Prusia, es cuestión a la que volveré, porque ambas dignidades se hallaban jurídica e indisolublemente unidas; de manera que la pretensión de mantener reservada para sí la corona de Prusia convertiría automáticamente en nula y carente de efectos la renuncia al trono del 9 de noviembre. La renuncia expresa a la dignidad real e imperial, que tuvo lugar el día 28 de noviembre de 1918 en Ameronge, es sin embargo lo importante. Pues ese día, 28 de noviembre de 1918, se abolieron sin dudas de ninguna clase tanto el imperio alemán como el reinado de Prusia. Guillermo II renunció a un trono que ya de ninguna manera posee, y por muchos que sean los significados que en ciertos aspectos pretendan buscarse, semejante actuación carece por completo de significación jurídica[12]. De tal modo que, en relación a los efectos que ambos actos de renuncia conllevan, Guillermo II permanece como cabeza de la aristocrática realeza y legítimo poseedor del patrimonio de la otrora casa real.

No es tan sencillo, pese a lo por otra parte inequívo, en lo que comporta para el jurista, el juicio que se ha de formular sobre las efectivas cuestiones materiales relacionadas, por un lado, con las propuestas y actuaciones del gobierno del *Reich*, y por el otro, con las realizadas por los consejeros del Káiser en las decisivas jornadas de noviembre. Y es que aquí no se trata únicamente de si una renuncia al trono era pura y jurídico-políticamente posible, sino el porqué de la misma y, sobre todo, si un acto de renuncia semejante pueda ser comprensiblemente observado como posible y llevado a término, en el seno del círculo que le es propio a un hombre con idea del Estado y formación jurídico-política.

El príncipe Max von Baden, en la antes citada composición hecha por él sobre los hechos, «del 9 de noviembre de 1918», dice: «Desde el punto de vista político, sin embargo, nadie por sí mismo hubiera podido imaginar un compromiso semejante, carente de sentido lo mismo jurídica que políticamente». ¡Algo completamente cierto! Y que por otra parte la vieja Constitución bismarkiana expresaba, a tenor de la literalidad de su artículo 11, estableciendo indubitadamente la vincula-

---

[12] Está aludiendo al hecho de que la renuncia al trono imperial anunciada por Max de Baden el 9 de noviembre no contaba con la firma de Guillermo II, que había huido a Holanda y vacilaba en signar su renuncia al trono, y solo tuvo la aceptación del monarca el 28 de noviembre cuando los acontecimientos habían dictado ya su juicio inapelable.

ción del *Reich* con la corona de Prusia: «La presidencia de la federación corresponde al rey de Prusia, que la ostenta con el título de Káiser»; es decir, otorgando al Estado de Prusia y a su casa real tan trascendente prerrogativa como la del mando de la presidencia federal (*Praesidium)*, con sus correspondientes competencias y el poder tan efectivo como real que comporta. Igualmente, la literatura remite con carácter general a la cuestión sobre si Prusia o su monarca, mediante ese aquí mentado y preciado derecho que como miembro posee, fundamento y expresión de un afianzamiento hegemónico que, como es natural, no siempre ha tomado en consideración en la plenitud de sus términos, podrían renunciar, o más bien desentenderse, de ejercer ese derecho y las obligaciones que lleva aparejadas. Sobre tal particular, bastará con leer en toda su extensión la constitución de Bismark para convencerse de que el desempeño de las competencias del Káiser suponía, conforme al texto constitucional, una obligación para el correspondiente titular de la corona de Prusia (o del regente para el caso de incapacidad en la persona real). Hasta tal punto eso era así, que una cesión del poder imperial a otro príncipe de la federación o personalidad cualesquiera hubiera significado la aniquilación del completo entramado jurídico constitucional y una ruptura revolucionaria del derecho hasta entonces vigente. Todo ello, primeramente tratado de modo exhaustivo por Albert Hänel en su *Studien zum deutschen Staatsrecht* (vol. II, 1880, pp. 56 y ss.).

Por el contrario, Prusia, debido a su tamaño, tampoco hubiera podido ser objeto de un procedimiento ejecutivo federal, que no hubiera supuesto otra cosa más que despojo y decaimiento del poder imperial, al quedar anulada la prerrogativa y el derecho de Prusia en el Consejo Federal (*Bundesrat*); interpretación que sigue, entre otras razones, al propio art. 11, cuyo texto expresaba que: «el titular del poder del Estado en Prusia siempre y necesariamente es al mismo tiempo el titular del poder imperial en el *Reich*». Lo cual jamás ha sido puesto en duda, sino al contrario, y de forma tan unánime como enérgicamente recalcada en la copiosa literatura, tan rica por otra parte en controversias, que ha suscitado el Derecho Político (*Staatsrecht*) del *Reich* alemán. Me conformaré, al respecto, con citar tan solo las dos obras que más difusión e influencia han logrado: Laband, en su *Staatsrecht des Deutschen Reichs* (vol. I, V ed., 1911, pp. 217 y 220): «El ejercicio del derecho como miembro de Prusia y el desempeño de la potestad presidencial del *Reich*, bajo ninguna circunstancia y en ningún caso, pueden separarse ni ser objeto de reparto entre distintos sujetos». Asimismo, en Georg Meyer-Anschütz, *Lehrbuch des deutschen Staatsrechts* (7.ª ed., de 1914, p. 500 y ss.: «[...] principio, de que la persona del rey de Prusia y el Káiser alemán han de ser uno y la misma persona». En Georg Meyer-Anschütz se dice, a mayores, que la renuncia al trono del rey de Prusia encierra en sí necesariamente la renuncia a la dignidad de Káiser; la renuncia a esta última por dicho rey queda, por otra parte, expresamente, al margen de cualquier comentario. No es precisamente que falte, en fin, literatura que acredite la explícita negativa sobre la cuestión. P. Abraham, en «La renuncia al trono según el derecho político alemán» (Berlín 1906), dice en su página 20 y ss., con meridiana claridad: «La abdicación del Káiser es jurídicamente improcedente [...] Cabría que el Káiser alemán declarara la renuncia a su dignidad y a la relación de dependencia orgánica que ocupa, pero si no lo hiciera igualmente y al mismo tiempo respecto a su posición real en Prusia, esa renuncia sería *ipso iure* nula, cualquiera que hubiera sido la forma y las circunstancias en que la hubiera declarado. El Káiser alemán permanece siéndolo en tanto sea a su vez rey de Prusia».

He de añadir, por fin, que Anschütz, en un dictamen por él elaborado pero que todavía no ha sido dado a la publicidad, apoya de hecho estas afirmaciones basándose en nuevas razones.

Efectivamente: la facultad para de por sí desprenderse de la dignidad imperial pondría en manos del rey de Prusia la simple posibilidad de, por puro interés dinástico local, destruir la obra del *Reich*, de romper cetro y espada, o de poner arbitrariamente ambos símbolos en manos sin derecho a ello. Semejante potestad es por eso por lo que no existe fuera de sus límites legales, y los actos jurídicos requeridos pero realizados al margen de sus vías serían nulos.

Aquí el derecho es deber, o tanto como decir, permanecer en él por completo y por sus vías realizar todo el camino. Queda diáfanamente claro, que nadie de entre los hombres de Estado, que se reclamen parte del Derecho Político (*Staatsrecht*) alemán, podrá admitir que con la «abdicación del Káiser» se dice nada que no sea su prevista y reservada abdicación como Káiser y como Rey. Inventar un «compromiso» de renuncia parcial y adjudicárselo a labios del Káiser, es cosa que queda reservada para el general conde de Schulenburg, el mismo que aquel 9 de noviembre tan clamorosa falta de criterio había mostrado.

1.4. *El principio mayoritario**

En el momento presente, donde libre de barreras se hace realidad la reivindicación de construir una democracia basada sobre el principio de las mayorías, bien puede un trabajo como el de Starosolskyj[13], que indaga en un escrito tan amplio como sugerente sobre el origen, esencia y valor de ese principio, ser calificado ahora como particularmente oportuno. Los problemas de los que trata han sido, como es natural, considerados desde antiguo. Aristóteles el primero y prominente. Otto von Gierke ha desplegado ante nosotros la gran riqueza de instituciones que tanto el derecho canónico como el civil de las edades Media y Moderna crearon —un sinfín de corporaciones, sociedades y colectividades de todo tipo, puestas en marcha bajo la general advocación de un más o menos completo reconocimiento del principio mayoritario—, mostrándonos, a mayores, el nexo común a canonistas, iusnaturalistas y legistas sobre la teoría del principio de decisión mayoritaria. En la doctrina del derecho natural, la cuestión de las relaciones que a tal principio son inherentes se constituye en un pacto de Estado, y la prueba del carácter natural de tal principio, en elemento nuclear de su discurso. Al final, tanto la moderna teoría política como la sociología, tampoco han podido pasar de largo sobre el asunto. Cosa que repercute en lo que

---

* *Deutsche Literaturzeitung*, editado en Berlín por el profesor Dr. Paul Hinneberg el 4 de octubre de 1919, n.º 40.

[13] Wolodymyr Starosolskyj [Dr.], *Das Majoritätsprinzip* [Wiener staatswissenschaftliche Studien, ed. de Edmund Bernatzik y Eugen von Philippovich, vol. 13, fasc. 2], Viena y Leipzig, Franz Deuticke, 1916.

nuestro autor por su parte propone, y especialmente se comprueba al citar la ponencia que Jellinek hizo sobre el derecho de las minorías (1898). Algo que está de manifiesto, por otra parte, además de en Gierke, en Preuss, Simmel, Tönnies, entre otros, cuyas posteriores hechuras y sugerencias se ofrecen a reflexiones que recoge como parte de su tarea el autor.

La estructura de su estudio es tal, que el autor lo primero en que fija su atención es en la «sociología del principio mayoritario», en tanto que, tratándose de sus orígenes, estos se hallan en la necesaria unanimidad de que precisaban los grupos primitivos, así como de la caracterización diferenciada entre los grupos de poder y las agrupaciones de mayorías. Le sigue un apartado centrado en los distintos intentos de justificación del principio mayoritario, a los que luego volveré, y continúa bajo el particular título de: «Exposición sistemática», con el análisis de la cuestión sobre el cuándo y el porqué de la decisión por mayoría, pese a la que pueda ser objetiva y funcional «inferioridad de la masa» (referida naturalmente a la voluntariedad de decisión, no a la pura resolución intelectual de la cuestión), así como a la ponderación de las relaciones del principio mayoritario respecto a los subjetivos valores políticos y ciudadanos de libertad e igualdad. La conclusión a la que llega el autor —en el apartado que titula: «El principio mayoritario y el derecho», para mí el más flojo del texto—, en cualquier caso, defrauda, pues presenta al mentado principio, en virtud de una enorme riqueza de formas jurídicas, como parcial y alternativamente garantizado, modificado, o desactivado por la moderna democracia, para conseguir de ese modo y con todo tipo de fantasmales conceptos machacar a la doctrina corporativa.

Naturalmente, creaciones corporativas e inflexiones de un grupo bajo decisión de su mayoría son en efecto fenómenos jurídico-sociales estrechamente hermanados, idénticos en múltiples aspectos, y por ello, para el autor, en este contexto, aparecen como motivo para realizar del modo más sugerente un desglose del principio de las mayorías:

> La función social del principio mayoritario consiste en que salvaguarda la unidad del grupo, respecto a lo que en él se dispone, frente a los efectos contrapuestos de la multiplicidad de elementos que lo componen. Tal cometido lo cumple, en su forma germánica, por una minoría a la que se impone la obligación de seguir a la mayoría. En el marco de las relaciones de carácter obligatorio entre las partes, le era entonces formalmente permitido a los que físicamente se batían para continuar viviendo. En el ámbito conceptual de las corporaciones, las partes en conflicto ponen su completa y especial existencia jurídica en juego, puesto que han pasado a ser parte de un todo.
> [...]
> En su práctica efectiva [...] en el seno de la corporación, constituye histórica y conceptualmente el resultado final del desarrollo que, concebido como principio, había comenzado en forma de obligación. (p. 152.)

Lo que es en su contenido cierto y permite a su autor, que no es jurista en su especialidad, pasar de puntillas sobre el embrollo conceptual que subyace en esos, por él mismo propuestos, «órganos» corporativos de los que formarían parte unas «partes en conflicto», esto es, ¡una mayoría y una minoría!

De la lectura de este encomiable y en términos generales interesante estudio, se desprende sin embargo una cierta desilusionante impresión, sobre todo tras las elevadas expectativas que despierta en su introducción (p. 8). Y muy particularmente en el apartado que dedica a la justificación del principio mayoritario. Las observaciones que contiene sobre tales argumentaciones jurídicas deberían a mi juicio haber sido presentadas haciendo mención al hecho de que, junto al cooperativo principio mayoritario según sus miembros, existe igualmente, si así puede denominarse, el capitalista principio de igual nombre que se rige por la correspondiente cuota de participación real —superficie de dominio en las antiguas comunidades rurales y lo mismo para las sociedades por acciones—, asuntos estos que el autor ni siquiera menciona. Se menciona, eso sí, bajo la rúbrica de una «teológica fundamentación», el criterio mayoritario de decisión como sancionado por la divinidad, o su interpretación como resultado de inspiración divina (la elección de Papa); por el contrario, parece escapársele al autor que, en efecto, también las democráticas reivindicaciones de libertad e igualdad para todos los integrantes de la comunidad, en la que el puro domino de la mayoría aparece como necesaria consecuencia, tienen una raíz del más alto significado teológico en el círculo ideológico de los puritanos e independentistas «*covenants*». Hay que conceder, ciertamente, que tales raíces son en principio de una trabajosa comprobación, ciertamente ni en Troeltsch, maestro de la doctrina social de la iglesia, encuentro yo un esclarecimiento satisfactorio, entre otras cosas, porque pasaron a formar parte muy temprano de las generalidades iusnaturalistas, es decir, del círculo de pensamiento racionalista.

Como lagunas del estudio, estas sin embargo de índole más delicada, yo señalaría aquellas opiniones que sobre la ética dan justificación al principio de las mayorías y a las que el autor ni una sola vez se refiere, cuando son, para el moderno democratismo, piedra angular de los postulados éticos que constituyen sus reivindicaciones individuales de libertad, igualdad y autodeterminación, como respuesta a las consecuencias que tendría el considerar, del mismo modo éticamente admisible, la subordinación del individuo a la voluntad de un extraño, con tal de que esta fuera aceptada por la mayoría. Hubiera conducido esto a la senda de Kant, de Fichte, y a un democratismo y un socialismo éticamente fundamentados. Bien es cierto que la historia de esa corriente de ideas no ha sido todavía escrita, y es en tal sentido que me gustaría tomara nuestro autor mi exposición más como estímulo que como reproche de faltas.

1.5. *Por qué me declaro a favor de la democracia**

Respuesta del Dr. Richard Thoma:

No todo aquel que en la política democrática apoya a la mayoría puede decir que se «declara» a favor de la democracia. Pues muchos es por resignación que son demócratas, rendidos ante lo políticamente inevitable. Por mi parte puedo decir, sin embargo, que me declaro partidario de la democracia. Ya antes de la derrota y la revolución pensaba, mucho más tratándose del Estado en el mundo actual, lo necesario que era, igualmente en Alemania, conformar un pueblo que paso a paso y de

---

* Publicado en el *Heidelberger Tageblatt*, miércoles 12 de mayo de 1920. Se trata de una serie de preguntas formuladas a diversos autores sobre el futuro de la democracia en Alemania. Nos hemos limitado a incluir las respuestas de Thoma y Anschütz.

manera cooperativa se gobernara a sí mismo, mediante la rápida y liberal introducción de una normativa social reformadora, la ampliación del derecho electoral[14], una autonomía administrativa y una educación pública. Ya que solo de ese modo se conseguirá desactivar el odio entre las clases, abogando por la dignidad del hombre en toda la extensión de su derecho, para poder elevar así a la nación alemana, firmemente conducida, hacia una auténtica unidad, fuerte y culturalmente renovada. Bien entendido, claro está, el formidable peligro que a mi juicio claramente encierra en sí el democratismo, muy particularmente en el moderno Estado industrializado, en el que arribistas y parlanchines ganan la atención de la masa, donde hábiles financieros corrompen y esquilman al Estado, en el que rige la más chata mediocridad, y donde «lo más bajo sobrepasa a lo más noble». Pero, esa forma de Estado, esa humana institución, protectora de semejante degeneración, ¿es que está en algún lado? Yo sencillamente me veo perdido cuando trato de imaginar algún tipo de forma de gobierno, o estrato social, que no se vea por igual amenazado por las más graves perversiones. Por otra parte, soy del convencimiento de que puede lograrse dotar a la democracia, a la democracia alemana en concreto, de un recto espíritu, conformándola en un constante afán, como un *Reich* de libertad, de jurídica igualdad y de justicia, en el sentido de aquellos ideales que Kant y Fichte nos habían enseñado. Tengo la confianza, y el convencimiento, de que si esa obra se logra —cuyos presupuestos, estadios transitorios y auténticos motivos, que aquí no voy a entrar a

---

[14] El tema electoral era competencia particular de los *Länder* y en Prusia regía el sistema antidemocrático del voto de las tres clases.

desentrañar, ya sean estos puramente nacionales, de carácter aristocrático o liberal—, conducirá a un orden social tan elevado como fructífero. Y soy de la idea, de que el pueblo alemán, convencido por propia conveniencia, ambicionará alcanzar el más alto nivel en su propia conformación.

Nos habíamos imaginado al Estado del pueblo (*Volkstaat*) como fruta madura de la evolución orgánica y la educación. Pero ha resultado que, en lugar de eso, la revolución nos ha arrastrado a un torbellino, de cuyos riesgos es tan solo una incondicional democratización lo que lisa y llanamente nos ofrece rescate. La democracia era y es la tierra firme sobre la que salvarnos, el principio de conservación en nuestras actuales circunstancias. Alemania no puede gobernarse contra los trabajadores y campesinos, ni mucho menos tampoco contra la inteligencia de la burguesía. Ninguna otra vía, a la de la actuación conjunta de todos los estamentos y clases; y nada hay, sino la democracia republicana, las democráticas reformas sociales, y una socialmente equitativa política económica e impositiva. Nuestra patria se enfrenta a las más graves amenazas tanto interiores como exteriores. Y nada nos ayudará ni podrá salvarnos, que no sea la llama sagrada del orgullo y la lealtad nacionales, prendida de nuevo en los corazones de unas difamadas y desilusionadas masas, de un pueblo hambriento, agotado, destrozado, desconsolado y empobrecido, para conducirlo de nuevo al amor de la patria, al trabajo y al deber ciudadano. Una Alemania de la reacción, de los privilegios por nacimiento o riqueza, y del proteccionismo, no logrará algo así ¡jamás! La irrefutable justificación de la democracia es, justamente, la de carácter político nacional.

Por todas las expuestas razones me declaro partidario de la democracia, y aún más, por el hecho cierto, de que en medio de los peligros que nos acechan, y que a todos deberían conducirnos a la reconciliación para poder defendernos del bolchevismo, o de algún tipo de dominio producto de cualquier fantasía reaccionaria (dos cosas que aunque fueran de corta vida no abatirían sobre nosotros otra cosa que muerte, expolio, luchas, dominio extranjero, hambre y todo tipo de apocalípticas calamidades), cabe que gente sensata, independiente y patriota, por puro romanticismo, resentimiento de clase y en un ambiente de oposición, se deje inducir hacia una tan estéril como negativa política antidemocrática, en lugar de hacer valer su crítica en el seno de los tres partidos democráticos con el fin de cooperar efectivamente a la reconstrucción nacional; o lo que es lo mismo, prestando apoyo a los partidos democráticos alemanes, en tanto que libren su espíritu de ultranacionalismo o social democrático doctrinarismo, aunque fuera por pura resignación táctica. Un hecho que ni con la mejor voluntad se explica, digo, pero que figura no obstante entre las múltiples experiencias que hemos acumulado en este tiempo tan convulso como apasionante.

Respuesta del Dr. Gerhard Anschütz:
El mayor error de nuestro viejo Estado fue el que efectivamente cometió excluyendo de su dirección, en la parte que le correspondía, a la clase trabajadora. De manera que esta lo acabó percibiendo, desde su posición marginal, como algo extraño y ajeno en sus asuntos. Éramos un Estado de clases y obtuvimos las correspondientes consecuencias: el resquebrajamiento y, por ende, la debilidad del Estado al completo con la que

hemos tenido que apechugar. Hoy día estamos, con todas las atenuantes que se quiera, ante el mayor de los peligros y a punto de repetir las viejas faltas, cayendo de nuevo en el dominio de clase, solo que esta vez bajo el signo contrario: el del predominio de la clase trabajadora. Por su medio, la burguesía, los titulares de todo aquello que podría reunirse bajo el lema «posesión y educación», se encontrarían en idéntica posición de enemigos del Estado que antes se adjudicaba al proletariado. La fatalidad de sus consecuencias no sería menor que aquella ya mostrada por el viejo sistema. Por lo tanto: igualdad de participación para todas las clases en los asuntos del Estado y ningún dominio de clase sino poder del pueblo. Por eso es por lo que yo me declaro a favor de la democracia.

2. RICHARD THOMA *EL CONCEPTO DE DEMOCRACIA MODERNA EN SU RELACIÓN CON EL CONCEPTO DE ESTADO. PROLEGÓMENOS PARA UN ANÁLISIS DEL ESTADO DEMOCRÁTICO ACTUAL* (1923)*

2.1. *Democracia liberal y radical: la democracia como concepto jurídico. Contradicciones. Formas de democracia*

Cuando la sociología y la generalidad de la Teoría del Estado (*Staatslehre*) consideran como objeto de sus análisis al Estado del momento presente, lo hacen centrándose de manera invariable y prácticamente exclusi-

---

* Trabajo publicado originalmente en el libro-homenaje a Max Weber *Erinnerungsgabe für Max Weber*, vol. II, Múnich, 1923,

va —en especial tras las modificaciones de las últimas décadas que afectan, entre otras materias, al derecho electoral— en aquellos aspectos de la estatalidad que tienen que ver con la democracia. Uno de los presupuestos para una indagación tan profunda, lo mismo por cierto que para las contradictorias formas de entenderlo, lo constituye la verificación sobre el concepto de democracia moderna que entiende a esta como la forma actual y predominante que reviste la formación del poder del Estado. De lo que se colige la urgente necesidad de una indagación, por tratarse de una «formación de poder» que es «Estatal» (en cualquiera de los sentidos que se quiera), y algo más: en tanto que ese generado poder estatal, que lo es por la democracia, se revela como un «poder de dominación» (*Herrschaftsgewalt*), lo que no deja de ser una aparente contradicción en sus términos, pues si democracia es, en efecto, «cooperación» (*Genossenschaft*), el «dominio» (*Herrschaft*) lo contradice.

Mientras que el concepto de democracia, tanto por el lenguaje común del periodismo político internacional como más recientemente por el de la diplomacia, es utilizado con una aceptable claridad, el lenguaje de los científicos, y no solo los alemanes, muestra unas peculiares vacilaciones e inseguridades. Para ambas partes puede hallarse explicación.

Por un lado está el que, en el ámbito de las ideas políticas existen, en principio, dos ideologías radicalmente diferentes que tropiezan en el postulado de la demo-

---

p. 37 y ss. En ese mismo volumen aparecería también el trabajo de Carl Schmitt, *Soziologie des Souveränitätsbegriffes und politische Theologie*.

cratización del Estado constitucional, y en donde puede decirse que una lleva el cuño de la democracia radical y la otra el de la democracia liberal[15].

La tendencia básica de la democracia radical es la igualitaria. Su realización requeriría, llevada al extremo y en lo que a la Constitución se refiere, una plétora de referéndums no vinculantes junto a una provisión de cargos en serie para ponerla en marcha; en cuanto a la economía, a lo que conduciría sería al comunismo. En la práctica de la política constitucional, la democracia radical antepone el plebiscito a la actividad legislativa ordinaria de los parlamentos formados por representantes electos, imponiendo igualmente en estos el mandato imperativo a la libre expresión del voto, del mismo modo en que la provisión de cargos y miembros de tribunales, la elección popular y el referéndum revocatorio (*recall*) se anteponen al nombramiento e inamovilidad protegida por el derecho, y así sucesivamente. Todo lo cual denota una suerte de democracia que gusta, no obstante, justificarse acudiendo a una amplia colección de referencias extraídas de la literatura jurídico-política, tanto alemana como francesa o inglesa, ya que por lo menos hasta el presente, en la democracia radical y directa apenas es posible entrever algo que se parezca a la democracia misma; o mejor, que esa «verdadera» o «real» democracia, en términos más o menos comparativos, difícilmente puede decirse que funcione democráticamente. Efectivamente, en ese ámbito y a través

---

[15] En otro y esencial sentido, distingue Merkel, A., en *Die moderne Demokratie. Fragmente zur Sozialwissenschaft*, 1898, p. 233 y ss. y p. 239, una liberal, una en estricto sentido democrática y una concepción socialista de la idea de igualdad. (Nota de Thoma.)

de los tiempos, los términos aristotélicos, en los que se llama democracia al gobierno popular degenerado por la demagogia, habrían servido igualmente para designar a nuestros modernos Estados parlamentarios como *Politien*, cuando no como aristocráticos. Incluso en Rousseau se vincula el concepto de democracia con el de la decisión popular directa, y los padres de la Constitución federal americana se referían a su obra expresamente como República, entendiendo exclusivamente como democracias los Estados que reunían sus asambleas populares personal y efectivamente en el Ágora. El uso de semejante terminología, caída ya hace tiempo en desuso[16], provocaría que fueran tachadas de la lista de las democracias todos los grandes Estados democrá-

---

[16] En el apartado conceptual del capítulo introductorio a su extraordinariamente rica obra en dos volúmenes sobre la materia, titulada *Modern Democraties* (Londres, 1921), el recientemente desaparecido historiador, profesor de derecho político y hombre de Estado inglés vizconde James Bryce, considera como democracias modernas a todos aquellos Estados en los que el «*ruling power*» real se asienta en los fundamentos del sufragio universal; esto es, incluyendo también las monarquías de régimen parlamentario, tales como la inglesa, algo que el autor recalca especialmente. Objeto de minuciosa representación de dicho concepto serían, sin embargo, únicamente los EE. UU. de América, Suiza, Francia, Canadá, Australia y Nueva Zelanda. Hasbach, W., *Die moderne Demokratie* (1912) trata como tales, junto a los EE. UU. de América, también a la República Francesa y a Suiza, bien entendido que siempre con la propensión suya a considerar solo a las instituciones de tipo radical como las verdaderamente democráticas. Algo que hay que enmarcar en el contexto de la un tanto oscurecida, por causa de la tendencia política, objetividad científica, que asoma en su por tantas otras razones de carácter académico su recomendable obra, *Die parlamentarische Kabinettsregierung* (1919). Cfr. sobre el particular igualmente mi aportación en el *Archiv des öff. Rechts* 40, 1921, p. 228 y ss. (Nota de Thoma.)

ticos actuales, los EE. UU. de América, Inglaterra, Francia, Italia, incluida la renacida Alemania. Tomar, por lo tanto, como únicas democráticas posibles a instituciones de tipo radical, resulta tan engañoso como inadmisible. Y es especialmente intolerable, lo mismo cuando la tendencia es de hacer aparecer como engañosamente democráticas a las existentes instituciones de orientación radical, que cuando, por el contrario, de lo que se trata es de desacreditar a la democracia frente a un juicio ponderado. Por cierto, que igualmente tampoco es posible pretender comparar la terminología actualmente dominante con aquella otra que ya antaño, después de surgir en las cortes de los principados alemanes, hablaba de democracia cuando designaba así a una extensión de burguesía y campesinado, el «*populus*», que discutía el poder de dominio al *Rex*. Del mismo modo, el concepto acuñado por el abate de Sieyès, en *Démocratie censitaire*, no es otra cosa que una contradicción en sí mismo.

La tendencia dominante de la democracia liberal es la antiigualitaria. Su exigencia es la igualdad de derechos como fundamento de una vida social y estatal, en la que la desigualdad natural, en caracteres y capacidades de los hombres, debe poder ejercer su plena influencia al margen de privilegios por nacimiento o por riqueza. Entre sus filósofos bien puede nombrarse a Kant y, mejor aún, a J. G. Fichte[17]. La palabra liberal no contradice aquí en modo alguno al término socialista. Al contrario, puede que na-

---

[17] Vid., entre otros, la disertación de Leibholz, G., *Fichte und der demokratische Gedanke*, Friburgo, 1921, en la que han influido mis trabajos. Para más detalles en el sentido del texto citado, p. 7 y ss., acerca del concepto de democracia con notas bibliográficas. (Nota de Thoma.)

die haya definido más agudamente la democracia de cuño liberal que el socialista sueco Steffens —miembro del mundo de las ideas que habitaban J. S. Mill y la *Fabian Society*—, cuando dijo: «La sal de la vida de la democracia en el fondo es un enraizado aristocraticismo»[18].

Se excluye, como es natural, solo al aristocraticismo por herencia, de carácter estamental o por privilegio posesorio. Se incluye, por el contrario, haciendo hincapié en el «sufragio por capacidad» (M. Weber), la adquisición personal de altas cualificaciones para el desempeño de cargos, en una selección que deberá ser democrática, aunque no necesariamente directa, pero sin excluir la que se haga mediante el voto. La ideología liberal democrática, tan frecuentemente llevada en sus esperanzas al paroxismo de lo utópico, considera que el encumbramiento de los más virtuosos y capaces, mediante procedimientos directa o indirectamente democráticos, lo mismo que por el principio representativo y otras formas de selección, no solo no anula la democracia, sino que la «ennoblece» (I. C. Bluntschli). Tanto al menos como la democracia liberal, el *Pathos* que le es propio, reside sobre la reivindicación del afianzamiento de las libertades individuales.

El lenguaje al uso adoptado por la ciencia ha de reconocer como auténticamente democráticas, si el fundamento de todo ello es solo el sufragio universal, a instituciones democrático-liberales tales como la parlamentaria, la elección de un presidente para el desempe-

---

[18] Gustaff, F., *Das Problem der Demokratie*, 1912, p. 101. Cfr., ídem, *Die Demokratie in England*, 1911, p. 69 y ss., *Sobre democracia y socialismo de cuño liberal*. Cfr. Wiese, L. V., «Liberalismus und Demokratismus und ihren Zusammenhängen und Gegensätzen», Z. f. Pol. IX, 1916, p. 407 y ss. Herkner, H., *Die Arbeiterfrage*, II, cap. V: «Der Sozialliberalismus». (Nota de Thoma).

ño del cargo durante un determinado período de tiempo, el nombramiento de funcionarios por el gobierno, el mandato representativo y similares. Y así será, tanto más, como radical demócrata es el cuño, tan definitorio como predominante, de las democracias del presente y así llamadas en el mundo.

Por otro lado, aquí la necesaria precisión del concepto de democracia desaparece, en tanto que se intenta definirlo como algo más que un concepto jurídico formal. Es un postulado de la idea democrática, el que entre la ciudadanía de tal sociedad domine una determinada convicción y actitud de los unos para con los otros, que se imponga una cierta estructura económico social (o que tal preceda a la democratización); pero es lo cierto que, en mayor o menor medida, lo que se produce es una ruptura conceptual que impide construir sobre lo que es inconmensurable. Menos aún resulta posible poner al concepto de democracia en algún tipo de relación respecto a la «ideología democrática» dominante; entre otras cosas, porque no puede existir como tal, ya que las formas democráticas pueden llegar a requerir o, *rebus sic stantibus*, adoptar muy distintos ético-políticos fundamentos ideológicos[19].

---

[19] Ni siquiera en el sentido de predisponer como preferente algún tipo de ideología o de nombrar como exclusivamente democrático un determinado credo. KELSEN, H., en su notable, «Vom Wesen und Wert der Demokratie» (*Arch. f. Sozialwissenschaft* 47, 1920, p. 50 y ss.) se atreve a aseverar (p. 80) que democracia, en tanto que valoración igual de la voluntad política de todos y cada uno, únicamente la puede exigir aquel que, teniendo igualmente por posibles las propias contradicciones, renuncia al reconocimiento del valor absoluto: «El relativismo es por lo tanto el presupuesto del pensamiento democrático». (Nota de Thoma).

El concepto moderno de democracia abarca, por lo tanto, exactamente igual a los moderados Estados democráticos como a los radicales, y solo encuentra su diferenciación característica en las normas del vigente derecho político (*Staatsrecht*). Todo se reduce a una determinada normativa constitucional, y con ningún otro concepto de democracia, salvo el jurídico, le es posible a la ciencia trabajar. La democracia es una cuestión constitucional y más exactamente, sea Estado monárquico autoritario o república soviética, lo es en principio como algo puramente formal. Un concepto fijado por la ciencia jurídica, y que como tal tendrían que

---

¡Algo sencillamente inadmisible! mucho más allá del hecho de que el relativismo no es ideología de ninguna clase. Los independientes anglosajones, en cuyo universo ideológico cristiano se han desarrollado las más fuertes raíces de la democracia moderna, no eran ni son ciertamente relativistas. Como tampoco lo son los racionalistas que conforman el ala izquierda de los iusnaturalistas o los católicos demócratas o, ¡en ningún caso!, J. G. Fichte.

La tesis kelseniana ha impulsado a A. Menzel para redactar su muy instructivo escrito sobre «Demokratie und Weltanschauung» (*Zeitschrifft f. öff. Recht* II, Viena, 1921, p. 701 y ss.), con la siguiente y cuidada formulación a la que llega en su p. 778: «Se ha demostrado que tanto el dogmatismo como la especulación metafísica ofrecen un fructífero suelo para tendencias aristocráticas y autocráticas, mientras que el empirismo y el relativismo aparecen estrechamente ligados a una propensión a la democracia». Tal afirmación, digamos estadística, proveniente de la historia literaria de la propia filosofía, bien puede darse por válida. Por el contrario, una tan interna como necesaria ligazón entre una ideología y forma alguna de democracia (medio este de carácter político como siempre ha sido y es) ¡no ha existido jamás! (Nota de Thoma.)

F. Meinecke, «Drei Generationen deutscher Gelehrtenpolitik», *Historische Zeitschrift*, 125, n.º 277, acentúa igualmente la multiplicidad de los motivos ideológicos que se encuentran tras el unitario complejo de reivindicaciones políticas que aspiran a la democracia. (Nota de Thoma.)

adoptar, entre otras ciencias, la política y la sociología si lo que se quiere evitar es el asentamiento de una suerte de anarquía terminológica. El concepto jurídico de democracia es como tal un complejo, en el que determinados elementos aislados pueden ser debilitados, y en cuyos márgenes modificados al compás del tiempo cabe, como una cuestión de preferencias, el que a una configuración concreta se la denomine como tal o, con otro nombre, se le añada el de democracia.

En tal sentido, democracia es todo Estado cuyas normas jurídicas otorgan a la totalidad del «pueblo» la «libertad» y la «igualdad» política. Conceptualmente no es preciso nada más.

1. Esa «libertad» se da cuando «todo el poder procede del pueblo». Es decir, no existe nadie que detente el poder estatal que no haya sido llamado para ello, en virtud de elección llevada a cabo por los ciudadanos legitimados para ello, bien de modo directo o indirecto (nombramiento o elección representativo), o que coincida con la mayoría de tales ciudadanos con capacidad electoral, como cuando se trata de plebiscitos en los que esa mayoría se configura como legisladora. Tomado en sentido estricto, de lo que únicamente se estaría hablando aquí es de una república democrática. Pero tras el ejemplo de Inglaterra, reproducido en todas las actuales monarquías hereditarias europeas, donde el monarca aparece encapsulado parlamentariamente, y para evitar hacer de ellas un modelo político constitucional secundario que distinguiera entre monarquía y república, existe un consenso general (que incluye también a Bryce, por ejemplo) para denominar democracias a las monarquías parlamentarias que reúnen sus presupuestos.

Junto a ellas, sin embargo, existen instituciones como la Cámara de los Lores inglesa, un Senado de miembros nombrados con carácter vitalicio, que igualmente posee Canadá, sobre las que de ambos modos puede decirse, que o bien tales cámaras mantienen verdaderamente un «*ruling power*» o que no son otra cosa que rudimentos condenados a la extinción. En Canadá, por cierto, a los senadores los nombra el *Governor* de modo puramente formal, de hecho, a propuesta de la democrática mayoría ministerial, y no por eso el carácter democrático del Estado en su conjunto se ve resentido.

No pertenece al concepto que nos ocupa la proporcionalidad del derecho electoral. Bien entendido que tales normas jurídicas se mantienen en la dirección de una democracia consecuente, y que la mayoría de los representantes electos, como los que conforman el gobierno y determinan las leyes, solo pueden considerarse representación de la mayoría de los ciudadanos en tal marco de proporcionalidad.

2. A todos los pertenecientes al pueblo les corresponde tanto la nacionalidad como la libertad personal, y esa nacionalidad tiene que conferir, si los presupuestos democráticos efectivamente se dan, el derecho de participación ciudadana sin ningún tipo de exclusión clasista, lo mismo para los que más arriba se encuentran que para los de más abajo (lo contrario: la Rusia soviética). De ese modo se evita incluir en el moderno concepto de democracia, tanto las así llamadas antiguas y medievales como aquellas en las que solo el padre de familia tenía derecho a sufragio. El primer intento que así pueda denominarse de proyecto constitucional fue el *Agrement of the People* de los *Levelers*, y el *Contrato*

social de Rousseau su primera imagen literaria. La determinación de la edad para poder ejercer derecho a voto, así como el sufragio femenino y otros (lo mismo el sentido que el significado de la exclusión para los analfabetos) son, naturalmente en lo que al concepto se refiere, irrelevantes. Pues ni los jóvenes, ni las mujeres, ni los delincuentes o los deficientes mentales conforman clase social de tipo alguno; lo que no significa, ciertamente, que la discusión sobre el particular quede excluida[20]. Democracia significa: emancipación política de las clases bajas.

3. El derecho a voto ha de ser uno e igual. Elección por clases y pluralidad en el derecho electoral (incluido el adicional derecho en función de la edad, que privilegia a los altos estamentos, cuanto más si se establece en edad tan elevada como los 50 años) son incompatibles con el moderno concepto de democracia[21]. Pero igualmente incompatibles lo son los métodos discriminatorios, todo lo refinados que se quiera, como los llamados de elección en función de la geometría del círculo electoral, tales como el del Senado francés, que privilegia a los campesinos y a las pequeñas localidades, y que como tales están en el límite de lo democrático. Algo que si en el caso de Francia no es decisivo, porque el «*ruling power*» en efecto reside en

---

[20] Cfr., R. Smend, *Massstäbe des parlamentarischen Wahlrechts in der deutschen Staatstheorie des 19. Jahrhunderts*, 1912. (Nota de Thoma.)

[21] Ambos supuestos se daban o habían dado recientemente en el sufragio por clases del reino de Prusia hasta 1918, y el voto plural en ciertas circunscripciones inglesas (por ejemplo, en las Universidades donde los graduados disponían de un segundo voto a mayores del que les correspondía en el distrito en que residían). (N. del T.)

los diputados de la Cámara y no en el Senado, no pierde por eso su ocasional importancia. Privilegios de corte federalista en Estados de tal clase, que se les otorgan a sus miembros pequeños y medianos (los del Senado americano, los de la Cámara Federal suiza, o los del *Reichsrat* alemán) son en cambio, desde el punto de vista antidemocrático, prácticamente insignificantes; así, el derecho de la minoría en los referéndums sobre modificaciones constitucionales que se celebran en la Confederación Suiza. Los privilegios de corte federalista no operan a favor de una determinada clase social, sino en el de todas aquellas que existen en el conjunto de la población de un determinado territorio federado. Tampoco se ve alterado el concepto de democracia si su resultado de facto es el del dominio de una plutocracia, pues lo que formalmente permanece es el derecho a voto general e igualitario, esto es, la «voluntad popular» que funda y tolera tal dominio. En definitiva, no es algo que afecte al concepto de democracia, el que periódicamente la correspondiente mayoría simple pueda y quiera imponer su voluntad. Por lo mismo no resulta «antidemocrático» ni una extraordinariamente larga legislatura, ni el prolongado desempeño de un cargo para el que se es elegido, ni el desechar la acción revocatoria (*recall*), ni el imponer mayorías reforzadas y otros agravantes que dificulten el procedimiento de reforma constitucional. Todos ellos lo que no son es simplemente del tipo demócrata radical.

De este análisis lo que se desprende no es otra cosa que la sola existencia de una contradicción en el concepto moderno de democracia, mediante la cual cabe diferenciar a cualquier Estado de los posibles existentes entre democracias o Estados basados en el privilegio. A esta última diferenciación pertenecen todos aquellos en los que existe la esclavitud, o una economía de siervos; en definitiva, desde monarquías hereditarias, hasta Estados cuasi democratizados pero que mantienen un derecho elector al censitario o de clase, incluida la «dictadura del proletariado», que no pretenden crear si no un Estado de privilegio invertido.

Un ajustado concepto de «*Obrigkeitsstaat*», recientemente acuñado por H. Preuss, se usa ahora muy frecuentemente en Alemania. En su lógica la ley es sancionada o derogada, el gobierno constituido o forzado a dimitir y el funcionariado dirigido o nombrado por una «autoridad» que, autónoma e independiente respecto al gobierno, resulta ser frecuentemente de carácter hereditario, ya sea en forma de dinastía o de un patriciado igualmente transmisible; conceptualmente lo es también un grupo oligárquico (en su más amplio sentido) conformado mediante cooptación, que igualmente puede ser una clerecía (en última instancia: la iglesia católica, en la que el colegio cardenalicio formado por cooptación elige monarca de entre la terna que él mismo presenta). El «*Obrigkeitsstaat*», lo sea absoluto o constitucional (y en este caso puede que dotado con un derecho electoral plenamente democrático), es una de las formas que reviste al Estado de privilegio. Plenamente contrario a él es el Estado con «*responsible government*», que en alemán no tiene una traducción que lo abarque por completo, ya que la expresión «*Volksstaat*» solo es coincidente con la de democracia, y la calificación de «gobierno responsable» no permite deducir, sino que más bien disminuye, la especial responsabilidad en la que aquí se piensa. Conformarse con un nombre que responda a la regla formal del «*responsible government*» supondrá entonces que al Estado autoritario puede contraponérsele el de partidos (en la medida en que quien está a la cabeza de un partido, sea igualmente el presidente que gobierne la república). Los Estados de privilegio pueden ser autoritarios o de partidos. Las democracias, siempre y de algún modo, son necesariamente Estados de partidos, en los que la mayoría que en ellos decide es, prácticamente siempre y con carácter obligatorio, y en el sentido más amplio del término, un partido o una coalición de ellos.

Democracia, en su actual sentido, no es una llamada «forma de Estado» simple y sucesivamente alineada junto a otra, y todos los esfuerzos encaminados a ubicarla bajo una sucesión de diferentes tipos de Estado o formas de gobierno resultan, por lo mismo, baldías desde un principio. La democracia puede adoptar lo mismo las formas estatales de la monarquía parlamentaria, que las más diferenciadas de entre las republicanas, incluidas las del cesarismo, siempre y cuando el poder efectivo de los demagogos que se erigen en dirigentes dependa del plebiscito decisorio y no resida exclusivamente en sí mismos (como puede ser el ejemplo de un ejército levantado en armas). Por otro lado, no existe ejemplo alguno de democracia que no pueda revestir a un Estado de privilegio, incluido el del directo dominio de una asamblea formada por la generalidad de los ciudadanos activos; los que serían, para el Estado de privilegio, no exactamente una asamblea popular, aunque tal nombre llevaran, sino una de aristócratas, campesinos o burgueses.

De acuerdo a la definición aristotélica, las democracias modernas ni son monárquicas, ni aristocráticas, ni son el gobierno de la *polis*; tampoco corresponde su significado con cualquiera de las variantes degeneradas de esas mismas formas: la tiranía, la oligarquía, la democracia, conceptos todos de puro cuño constitucional, sino Estados en su generalidad de constituciones mixtas y, más concretamente, *polis* con elementos adicionales. Todas ellas poseedoras en su seno de una forma esencial y particularmente potente de aristocracia (conformada naturalmente no por título hereditario), en la que no es una cantidad, sino unos altamente cualificados representantes los que, bajo toda circunstancia, son llamados a elaborar las leyes, etc.; y de la que mediante nombramiento, no por elección popular, proceden aquellos que han de ocupar los puestos de autoridad y las magistraturas, además de los que han de desarrollar en tal contexto lo que esté por hacer.

Por cierto que, en la figura actual de la administración comunal de los cantones suizos sobresale por sí misma una tan primitiva como radical forma de democracia campesina. Realidad posible, ya que las funciones estatales de carácter esencial no recaen sobre los cantones sino sobre la federación y, además, la democracia directa de ese mentado gobierno comunal lo es de carácter en extremo moderado y en ningún modo comparable al de la democracia directa de las antiguas ciudades-estado, cuya historia constitucional «fue una eterna agonía» (Mommsen). Por otra parte, ese gobierno territorial de carácter comunal se reúne en sesión solo una vez al año, limitándose a cuestiones de confirmación presupuestaria, legislativa y de elección de magistrados, a los que remite gobierno y jurisprudencia.

La democracia directa, por cuestiones tanto económicas como políticas, se ha tornado en cosa prácticamente imposible. La recurrente disputa entre democracia igualitaria y aristocrática, muestra sus efectos exclusivamente en el ámbito de la técnica constitucional de la moderna democracia y, dentro de este, únicamente en la contradicción entre los tipos representativo y mixto de tal forma de gobierno.

Por «democracia de tipo mixto» se entiende una forma constitucional que, además al menos de legislación y presupuestos, se ocupa de colocar en el centro de su obra lo que para los modernos Estados territoriales es imprescindible: la asamblea de representantes; a la que puede, incluso no necesariamente de modo expreso, ligar a instituciones de carácter demócrata radical como: referéndum, iniciativa, elección popular, y revocatorios (*recall*) para funcionarios del gobierno y jueces[22]. Por ejemplo: Suiza, cada uno de los Estados federados de Norteamérica, Alemania (elección de presidente, iniciativa popular, plebiscito; en la mayoría de los *Länder* existe además la posibilidad de disolver la Cámara por decisión plebiscitaria).

Puramente o muy mayoritariamente, por democracia representativa se entiende un Estado en el que las mentadas instituciones no existen o, si lo hacen, es a la som-

---

[22] Hasbach, *op. cit.*, dice: «democracia seudorrepresentativa». «Democracia mixta» es llamada ahora también por los textos constitucionales alemanes. O. Bühler, *Die Reichsverfassung*, 1922, p. 126. Ahora traducido al español en *La Constitución de Weimar. (Texto de la Constitución alemana de 11 de agosto de 1919)*, Madrid, 2010. (Nota de Thoma).

bra del predominante peso que ejerce la asamblea de representantes. Su ejemplo lo conforman, sobre todo, las parlamentarizadas y democratizadas monarquías europeas, junto a la República Francesa. Pero igualmente puede adscribirse a esta clase de democracia, por su carácter predominante, la Constitución norteamericana, pese a que el carácter —vacío de sentido— eminentemente aristocrático de su elección presidencial, mediante «compromisarios», la convierta como tal y en consecuencia en plebiscitaria.

Por lo demás, lo mismo la representativa que la mixta constituyen un tipo de democracia, esto es, con real división de poderes, que conforme a la técnica constitucional puede ser considerada tanto dualista como monista. Y esto, sobre todo (aunque no en exclusiva, véase el caso de Suiza), en función y por medio del típico sistema de gobierno parlamentario. En ambos grupos principales, de democracia representativa y mixta, surgen a su vez subgrupos. Lo que no impide que ambos grupos principales se diferencien, según sea liberal o radical democrático, respectivamente, el criterio que predomine en la interpretación del común ideal de «libertad» e «igualdad». De efectos tan discretos como se quiera, ambas corrientes culturales, lo mismo que sus propósitos, de obligada naturaleza táctico partidista, sobre política exterior o económica, y al igual que las «ideas», en el ámbito de la opinión pública y respecto a las aspiraciones de los partidos, están sometidas en su grado de aceptación a las oscilantes mareas del tiempo, una y su contraria se presentan compartimentadas en sus fundamentos conforme a la técnica constitucional de la moderna democracia.

2.2. El concepto jurídico de Estado; el Estado como corporación (Körperschaft): el concepto realista de Estado. El concepto de Estado en M. Weber. Rechazo de un concepto sociológico de Estado

En todas sus formas aparentes, la democracia se revela jurídicamente como una comunidad que, integrada por los adultos naturales de un Estado, se rige a sí misma. Y así, del mismo modo en que el Estado moderno aparece en la historia del mundo como sistema de dominio señorial (*Herrschaftsstaat*) que se impone a los pueblos, de igual manera la democracia en sus comienzos es algo por completo ajeno a él. Solo el futuro nos dirá si se ha alcanzado el polo opuesto, si ello significa que se ha llegado al punto final, y a un, por el momento al menos, régimen inalterable (cosa que parecen indicar tanto el ejemplo americano como suizo); o si se trata tan solo de un punto de inflexión, que, enmarcado en el eterno ciclo cambiante de la vida en sociedad, dará paso con carácter inmediato a una nueva creación. La pregunta es, en todo caso, si la democracia encarna todavía la idea y el carácter del «Estado moderno», o si lo que representa es, en determinado sentido, no solo la culminación sino mucho más la destrucción del «Estado».

A tales cuestiones se ha respondido en nuestro tiempo, tanto en un sentido como en otro. Particularidad que encuentra su explicación en algo no siempre reconocido, como es el hecho desconcertante de que, en nuestra lengua y en relación a la palabra Estado, existe un doble concepto y un doble uso lingüístico que lo nombra. El uno tiene su asiento entre la ciencia jurídica, donde ampliamente domina. El otro en la historia política.

Un examen sobre si, y en tal caso el cómo, la moderna democracia adopta ambos conceptos de Estado, conduce a una consideración que esclarece tanto la esencia del Estado como de la democracia y que al mismo tiempo lleva, poco menos que forzosamente, a una afirmación que ya fue objeto de reflexión por parte de Max Weber, señalándola en su obra póstuma entre los fundamentos de la sociología del Estado.

En terreno tan complicado como propenso a la discusión, y más que nada para evitar malos entendidos, continuaré ahora exponiendo aquí una cuestión tan cierta como compleja.

Los llamados elementos del Estado son: un territorio, un pueblo en él asentado, y la existencia de unos individuos que, predispuestos a mandar a ese pueblo, lo hacen con vocación de permanencia basándose en órdenes y coacción. Ha de aducirse de inmediato, tal y como Max Weber hace[23], que tanto orden como coacción han de aparecer junto con la pretensión de legitimidad, lo que es tanto como decir validadas por el orden jurídico. Pues un Estado cuyo ordenamiento no tiene validez jurídica no pasará de efímero, y la vocación misma de

---

[23] *Politische Schriften*, p. 402 (id. Politik als Beruf, p. 4), *Wirtschaft und Gesellschaft* I, 1921, p. 29: «Estado quiere decir régimen político institucional, en tanto que estamento administrativo poseedor, efectivo y en régimen de monopolio, de la legítima capacidad para imponer físicamente el orden». Igualmente: Preuss Jahrb. 187, 1922, p. 1 y ss. «Los tres tipos estrictos del poder legítimo». El concepto de «monopolio» comprende, tal y como Weber señala, tan solo a «los tipos actuales» de Estado y nada tiene que ver con los de la Edad Media. Hay que renunciar a una definición de tipo generalista. La tercera parte de *Wirtschaft und Gesellschaft* (p. 603 y ss.) ha aparecido con posterioridad a la entrega del presente texto. (Nota de Thoma).

perdurar de un Estado es de hecho parte de ese orden jurídico.

La impresión mayoritaria, por lo tanto, es aquella que presume al Estado como el pueblo que en un determinado territorio se halla colectivamente vinculado a una organización de poder.

En tal sentido, naturalmente, a la democracia se la puede denominar sin más como Estado. Concepto que, amparado por la ciencia jurídica desde el siglo XVI, es sencillamente sinónimo de la vieja idea de *regnum* por lo que a la monarquía toca, *civitas* por lo que a la república se refiere, y *res publica* para ambas.

A tal efecto, la ciencia jurídica ha construido de tal modo, en primer lugar, al patrimonio jurídico de los detentadores del poder como tales (su opuesto a la condición de personas privadas), para posteriormente, y en creciente medida, hacer otro tanto con los propios derechos de soberanía, que ha concluido por explicar la imagen abstracta de la idea de *res publica* bajo el nombre del Estado en cuanto que persona jurídica, al tiempo que hace a esta última sujeto tanto de los derechos del «fisco» como (principescos o similares) de los de soberanía.

Una construcción, por cierto, que nunca ha carecido precisamente de contradicciones. Ya sean estas de carácter absoluto (porque una abstracción ni es «real» ni puede en consecuencia «dominar» nada), ya lo sean en efecto por sí solas, desde el momento en que a tal persona jurídica Estado se la denomina de manera precisa y en términos generales como una corporación (*Körperschaft*)[24].

---

[24] Y esto en Alemania, sobre todo. Cfr. *Jellineck, op. cit.*, p. 183; id., Meyer-Anschütz, Lehrb. d. Staatsr., 1914, p. 11 y ss. (Nota de Thoma.)

Resulta obvio que al menos a una de esas construcciones se adecúa la monarquía absoluta. La cual sitúa al concreto soberano como sujeto que detenta el público y legítimo monopolio tanto de la violencia como sobre las finanzas, al tiempo que lo designa como jefe del ejército y de los servidores de la administración pública, cuyo poder por el contrario abarca «tierra y gente», o igualmente, al Estado concebido como institución que desde una posición externa rige como cabeza de la correspondiente dinastía.

A tal elaborada imagen se adapta igualmente la monarquía constitucional (que no la parlamentaria), tal y como han señalado M. von Seydel y Otto Mayer, al igual que en general los diversos tipos de *Obrigkeitsstaat*. Aquí merece la pena destacar la búsqueda que han llevado a cabo los modernos autores alemanes de la Teoría del Estado (*Staatsrechtslehrer*), entre los que hay que mencionar a G. Meyer y a Laband, para designar físicamente al «titular del poder» que corresponde según sea el tipo de Estado de que se trate. Habiendo encontrado que a la monarquía le corresponde el monarca, al *Reich* en el consejo de los *Länder* (*Bundesrat*), y a la democracia el «pueblo»; si bien, pese a que la concepción acabada (la construcción) del Estado como corporación (*Körperschaft*) solo permite titular a este como sujeto y portador del poder, mientras que a todos los demás titulares físicos del mismo los subordina expresamente como «órganos» al servicio de la voluntad y la actuación corporativas[25]. Una inconsecuencia, en la que está latente la leve sensación de que en el trata-

---

[25] Cfr. Anschütz, en G. Meyer, *op. cit.*, p. 19; Triepel, *Die Reichsaufsicht*, 1917, p. 537 y ss. (Nota de Thoma.)

miento de un *Obrigkeitsstaat* como corporación algo no concuerda. El mismo concepto de corporación remite al de cooperativa, cuya voluntad es el resultado de la constitucionalmente conforme concomitancia de los cooperativistas en su conjunto. Preferencias jurídicas por nacimiento o patrimonial repugnan por completo a la idea de corporación. Sin embargo, la frase: «El Estado es, desde el punto de vista jurídico, una corporación», resulta en principio en la democracia una rotunda verdad.

Cierto que los representantes del producto que supone la frase, según la cual el Estado sería una corporación —que yo mismo suscribo—, podrían objetar que semejante construcción corporativa estatal posee la enorme ventaja de poder ser aplicada a todo tipo de Estados, desde las monarquías absolutas, pasando por las distintas variantes oligárquicas, hasta las más acabadas democracias. Pues el cooperativismo no pertenece en sí al concepto jurídico de corporación, en el que incluso es posible encajar hasta la monarquía absoluta, desde el momento en que se la construya como corporación dotada de un único órgano que, llamado a ocuparse por nacimiento, controla directamente tanto su voluntad como sus actuaciones.

Cosa que es cierta. Solo que su lugar se encuentra exclusivamente en la ciencia jurídica y conduce, si sus estrictos límites se sobrepasan, a velar la realidad, incluida naturalmente la de las democracias.

Es necesario recalcar igualmente que en la literatura jurídica, donde sus autores predican la cualidad corporativa de los Estados, y en el altar del superior concepto de la «soberanía estatal» remontan jurídicamente la vieja contradicción entre las soberanías popular y del príncipe[26], junto al interés por atinar con una correcta construcción jurídica, en lo que coinciden con sus contrarios, también se aprecia y desempeña indudablemente un papel una evidente intención política. En efecto, y ya sea tanto consciente como inconscientemente, lo que han construido no es solo un derecho político (*Staatsrecht*) positivo sino la manifestación de profesar un derecho natural; esto es, una concepción ético-política y nacional, de la que, qué menos, se nombran representantes[27].

Federico el Grande, visto desde la perspectiva jurídico-positiva, no fue el «primer servidor» del «Estado», es decir, un órgano de la corporación prusiana. ¡Fue jurídico-positivamente su señor conforme a la propia discreción! La ética de su tiempo, su propia ética, fue la para él obligada de su deber como servidor del bien común. Un derecho natural, como decía que era, no el derecho positivo.

El viejo método jurídico constructivista, que doblega al titular del poder bajo un deber imperativo, había consistido por cierto en el tratamiento del Estado bajo las condiciones de los usos contractualmente exigidos, con los que ya Kant había dado forma al Derecho Político (*Staatsrecht*). La doctrina del Estado como persona, con el rey como órgano, ya había arrinconado en el

---

[26] Cfr., por ejemplo O. Gierke. *Joh. Althusius*, 2.ª ed., 1902, p. 350 y ss.; K. Stuck, «Die Entwicklung der Lehre von der Staatssouveränität in der deutschen Staatsrechtslehre», Heidelberg, *Jur. Diss.*, 1914. (Nota de Thoma.)

[27] Sobre lo que incide igualmente Fr. Curtius en su trabajo sobre K. Fr. von Haller, en *Hochland*, 19.ª época, 1922, p. 401 y ss. y 408. Cfr., a mayores O. Mayer, «Das Staatsr. d. Kgr. Sachsen», 1909, p. 14. (Nota de Thoma.)

siglo XIX a la del Estado como contrato. Y había colaborado, con la oposición de legitimistas, positivistas y «realistas», a que el postulado jurídico ético positivista, de la obligación moral a desempeñar la totalidad del poder público, hubiera acabado por convertirse en positivo aserto jurídico.

Igualmente, en la democracia contribuye la doctrina jurídica, tanto si quiere como si no, a dejar un rastro de nacionales postulados éticos, cuando al conjunto de los diferentes órganos de diputados, ministros, presidentes, generales, etc., los define en el marco cooperativo de la persona Estado, al tiempo que le atribuye a este último en abstracto —y no a sus titulares— el «dominio del poder». Algo que, ciertamente, carece del más mínimo sentido de la realidad y que únicamente existe en el teórico mundo de la norma.

Tan solo partiendo de aquí es posible entender cómo el jurista (en el derecho de gentes desde tiempo inmemorial), llegado el caso de una abrogación constitucional violenta, al emergente Estado postrevolucionario lo declara igualmente sujeto de derecho. Esto es, el mismo Estado que el preexistente a la revolución, idéntica persona de ese mismo pueblo establecido sobre el mismo territorio, solo que con una norma que ha cambiado.

No hay ninguna duda de que ese jurídicamente personificado concepto del Estado que al conjunto de la comunidad tiende a abarcar, ha traspasado los estrictos límites de la ciencia jurídica para acabar imperando igualmente en los usos lingüísticos corrientes del ámbito internacional. Pues no otra cosa designa que, al conjunto de interrelaciones de una organización de poder, de un pueblo, de un país, a la que con la palabra Estado nombra. Delimitando al mismo tiempo país y pueblo, del mismo modo a como lo hace el correspondiente poder en tanto que vigentes las normas jurídicas que lo sostienen.

Por lo demás, la difusión de dicho concepto no ha supuesto el total desplazamiento de cualquier otro significado anteriormente surgido del vocablo Estado.

Pues no se trata en su significado de que aluda jurídicamente al pensamiento (y desde luego ni lo define en su totalidad ni lo personifica) de unidad en lo que es diversidad de un pueblo, sino que de un modo realista alude a la certeza, al concreto estatus histórico de los medios de dominio que en su mano acumulan determinados e individuales factores del poder. Tampoco quiere decir: «el pueblo organizado», sino que se refiere a los que dentro de ese pueblo son dueños de su gobierno, y a las organizaciones de que estos se valen para imponerse al resto de la población (cosa que naturalmente no excluye el que sean tomados por la mayoría como legítimos y benefactores). Prueba de ello es lo que Maquiavelo quería expresar con su palabra «*stato*», que ha pervivido posteriormente tanto en el propio Estado como en la ciencia que de su teoría normativa se ocupa, y que constituye igualmente empeño ocasional: El de erigir en el seno de un «pueblo» un «Estado» dominante (o lo que es lo mismo, una organización de poder residente en la mano de un príncipe o patriciado). Cuestión, en fin, juzgada un poco inconscientemente, y de la que se ha ocupado en sus escritos Edgar Löning[28].

---

[28] Artículo «Staat», *Hdw. d. Staatsw.*, p. 662 y ss. Cfr., igualmente Menzel, A. «Begriff u. Wesen des Staats», *Hdb. d. Politik*, I, p. 41 ss. (Nota de Thoma.)

Tal concepto no solo ha logrado una gran difusión, sino que ha sido abundantemente tratado y de ningún modo puede decirse que haya periclitado. Cuando nuestros historiadores, bajo la égida de L. v. Ranke y Hegel, consideran como relevantes individualidades a los poderosos Estados de la nueva Europa, en cuyos orígenes, florecimiento, caída y regeneración, en cuyas luchas e historia la sublime epopeya del mundo se desarrolla, no lo están haciendo desde la abstracción jurídica sino a partir de los concretos organismos de poder que lo mismo diversas dinastías que oligarquías habían erigido. Es decir, pensando en la política y fines de tales organizaciones.

Al jurista como tal corresponde decir: el 1 de julio de 1867 surgiría un nuevo Estado federal alemán, al que el reino de Prusia, sacrificando su soberanía, quedaría subordinado, cuya existencia como tal y único sujeto de derecho pervive hasta nuestros días, si bien con una constitución diferente[29]. De labios del historiador, en cambio, que asumiendo su función como tal se expresara (al modo de un «biólogo» del Estado), sería poco menos que imposible escuchar o leer expuestas por su pluma semejantes palabras. Pues presentará su observación del Estado mediante la imagen de un poder real, más o menos apreciado por sus súbditos, que un día termina por hundirse y desaparecer. Dirá que el *Reich* alemán

---

[29] Se está refiriendo obviamente al *Reich* que nace de la *Deutscher Bund* (Confederación Germánica), constituida el 1 de julio de 1867 tras la derrota de Austria en Sadowa. La Constitución de 16 de abril de 1871 sigue su modelo y reproduce su mecanismo constitucional, limitándose a integrar a los Estados alemanes del sur. Esa será la forma estatal que llegará a noviembre de 1918. (N. del T.)

nacido en 1867/1871 no se trataba de ninguna clase de nuevo Estado, sino la mera expansión y ennoblecimiento del heroico Estado que Federico el Grande y los príncipes electores presentaban ante el mundo. El *Reich* que alcanzaría su trágico fin al ser destronados los Hohenzollern y destruido el ejército prusiano. Otra cosa sería la democrática república que derrota y revolución alumbraron, porque si es cierto que conservaba casi el mismo cuerpo —mutilado— de la nación y el pueblo, su alma ahora era distinta.

¡A ambos asiste la razón! Solo que trabajan con diferentes conceptos del Estado.

Comprobar, no obstante, la certeza de esa línea «puramente histórica» no es posible, pues la limitación que impone la palabra Estado sobre un histórico y evolutivo elemento concreto del todo, pretendidamente impuesto sobre el pueblo, como es una organización de poder, hace que ninguno de los actuales autores que, a mi entender, esté en sus cabales pueda utilizarla por sí sola si no es en combinación con el resto de los otros sentidos del concepto de Estado. Y esto es cosa que vale tanto para los teóricos como para los prácticos. Es el caso, por ejemplo, de las múltiples y ya de por sí inextricables expresiones de Karl Marx y Friedrich Engels, cuando se refieren a Estado y sociedad denominando al primero como un todo. El mismo Estado que según su doctrina, por cierto, acabarán aniquilando en un futuro las victoriosas huestes proletarias, pues todo orden impuesto será, según ellos, superfluo una vez abolidas las «clases». De modo que el Estado morirá y su «fallecimiento» conducirá a la libre anarquía de las buenas personas. Teoría que, por su parte, pronto tomará el sentido de una profecía, de una idea concebida como regulativa (caso de Fichte), y en la que, aún más, la designación de una parte de ese todo como Estado desempeñara un papel; más en concreto, ya sea autocrático o democrático, la «explotación» de esas organizaciones servidoras del poder[30]. Al «Estado», en tal sentido, se le puede de hecho dar por finiquitado a manos de esa futura sociedad sin clases. Ahora bien, de tal clase de «Estado» no puede predicarse la ambicionada perfección, como si en él estuviera personificada una democracia liberada de toda suerte de egoísmos entre camaradas. Por la sencilla razón de que esa utopía (al igual que la de Rousseau) seguirá precisando tanto de su poder coercitivo, como de sus autoridades y de su poder judicial. Volveré sobre esta cuestión.

La alternativa utilización de ambos conceptos de Estado, por poner solo un ejemplo más, es cosa que igualmente puede apreciarse en Bismarck. No obstante, y por regla general, parece Bismarck manejar el concepto dominante y, en tal sentido, haber denominado al Estado como personalidad y organismo[31]. Y no es tan sencillo, pese a todo, el calificar simplemente como demagógico lo que este personaje hacía al colocar en la fila de los enemigos del Estado y del Reich, por este orden, a los progresistas, ultramontanos y socialdemócratas. Que sus adversarios no eran anarquistas, y que de ningún modo deseaban destruir al Estado como tal orden jurí-

---

[30] Cfr. Heinrich Cunow, «Die Marxche Geschichts-, Gesellschafts-, und Staatstheorie; *Grundzüge der Marxchen Soziologie*, 1920, vol. I, pp. 309 y 310 y, sobre todo, pp. 245-342. (Nota de Thoma.)

[31] Cfr. Heinrich Rosin, «Grundzüge einer allgemeinen Staatslehre nach den politischen Reden und Schriften des Fürsten B.», *Anales del* Reich *alemán* y ediciones especiales, 1908, p. 15 y ss. y 27 y ss.

dico coercitivo, está fuera de dudas. Sin embargo, también es cierto que su Estado, sustentado el *status imperii* de los Hohenzollern por la aristocracia fundadora, el ejército, el funcionariado, los privilegios plutocráticos y el protestantismo, tenía ya destruido de hecho aquel parlamentarismo de impronta inglesa. De manera que, aquellos adversarios internos que tenía el Estado, eran también sus enemigos.

Con el mismo derecho o sin él, al igual que los organismos del poder, es posible sentar el todo por la parte y entender como «Estado», por ejemplo, a un país o a un pueblo. De hecho, lo que ocurrirá es que ni uno ni otro lo impedirán. El postulado es, sin embargo, que para la ciencia siempre es uno y el mismo objeto el que cabe bajo la denominación «Estado»; y eso es así por mucho que se acepte igualmente que subordinadas a ese objeto y con la consideración de una superioridad en su género, pero sobre todo por su esencia, cabe hacer distinciones de «concepto». Siempre, claro está, que se admita el modo tan provisional como inexacto del discurso hecho hasta aquí sobre dos conceptos de Estado, y que se recalque expresamente desde ahora que en verdad con lo dicho solo hemos tratado de una misma palabra con dos significados diferentes. Cualquier académico, también el jurista, es muy libre naturalmente de nombrar «Estado» a la realidad de una organización de poder. Tendencia, por cierto, más bien constante, localizable por igual entre historiadores, sociólogos y «realistas» pensadores políticos. Ahora bien, la finalidad en el sentido de aunar acuerdos consiste, cosa que será del agrado para historiadores, sociólogos y políticos, en nombrar Estado únicamente al objeto así denominado, tanto por la mayoría de los juristas como por el lenguaje al uso; es decir, concebir como unidad a la inaprensible e ideal «asociación», en la esencia de los contenidos de su deber ser nunca completamente realizable, bajo cuyos órganos directivos se encuentra el pueblo que, asentado en un mismo territorio, la crea. Tal concepto es el que triunfará en el desenvolvimiento, tan dilatado como pleno de giros, del pensamiento europeo (cuya monumental historia ha escrito Otto v. Gierke). Con él se prestará al patrimonio del pensamiento humano la capacidad de idear un conjunto, concibiéndolo como un todo pleno de sentido, tras un enorme complejo de múltiples realidades, normas éticas y jurídicas, así como de conceptuales abstracciones.

De manera que, una vez acordado el objeto conceptual y su correspondiente denominación: «Estado» (en su sentido literal), puede indagarse cuál sea el tipo del mismo (en sentido interpretativo y de criterio) que habrá de tomarse en consideración para el objeto dado; y si para el caso fuera preciso, la conformación de un concepto jurídico, sociológico e histórico del mismo.

Postulados terminológicos, todos ellos, que si no me equivoco fueron agrupados por Max Weber[32]. Weber definió al Estado como una «agrupación de poder»(*Herrschaftsverband*) e «institución de servicios» (*Anstalsbetrieb*), esto es, como un «cuerpo administrativo colectivo con fines de actuación continuada» («agrupación de servicios») (*Betriebsver-*

---

[32] Cfr., para lo siguiente: *Wirtschaft und Gesellschaft*, I., p., 28 y ss. y p. 6 y ss. (Nota de Thoma.)

band), «cuyo orden, asentado en un específico territorio donde evidencia sus efectos, le es impuesto con (relativo) éxito a cada uno de los concretos modos de actuación que en él se operan» («institución»); imposición, por cierto, gracias a la cual se presenta la «oportunidad» de «obtener obediencia para órdenes con un determinado contenido» («poder»/*Herrschaft*). Bien entendido, que si aquí lo que se pone de relieve es a ese grupo que, dotado de un cuerpo administrativo detenta el poder y la facultad de dar órdenes, presentándolo como el esencial y activo elemento de la institución de servicios llamado «Estado», no es en absoluto que a él se refiera Max Weber en exclusiva para designarlo como tal, sino a la «agrupación» que de la mentada colectivización surge, en la que están incluidos los destinatarios de esos servicios institucionalizados y sujetos a la obligación de obedecer. Todos ellos comprendidos en un pueblo y un territorio, círculo que el orden legislado de la nacionalidad delimita, junto a organizaciones de poder, cuyo específico ámbito de actuación señalan las normas jurídicas. Sin asomo de duda puede afirmarse que así es como Max Weber, en lo más temprano de su obra, da por hecho que es el Estado, un «imaginario colectivo» que, en lo esencial, «por ejemplo para fines de reconocimiento jurídico o de carácter práctico, podrá ser tratado exactamente igual que si de un individuo aislado se tratara». Lo que Weber reconoce es que el Estado, tanto desde el punto de vista del lenguaje del derecho como del coloquial, es en esencia un concepto jurídico, a través del cual resultan unificados en un colectivo unitario una multiplicidad de «elementos integrantes» y, en todo caso, entre ellos, tanto determinados supuestos de hecho como normas jurídicas. Resulta inevitable que la sociología se ocupe de esa representación ideal de Estado. Por partida doble además (como a poco que se observe se puede deducir).

Por un lado, desde el momento en que la sociología comprensiva, a la hora de indagar el contenido y los motivos de la acción social y el comportamiento del hombre (en especial los supuestos típicos retentivos), tiene en cuenta el hecho de que «aquellos pensamientos cotidianos, pero igualmente los de carácter jurídico o pertenecientes a una especialidad concreta, pertenecientes a la representación de una imagen colectiva, ya sea en parte como entelequia en parte de modo valorativo, se encuentran en la cabeza de las personas reales (lo que vale tanto para jueces o funcionarios como para el *Publikum*), cuyos actos dichos pensamientos orientan, y que como tales detentan un poderoso, cuando no dominante, significado causal cualquiera que sea la forma que finalmente el desarrollo de su actuación tome».

Por el otro, desanudando nuevamente la ligazón de la síntesis, e indagando analíticamente, a partir de ahí, y sin que eso suponga entender bajo la denominación Estado otra cosa que una agrupación unitaria, el discurrir real de la singular actuación humana, idealmente sintetizada como comportamiento del o para el Estado. Logrando por este medio considerar e interpretar de modo completamente diferente todo lo que se refiere, como tales, lo mismo a la estatalidad que a la ciencia jurídica.

Esto último, como es natural, rige no solo para la sociología, sino que como G. Jellinek ha notado, es igualmente válido y de modo muy especial para la ciencia política. Una y otra, sin exclusión, pueden y deben, para evitar confusiones, tomar como base el término conceptual Estado en tanto que agrupación, esto es, unidad, que conforme a normas de carácter ético y jurídico debe ser regida. (Con lo que, por cierto, se hace patente una considerable complicación, como es la de que la validez de esas normas solo puede llegar a presumirse para el caso de que, por llegar a un suficiente número de ciudadanos, alcancen una determinada escala y se conviertan en motivación real para el comportamiento de estos últimos; dando lugar con ello a que del funcionamiento conjunto de esa ideal unidad normativa con la realidad surja el cierto y efectivo reconocimiento de un Estado). Es entonces, sin embargo, cuando de los comunes términos de naturaleza conceptual se desprenden los diferentes significados de la misma.

Y así, para los fines del conocimiento histórico político, los Estados son sobre todo poderes efectivos que colaboran o compiten entre ellos; para la economía política, se trata de reguladores a la vez que factores de la vida económica; para la ética, unidades ideales para con las que existen deberes, las cuales (esto es, sus órganos) deben a su vez cumplir los que les son propios. El que por lo mismo y de modo jurídicamente preponderante, en su deber ser, se entienda a esa agrupación unitaria Estado como «persona» titular de deberes y derechos (muy especialmente el de legislar), con todo su aparato administrativo y todo su poder atribuido de actuación normativa[33], y capaz lo mismo de adquirir en propiedad

---

[33] Mientras que las omisiones y actuaciones contrarias a derecho (en especial la prevaricación) lo mismo jurídica que, por supuesto, sociológicamente se le atribuyen al individuo. Lo que no excluye el hecho, en el mejor de los casos, de que la ley positiva

que de celebrar toda clase de contratos, se ha demostrado de la mayor utilidad, por cuanto a los fines del conocimiento de la ciencia jurídica se refiere. La sociología finalmente (en el sentido de Max Weber) concibe al Estado como una formidable y compleja conjunción interactiva, cuya motivación reside en diferenciadas actuaciones, omisiones y disposiciones de carácter individual, cuyo resultado es el dominio de un grupo gradualmente estructurado sobre otro mucho mayor y sujeto a obediencia. Un caos sobre el que Max Weber introduce un orden primario, con la genial ocurrencia de diferenciar en tres categorías principales esa dominación, según sea el medio que se utiliza para ejercerlo: por el carisma, por la tradición o por la legalidad[34]. De los cuales el último, por cierto, sería susceptible de desencadenar tres nuevas motivaciones de orden psicológico individual: el temor a la discriminación, el cálculo de los que esperan ser beneficiados (no solo en el campo de lo económico, sino igualmente en el de la ocupación), y el de la actuación motivada por la idea del deber; motivaciones, todas ellas, que serían a su vez susceptibles de ser analizadas (cosa que, por cierto, resulta ser de práctico interés y gran significado para la política legislativa).

El sociólogo, por lo tanto, desde el momento en que para el acontecer social lo único que impone como real es el comportamiento individual y sus motivaciones, lo que hace es negar al Estado y en cierto sentido la propia existencia del mismo (en lo que está implícito, como

---

determine que son el Estado o el municipio quienes han de correr con los gastos de subsanación del daño. (Nota de Thoma.)

[34] *Wirtschaft und Gesellschaft*, vol. I, p. 124 ss.; Preuss, *Jahrb.* 187, p. 1 y ss. (Nota de Thoma.)

inducción, el nombrar Estado a otro objeto realmente existente). Razón por la cual se debe señalar también, como ha hecho recientemente Hans Kelsen[35], la doctrina que entre otros representa G. Jellinek, concediendo que el Estado se revela como un ente de doble naturaleza, en la que por un lado sería una construcción jurídica y social por el otro; encarnando, bajo este último concepto, la imagen de una realidad social que así debe ser entendida. El Estado es meramente una imagen ideal y no, ciertamente, una representación gráfica de carácter social. Esto es, que presupone una auténtica relación psicológica entre todas las personas, y solo ellas, que a un Estado pertenecen, de conformidad al deber ser y el modo que las normas de Derecho Político (*Staatsrecht*) determinan.

El sociólogo que pretenda hacer objeto de su atención al Estado ha de dar por sentado inexcusablemente la premisa siguiente: «en mi mundo de realidades sociales no lo veo por parte alguna y, con mi aparato conceptual, soy incapaz de concebirlo como unidad; veo naciones (en realidad colectividades voluntaristas, las cuales sin embargo de ningún modo coinciden con la jurídicamente denominada población de un Estado, o con el pueblo que tanto la filología, el puro lenguaje, la geografía y la etnografía definen), dinastías con sus correspondientes sucesores, partidos, ejércitos, agrupaciones solidarias de carácter económico, etc.; veo la representación del irresistible poder del Estado, aflorando en la determinada ordenación que lo mismo para sus

---

[35] *Der soziologische und der juristische Staatsbegriff, kritische Untersuchung des Verhältnisses von Staat und Rechts*, 1922, p. 114 y ss. (Nota de Thoma.)

órganos que para las personas vale, y sobre esta, aquella que engarzaría y en la que estarían los que (por inteligencia o deber ético) observan y siguen las normas jurídicas (representación en la que, lástima, no están todos aquellos a los que por derecho u obligación les es impuesta o determinada); veo individuos aislados cuyas opiniones y voluntad prevalecen, determinando así para un territorio el aparato de poder vigente, y de ordinario identificados con aquellos a los que las normas del Derecho Político (*Staatsrecht*) designan como regentes del Estado, si bien no sea esto así siempre y necesariamente (tal el caso, cuando son meros instrumentos de quien maneja los hilos en las altas finanzas, o dirigentes de los partidos dominantes que por razones tácticas, y de momento, rechazan asumir cartera ministerial alguna, o que al formalmente reinante Zar su propia voluntad imponen, ya sea con el concurso de un ejército, un círculo influyente, o un activo grupo nacionalista que obedece al pariente real depuesto). Con todo y con eso, no debe negarse la existencia de grupos que, circunscritos al ámbito que la norma estatal modera, cuadran a la perfección con aquellos otros conformados por su idéntica psicosocial pertenencia, como son por ejemplo los cuerpos funcionariales del Estado, los de oficiales, o los mismos grupos parlamentarios». El Estado, no obstante, no está entre ellos. Sí conforma entidades sociales, pero carece de identidad con ellas. En parte las divide, en parte las absorbe de modo transversal, con fines de unidad normativa. Sus altos dignatarios, por su propio orden jurídico designados, carecen de identidad ninguna con los grupos sociales, que como poderes reales aparecen, y para cuyos dirigentes reclaman el poder sobre el entero funcionamiento institucional del Estado.

La existencia de un grupo ejerciente del poder, junto a la de una obediencia mayoritaria y regular (por diferentes motivaciones prestada), y así pretendida por quien manda, resultan ser, por otra parte, los factores sin cuya presencia el pensamiento jurídico, histórico político o de tipo ético, de ningún modo podría llegar a la idea que da lugar a resumir el complejo que el Estado supone.

2.3. *¿En qué sentido la democracia es una organización de dominación* (Herrschaftsorganisation)*?: Rousseau. El concepto de poder. El poder de los partidos políticos. La voluntad popular*

Tras este excurso, procede volver a la cuestión que al principio nos ocupaba, sobre, y en su caso, en qué sentido la democracia da como resultado una organización de poder y, a su vez, una democráticamente ordenada agrupación popular se evidencia como Estado.

La respuesta se cae por su propio peso, si lo que subyace es un científico y mayoritariamente avalado concepto de Estado-poder, que concibe a este como agrupación popular, y como persona jurídica a todo aquello que, manifestándose como poder, no es más que servicio de atribución orgánica competencial. Una concepción en la que ciertamente solo la personalidad estatal deberá ser lo relevante, algo que, en la democracia, y de ordinario, resulta ser incluso menos ficticio que en cualquier otra forma de Estado. En tal sentido, la democracia es por descontado Estado y, asimismo, lo será imperativamente en las colectividades democráticas.

Ahora bien, semejante evidencia no lo será tanto cuando lo que se presenta como Estado (o «verdadero» Estado) solo es uno de esos grupos que, tanto en la época de Maquiavelo como en el presente, detentan el poder al que han accedido exclusivamente por consideraciones puramente organizativas y de realidad política; menos aún lo será cuando de lo único que se trata es de aquellas agrupaciones populares en las que un grupo de poder lo tiene efectivamente en la mano, tras adjudicarse en virtud de la norma jurídica la correspondiente personalidad estatal. Podría llegarse así a la idea de considerar a la democratización como fórmula destinada a la eliminación y el desmantelamiento de una determinada estatalidad, y cabría por lo mismo preguntarse si la idea democrática lo que postularía en realidad no fuera otra cosa más que el reemplazo de la popular agrupación de poder «Estado», mediante la popular agrupación colectiva democracia.

Retorna de este modo el problema ya planteado y formalmente resuelto por J.-J. Rousseau, en la tan insuperable como sagaz indagación que es su *Du Contrat social*. Una obra donde reconoce, con diáfana ojeada sobre la realidad de la vida estatal, que en cualquiera de las formas que esta hasta ahora ha adoptado (y previsiblemente en un futuro adoptará), lo que se conforma es un ámbito de poder, cuyos efectos se traducen, para una determinada parte del pueblo, en la sustracción de su entera «libertad»; describiendo a continuación lo que para él mismo es la reconocida imagen, parcial si no completamente utópica, de una «libertad» y un Estado auténticamente compatibles. Estado que habría de ser prácticamente reducido, que no solo revestiría la forma jurídica de una radical democracia directa, sino que, con mínimos plazos de ocupación funcionarial electa, poseería una asamblea popular en la que residiría un poder libre por antonomasia de cualquier compromiso. Todo ello, además, con una específica estructura social (sin ricos ni pobres) y con una cierta calidad moral en la generalidad de sus ciudadanos: en cuyas almas no habría lugar para espíritu de cuerpo alguno, esto es, cualquiera que fuera su naturaleza, religioso, localista, de clase, partidista, económico, o de creación egoísta de grupos de intereses; o sea, frente a lo colectivo, ni el más mínimo egoísmo individual, sino la inmaculada *Vertu* ciudadana. Dominaría de ese modo, en el lugar de una individualista *Volonté de tous*, la colectivista *Volonté générale*. Y allí donde esta sea realizada (a ser posible legislada), los deseos del ciudadano se verían satisfechos por su mera identificación con los pretendidos por la comunidad; lo cuales, en una sociedad de iguales, se conocerían para casos de duda mediante el correspondiente plebiscito. Ocurriría así, que la minoría no se vería constreñida por la mayoría, sino que tomaría conciencia de que estaba preparada para aceptar lo que en el fondo ella misma quería: lo común. Pura utopía, pero con un principio regulador, y nada distinto al inalcanzable objetivo final de la anarquía, el bien de Fichte o Engels, o la paz perpetua de Kant.

Así ha de entenderse a Rousseau, si lo que no se quiere es poner en duda su lógica o su honradez.

Su significado contrario, sin embargo, es: que en esa colectividad de igualitaria libertad eso es lo único que cabría, pero ningún tipo de abierta o velada, legítima o ilegítima, organización de poder; los socialistas aducirían, en crítica con Rousseau, que eso tendría lugar, además, tras una previa socialización de la economía cuando no la implantación del comunismo. En cualquier caso, esa mentada colectividad, de darse, medida bajo el prisma del tan estricto como realista significado literal de la palabra, lo que representaría no sería otra cosa más que un no-Estado.

Toda democracia de las realmente existentes o que sea realizable en la práctica, y en tanto a los humanos no les crezcan alas como los ángeles, lleva implícita la propia conformación del poder que una minoría (nunca una mayoría) impone; Estados, en términos ciertos, que lo mismo en tal sentido incorporan grupos concretos que desempeñan ese poder.

Un tipo de poder, dicho sea de paso, revestido de unas muy especiales características. Porque, concretos privilegios jurídicamente blindados para una clase social, grupo, o estamento profesional, no los otorga de ninguna clase la legalidad constitucional de una democracia, que más bien lo que normativiza es, en su totalidad, una organización de igualdad política. De tal modo, que todo poder en la democracia lo será solo el de aquel grupo social legitimado para ejercerlo al margen de cualquier contravención de las leyes, sin prerrogativas ni privilegios jurídicos de ninguna clase y basado exclusivamente en las decisiones expresadas por una mayoría, a la que ese poder se gana mediante argumentos, sugestiones o garantía de ventajas.

Políticamente es posible, ciertamente, la ocupación ilegítima de los «operativos mandos estatales de dirección», alcanzándolos de malas maneras o con subterfugios; esto es, violando la ley, con amenazas, violencia, fraude electoral, huelga general revolucionaria, golpe militar, etc. El poder ilegítimo, en cualquier caso, incluso el que reviste apariencia legal, como puede ser el caso del fraude electoral, no significa otra cosa más que la abolición de la democracia, pues en nada se traduce que no sea la destrucción del orden constitucional consagrado por el imperio de la mayoría, que es su esencia misma. Por otro lado, los diversos intentos de distinguir entre clases de conformación ilegítima del poder, para entrar a valorar las diferentes oportunidades que en tal caso se le ofrecen a la democracia, así como los peligros que representan y la forma de evitarlos que existen para los Estados del presente, no es cosa que en este lugar trataremos.

El poder legítimo en la democracia descansa sobre la adquisición de los operativos mandos estatales de dirección, con los medios legalmente permitidos de asociación y propaganda electoral.

En la democracia, esos métodos legítimos de adquisición del poder constituyen la preponderante directriz por cuyo medio se conforma la actual cultura popular. Muy otra cuestión será la de quién la manipule.

Un punto cuyo esclarecimiento pasa, en primer lugar, por la determinación precisa del concepto de poder que hasta ahora hemos utilizado.

En el Estado moderno el poder oscila entre la más alta dirección y el legislativo, y los gobernantes con la fuerza de su propio peso, de los *Corps intermédiaire*, del poder armado, las autoridades administrativas y los jueces. Algo que no es otra cosa, en su conjunto, más que una organizada administración institucionalizada, o *(Verwaltungsstab)* en la denominación de Max Weber, la cual, además de aunar en la naturaleza de sus cometidos a su correspondiente personal, lo que presta es una gran estabilidad. Dotando, asimismo, de su particular impronta a cada uno de los negociados estatales de que se ocupa. Institución administrativa, cuya máxima es la de hacer que su impulso llegue a cualquier lugar (de localidad en localidad) y que perdura a los cambios políticos de gobierno; a veces, incluso, larga y milagrosamente intactos tras el hundimiento y posterior reconstrucción de una Constitución de nuevo cuño. Y para demostrarlo ahí está el tan frecuentemente citado caso francés, en el que, pese a todas las turbulencias de su historia constitucional, nunca les ha faltado una burocracia que a mayores de dejar en ellos su impronta los ha gobernado.

Por otro lado está la cuestión de una institucionalización administrativa, que como totalidad ha de ser necesariamente manejable. Cualquier disfunción de sus complicados mecanismos implica precisamente poner en peligro la satisfacción de los correspondientes haberes que sustentan a la inmensa mayoría de sus funcionarios. Razón por la cual es el propio sistema que no puede caer en el desorden. Y es por lo mismo que un patriotismo en sentido amplio, unido a la consideración de los intereses confiados a su cuidado, muy en especial el perseverante mantenimiento de su actividad, hace su aparición como el principal de sus imperativos mandamientos y obligaciones; siendo así que, como diversos ejemplos muestran (entre otros: Francia 1851 y Alemania 1918), un usurpador únicamente puede contar con la acomodaticia obediencia del aparato administrativo, solo y si sabe apoderarse tanto de los organismos institucionales de prensa, como de la cúspide normativa en las correspondientes oficinas departamentales[36]. Claro

---

[36] Está refiriéndose tanto a la situación de facto que amparó el golpe de Luis Napoleón Bonaparte en 1848 en Francia, como a la

está que, para expresar semejantes formulaciones de carácter ocasional es necesario —*pars pro toto*— identificar al Estado con su aparato administrativo, describiendo a este como si de un refinado mecanismo manufacturado se tratase, mediante cuya manipulación le sería posible a cualquiera que entendiera su funcionamiento y dominara sus resortes instrumentalizar a la población.

El aparato administrativo ofrece de este modo dos aspectos a tener en cuenta. Por una parte, desde abajo, visto desde la perspectiva del ciudadano, es el instrumento a través del cual el Estado gobierna. En tal sentido, Max Weber puede decir: «En el Estado moderno, el auténtico poder no subyace en los discursos parlamentarios ni en las solemnes declaraciones del monarca, sino que su realidad se muestra en la acción administrativa cotidiana y reside, tan necesaria como inevitablemente, en manos del funcionariado, ya sea este militar o civil»[37]. La perspectiva superior sobre ese mismo poder, el otro modo de observarlo muestra

---

revolución alemana de noviembre de 1918. En ambos supuestos, los alzados mantuvieron en su lugar a una burocracia aparentemente indiferente hacia los cambios ideológicos de fondo y presta a servir a cualquier opción. (N. del T.)

[37] *Polit. Schr.*, p. 139 («Parl. u. Reg.», p. 14). Todo poder que Max Weber, *Wirtschaft und Gesellschaft*, I, p. 28, define como «la *chance* para un mandato con determinado contenido de hallar obediencia entre un potencial grupo de personas» (igualmente Preuss, *Jahrb.*, 187, p. 1) es, o bien poder máximo (originalmente «autocéfalo») o bien poder derivado. El primero de los cuales sería aquel que, en efecto, es descrito como poder, y al que por cierto solo se titula como tal si cuenta con la obediencia del aparato institucional administrativo. Su perfeccionamiento exige, además, que tenga en su mano la tríada: Política, Economía y Ejército, a imagen de Federico el Grande, que reuniría en su persona a la vez, la del Rey, la del

por fin y claramente su carencia de autonomía. Al aparato administrativo no compete, en absoluto, tomar las decisivas resoluciones que a la alta política corresponden, no declara la guerra ni firma la paz; tampoco determina las directrices que marcan la política de orden interno, no decide presupuestos ni promulga leyes; y de igual modo tiene vedada, por residir en su mayoría la toma de decisiones en el ámbito ministerial, resolución ejecutiva alguna sobre las grandes transferencias de suministros que para el Estado se efectúan. Titulares del poder, por lo tanto, solo pueden ser llamados aquellos que pertenecen al grupo de personas designado para ejercerlo. Ciertamente, puede el poder estatal tomar la forma, para lo cotidiano y rutinario, del aparato institucional administrativo. Puede este mismo aparato institucional, siempre durante cortos periodos de tiempo y bajo determinadas circunstancias, rehusar y oponerse pasivamente a seguir las intenciones políticas de un nuevo gobierno, pero en términos generales es y siempre será instrumento y objeto de un poder, que lo mismo decide sobre su conformación y personal, que influye decisivamente y a largo plazo tanto en el mantenimiento como en el eventual cambio de su propio sentido.

Las destacadas personalidades que disfrutan de auténtico poder las extrae la «sociedad» de su centro, unas veces de determinados círculos del mismo, otras incluso de la cima de un aparato administrativo que, a fin de cuentas, es uno más de los factores que pertenecen a la vida político social.

Presidente-Primer ministro, y la de jefe de un directorio militar. (Nota de Thoma.)

En la monarquía, también en la constitucional, tales nombramientos selectivos son cosa que de un modo u otro ha de pasar por la mano de un monarca, él mismo un jurídico formal órgano estatal, que desea para mandar en el Estado a los exponentes de tal o cual grupo o círculo social. Con lo que se muestra que, de manera excepcional, el monarca mismo es una personalidad dirigente con verdadero poder autoatribuido; asunto este, por cierto, que daría tema para un amplio debate sociológico que aquí no vamos a emprender.

Al contrario el caso primero de Inglaterra, donde la dinastía es arrinconada junto con sus más directos allegados y cortesanos, de tal modo que si el rey, cediendo alternativamente a los jefes de dos corrientes aristocráticas la toma de decisiones políticas, así como la dirección y provisión de cargos del aparato administrativo, tiene que sancionar las leyes, estas serán exclusivamente las respaldadas por la mayoría parlamentaria de que disponga entonces cualquiera de esas dos mentadas fracciones. La tradicional legitimidad hereditaria del poder real y su entorno deviene así secundaria, aunque no por ello separada por completo de su esencia como voluntad y factor de poder. Y así, ese imperio, en lugar de un «Estado-Real» tiene en lo sucesivo dos: el de los dos grupos, *Whigs* y *Tories*, que cuando uno tiene el poder el otro aspira a sucederle en su disfrute.

Semejante duplicidad, sistema bipartidista, sigue existiendo hoy en día en los Estados Unidos de Norteamérica, donde entre los tan ricos como minuciosamente organizados partidos «Republicano» y «Demócrata», lo que en esencia está en disputa no es un programa, sino el poder que como tal se ambiciona; y que si a sus cabezas principales confiere poder y honores, a sus más cercanos colaboradores otorga prebendas y oportunidad de manejar transferencias estatales, así como la posibilidad de provechosos negocios mediante la obra legislativa y de gobierno. Sin excluir, como es natural, que el líder reclame personal y subjetivamente el poder, con el fin de hacer la política que considere más oportuna en interés de la nación cuando no de las personas.

Por regla general, en el continente europeo de todos modos y a la vista está que de manera imparable en el Reino Unido, el efecto de la democratización del Estado se traduce en una multiplicación de partidos políticos. La introducción en la normativa electoral del sistema proporcional de representación es el cuño que certifica tal aseveración. Su resultado son los gabinetes de coalición, y entre ellos no son raros los de ese tipo particular que permite gobernar permanentemente al Estado mediante la alternativa unión del centro con la derecha o con la izquierda. Lo que si por un lado conlleva el riesgo de sacrificarse en busca de compromisos políticos, por el otro representa el afianzamiento de una tanto interna como externa estabilidad política, que no aparece ni en el sistema bipartidista ni mucho menos en el de monarquía regente (en la que no es infrecuente que ocurran «golpes de timón», inducidos por un puede que resentido copríncipe que accede al trono por sucesión, o peor aún, llevados a cabo por el propio soberano, cuya propensión a seguir sus tornadizos caprichos o deseos puede acabar implicando en su curso a la misma nación). Para las democracias donde varios partidos funcionan existe además la *chance* de convertirse, no en un «Estado de clases», sino en uno que sobre poseer equilibrio de poderes tiende puentes entre esas mismas clases sociales. Cosa que, por cierto, de ninguna manera pueden ofrecer otros modelos estatales, como el partidista de privilegios (sea este de modalidad feudal, plutocrática o, como en el caso soviético, de tipo proletario); y si se trata del monárquico-burocrático *Obrigkeitsstaat*, tal oportunidad se daría, únicamente en el caso de producirse en él una tan rara como inestable constelación de circunstancias. En resumen, una variedad de partidos, donde los que reunieran a los trabajadores tendrían carácter moderado, y serían de centro aquellos que desempeñaran idéntico papel para la burguesía. Todos compartiendo pacíficamente la obligatoriedad de trabajar.

Puede decirse por lo tanto que, en la democracia, son los partidos políticos que representan el homogéneo estatus del poder, el que ahorma la anárquica tendencia de las clases sociales, al tiempo que crea y protege un orden jurídico —primeramente alzado por diferentes dinastías y sus seguidores, luego arrumbado para dejar espacio a la multiplicidad de grupos libremente creados—, en el que solos o en coalición se disputan el cetro del poder.

¡Ese es el hecho! Y su valoración se exime de razonamientos objetivos. La abolición de lo que quede de un *Obrigkeit* y Estado de privilegios, bien puede tenerse como liberación de los restos de un lánguido estupor que se ha tornado insoportable, o como rebelión contra el «por la divinidad deseado vasallaje»; también cabe, como es el ejemplo francés, el valorarlo como triunfo de la «raza latina» sobre los bárbaros, o introduciendo la universal imagen del romanticismo racista, como victoria de los inferiores y con la soga al cuello sobre la rubia aristocracia germánica. Se puede ser de la opinión de que una monarquía reinante personificaría de modo inmejorable la idea del Estado en toda su contradictoria y social lucha competitiva de intereses, en tanto que en la democratización se vería la decadencia del Estado moderno, el anteúltimo escalón de la civilización política en la imparable «decadencia de Occidente». Y también puede admitirse lo contrario, precisamente por la incapacidad manifiesta de la monarquía reinante para asumir lo esencialmente primordial: la minuciosa planificación de fuerza unificada y auténticamente suprapartidista, en las complejas condiciones del presente. Y eso, porque el Estado de privilegios ya no puede moderar las tensiones sociales, y la democratización sería, con su principio mayoritario y de igualdad, el único método actualmente disponible de «domesticación de masas»; es decir, la adecuada forma presente de Estado, su salvaguarda y perpetuación.

El hecho enseña que los detentadores del poder en la moderna democracia son los jefes de los partidos políticos. Y, es más, y a poco que se entienda en su certeza y amplitud el concepto de partido, ¡lo son de modo inevitable y sin excepción!

Como mucho, y en una república presidencialista como la de Estados Unidos de Norteamérica, cabría la posibilidad (altamente improbable) de que un hombre de gran popularidad, al margen de programas y camarillas, fuera elegido para la más alta magistratura del Estado, y que eligiera a sus colaboradores entre funcionarios del aparato administrativo y otras personalidades sin partido. Aun así, el legislativo permanecería necesariamente dominado por el partidismo. Incluso la dictadura, que una minoría colegiada de hombres honorables, al margen de los partidos, pudiera imponer en algunas ciudades americanas, tampoco diría nada contra la interdependencia partidista de la democracia. Pues además no se trataría ahí de Estados, y sí solo de un temporal recurso de urgencia contra el corrupto fenómeno de los «*bos*s de la ciudad»; que, por otro lado, de durar, acabarían formando alguna suerte de partido con vistas a nueva elección de la comisión. Porque al final, ¿qué otra cosa son los «partidos de los sin partido» y otras organizaciones por el estilo, más que partidos políticos?

Los partidos y su prensa son los que reivindican aquellas resoluciones, leyes y personalidades que, si logran contar con la mayoría, transforman en normas donde aparentemente se plasma la «voluntad del pueblo». Lo que es cierto, en cuanto que en la democracia lo más fácil consiste en realizar aquello que entre las más amplias masas es saludado con simpatía y va claramente a favor de sus intereses, o al menos así lo parece. Otra cosa, bastante más difícil, es lograr o mantener aquellas cosas de cuyos valores no se consigue convencer a esas mismas masas. Ahora bien, no es otra cosa más que pura ilusión querer creer que hay una positiva y consciente iniciativa bajo tal «voluntad popular». Pues lo expresado en ese sentido de «voluntad» no es otra cosa que la del pueblo, «aquella parte de la nación que no sabe lo que quiere» (Hegel); o que, en el mejor de los casos, bajo determinadas circunstancias (y en grupos diferenciados y por distintas razones) sabe lo que no quiere. Aquello que positivamente se quiere es cosa de minorías políticamente activas. Las cuales tienen ante sí a las amplias masas de los con derecho a voto susceptibles de ser organizadas, convencidas y llamadas a las urnas como material tan ordenada como cuidadosa y meticulosamente trabajado, convertido en «objeto de una maquinaria psicotécnica»[38].

Es precisamente entre esa ciudadanía donde por idénticas razones la homogeneidad se mantiene, que mediante la incidencia de una distinta concepción del Estado y la sociedad (en especial de tipo ideológico socialista y racista) se conforma una suerte de extendida «opinión pública», en principio con apariencia fragmentaria y reducida, que lo mismo se aparta de la media del sentimiento burgués de pertenencia que de las sugerencias de los partidos políticos establecidos. Un producto, en gran medida, de la interacción entre periódicos y sus lectores. Así es sobre todo en América, donde el político inteligente aspira navegar a favor del viento que sopla desde la opinión pública, y donde el presidente se siente obligado a escuchar, «con la oreja pegada al suelo» a la *public opinion*, y en igual sentido hacer política[39]. Algo parecido a ese amplio sentido de opinión pública es algo que hoy día ha desaparecido de Inglaterra, y que aún menos se da en el resto de democra-

---

[38] Schumpeter, *Arch. f. Sozialw. u. Sozialpol.*, 48, p. 328. —Bryce II, p. 601. N. 2: La expresión, «voluntad popular», contiene un error por partida doble. Se trata, no del pueblo, sino de una mayoría. Y se trata, igualmente, de un deseo que ni es homogéneo ni es el de muchos de los que esa mayoría componen, pues: «*in fact it originates in few and is accepted by many*». P. 603: «*Thus Free Government cannot but be and has in reality always been an Oligarchy within a Democracy*»—. Sobre el problema de la «voluntad del pueblo», conf., especialmente, las atinadas reflexiones de Friedländer en el artículo: «Zur inneren Entwicklung der österr. Staatsverfassung», *Z. f. Politik*, X, 1917, p. 36 y ss. (Nota de Thoma.)

[39] Sobre tipos y significado de la opinión pública en los EE. UU., por ejemplo, J. Wheeler, *Unterricht und Demokratie in Amerika*, 1910, p. 40 y ss. (Nota de Thoma.)

cias continentales, en las que lo mismo en los círculos burgueses, «socialistas» o «feudales», lo que domina es por término medio una extremadamente diversa ideologización sobre aquellas cosas de verdadera importancia; a lo que hay que añadir, a diferencia de lo que sucede en los países anglosajones, la fuerte implantación continental de las divisiones confesionales, incluida la especial particularidad del «sentimiento del pueblo» católico. ¡Así de ilusorio ha terminado por ser el concepto de «voluntad popular»! Que mucho más consiste en la ideal voluntad estatal de la democracia que sobre descansar en el deseo o tolerancia del pueblo, es la voluntad encarnada de la organización partidista que en cada momento ostente el poder.

Allí donde una vez se dio el autogobierno, los partidos no tienen por qué ser necesariamente un «mal inevitable», sino la firme organización partidista convertida en el más importante activo de la civilización estatal. La moderna democracia, con su masivo derecho al voto, no podría vivir sin partidos. Quedaría, como una veleta, a merced del viento de tan emocionales como fortuitas elecciones, de trastabillantes resoluciones y votaciones parlamentarias que sobre esto o aquello recayeran, si no contara con la capacidad de los partidos organizados para, al menos, cementar en firme lo que no son sino arenas movedizas en una creciente marea de millones de electores.

Toda indagación que sobre la esencia y el significado de los partidos políticos en la democracia se emprenda ha de partir necesariamente de la premisa, al contrario de como hasta ahora ha tratado de definirse (lo que en cierta medida y hasta cierto punto es el caso del Estado autoritario), de que la comunidad de pensamiento no es el auténtico elemento vital de aquellos, sino que lo es la idea de lucha en común: Un partido político es una agrupación social que, conformada de modo «voluntarista sobre la base de la propia y libre iniciativa» (M. Weber), debe perseguir el fin de tomar el poder, en el sentido que por su carácter estatal el ordenamiento constitucional les señala, y de mano de sus dirigentes llevar a la vida real las fórmulas constitucionales escritas que, como tales, ninguna cuenta les debe.

Así pues, cualquiera que partiendo de las normas jurídicas pretenda avanzar en la indagación sobre las formas de poder y los elementos constitutivos de la democracia, ha de comenzar forzosamente por un análisis de los partidos políticos y sus relaciones con las agrupaciones de carácter económico. Análisis que sociológica y políticamente culmina en la cuestión sobre el quién y el porqué de los considerables medios financieros y los costosos servicios que las grandes maquinarias partidistas precisan, gracias a los cuales los principales de entre ellos adquieren el gran significado de que disfrutan en la democracia. Es a partir de ahí que puede averiguarse cuál sea la clase de oportunidades que el moderno y democratizado Estado partidista ofrece para afrontar con éxito los cometidos que se le plantean, muy en especial: la selección de dirigentes; la realización práctica de la «idea de Estado», frente a la contradicción de intereses presente en la «sociedad»; la política económica, de cara a la cual el problema que plantean las relaciones entre democracia y socialismo se encuentra en el primer plano de sus intereses; y, en fin, para otros problemas tanto de política interior como exterior. Es con este único fin que se hace la precedente exposición argumental, el propio subtítulo así lo indica, a modo de preparación para un trabajo de esencial naturaleza crítico conceptual.

IV. CARL SCHMITT: *El concepto de la moderna democracia en su relación con el concepto de Estado* (1924)*

El concepto de la moderna democracia lo determina Thoma: «Conforme a lo que es hoy día el uso idiomático dominante»[40]. De modo que es democrático todo Estado que descansa sobre «los fundamentos del general e igualitario derecho electoral». Ideal democrático de libertad e igualdad que, en su propio marco, permite, eso sí, distinguir entre lo que sería un democratismo radical, esto es, igualitario, y otro de tipo liberal, o contrario a esa igualdad. El primero de los dos conduce consecuentemente a la decisión popular sobre todas las cuestiones importantes (las económicas para el comunismo), mientras que el segundo, el liberal, solo considera la igualdad jurídica como el funda-

---

* Inicialmente publicado en los *Archiv für Sozialwissenschaft und Sozialpolitik* de Heidelberg, vol. 51, fascículo 3, 1924, pp. 817-823. En la reedición que de este trabajo se efectúa en *Positionen und Begriffe im Kampf mit Weimar-Genf-Versailles 1923-1939*, Schmitt añade el siguiente comentario: «el presente escrito es la primera arremetida que desde el ámbito científico especializado se produce en contra de la recepción jurídica "universal" o de uso corriente del concepto de democracia; uso, en realidad, circunscrito al mundo democrático y en especial a la prensa anglosajona».

[40] R. Thoma, «Der Begriff der modernen Demokratie in seinem Verhältnis zum Staatsbegriff. Prolegomena zu einer Analyse des demokratischen Staates der Gegenwart». Ahora incluido en este libro.

mento sobre el que libremente se desenvuelve la vida en sociedad de unos hombres naturalmente desiguales. Desde el punto de vista técnico-constitucional, la contradicción entre ambos ideales de libertad e igualdad se manifiesta en los dos tipos existentes de la democracia moderna: la representativa y la mixta (considerada esta última como un montaje con elementos democráticos radicales, del tipo referéndum, iniciativas populares o de tipo revocatorio (*recall*), etc., y equívocamente denominada de democracia directa cuando de tal en la práctica nada puede tener). Sea como fuere, lo esencial y permanente para el mentado concepto continúa siendo el general e igualitario derecho a voto de todos los nacionales adultos, incluidas las mujeres, aunque no necesariamente. Tan pronto como tales «fundamentos» se asienten constitucionalmente conformes, cabe preguntarse sin más acerca de a quién corresponde el dominio sobre el tratamiento tanto jurídico como científico de aquellos asuntos propios de una democracia. Porque si esta en efecto es un concepto jurídico, no es menos cierto que su significado moderno va bastante más allá de una mera forma del Estado (como, por ejemplo: la monarquía parlamentaria, o las diversas formas que adopta el Estado republicano). Ciertamente es posible que pueda mostrarse bajo diversas apariencias, pues también es posible que en una monarquía sea la «piedra angular» el general e igualitario derecho a voto. La única y exclusiva contradicción frente a la democracia es la representada por cualquier forma del Estado de privilegios. La moderna democracia ha dejado de ser comprensible bajo el prisma de la vieja trilogía aristotélica, monarquía, aristocracia y democracia.

Hasta aquí las aclaraciones, en parte terminológicas en parte metodológicas, sobre el primer capítulo. El capítulo segundo emprende de un modo análogo la determinación conceptual del Estado moderno afirmándolo en un doble sentido. El tradicional y original, que entiende bajo «Estado» el real y concreto «status» de medios de dominio en manos de individuales poderes fácticos, los hombres que gobiernan y sus organizaciones, que en el seno del pueblo conforman «un grupo dominante en el ejercicio del poder». Idea frente a la cual se contrapone la comprensión más modernamente manifestada que ve en el Estado: «al conjunto de contradictorias relaciones que se establecen entre una organización de poder, un pueblo y una nación», y que hace de tal Estado una corporación. Dos conceptos estatales perfectamente razonables, «entre los que nada hay de reprochable», y sobre los que solo cabe saber distinguirlos correctamente. Por lo que a la denominación adecuada se refiere, propone Thoma: «llamar Estado, exclusivamente al objeto así nombrado tanto por el lenguaje común como por la mayoría de los juristas; esto es, a ese físicamente imperceptible objeto, cuya totalidad del deber ser de su contenido nunca es realizable, interpretarlo como unidad de las diversas agrupaciones de un pueblo que bajo determinadas normas organizativas se establece en un igualmente determinado ámbito territorial». El Estado es una unidad cuyo deber ser viene determinado por una serie de normas, tanto éticas como jurídicas, que en cualquier caso llevan asociadas determinadas «complicaciones»: la validez de dichas normas solo puede ser afirmada si se constituyen en motivo real para el comportamiento de un número suficiente de personas, resultando así que se muestran en el

Estado como el cierto y efectivo reconocimiento para la interacción entre esa ideal unidad normativa con la realidad. Solo en el seno de ese conjunto de conceptos valorativos se despliegan sus posibles significados de acuerdo a su finalidad reconocida: la historia política (el Estado como poder histórico-político), la economía política (el Estado como factor y regulador de la vida económica) y la ética (el Estado como unidad ideal, sus obligaciones y cuáles son los deberes para con él).

Para la sociología en el sentido de Max Weber, el Estado es una interacción de diversas y motivadas acciones, omisiones y disposiciones individuales, cuyo resultado es el dominio de una multitud de mandatos, en diferentes grados, sobre un gran número de sujetos que han de obedecerlos. Es decir, que ahí lo real es únicamente el comportamiento individual que se manifiesta socialmente; mientras que el concepto jurídico del Estado, en tanto que construye una unidad sobre lo diverso, es sintético. Así pues, el Estado no es algo que posea una «cara» jurídica y otra sociológica, como tampoco posee una «doble naturaleza», tampoco es algo sociológico, sino una «construcción del pensamiento». El concepto jurídico (Estado = corporación) es el polo sobresaliente de lo sintético; el sociológico (Estado = generado complejo de poder a partir de una diversidad de modos de comportamiento sociales), el polo manifiesto de un punto de vista analítico. La cuestión de lo que por sí y para sí sea el Estado es algo que se dejará como una pregunta metafísica sin respuesta (p. 56).

Tras haberse tratado en el capítulo primero el concepto de democracia, y en el segundo lo que ha determinado al Estado, en el tercero se exponen las relaciones de este último con aquella. ¿Es la democracia moderna una organización de poder y por lo tanto el Estado una agrupación democráticamente ordenada? De acuerdo a lo que se desprende de los dos capítulos antes mencionados, no es posible esperar como respuesta un simple sí o no. Un Estado, en el sentido de agrupación popular y persona jurídica, en el que todo poder es una mera y transferida competencia orgánica y, en el que solo como un todo, la personalidad estatal domina; para un Estado en tal sentido, la democracia es incluso «comparativamente menos ficticia» que para cualquier otra forma del mismo. No es desde luego Estado en el sentido de grupo de poder, pese a que en la democracia ciertamente se conforman tales grupos, eso sí, obligados para poder mantener su legitimidad a ejercer ese dominio mediante decisiones mayoritarias, «que se atraen a fuerza de argumentos, sugestiones y garantías sobre intereses». Poder legítimo en democracia significa: «conquista de los puestos directivos estatales a través de los medios legalmente permitidos para la competencia electoral y la decisión colectiva». El aparato administrativo, el militar y el burocrático-social rigen efectivamente el Estado, pero bajo la dirección de un diferente grupo de poder, es decir, los partidos políticos que logran conquistar dicho poder. De este modo es como el unitario *status* del poder resulta fraccionado en democracia: «en una fluida multiplicidad de grupos libremente formados que se desplazan entre sí». En la moderna democracia, quienes tienen el poder son los jefes de los partidos políticos. Partidos y prensa demandan la toma de decisiones en tanto que parecen confirmadas por la voluntad popular. Sociedades homogéneas (por ejemplo, hoy los EE. UU. de Norteamérica) construyen sin embargo y al margen de las sugestiones partidistas una opinión pública («producto de la interrelación entre periódico y lectores») que puede ser considerada como una forma de voluntad popular. Concepto este que resulta «tanto más ficticio» en países menos homogéneos, y más concretamente, en aquellos donde el socialismo o las contradicciones confesionales excluyen un pensamiento unitario intermedio en torno a las más importantes cuestiones. Voluntad popular es justo entonces la voluntad dominante del partido que el pueblo consiente. Partidos que son precisos en toda democracia, ya que el elemento vital de esta no reside en la comunidad de convicciones sino en la de lucha, en la que cualquier partido aspira a conquistar el poder. Si la indagación sobre las formas jurídicas ha de ir más allá y llegar hasta la realidad, entonces habrá de serlo sobre los partidos políticos y sus relaciones con los factores del poder económico que financian sus campañas.

Con esa perspectiva concluye la extraordinariamente amplia disertación tan rica en materia intelectual como precisa en la forma. No obstante, precisamente a causa de esa algo demasiado puntillosa precisión se revelan prontamente determinados cambios en la redacción que, en aras de una unidad terminológica, dan lugar a la abierta expansión de la problemática y al consiguiente resultado de quedar sin respuesta algunas preguntas que ahí procede formular por mucho que la materia tratada contenga solo prolegómenos. La cuestión sobre el concepto de la moderna democracia es respondida con una alusión acerca de «los usos lingüísticos dominantes de hoy día» y sobre «el lenguaje corriente y universalmente adoptado por la ciencia». Nada hay tan impreciso como eso de que el sufragio universal, «fundamento del todo», sea resultado del uso lingüístico; por no distinguir, ni siquiera lo hace entre el derecho electoral, esto es, el de elegir periódicamente a las personalidades dominantes, y el propio derecho a decidir, a tomar mediante un sí o un no decisiones de carácter objetivo. Si el derecho electoral significa nombramiento de «representantes» personales, lo mismo desde el punto de vista histórico que del psicológico, conceptual o de las ideas, es algo que no deja de ser distinto a una objetiva toma de decisión. Razón por la cual es la propia cualidad del concepto representación tan potente y elemento crucial del derecho público su significado. Lo cierto es que el actual uso lingüístico se apoya en que desde el siglo XIX la voz «pueblo» ha ido engrosándose e incorporando a la «masa» que las antiguas democracias clásicas como lo más natural excluían. Cuantitativamente, la participación en la vida política ha ido en constante expansión, lo que no deja de haber sido progreso democrático. La reivindicación del sufragio femenino, el de la disminución de la edad legal para votar, a todo lo que ha contribuido a incrementar el número de electores legitimados para serlo se le llama en consecuencia «democrático». Era consecuente, por lo mismo, que otras extensiones de la objetiva toma de decisiones, como los referéndums, etc., se llamaran igualmente democráticos. Más no se dice sobre el general uso del habla corriente, que por sí solo habrá de conducir a que solo las tendencias «igualitarias» obtengan la denominación de democráticas.

Un giro tan poco claro como ese «fundamento del todo» no basta en todo caso como para una determinación conceptual. La esencial distinción entre las dos clases de democracia, la representativa y la directa, tampoco puede ser objetivamente fundamentada conforme a uso lingüístico alguno, que podría, todo lo más, hacer pasar por válido al modo representativo como un residuo inconsecuente y una concesión a la práctica necesidad; sin que fuera, por otra parte, capaz de extraer las correspondientes consecuencias, porque poco tardarían los EE. UU. de Norteamérica en alzarse con la pretensión de ser los combatientes de vanguardia por la libertad democrática y de tener el dominio, con el de la prensa mundial, sobre los juicios de valor del lenguaje corriente universal. Tampoco es posible, ni por lo más remoto, extraer del corriente uso lingüístico indicio alguno de que es en la fluctuante lucha entre los partidos donde reside el elemento vital de la democracia. Muy por el contrario, la lucha partidista es considerada como una desgracia, y hasta los mismos demócratas ven frecuentemente en esa precisa y esencial labilidad del partidismo una razón para la crisis de la democracia. Lo que Thoma decía sobre la opinión pública, de que esta sería: «el producto de la interacción entre los periódicos y sus lectores», equivale en el lenguaje político actual a lo que tendría que ver con los intereses y afectos políticos de amigos y enemigos; y eso por lo que al significado de la palabra democracia se refiere, sobre todo si tenemos en cuenta que su significado no es precisamente desde Aristóteles, sino más bien durante el último siglo, que haya cambiado con frecuencia. Tan solo acudiendo a ese para nosotros próximo significado se hace posible manejar en última instancia el diariamente modificado uso del lenguaje. Con el mayor de los respetos por el poder de las indelebles concepciones democráticas, las decisiones a la hora de ponerse de acuerdo en el campo de los conceptos, no es ciertamente necesario confiárselas a la opinión pública.

La frase de que el Estado es una corporación no es hasta en la democracia que se ha revelado como una «consumada verdad» (p. 48). El Estado como persona jurídica vinculada al pueblo, la personalidad estatal con poder como tal (por oposición al poder concreto que ostenta un grupo o persona) es, «incluso en la democracia, proporcionalmente menos ficticia que en cualquier otra forma de Estado» (p. 57). Expresiones estas que se revelan tanto más ilusorias, al igual que se dice en el enfoque sociológico de la voluntad popular, si lo que se pretende además es que bajo las mismas lo que hay que entender es una consciente y positiva iniciativa; el pueblo, que de acuerdo con Hegel es nombrado como parte de la nación, no sabe lo que quiere, o en el mejor de los casos, concede Thoma, en determinadas circunstancias (bien entendido que distintos grupos del mismo y por diferentes motivos) sabe lo que no quiere. En América habría todavía una opinión pública, en las democracias europeas hace ya tiempo que sería problemático hablar de algo semejante.

«Cuánto más ficticio», se dice más adelante (p. 63), «ha resultado ser el concepto de voluntad popular». A lo que deberíamos añadir entre paréntesis: tan dudoso, en efecto, como la admisión sin más de los usos lingüísticos de curso corriente. De la cuestión sin embargo surge otro reparo. Es, en realidad, «el de la ideal voluntad estatal de la democracia, de la voluntad fundamentada sobre concesión o consentimiento popular a cada una de las organizaciones partidistas que ejercen el poder» (p. 63). Un gran pensamiento este de la voluntad del Estado, pero que jurídicamente es irrelevante si se determina por la casual decisión mayoritaria de una jornada electoral o plebiscitaria, por la decisión de unos representantes de elección periódica, o en el seno de unos permanentes «representantes de la nación», como fue el caso de la contemplada por la Constitución de 1791, donde igualmente el rey entró en juego. Jurídicamente, por lo tanto, la democracia en tanto que Estado no puede ser, como Thoma determina de su concepto, «verdad consumada» en sentido especial alguno. Al Estado se lo define como un «objeto del pensamiento», que «ejerce el poder» «como tal» en la monarquía absoluta o la burocracia, y de un modo ni más ni menos ficticio que en la Córcega roussoniana.

Ni la invocación al uso lingüístico corriente, ni consideración «formal» de clase ninguna, son capaces de responder a la cuestión sobre las relaciones entre democracia y Estado. Para eso debería al menos darse un nuevo e insoslayable paso, afirmándose que la democracia descansa sobre el derecho a voto general e igualitario, lo que la trasciende y a un tiempo acerca a la ideal estructura de su concepto. En realidad, Thoma da ese paso, desde el momento en que a la democracia la denomina como «autogobierno» (p. 63). Palabra tan llena de significados, que fluye, no obstante, de muy otro modo a como con tanto esmero y cuidado procuraba que sonase por su significado, y por más que siempre se cuide, eso sí, como al descuido, como quien no quiere la cosa, de situarla en el lugar decisivo. La «consumada verdad» de la democracia, en su sentido de concepto de Estado, solo cabría apreciarla ahí, si se diera el caso de ser: «la autogobernada sociedad cooperativa en la que estuvieran agrupados la generalidad de los adultos nacionales de ese Estado» (p. 46). Su opuesto excluyente sería por lo tanto el Estado de privilegios, al ser la negación de cualquier forma de ellos un elemento esencial (p. 44). De lo que se desprendería así un contenido de categoría universal para su significado, muy por encima del sencillo rango que corresponde a la mera forma de Estado (p. 45). Y la prueba de todo ello es el hecho de que, hasta el derecho electoral de carácter general e igualitario, únicamente posee sentido en tanto que instrumento del mentado «autogobierno»; esto es, una especial forma de identidad que de ese modo se hace realidad. Y es a partir de ahí, de esa representación identitaria, cosa por otro lado a la que en múltiples ocasiones he aludido, que es preciso definir la democracia, justamente por la tipicidad que es consustancial a todo pensamiento democrático (la identidad de quien ejerce el poder y la de aquellos sobre los que ese poder es ejercido, gobernantes y gobernados, Estado y pueblo, sujeto y objeto de la autoridad política).

Thoma desecha denominar su concepto de otra manera que no sea echando mano del uso corriente del lenguaje, renunciando así expresamente, por lo demás, a establecer distinción contextual alguna de la democracia en relación a la ideología. «Entre la ideología, revista esta la forma que se quiera, y las diversas clases de democratismo, no existe interna y precisa conexión» (p. 42, nota). En cuanto a la refutación de la sentencia kelseniana, según la cual el pensamiento democrático presupone el relativismo como ideología, se hace notar que los anglosajones independientes, los izquierdistas del racionalismo iusnaturalista y los católicos habrían sido demócratas y no relativistas. Lástima que tal apelación histórica, en la que establecer un marco ideológico a la vista está que es posible, no pueda ser constitutiva de refutación de clase ninguna. Cabría naturalmente relativizar, designando su utilización como instrumentos políticos, lo mismo demandas que instituciones democráticas, o incluso religiosas. Pues es así, en efecto que, en el campo de la táctica política, lo mismo externa que interna, así como en el ámbito de la concreta situación histórico cultural, se llega frecuentemente a las más extrañas alianzas. Algo que de ningún modo excluye, en todo caso, los tan conceptuales como esenciales contextos en los que la ideología prima. Y es que parecería como si el autor, en cuestión tan esencial, lo que pretendiera fuera extender la sombra sobre el lector. Pues, en efecto, mientras desecha por principio afinidad ideológica alguna en la determinación conceptual de la democracia, define pocas páginas más allá y dentro de esa misma democracia, sus dos clases (representativa y mixta) conforme a la contradicción entre «dos vertientes intelectuales» en el seno de «los ideales conjuntos de libertad e igualdad». ¿Cómo han logrado, ideales y vertientes intelectuales, la fuerza para obtener *diferentia specifica* alguna en el seno de un concepto, sin poseer con ese mismo concepto relación esencial de ningún tipo? Y si verdaderamente ideología y democracia no tienen nada que ver, por lo mismo, jamás será posible, tampoco en sentido alguno, convertir en realidad la «verdad acordada» de una personalidad estatal; la que, por otra parte, no pasará de ser una forma de Estado junto a otra, tanto técnico política como jurídico constitucionalmente.

Lo que de todo lo anterior se desprende, es que cuando de la determinación de un concepto se trata, es necesario tener en cuenta aquella identidad sobre la que el conjunto de la propia idealidad conceptual descansa. Todo el conjunto de los específicos fenómenos democráticos se deduce de las diversas representaciones identitarias. Así, la diferencia entre democracia directa y representativa reside en que el concepto de representación conserva todavía elementos personalistas, mientras que la democracia directa busca realizar una identidad objetiva. Ambas formas democráticas que, de ese modo, se remiten igualmente a sendas maneras de representación identitaria. Es más, la singularidad sociológica de la lucha partidista en la democracia consiste en que cada partido no solo se identifica con la «verdadera» identidad del pueblo, sino que lucha por obtener aquellos medios mediante los cuales puede encarrilar y conformar la voluntad popular. Finalmente, de tales representaciones identitarias dimana el *ethos* que hasta ahora figura en la historia de la convicción democrática, que lo mismo se halla en la de los jacobinos que en el oculto *pathos* de la doctrina Monroe, o se encuentra en las tesis de Wilson y en el intento de darle realidad a esa identidad mediante una democracia económica.

V. RICHARD THOMA: *Sobre la ideología del parlamentarismo* (1925)*

La influencia que las ideológicas justificaciones de algunas formas de Estado o principios de gobierno ejercen sobre la práctica conformación de la política no debe ser ciertamente sobrestimada. Se trata, sin embargo, y eso tampoco lo desmiente la doctrina marxista del

---

* «Zur Ideologie des Parlamentarismus und der Diktatur» publicado en *Archiv für Sozialwissenschaft und Sozialpolitik*, vol. 53, 1925, p. 217 y ss.

Estado, de algo omnipresente que en un determinado grado y circunstancias representa un factor de peso en el devenir histórico. Las ideologías, por su parte, se encuentran insertas en el desarrollo general de la vida cultural por cuyas corrientes son transfiguradas y arrastradas. Es precisamente por eso que es imprescindible, cuando se trata de indagar y entender la situación presente lo mismo que las posibilidades de desarrollo en la política constitucional europea, el análisis individualizado de las ideologías vivas de nuestro tiempo, lo mismo que la determinación de su localización históricocultural, para extraer así las claves tanto de su fuerza como de sus posibilidades de pervivir; esto es, se trata en especial de la literatura justificativa, ya sea para la democracia, la monarquía hereditaria, el parlamentarismo, la dictadura del proletariado o la dictadura autoritaria unipersonal por razones nacionalistas, político culturales, o económico-eudemónicas. En tal sentido, Carl Schmitt, el profesor de derecho constitucional de Bonn, ha hecho objeto de un estudio, tan fascinante por su riqueza de ideas como brillante por su estilo, a las ideologías justificativas, tanto del parlamentarismo como del sistema parlamentario de gobierno, de la racional dictadura marxista o de la irracional propugnada por el sindicalismo, y la propia del fascismo italiano que se está experimentando ahora. Merece algo más que la pena entresacar los resultados individualizados de tal estudio, no sin antes decir, eso sí, que tal empresa está revestida de dificultades, pues el peso que suscita el reconocimiento por la obra desequilibra a la crítica en la balanza. A mi parecer, hay que señalar que el estudio carece de una dirección unificada. Sobre todo, porque al igual que cuando un cuerpo vivo puede sin demasiados reparos desmembrarse en dos partes, también aquí podría decirse: la obra se revela, por un lado, como una inmaculada contribución científica al conocimiento de determinadas ideas políticas y de sus conexiones filosóficas; por lo demás, se muestra como una suerte de tesis político constitucional y de prognosis.

a) Es en este segundo aspecto, que es de lo que aquí en principio se trata, donde a mi modo de ver la obra falla y le falta recorrido. La intención del autor resulta ser no tanto el confeccionar un registro repetitivo de los conocidos pecados del parlamentarismo, sino más bien la de explorar «el núcleo último de la institución del moderno parlamento», de modo que pueda verse desde ahí con claridad hasta qué punto «ha perdido la institución su base histórico espiritual para quedar tan solo alzada como un cascarón vacío». A la cuestión de: «¿Por qué ha sido *ultimum sapientiae* el parlamento para tantas generaciones? y ¿dónde radica la fe por la institución que se le ha tenido durante todo un siglo?», el autor responde que la razón de las instituciones parlamentarias no habría que buscarla tanto en su concepción más conocida, la elección de una comisión como subrogado de la práctica imposibilidad de reunir en asamblea a todos los ciudadanos, como en lo que Smend (en el libro homenaje a Kahl) ha calificado como dinámica dialéctica: «El público tratamiento de argumentos y sus contrarios, el público debate y la pública discusión» en el parlamento y en la prensa libre. Lo que habrían dicho ya, sobre todo, Guizot y otros como por ejemplo Forcade (p. 446, nota 2). Se enlaza así con la creencia de que, mediante la libre concurrencia de pareceres, del equilibrio entre opiniones y pretensiones, lo mismo que a través de la discusión y la opinión pública, la «verdad» termina por abrirse paso, ofreciendo de tal modo el parlamento una garantía de certeza o, cuando menos, de relativa mejora por lo que a legislación y política toca. Así pudo superarse ese arcano que en la práctica suponía el absolutismo, y del mismo modo pudo el imperio del derecho y la justicia, transformado en ley, desplazar del lugar que ocupaba al mero y descarnado poder. Reconociendo, como hace Schmitt, en esa ideología, «al espíritu nuclear del moderno parlamentarismo», acaba asimismo por concluir, que tal parlamentarismo ha perdido sus fundamentos histórico-ideológicos, que carece hoy día de cualquier razón de ser y que, por lo tanto, estaría listo para su defunción y derribo. Dándose pues, por supuesto, que nadie en sus cabales sería hoy tan ingenuamente optimista como para creer en los milagrosos resultados salidos del debate parlamentario o de la pluma de los periodistas.

Vigentes hoy día estarían aquellas ideas opuestas al ideal burgués del pacífico entendimiento, y en especial, las que provenientes del pensamiento marxista racionalizan la dictadura, así como determinada, «irracional teoría sobre la directa aplicación de la violencia», con George Sorel como máximo exponente teórico y cuya práctica Mussolini ha puesto ante nuestros ojos. Magnificadores ambos del mito: el de la nación alzada y victoriosa el último; el de la huelga general y el socialismo el primero de ellos. Teoría del mito que sería: «la más potente impresión sobre la evidente pérdida de certeza que ha experimentado el relativo racionalismo de la idea parlamentaria».

Apenas necesita comentarios el hecho de que tales asertos y conclusiones no conducen si no al error. Error cuyo fundamento es doble. Por un lado, su ejecución es en sí misma incompleta. Si lo que se pretende es indagar en los fundamentos ideológicos vigentes de una institución política, tal cosa no puede limitarse al estudio de la única ideología que haya sido aducida para su justificación. Es preciso, por el contrario, recurrir a todas, y enseguida veremos, como en nuestro caso, que hay muchas y más importantes justificaciones ideales para las asambleas electivas de representantes y para los sistemas parlamentarios de gobierno, en especial, que ilusiones a la Guizot. No puedo extenderme sobre el particular, pero basta tan solo con los escritos y discursos de Max Weber, Hugo Preuss, Friedrich Naumann, del año 1917 y siguientes, para ver que los argumentos políticos aducidos a favor de la reforma del *Reichstag* y de un constitucionalmente conforme desplazamiento del poder, no solo son muy otros, sino que tanto en su ideal como en su realidad política continúan perfectamente vivos. Schmitt, en cambio, lo que ha hecho es tomar un único y, por cierto, completamente enmohecido «fundamento ideológico del parlamentarismo moderno», y ha despreciado todos los demás.

Algo más hay que viene al caso, como aquello que en la literatura sobre la historia de las ideas políticas frecuentemente se omite: el valor y la vivacidad de un órgano político de ningún modo dependen únicamente de los bienes y el poder de convencimiento que la literatura invoque para la ideología que la justifica. Y esto, en principio, porque tanto libros como folletos pueden perfectamente ignorar o pasar por alto argumentos o hechos importantes. Además de porque toda institución «viviendo se desarrolla» y, en función de sus fines, experimenta una metamorfosis a la vez que muda en su estructura. (Y así es, mencionado sea de pasada algo no completamente cierto, que el moderno parlamento ya no permite discusiones originales de ninguna clase. Y que allí, lo que se encuentra, son más bien modificaciones estructurales. Los debates originales de los parlamentarios, en principio, tienen lugar en el seno de las comisiones y, a la postre, quedan circunscritas al secreto ámbito de los despachos de los grupos parlamentarios, a las sesiones del consejo de ministros, o a las conversaciones interparlamentarias y las consultas con los asesores y especialistas de los círculos económicos. Los debates públicos en el pleno no tienen la menor relevancia como tales, salvo aquello que, referido a la creación de la opinión pública, y una vez leído por periodistas y otros políticos, sea tomado consciente o inconscientemente en consideración.)

Es posible que Carl Schmitt se halle en la peligrosa situación de aquel que sobrevalora el velo literario que envuelve la cuestión, y no siempre repara en lo cuidadoso que hay que ser a la hora de admitir las literarias justificaciones de un órgano político; que raramente son sinceras, y más raramente aún llegan alguna vez a serlo por entero. Quien se postula a favor de la introducción o el mantenimiento de una institución, de ningún modo puede, por ejemplo, manifestar abiertamente que lo hace como mal menor y a impulsos de un resignado pesimismo. Al contrario, y si pretende ser efectivo, tiene que hablar en un tono positivo con el objetivo de trasmitir el ilusionado optimismo de quien, al fin y al cabo y mientras luche por ello, cree en lo que hace. Pues si lo que al poco acaba revelándose es lo fraudulento de esa ilusión, no tardará tal institución en perder su vigencia ideal y estará acabada.

Vamos ahora a lo que Schmitt llama: «el relativo racionalismo de la idea parlamentaria», la cual, con toda seguridad, «ha perdido su certeza». Si, en efecto, y algo más: esa certeza ha desaparecido por completo. Quien, a día de hoy, se muestre a favor de las *ludi cartacei*, electas asambleas de representantes, así como de su instrumentación con la potestad legislativa y el poder de nombrar gobierno, es seguro que lo hace, tanto desde lo político constitucional como de lo ético social, en base a consideraciones, esperanzas y conformidades, muy distintas a las que podrían encontrarse en Guizot y Forcade.

Por otra parte, de ninguna manera constituye la sindicalista (lucha de clases) y fascista (nacionalista) teoría del mito, la «más potente expresión» del decaimiento de aquella mentada certeza. Tal expresión se encuentra, más bien por el contrario, en la voluntariamente deseada concentración de los diputados electos en un «partido», de tal modo que sobre las respectivas y más importantes posiciones políticas de la nación no sea en principio el parlamento quien decida, sino que se haga de facto en el propio proceso electoral; lo que confirma la vigencia ideal de la perspectiva teórica, que sitúa a las decisiones políticas entre las de tipo voluntarista y nunca entre las de carácter intelectual. El paso hacia la conjunción, en el campo ideológico actual, entre la creencia en la discusión y el decisionismo ya hace tiempo que se produjo. El problema de nuestro tiempo reside, más bien, en si la decisión debe recaer sobre una minoría estable (el autoritarismo, en caso extremo, la dictadura), o sobre la correspondiente y frágil mayoría (en el Estado de partidos); si se debe a una formación mayoritaria de entre todos los componentes del Estado que en igualdad de condiciones participan en él (democracia), o le corresponde tomarla a una determinada clase social, ya sea el proletariado o la burguesía, de forma exclusiva o de modo preferente (Estado de privilegio). No existe, en ningún caso, prueba alguna de que Europa se encuentre ante el dilema de tener que elegir entre parlamentarismo o dictadura. La democracia, bien es cierto que no la monárquica, pero sí la parlamentaria, cuenta con bastantes más posibilidades configurativas que el parlamentarismo. Para el caso, claro está, de que este último acabe por fracasar realmente y carezca del deseo de regeneración (acontecimiento este, por cierto, sobre el que hoy en día no es posible emitir dictamen concluyente alguno, no en el caso de Francia o Inglaterra, excuso decir en el de Alemania, donde el parlamentarismo se encuentra aún en la fase de aprender sus primeros pasos). Algo que rige por igual para los Estados no democráticos. Todo lo cual, naturalmente, no quiere decir que, para el constitucionalismo político europeo, no pueda llegar un día en que se vea ante la disyuntiva de tener que optar entre el parlamentarismo democrático o la dictadura por la fuerza. Pero que tal cosa pueda llegar a darse yo me atrevo en redondo a negarlo, pese a Lenin, Mussolini y Primo de Rivera.

b) Y así, del mismo modo que rechazo la obra que me ocupa, por lo que tiene de certificado de defunción para la idea del Estado parlamentario, igualmente me permitiré, enmarcada como está en el contexto de una historia de las ideas que ciertamente ilumina, decir sobre ella palabras no solo de acuerdo sino de la más ardorosa ¡defensa y admiración!

Unos encendidos elogios, vaya por delante, que no se refieren más que tangencialmente, si acaso, a los dos primeros capítulos; si bien es preciso reconocer que ambos rebosan de los más agudos comentarios y conocimientos teóricos, por ejemplo, sobre la actual e innegable: «evidencia de la legitimidad democrática», así como de la democrática disposición interventora de la Sociedad de Naciones. Sin embargo, cuando el autor teoriza en el primer capítulo, «Democracia y Parlamentarismo», la definición de democracia se agota en una tirada de identificaciones (voluntad mayoritaria = voluntad parlamentaria; voluntad parlamentaria = voluntad popular y similares), de tal modo que confunde definición e ideología justificativa y acaba por tomar de nuevo, de las diversas justificaciones democráticas, la única que, si bien es la más literariamente rimbombante, de ninguna manera ha sido históricamente el componente más importante en la democratización europea. Políticamente reales, más importantes que las ideas de libertad e igualdad, lo fueron argumentos de la democratización político-nacionalistas, de poder (en relación con el servicio militar obligatorio) de política social o tácticos (Disraeli, Bismarck). En cuanto a la parcialidad del segundo capítulo, «El principio del parlamentarismo», es cosa a la que ya me he referido. Aunque sea preciso señalar aquí, no obstante, la absoluta penumbra en la que se desenvuelve, introducido, junto a la tan igualmente docta como ingeniosa ideología gizotina, en el mundo ideal del liberalismo, con sus creencias en el equilibrio y la harmonía, y al que retornan aquellos, en cierto modo, principios de la filosofía ilustrada.

La simpatía del autor se encuentra de por sí en una «irracionalidad de lo mítico» que, si bien procedente del anarquismo, habría colaborado a sentar las bases de una «nueva percepción de orden, jerarquía y disciplina». Lo cual no quiere decir que él no vea y tema sus riesgos, que naturalmente no serían solo de carácter práctico, sino también ideal. Peligros que observa en la posibilidad de un destructivo pluralismo de tales mitos, esto es, en el politeísmo. A la vista de lo cual me atrevo a suponer, aunque no a afirmar que, tras estas a la postre algo nebulosas expresiones, se encuentra el no expreso convencimiento personal del autor de que una alianza entre el dictador de la nación y la iglesia católica puede en el fondo llegar a ser la solución para un restablecimiento definitivo del orden, la disciplina y la jerarquía. Suposición contra la que bien podría decirse que representa al autor como a un ciego incapaz de reparar ante el tercer mito de nuestro tiempo. Un mito que, lejos de poseer menos vitalidad que el nacional o el revolucionario, resulta ser al tiempo el único en abierta compatibilidad con la ética cristiana y la iglesia católica, como es: el mito de la paz perpetua por medio de la autodeterminación y la democracia. Un mito que no por lo irracional de sus fundamentos inaprensibles y lo escolástico de su finalidad resulta ser inferior, ya que, en la presente situación europea, conduce hacia la misma senda a la que, por ahora, señalan igualmente las racionales esperanzas de entendimiento entre los ciudadanos.

VI. RICHARD THOMA*: *El* Reich *como democracia* (1929)**

I. Dos conceptos de un tan feliz como simbólico contenido se hacen realidad; estatutos extremadamente significativos, al tiempo que jurídicamente vinculantes, desde el momento en que la Constitución de Weimar los proclama con las siguientes palabras:

> El *Reich* alemán es una república.
> El poder político (*Staatsgewalt*) emana del pueblo.

República significa negación de cualquier monarquía hereditaria, así como también del poder inamovible y vitalicio de una sola persona (le sea transmitido ese poder por cooptación o plebiscitariamente). República significa no obstante también ¡afirmar y construir! El sentido primigenio y positivo de la palabra comprende al Estado como *res publica*, como colectividad de la

---

* El *Handbuch des Deutschen Staatsrechts* fue el gran tratado del derecho constitucional germano producido por la doctrina de Weimar, que estaba representada al completo en su texto, y cuya concepción estructural a la manera de *Manual* respondía en realidad al pasado y a las ideas de la vieja de la Teoría del Estado y del Derecho Político (*Staatsrecht*) de la Escuela Alemana de Derecho Público. Sería también el último trabajo de este estilo aparecido en Alemania, publicado cuando ya había surgido otro modelo de comentario sistemático a la Constitución, el de Bühler, construido desde el estudio pormenorizado de la norma concreta y obra de un autor especializado en derecho financiero y administrativo, que fue traducido al español en tiempos de la II.ª República, por el empeño de Pedroso y Sánchez Sarto, en la editorial Labor. Véase *La Constitución de Weimar (Texto de la Constitución Alemana de 11 de agosto de 1919)* citado.
** *Handbuch des Deutschen Staatsrechts*, vol. II, 1929, pp. 186-200.

que todos los ciudadanos forman parte, y en la que todo poder se orienta y está ligado al servicio de quienes la componen, del mismo modo que cada miembro sirve y está vinculado al todo. La República en tal sentido hace de los súbditos ciudadanos, a los que obliga y legitima en la convicción de verse a sí mismos como Estado; lo que Friedrich Neumann resume en las palabras: «El Estado, eso somos nosotros». Expresión que habla por igual tanto del orgullo de la libertad como de la humildad inherente a la responsabilidad.

De la misma manera sucede con el pueblo, del que procede todo el poder del Estado, que no es mentado como concepto de clase alguna, ni de manera arbitraria e ilimitada, salvo en lo que se refiere a la graduación de sus derechos políticos de activa ciudadanía. Al nombrarlo se piensa en el concepto de conjunto unitario e igual en derechos de la colectividad integrada por todos los alemanes adultos, tanto los desposeídos de los más bajos estratos sociales como los más ricos en patrimonio y formación de las clases altas; esto es: la ciudadanía activa de los comunes e iguales en derecho a voz y voto[41]. Con el pueblo al que alude el art. 1, apartado 2

---

[41] De hecho estaban, y están, simple y llanamente sujetas las legislaciones del *Reich* y de los *Länder*, por medio del art. 1, apdo. 2, al recurrente concepto de pueblo que aparece igualmente en los arts. 21, 41 y 73, el cual confiere «a todos los ciudadanos del *Reich*, hombres y mujeres» (art. 17) un igual, secreto y directo derecho a voto que en la Constitución (*Reichsverfassung*) no aparece expresamente regulado, (elecciones presidenciales, plebiscitarias, iniciativa popular en el ámbito del Reich, de los *Länder* y municipal, respectivamente; si bien el último de ellos sujeto al art. 17, apdo. 2, referido expresamente a las elecciones municipales). Rige exactamente lo mismo para el proceso de elaboración de la Constitución prusiana, pese a que en la formación del *Reich* (por medio del art. 63), y

se quiere decir la nación, esto es, al conjunto de los alemanes como tales sin diferenciación alguna de ningún tipo.

Por consiguiente, el artículo primero del texto constitucional proclama lo que de hecho luego se organiza en los siguientes. La democracia, y con ello, así pudiera decirse, la soberanía popular[42].

¡Una gran democracia! cuyos activos ciudadanos y ciudadanas sobrepasan hoy día el número de los cuarenta millones.

---

en la del Estado prusiano (bajo el derecho del Consejo de Estado del párr. 56), hubiera sido introducido un elemento que, aludiendo al poder del Estado, en parte no procede del «pueblo» en el sentido que este posee en el art. 1 apdo. 2. (Nota de Thoma.)

[42] Heller, *Die Souveränität*, 1927, p. 73. Atendiendo a la exigencia de una correcta utilización de la terminología, la palabra soberanía se refiere exclusivamente al Estado, ya que su uso puede llegar a inducir a error y terminar por hacer incurrir en una arbitrariedad. Así, sería posible y según fuera el sentido que se tuviera en cuenta, referirse lo mismo al «pueblo» que al *Reichstag* (soberanía parlamentaria, echando mano de ese modo a un concepto frecuente en la doctrina política inglesa); o con Carl Schmitt (cfr., *La Dictadura*, 2.ª ed., 1928, ahora incluido en español en el citado *Ensayos sobre La Dictadura*), al correspondiente órgano que, establecido para una situación de excepción, recibe el apelativo de «soberano». Leibholz, *Das Wesen der Repräsentation*, 1929, p. 131 (cfr., igualmente, p. 76 y ss.) señala la sinonimia que presentan ambos conceptos, el de soberanía del Estado y el de soberanía popular. Si bien se cuida el autor de aclarar previamente que, bajo «pueblo», ha de entenderse una «ideal unidad política» que sería idéntica al Estado, lo que no deja de ser una mera tautología. Como es natural, siempre será posible utilizar el lenguaje de manera que al pueblo de una democracia soberana se le llame pueblo soberano, al legislador de un Estado soberano se le designe como legislador soberano, y a la asamblea nacional se la denomine el «más alto órgano soberano». (Nota de Thoma.)

¡Una democracia pobre! en la que se estima que, por lo que a los ingresos fiscales exigibles a los cabezas de familia y personas físicas individuales del *Reich* afecta, durante el año 1928 tan solo alrededor de 370.000 contribuyentes presentan unos ingresos sujetos a contribución fiscal, correspondientes al ejercicio anual de 1927, superiores a 8.000 marcos. Contribuyentes, entre los cuales solo podrían ser clasificados como ricos o de buena posición aquellos que alcanzaran una cifra anual de ingresos superior a los 50.000 marcos. ¡Algo que hoy solo podría decirse de 17.000 de ellos! La imposición fiscal sobre el patrimonio alcanzaba antes de la guerra a un total de 15.547 contribuyentes que superaban el millón de marcos. Número que ha retrocedido ahora hasta los 2.335 contribuyentes[43]. Mientras, el poder adquisitivo ha caído un 30% y la carga fiscal se ha cuadruplicado. No es ningún milagro, por tanto, el que en la democracia alemana sea tan raro eso que en economía se conoce generalmente como «política de caballeros» de tipo independiente; con lo que, por cierto, se alude exclusivamente a una circunstancia social y no a una determinada línea política, pues tales caballeros que la ejercían los había —y es de suponer que aún los habrá— entre los socialdemócratas, y más precisamente y de considerable importancia en el partido laborista británico.

Una democracia agobiada. La masa de hombres y mujeres activos en la economía productiva tienen que alimentar a los cientos de miles de damnificados que

---

[43] *Statistik der Vermögenssteuer-Veranlagung*, ed. de la Statistischen Reichsamt, 1929. Para lo que sigue, vid., W. Kamm, *Abgeordnetenberufe und Parlament*, Karlsruhe, 1929. (Nota de Thoma.)

precisan apoyo como consecuencia de la pasada guerra y a los que han sufrido algún accidente de trabajo, además de al millón largo de los que no tienen empleo, a los que hay que añadir incontables casos de pobreza severa que igualmente hay que atender. Y de todo ello, con el remanente que quede del ejercicio productivo anual, ha de atenderse a la auténtica extracción nacional que supone el pago de las reparaciones de guerra. La situación de emergencia en que se debate la lucha diaria por la economía, aliviada en las horas de descanso tan solo por los juegos de luces de la ciudad y los acontecimientos deportivos, solo a pocos permite preocuparse con una mínima formalidad de su propia formación política, ya sea por medio de la prensa o asistiendo a reuniones y convocatorias.

Una democracia amenazada. Que durante los años 1920 y 1921, así hay que afirmarlo, se vio inmersa en la sangrienta guerra civil de una rebelión social revolucionaria que hubo de aplastar, y que hoy, en 1929, se enfrenta a un creciente movimiento fascista que actúa públicamente y que si se oculta es solo para armarse.

II. La palabra democracia no figura ni en la Constitución del *Reich* ni en las de los *Länder*. No existe una definición firme y jurídico positiva de lo democrático, y lo mismo en la teoría del Estado que en el lenguaje común de la vida diaria, el concepto aparece desde antiguo más o menos velado y bajo diferentes significados. Lo mismo puede unas veces predominar como forma que otras hacerlo como contenido; y, por lo mismo, constituirse ora en mínimum, ora en máximum, que definitivamente adoptar el significado de lo puramente pésimo. Ningún teórico ni político podrá por tanto evitar el servirse de un concepto de democracia que le posibilite aseverar que el *Reich* sea otra cosa, en su plena configuración jurídico-constitucional y en su realidad política, sino una democracia, o al menos no otra cosa que aquello que se tiene por representativo de una auténtica democracia, comprendido aquello que algunas veces es falta y otras, cualidad digna de alabanza[44].

Resulta cuando menos fatigoso, al menos para los fines propios de la ciencia jurídica que se ocupa de la investigación y exposición del derecho político (*Staatsrecht*) alemán positivo, andar discutiendo acerca de si la República alemana, bajo su actual derecho constitucional, puede considerarse o no como una «verdadera» democracia. Sobre tal particularidad, basta con señalar que en el mundo cultural de Occidente se ha asimilado, y desde hace décadas, un concepto de democracia alusivo exclusivamente a si, en el Estado de que se trate, todos los titulares de su poder lo ostentan en virtud de

---

[44] «Cuando dos personas pronuncian la palabra democracia es altamente probable que cada uno piense en una cosa distinta», Thomas Mann, *Betrachtungen eines Unpolitischen*, 1918, p. 270 (traducción española *Consideraciones de un apolítico*, Barcelona, 1977). En el uso lingüístico lo usual sobre todo es, retrotrayéndose a Aristóteles, designar como democrático instituciones o reivindicaciones del más directo y radical democratismo. Es la tendencia de Hasbach, a la vista en sus dos materialmente importantes obras: *Die moderne Demokratie*, 1912 (reeditada en 1921), y *Die parlamentarische Kabinettsregierung*, 1919; bien entendido que, en ellas, solo pasan como democráticamente desacompasadas, instituciones como la elección de jueces, el mandato imperativo, la ocupación de los puestos funcionariales con adeptos de los partidos vencedores, y similares. Cfr., para esto, mi pormenorizada crítica en *Archiv. D. Reich* 40, p. 228 y ss. Idéntica tendencia, por ejemplo, en Carl Schmitt; similitud terminológica presente en Kelsen y otros. Igualmente, la nota que sigue. (Nota de Thoma).

haber sido elegidos directamente por votación popular
y en unos comicios realizados conforme a un verdadero
derecho electoral de carácter general e igualitario[45]. Un

---

[45] Cfr., en adelante, mi aportación al vol. de homenaje a Weber, «Der Begriff der modernen Demokratie in seinem Verhältnis zum Staatsbegriff. Prolegomena zu einer Analyse des demokratischen Staates der Gegenwart» (incluida en esta ed., «El concepto de la moderna democracia en su relación con el concepto de Estado»). (Ídem, reseñable en p. 111 y ss.: Karl Landauer, *Die Wege zur Eroberung des demokratischen Staates durch die Wirtschaftsleiter*). A mayores, mi trabajo «Zur Ideologie des Parlamentarismus und der Diktatur», *Archiv. Soz. W. und Soz. Pol.* 53, 1924, p. 217 y ss. (incluida en esta ed., «Sobre la ideología del Parlamentarismo»), y mi artículo «Staat» en H. W. Staats W. Carl Schmitt, que tan solo pretende admitir como democrática una determinada ideología radical, dirige contra mí una serie de comentarios en el preámbulo a la segunda edición de su intelectualmente a gran nivel pero parcialmente concebido ensayo, *Die geistesgeschichtliche Lage des heutigen Parlamentarismus*, que no atinan a dar una imagen acertada, ni del sentido ni del contenido, tanto de mis afirmaciones conceptuales como del tono general de mi estudio. Como Schmitt, Werner Becker, «Demokratie und modernen Massenstaat», en *Die Schildgenossen* V, 1925, p. 459 y ss. En su *Verfassungslehre*, y particularmente entre las páginas de la 221 a la 282 (*Teoría de La Constitución*, Madrid, 1934), vuelve de nuevo a aparecer, con el brillante modo expositivo que le caracteriza, la concepción que Schmitt tiene de la democracia, según la cual existiría de modo exclusivo un único democratismo diametralmente opuesto a todo liberalismo y cuya esencia consistiría en una sucesión de «identidades» (bien entendido, es de suponer, que de identificación ficticia). No es posible, ni este el lugar, para entrar en una pormenorizada discusión con Carl Schmitt sobre crítica conceptual, historia de las ideas y política; lo mismo que con los autores que a continuación se nombra y cuyo trabajo, sobre la esencia y el concepto de la democracia me limito a citar sin tomar posición alguna sobre ellos. Friedrich Naumann, *Demokratie und Kaisertum*, 2.ª ed., 1900, y *Der deutsche Volksstaat*, 1917. Gustav F. Steffen, *Das Problem der Demokratie*, 1912. Hugo Preuss, en muchas de las páginas por él escritas y aparecidas en *Staat, Recht und Freiheit*, 1926, en concreto desde p. 583 y ss., escritos luego re-

modo de expresarse que proviene, por un lado, de la igualdad de derechos y la completa emancipación política de las clases populares, por el otro, del hecho de haber abolido la estable e inamovible autoridad: limitada o revocable autoridad fundamentada sobe el democrático derecho electoral.

---

copilados en *Reich und Länder*, p. 39 y ss. Theodor Heuss, *Die neue Demokratie*, 1920. James Bryce, *Modern Democracies*, vol. I, 1921, p. 23 y ss. (traducción alemana bajo el título *Moderne Demokratie*, vols. I-II-III, 1923-1926). Wittmayer, *Die Weimarer Reichsverfassung*, 1922, pp. 44 y ss. Hans Kelsen, «Von Wesen und Wert der Demokratie», *Arch. Soz.* W. 47, 1920, p. 50 y ss., a la que hay que añadir, ya que el trabajo originario ha sido extraordinariamente modificado, la 2.ª ed., de 1929. M. I. Bonn, *Die Krisis der europäischen Demokratie*, 1926. Max Adler, *Politische oder Soziale Demokratie, ein Beitrag zur sozialistischen Erziehung*, 1926. E. Tatarin-Tarnheyden, «Kopfzahldemokratie, organische Demokratie und Oberhausproblem, und Grabowsky, Formal- und Realdemokratie», en *Ztschr. f. Pol.* XV, 1926. Verhandlungen des 5. *Deutschen Soziologentages* (Viena, septiembre 1926) sobre democracia con comunicaciones de Tönnies y Kelsen y un debate lleno de interés, en vol. V d. Schr. d. d. Ges. f. Soziologie, 1927, p. 12 y ss. D. Koellreutter, artículo «Demokratie», *HWRechtsW*. II, 1927. H. Triepel, *Die Staatsverfassung und die politischen Parteien*, Berliner Universitätsrede, 1927. L. Wittmayer, *Demokratie und Parlamentarismus*, 1928. W. Stapel, *Die Fiktionen der Weimarer Verfassung*, 1928. «Politische Wissenschaft», fasc. 5, 1928: *Probleme der Demokratie*, con escritos de A. Wolfers, Carl Schmitt, H. Heller, M. H. Boehm, E. Michel, F. Berber. Gertrud Bäumer, Grundlagen demokratischer Politik, 1928. A. Lawrence Lowell, «La crise des gouvernements, etc., rapport f. d. Institut internat. de droit public» París, Giard, 1928. Tönnies, «Demokratie und Parlamentarismus» en *Soziologische Studien und Kritiken*, vol. III, 1929, pp. 40-84. O. Pfeffer, «Mensch, Volk, Staat», en *Die Volkshochschule in Hause*, 1929, p. 604 y ss. Vid. Igualmente la antecitada literatura de y sobre las ideologías antidemocráticas, en H. Heller, *Europa und der Faszismus*, 1929. (Nota de Thoma.)

Democratización es el nombre de la más grande aventura que en cualquier época de la historia universal haya emprendido la civilización occidental. La clase de los trabajadores manuales que por o precisamente a causa de su crecimiento, en efecto, sobrepasa en número a todas las demás clases y grupos, ha llegado en condiciones de igualdad de derechos a ocupar su lugar en el Estado. En definitiva, se trata del intento de transitar desde el ordenamiento del poder que un dueño y señor ejerce a voluntad sobre una sociedad dividida por el interés, a un supuesto de creación surgida al servicio de una nación que en el fondo se concibe como una sociedad de intereses solidarios[46]. Resultante de diversas evoluciones y de una multiplicidad de componentes, bajo los que se despliegan, puede que no del modo más poderoso, pero tampoco ni mucho menos a la ligera, las ideas de libertad, igualdad y solidaria hermandad. Nacida de la ética y la metafísica de la cristiandad, transformada en un entusiasmo de aspiración universal y carácter intrínsecamente humano, por la dignidad y la felicidad del hombre, se atreve a proponerse como solución a las naciones, para sus problemas sociales, culturales, por la vía de la libre autodeterminación de los individuos, de las clases, de las naciones.

En tal sentido puede llamarse Democracia a un Estado de masas cuyo ordenamiento jurídico otorga igual derecho a elegir y eventualmente a ser elegido a todas las clases sociales que conforman su pueblo, que nece-

---

[46] Cfr., por ejemplo, H. Heller, «Demokratie und sozialer Homogenität», en *Probleme der Demokratie*; vid. también notas anteriores sobre los presupuestos bajo los cuales el proletariado, pese a las condiciones económicas que agudizan la lucha de clases, puede ocupar su puesto en la democracia. (Nota de Thoma.)

sariamente comprende las libertades de prensa, reunión y manifestación, y es por lo demás base fundamental sobre la que directa o indirectamente todo poder se sustenta.

Este es el sentido de la palabra por el que se han inclinado, en los meses de la revolución, la mayoría de los «representantes populares», por la vía de la democracia en contraposición a la dictadura de una minoría de consejos de trabajadores y soldados (*Räte*). La Asamblea Nacional de Weimar se ha decidido, en consecuencia, en favor de erigir una democracia[47], oponiéndose a relativizar lo que no es otra cosa que autoridad hereditaria, en contra de una limitación o compartimentación estamental del derecho a voto, oponiéndose al proyecto de creación de una primera cámara, a cubrir por estamentos o herencia, que hubiera significado la paralización de la democrática asamblea de representantes, etc.

Democracia o Estado del pueblo (*Volksstaat*) significa la contraposición excluyente a lo que Hugo Preuss denomina Estado autoritario, que no es otra cosa más que la estable e inamovible autoridad; esto es, se trata de contraponer a un *autocratic government* frente a *responsible government*.

Una Constitución como la que ahora ve la luz, y lo mismo da que de ella dimane la elección directa o por medio de representantes de cualesquiera de los detentadores del poder ejecutivo o legislativo o de cualquiera de los órganos de poder con competencias ejecutivas, no sobrevivirá si de entre la sociedad no se forman li-

---

[47] En concreto, por «la autónoma organización del pueblo alemán como conjunto político» (Hugo Preuss). (Nota de Thoma.)

bremente grupos cuyos cabezas visibles se presenten para ocupar los distintos puestos que por sufragio han de cubrirse (parlamentarios, presidencias, ministerios y similares). Lo que es consustancial e imprescindible a todo Estado de *responsible government* y con partidos normalizados (dicho esto en un sentido general y libre de cualquier acento valorativo). Evidente e imprescindible ha de ser siempre la vinculación para las minorías de las decisiones mayoritarias que se tomen, ya sea en elecciones para representantes o para los más altos puestos del gobierno, ya sean las que tomen los representantes mismos en la asamblea o aquellas en las que los propios ciudadanos deciden. La diferencia entre el inamovible Estado autoritario y el de partidos, donde legítimamente los gobiernos se cambian, no consiste en eso que tan temprano ya señalaba Fr. Julius Stahl de elegir entre «autoridad o mayoría». La distinción se encuentra, más bien, en si la autoridad debe residir en la mano de un grupo minoritario e inamovible, o en la de aquellos representantes a los que una mayoría ha otorgado la confianza de gobierno. Gobierno que siempre ha sido y será una élite quien lo pueda ejercer. La cuestión por lo tanto estriba en qué o a quién elegir.

Un Estado de partidos puede igualmente ser construido en forma sumamente antidemocrática. Tal Estado solo será democrático si ensancha sus bases hasta el último punto que le sea posible; esto es, haciendo efectiva y auténticamente general la igualdad del derecho a voto; renunciando, en otras palabras, a que sea un individuo, o un reducido grupo de individuos, los que ostenten el poder al que se habrán alzado de manera privilegiada y para ejercerlo de modo inamovible; que renuncie igualmente a introducir cualquier otra clase de privilegios político constitucionales, como sería, por ejemplo, las prerrogativas de nacimiento, el derecho electoral censitario, o el de carácter estamental y según las rentas, junto a otros de parecido cariz. Solo así y de ese modo, prescindiendo de cualquier referencia jurídico constitucional al Estado de privilegios, será una democracia, una auténtica comunidad que al menos podrá contar con la oportunidad de desembarazarse con cierta rapidez de sus tendencias degenerativas, ya sean plutocráticas o el oclocrático gobierno de la chusma.

Y si de lo expuesto se deduce que la república alemana se muestra en la forma jurídico-constitucional de una democracia, la pregunta que inmediatamente surgirá habrá de ser si también en su más íntimo propósito no figurará igualmente la determinación de ciertos objetivos, como sería por ejemplo la concreta orientación a algún tipo de ideas ético-políticas. En efecto, lo mismo en la Asamblea Nacional que en su correspondiente comisión constitucional, han aparecido con aspiraciones de hacerse valer, las más diversas y, entre ellas mismas, contradictorias ideas acerca de cómo tendría que conformarse para llegar a hacerse efectivo el Estado del pueblo alemán. De hecho, la realidad es que un grupo de esas reflexiones e ideas, tomando preponderancia sobre las demás, se ha impuesto, condescendiendo solo en muy pequeña medida con los grupos contrarios. Ambos conjuntos de ideas sería posible denominarlos, de modo preventivo y en tanto se pueda llegar a conclusiones firmes tras su pormenorizado análisis, a las unas, como caracterizadas por un igualitario y radical democratismo, y a las otras, como impregnadas por un democratismo de carácter liberal. A mi anteriormente publicado intento por describir la caracterización de los mentados grupos de ideas me remito[48].

«La tendencia básica del democratismo radical es la igualitaria. Su realización requeriría, llevada al extremo y en lo que a su constitución se refiere, una plétora de referéndums no vinculantes junto a una provisión de cargos en serie para ponerla en marcha; en cuanto a la economía, a lo que conduciría es al comunismo. En la práctica de la moderna política constitucional, el democratismo radical antepone el plebiscito a la actividad legislativa de las cámaras de representantes electos, imponiendo en estas el mandato imperativo a la libre determinación, así como en la provisión de cargos y tribunales la elección popular y el referéndum revocatorio (*Recall*) se anteponen al nombramiento e inamovilidad conforme a derecho, y así sucesivamente. Todo lo cual es lo que denota una suerte de democratismo.»

«La tendencia dominante del democratismo liberal es la antiigualitaria. Su exigencia es la igualdad de derechos como fundamento de una vida social y estatal, en la que la desigualdad natural en caracteres y capacidades de los hombres debe poder ejercer su plena influencia, al margen de privilegios por nacimiento o por riqueza. Como sus filósofos, bien puede nombrarse a Kant y mejor aún a J. G. Fichte. La palabra liberal no contradice aquí en modo alguno al término socialista. Al contrario, puede que nadie haya definido más agudamente al democratismo de cuño liberal que el socialista sueco Steffens —miembro del mundo de las ideas que habitaban J. S. Mill y la *Fabian Society*—, cuando dijo:

---

[48] Begriff der modernen Demokratie, pp. 39 y 40/41 (en esta edición: «El concepto de la moderna democracia»). (Nota de Thoma.)

«La sal de la vida del democratismo es en el fondo un enraizado aristocratismo».

«Se excluye, como es natural, solo al aristocratismo por herencia de carácter estamental o por privilegio posesorio. Se incluye, por el contrario, haciendo hincapié en el «sufragio por capacidad» (M. Weber), la adquisición personal de altas cualificaciones para el desempeño de cargos, en una selección que deberá ser democrática, aunque no necesariamente directa, pero sin excluir la que se haga mediante el voto. La ideología liberal-democrática, tan frecuentemente llevada en sus esperanzas al paroxismo de lo utópico, considera que el encumbramiento de los más virtuosos y capaces, mediante procedimientos directa o indirectamente democráticos, lo mismo que por el principio de representatividad y otras formas de selección, no solo no anula la democracia, sino que la «ennoblece» (I. C. Bluntschli). Tanto al menos como el democratismo liberal, el *Pathos* que le es propio reside sobre la reivindicación del afianzamiento de las libertades individuales.»

Conforme al sentido conceptual expresado, la democracia alemana presenta un carácter preponderantemente liberal, con algunas concesiones al democratismo de tipo radical, más en concreto, a ciertas reivindicaciones referidas a la directa decisión popular. Saltan a la vista en ese aspecto ciertos elementos plebiscitarios presentes en la construcción del entramado constitucional, si bien no tanto por ser representativos de una ideología, o de una superchería como la ciega creencia en la sabiduría de unas en parte indiferentes en parte demagógicamente utilizadas masas, como por ser un posible remedio, un correctivo, frente a la degeneración del parlamentarismo y la cerrazón de los partidos. Llaman asimismo la atención tales elementos por formar parte, también en cierto modo, de la esperanza por suscitar entre la población un interés responsable por la política, ligándolo al posible y ocasional efecto que el plebiscito pueda tener sobre las grandes cuestiones de interés general. Como algo común a ambos tipos del democratismo alemán —el socialista y el «burgués»—, figura el convencimiento de que sería indigno de una nación libre y culta imponerle a la mayoría las preferencias políticas y legislativas que una minoría adopte, y que un poder así ejercido por la fuerza no representaría solución alguna frente a los problemas de la reforma social, de reconstrucción económica, de la unidad del *Reich*, y de los referidos a la cultura en el sentido que esta tiene para la sociedad nacional. En definitiva, que de ningún modo desea en realidad acabar enseñoreándose sobre el agudizamiento del odio entre clases, de la cadena de producción económica, de la confesionalidad y el particularismo.

No es en absoluto, como podría inferirse de lo que afirma Meinecken en este mismo manual (*Handbuch*), que aquí se trate de la doctrina que haya de determinar el sentido conceptual de las particularidades configurativas del edificio constitucional alemán, sino sobre todo de reflexiones prácticas para poder llegar a una solución y acometer la tarea que lleve a dar con la mejor forma de manejar una situación histórico política excepcional y casi desesperada.

Con estos análisis y sugerencias se ha llegado al umbral desde el que se profundizará, tanto en la orientación como en el sentido científico de la democracia alemana, al igual que sobre sus sociales y políticos presupuestos, y lo mismo sobre las oportunidades de sus logros que sobre los peligros de degeneración que la acechan. Y compete la tarea de afrontar semejante problema no solo a la sociología o la ciencia y la filosofía política, sino en mucha mayor medida y del modo más significativo a la específica ciencia que se ocupa del Estado de Derecho. Desde la perspectiva del derecho político (*Staatsrecht*) positivo alemán no corresponde, sin embargo, dedicar consideraciones de ninguna clase al respecto. Para el compendio del derecho político de un Estado partidista, la más importante e inexcusable cuestión preliminar justamente es aquella que tiene como motivo el tipo y significado de los partidos políticos que al mismo dan cuerpo, cuestión de la que esta obra se ocupa de modo particularmente pormenorizado. Aquí tan solo nos interesa referirnos a los fundamentos y el proceso de construcción planificada de la estructura jurídica de la República alemana.

III. Una constitución democrática requiere para sí el sustento de la «voluntad popular». Como legítima, en términos democráticos, podrá tenerse a una Constitución y a quienes conforme a su ordenamiento detenten el poder, solo si su fundamento reside en la con entera libertad expresada voluntad del conjunto del pueblo de ese Estado; la que solo puede estar representada, naturalmente, por la coincidencia de una mayoría significativa de los ciudadanos adultos del mismo con derecho a voto. Una base plebiscitaria tal es la que fundamenta a la Constitución de la República de Weimar. Su expresión tuvo lugar el 19 de enero de 1919, cuando los alemanes, respondiendo a la llamada de los gobiernos revolucionarios en el *Reich* y en diferentes *Länder*, eligieron una Asamblea Nacional, a la que otorgaron un mandato general e ilimitado de plenos poderes para que procediera a darle a la nación una nueva organización estatal. Este fue el comienzo de una nueva legitimidad democrática para la vida del Estado alemán. Lo que luego la mayoría de esa asamblea ha decidido solo puede tener en sí la validez jurídica de lo que sería decidido por el pueblo. Pues la llamada «representación» de una multitud ausente, por medio de algún tipo de colegio de «representantes» o por un individuo, no pasará nunca de ser una ficción o una idea. En la realidad han sido 262 diputados, aquellos de la comisión constitucional que en colaboración con el gobierno del *Reich* y en estrecho contacto con los gobiernos de los *Länder*, respecto a los que han tenido la mayor consideración cuando no la total aceptación de sus deseos, quienes han elaborado el texto y dado su aprobación al título constitucional, poniendo así en vigor lo por ellos querido y legislado.

En este caso, sin embargo, hay tres consideraciones que si, por un lado resultan ser coincidentes con la verdad, por el otro muestran una rara aproximación de la ficción a la realidad. Así, la presunción manifiesta en el preámbulo y el art. 181 de que es el pueblo alemán quien, «por medio de su Asamblea Nacional», se habría «dado» a «sí» mismo la Constitución por él acordada. Es decir que, por lo pronto, cualquiera de los electores que han otorgado su voto a uno de los tres grandes partidos de la llamada «coalición de Weimar», ha podido hacerlo sabiendo exactamente la firme decisión de esos partidos por establecer una Constitución plenamente democrática. A continuación, las normas electorales del sistema proporcional de representación habrían dado lugar, mediante dicha proporcionalidad mayoritaria, a que en la Asamblea Nacional se refleje, puede que ciertamente no como en un espejo, pero sí con una imagen esencialmente fiable, esa parte mayoritaria de la ciudadanía activa que desde siempre ha existido. Finalmente, la Asamblea Nacional ha prescrito a los futuros parlamentos el procedimiento agravado de modificación constitucional, imponiendo el requisito de mayoría de dos tercios para iniciarlo. Procedimiento ordinario de reforma constitucional al que se ha añadido una vía adicional, por la que es posible transite un segundo y extraordinario *pouvoir constituant*, cuyo comienzo es la iniciativa popular que, en el supuesto de resultar rechazada por el *Reichstag*, habrá de resolverse en un plebiscito (arts. 73 y 76). Bien es cierto que tal clase de procedimiento de alteración del texto constitucional precisa de la aprobación de más de la mitad los censados con derecho a voto. Lo que visto en la práctica supone una dificultad reforzada a la vía ordinaria, pues para una ley a la que semejante número de opositores le ha impedido alcanzar los dos tercios mayoritarios de la cámara, le será aún más difícil obtener, de entre una masa en parte indiferente de electores censados, los más de veinte millones de votos afirmativos que precisa. En principio y precisamente para su propio texto constitucional, la Asamblea Nacional ha introducido el plebiscito como requisito para su aprobación, más en concreto, el de tipo simple que no obstante precisa de una positiva y activa mayoría.

Descansa de este modo la Constitución de Weimar, no solo desde el punto de vista histórico, sobre el poder que la habilita, sino igualmente sobre el libre y revocable consentimiento de la mayoría de la nación. La idea de que en el art. 76 figuraría un doble *pouvoir constituant*, que en absoluto tendría carácter ilimitado, no permite con seguridad decir que «verdaderamente en Weimar se ha optado por un sistema de aparente legalidad como método para suprimir al Estado»[49], ignorando la quizá arriesgada, pero de tan extraordinarias consecuencias, idea de la autodeterminación libre y democrática. Claro está que esa libertad puede ser objeto de un abuso demagógico —entre otras cosas, porque qué clase de libertad sería si así no lo fuera—, es imposible, sin embargo, desde la perspectiva del democratismo y el liberalismo que la han interpretado, que se pueda concluir valorando lo que indudablemente y por cauces legales quiere la decisiva mayoría del pueblo, como ¡rebelión e intento de supresión del Estado!

La duplicidad del *pouvoir constituant*, y especialmente del procedimiento legislativo, en resoluciones regularmente adoptadas por el pleno del *Reichstag*, pero que igualmente y de forma «extraordinaria» pueden tener el remate de un referéndum popular, le deparan a la teoría jurídica una suma de dificultades que comparativamente son objeto de mínima mención, pese a que para el ordenamiento jurídico constitucional de los *Länder* son aún más claramente consustanciales que para el propio del *Reich*. También es posible indagar (*Funktionenlehre*) hasta qué punto y en qué grado y duración, una ley efectivamente en vigor, que haya sido adoptada en virtud de un referéndum popular, adquiere un rango mayor que el que puedan revestir aquellas otras resoluciones aprobadas por la representación popular, que no contemplan para su funcionalidad sino el

---

[49] Así, Bilfinger, en su «Verfassungsrede», p. 18. Cfr., igualmente en este *Handbuch des Deutschen Staatsrechts* I, párr. 15, nota 25. (Nota de Thoma.)

mero transcurso de un determinado plazo desde que son anunciadas para entrar en vigor (mientras que las exigidas o dispuestas por plebiscito pueden ser objeto de recurso interpuesto en el Consejo del *Reich*, o en el *Consejo de Estado* para el caso de Prusia)[50].

Por el momento, los pilares fundamentales del edificio constitucional de Weimar, por mucho que su *plan of government* sea expresión difícilmente traducible sin caer en el patetismo, se mantienen incólumes. Y quien alcance a captar la fuerza beneficiosa que de su constante desarrollo irradia, y comprenda la naturaleza cuestionable de todo lo opinable, lo hecho o acrecentado, de su sistema constitucional, no tendrá más remedio que prestarle una sostenida atención, incluso aún cuan-

---

[50] Básicamente, las leyes que son adoptadas o confirmadas mediante referéndum popular no poseen plus alguno en cuanto a su fuerza de ley, pues por la cámara (el *Reichstag*) pueden ser igualmente derogadas que modificadas. Así *Anschütz*, nota 4 sobre el art. 73, coincidente con él Carl Schmitt, *Verfassungslehre*, p. 98, y otros. Está, por lo demás, la cuestión sobre si eso mismo tiene validez, sin cortapisa alguna, para el caso de las modificaciones constitucionales que, suscitadas por iniciativa popular, han sido sometidas a referéndum. Para esto véase el exhaustivo trabajo de Erwin Jakobi, «Reichsverfassungsänderung», en *Die Reichsgerichtspraxis im deutschen Rechtsleben, Festgabe*, etc. I, 1929, p. 233 y ss. Jacobi llega, tras una cuidadosa valoración de las consultas en comisión y en plenario, a la conclusión de que la iniciativa popular tendría precedencia ante las resoluciones del vigente *Reichstag*, pero que, tras los resultados de las nuevas elecciones a celebrar, el futuro Reichstag que se forme tendrá de nuevo en su mano el poder de derogar o modificar aquellas leyes que sean el resultado de una decisión popular. La posición definitiva sobre esta doctrina, como la expresa adopción en la Constitución del Reich de la disposición del párr. 8 de la carta de Bremen, es cosa que me reservaré por el momento. (Nota de Thoma.)

do no comparta un convencimiento personal sobre su excelencia.

IV. Ese citado *plan of government*, es decir, la organización del poder y el ordenamiento de la efectiva actuación conjunta de sus órganos se ha confeccionado de tal manera, que coloca a la asamblea de representantes, el *Reichstag,* en su centro dominante. La República alemana es en ese sentido una democracia «parlamentaria» regida preponderantemente mediante un sistema de representación interpuesto. Se trata, al mismo tiempo, de una democracia concebida originalmente como un sistema de separación de poderes, en la cual el *Reichstag* está situado frente a un completo sistema de contrapesos. Algunos de ellos originados en la propia descentralización de carácter federal. Otros dimanantes de la potestad del directamente elegible presidente del *Reich*. Igualmente, aquellos que se derivan de la admisión de la iniciativa popular y el plebiscito de idéntica naturaleza. Sin olvidar que ha de contarse igualmente con los importantes derechos de carácter intraparlamentario de que disfrutan las minorías, así como con los indirectos contrapesos de las organizaciones del personal funcionarial y las propias de los diversos institutos de carácter jurídico estatal. La República alemana es una democracia, que por su posición en el juego político conjunto del *Reich* y los *Länder,* dispone de representación parlamentaria (indirectamente democrática) y cuenta asimismo con elementos plebiscitarios (directamente democráticos), por lo que puede ser denominada como de tipo mixto, pero cuya complejidad solo alcanzaría a vislumbrarse si se la designara como parlamentario-plebiscitario-Estado de derecho-jurídico institucional.

Llegamos aquí al lugar en el que, atendiendo a la pormenorizada estructura de este capítulo, conviene adelantarse presentando una resumida imagen general sobre la construcción del Estado del pueblo (*Volksstaat*) alemán[51].

1. Las asambleas de representantes del pueblo alemán están basadas en el *Reich*, los *Länder* y los municipios, bajo el sistema electoral de representación proporcional. Todo ello caracteriza a la democracia alemana y es el cuño de distinción que la contrasta frente a otros grandes Estados democráticos. En Inglaterra, Francia y (ciertamente en un contexto diferenciado) los Estados Unidos de Norteamérica, con su derecho de voto regido por el sistema de mayorías, existe la posibilidad y frecuentemente también la realidad, de que los partidos minoritarios (por causa de su mayoría relativa) accedan al poder y, eventualmente, durante años impongan leyes y acciones políticas a la nación, que pueden ser desaprobadas por la inmensa mayoría de su ciudadanía activa. Puede que el significado de democracia deba ser: dirección del Estado por personas con liderazgo y representación popular mayoritaria, que en términos generales tienen tras de sí la aprobación y confianza de la mayoría de la nación. A la vista, sin embargo, de que la voluntad política del pueblo ha cristalizado en una mul-

---

[51] Cfr. para lo que sigue mi ponencia, «Sinn und Gestaltung des deutschen Parlamentarismus», en *Recht und Staat im neuen Deutschland*, vol. I, 1929, p. 98 y ss., ebenda p. 68 y ss., Graf zu *Dohna*, «Das Werk von Weimar». Además, mi disertación sobre la significación jurídica de los derechos fundamentales en: *Grundrechte und Grundpflichten der Reichsverfassung* I, 1929, p. 1 y ss. (Nota de Thoma.)

titud de partidos y agrupaciones de intereses (no comparable, en cualquier caso, al bipartidismo que por ahora y en principio paulatinamente se ha ido adaptando a los serios problemas tanto económicos como culturales y de política exterior que encara el Estado actual en América), lo que no podemos afirmar en este momento, precisamente, es que el resultado a que ha dado lugar el sistema electoral de representación proporcional se compadece con ese deber ser antes aludido.

El sistema de representación proporcional tiene su lado obscuro, y el que en Alemania muestra ahora sus efectos precisa de reformas del modo más imperativo; aspectos ambos para los que conviene consultar lo dicho en otra parte de este mismo manual (el autor se refiere a la edición original alemana de la obra en la que apareció el trabajo que aquí se edita). La eliminación del sistema proporcional, sin embargo, significaría la destrucción de la democracia. Sus efectos conducirían, tras la impuesta introducción de un sistema bipartidista, a la profundización de la separación interclasista, lo que en el caso de una mayoría parlamentaria socialista terminaría avocando a un intento de imponer la dictadura del proletariado, o a una de carácter fascista, si esa mayoría del *Reich* fuera «burguesa». Por lo demás, la eliminación del mencionado sistema representativo iría inevitable y forzosamente asociada a la desaparición de la iniciativa legislativa popular, ya que opuesta a una auténtica minoría tanto legislativa como de gobierno (término que aquí tiene sentido real y en absoluto figurado), sería para ella un obstáculo de carácter insoportable. Ya en el presente, tanto en los pequeños como en los medianos *Länder* alemanes, el papel relativamente principal lo desempeña en la práctica tal iniciativa, ya sea para disolver directamente o mediante la convocatoria de referéndums, como se ha visto en el objetivo que persiguen las nuevas elecciones convocadas para los parlamentos de esos *Länder*, que en principio no se corresponden para nada con el sistema representativo proporcional.

2. El *Reichstag* es el legislador ordinario (art. 68) e incluso, disponiendo de mayoría cualificada, el constituyente (art. 76). La correspondiente combinación de mayorías entre las fracciones es, por otro parte, la que esencialmente decide sobre las directrices políticas y en su mayor parte determina también quiénes sean las personalidades del gobierno del *Reich*. El llamado sistema parlamentario de gobierno, es decir, aquel en cuya virtud una mayoría parlamentaria tienen en su mano hacer caer a cada uno de sus ministros o al gabinete en pleno, así como a constreñir indirectamente al jefe del Estado, al presidente del *Reich*, para que el gobierno que nombre sea de su aceptación; lo que para los *Länder*, que carecen de una figura semejante como cabeza del Estado, se traduce en la posibilidad que asiste a esas mayorías para elegir directamente el gobierno que les satisfaga, capacidad que por otra parte les reconoce expresamente el art. 54 de la Constitución del *Reich*. Lo que es así por varios sentidos. Por un lado, presenta un efecto de conjunción entre legislativo y ejecutivo, que contrapuesta a la, en sentido específico «constitucionalista», disgregación del poder, supone la garantía a su vez de una concepción monista y unitaria del mismo, tal y como fue en su tiempo la propia del constitucionalismo monárquico alemán y ahora lo es de la república presidencialista americana. Por otro lado, es la garantía para el imperio de un principio mayoritario democrático. Para remate, supone la oportunidad de que probados talentos políticos puedan ser

elevados a la categoría de mandatarios responsables del Estado, tras ser extraídos en virtud del mentado principio y después de haber sido tamizados en la vía del servicio a los partidos, como electos para diversos periodos parlamentarios, o en cualquiera otra de las posibles funciones políticas.

Es claramente desde esta perspectiva, la de las posibles tendencias degenerativas que encierra el Estado de partidos parlamentario, que la Asamblea Nacional se ha cuidado de rodear al vigente sistema de mayoría parlamentaria con todo un sistema de cautelas, límites y contrapesos. Todo un conjunto de instituciones que a continuación desglosamos.

3. Los contrapesos del tipo de la democracia directa. La iniciativa popular y los referéndums convocados por idéntico sistema de petición. Ambos incluidos en el derecho constitucional del *Reich* y los *Länder*, con la intención de que puedan servir como correctivo de la tendencia al ejercicio del unilateral del poder de parte del Parlamento y los partidos. El hecho de que hasta el momento no hayan servido para otra cosa que un abuso demagógico, y por esa misma razón permanezcan inanes y sin ofrecer resultado alguno, no nos debe llevar a pensar que carecen de sentido como instituciones que no merece la pena mantener. Entre otras cosas, porque es seguro que surgirán diferentes circunstancias bajo las cuales representarán la deseada solución a complicaciones políticas revelándose como valiosa garantía de las libertades políticas.

4. Al *Reichstag* se le contrapone y encara un presidente del *Reich* elegido por votación popular directa

para un periodo de siete años. Al presidente le está reservado todo un repertorio de importantes competencias de gobierno, que no obstante solo puede desempeñar con refrendo ministerial (art. 50), en tanto que su posición se halla: *a*) ligada a un gobierno que, a su vez, depende de la mayoría del *Reichstag*, aproximadamente de manera similar a como históricamente ha sucedido con el rey de Inglaterra, que se encuentra —como es debido— parlamentariamente «enquistado»; *b*) elegido popularmente, como ocurre con el presidente norteamericano, que efectivamente gobierna; *c*) desplazado en el ejercicio del poder por un gobierno autónomo en términos positivos, como sucede con el presidente francés, que es elegido por el parlamento. Esta combinación de sistemas parlamentarios, ideada por Hugo Preuss y culminada en una cabeza visible elegida por el voto popular, fue en un principio poco más que una original y atrevida invención. Lo que sea de su mayor o menor feliz desarrollo, solo por la experiencia que acumule en el transcurso de décadas se sabrá. La fuerza del presidente del *Reich* radica en su negatividad, desde el momento en que posee la capacidad de hacer fracasar cualquier propuesta que le haga el canciller, por ejemplo, sobre nombramientos funcionariales, medidas extraordinarias de carácter dictatorial, disolución de las cámaras, toma de disposiciones a resultas de la iniciativa popular, ratificación de contratos estatales, medidas de gracia, etc. Con respecto a los actos políticos autónomos, le cabe la posibilidad de mostrarse efectivamente a través de una combinación en la que, tras dar a conocer su pérdida de confianza en el gobierno de la mayoría, disuelva el *Reichstag* (art. 25) al mismo tiempo que nombra un nuevo canciller de su elección (que rubrique, convalidándolos naturalmente, sus actos). Con lo que resultará entonces que, para poder mantenerse, el nuevo canciller así nombrado dependerá del resultado de las nuevas elecciones.

Significativa es, asimismo, la función del presidente del *Reich* en cuanto garante independiente de la constitucionalidad de las leyes (art. 70). Pero mayor aún es la influencia de que disfruta y tiene a su alcance ejercer calladamente, más allá de lo específicamente jurídico, como la figura electa que es por millones de ciudadanos.

5. El amplio catálogo de «derechos fundamentales y obligaciones» que la Constitución del *Reich* despliega, y mediante el cual se aseguran, por un lado, los más importantes derechos y libertades de los ciudadanos, los municipios y las iglesias; mientras que supone, por el otro, el intento de colocar al *Reich* y a los *Länder* al servicio de determinados fines tanto de carácter conservador como progresista; supone, sobre todo, la más amplia legitimación y determinación por lo que a los contenidos del nuevo ordenamiento del Estado se refiere[52]. Dichas normas, que por la misma medida de la firmeza

---

[52] Cfr. sobre todo R. Smend, *Verfassung und Verfassungsrecht*, pp. 108, 158 y ss.; Thoma en *Grundrechte und Grundpflichten der Reichsverfassung*, I, pp. 9-11. El amplio catálogo de libertades y derechos fundamentales, que no solo figuraban esencialmente determinados para los orígenes de la moderna democracia, sino que lo están igualmente para su actual nivel de desarrollo, se infieren del precioso conjunto de declaraciones que en ese marco se han ido acumulando en el transcurso de la vida estatal de nuestros días y cuya colección ha sido publicada, bajo el título «*Les déclarations des droits de l'homme*», en Payot, París 1929, por A. Aulard y B. Mirkine-Guetzévitch. (Nota de Thoma).

constitucional que poseen, no pueden ser objeto de alteración o quebranto por parte de una simple mayoría parlamentaria, constituyen al mismo tiempo y por sí mismas uno de los más importantes elementos de protección para esos mismos poderes parlamentarios. Pertenecen, asimismo, al género de instituciones para la protección de las minorías como parte que son a un tiempo de las propias del Estado alemán de derecho. El «genio» de la obra de Weimar desemboca en el ámbito de la «integración objetiva» (R. Smend) como la expresión puramente alemana de las prescripciones de carácter social-liberal que recogen los arts. 151 y 162, que si bien reconocen la libertad económica del individuo, no por eso lo hacen de forma ilimitada, sino en el marco de los límites marcados por un orden que responde «a la justicia junto al objetivo de una vida digna para todos»; igualmente su acento en la economía mundial y el derecho de gentes, presente en el art. 4, que impone a la política exterior alemana la obligación de incorporarse a la promoción de un derecho internacional del trabajo, que «aspira a lograr para el conjunto de la clase trabajadora de la humanidad unos mínimos estándares de derechos sociales».

6. Una interconexión del democrático principio mayoritario con una, naturalmente solo relativa, protección de las minorías, que si no es por cierto esencialmente propia (como Kelsen presupone) del democratismo, bien pudiera serlo de aquel cuya impronta tiene carácter liberal, y que se concreta efectivamente en la ya encarecida normativa del sistema proporcional de representación. Una protección cuya expresión más importante no es ya solo la del propio ordena-

miento constitucional, sino que, tal y como en el apdo. 6 se menciona, alcanza por igual a toda una serie de derechos materiales que quedan así, mediante el art. 78, protegidos tras el muro de la mayoría de dos tercios. Otro importante derecho de las minorías es el que tiene como objeto su papel en las comisiones parlamentarias de investigación (art. 34), en concreto, en aquellas circunstancias en que de su actividad salgan a relucir deslealtades o actividades ilegítimas de la mayoría de gobierno, y que en otra parte de este manual se detallan y son objeto de pormenorizada atención. Finalmente, es parte sustancial del procedimiento legislativo el derecho de la minoría a suspender la publicación de una ley (arts. 72 y 73).

7. Los principios del Estado de Derecho exigen la mayor claridad y exactitud en el deslinde de las competencias de los poderes públicos, así como los derechos y libertades de los ciudadanos y sus correspondientes corporaciones, pero, sobre todo, la precisión de que el desarrollo de la vida estatal conforme a derecho estará garantizado, desde el momento en que todo tipo de conflictos y discrepancias jurídicas podrán ser dirimidas por tribunales independientes. Este principio, que presenta aún considerables lagunas tanto en el derecho político como en el administrativo alemán, se verifica sin embargo de manera tan amplia en la multiplicidad de su significado y contenido, que no podrá ser objeto aquí ni siquiera de esbozo por lo que a su realización concreta se refiere. Fundamental para la estructura jurídica de la democracia alemana, al igual que significativo para la delimitación de los poderes de la mayoría parlamentaria, es la práctica consolidación y garantía conforme a

la legalidad para dos grupos de relaciones jurídicas o instituciones.

a) Esta versa sobre la institución de un Tribunal Supremo del Estado (*Staatsgerichtshof*) independiente, que opere como instancia decisoria para la multiplicidad de conflictos de legalidad (vid. especialmente los arts. 15, 19, 108). A mayores de haberse atribuido a los tribunales, las competencias para examinar la concordancia con el texto constitucional, del contenido de aquellas leyes del *Reich* o los *Länder* que hayan sido adoptadas por mayoría simple, de manera que el órgano jurisdiccional puede, llegado el caso, dejarlas sin efecto.

b) La democracia alemana no solamente ha estructurado su organización, en el *Reich* y los *Länder*, en una multitud de corporaciones y comunidades locales dotadas de «autoadministración», desarrollando asimismo la amplia variedad de los ya existentes institutos funcionariales a la vez que ha creado otros, asumiendo muy en especial la totalidad del derecho de la función pública y de la carrera funcionarial del Estado autoritario, sino que ha asumido igualmente la bien adquirida propiedad junto a otros importantes derechos de la carrera profesional de los servidores públicos, en particular alto grado la de los jueces, situándolos bajo la protección de muy precisamente perfilados artículos constitucionales (el 129 especialmente). Reside aquí un significativo límite, de notable carácter político en ocasiones, para la libre discrecionalidad del parlamento y del gobierno parlamentario. A él nos referiremos más adelante. La democratización recorre a la República alemana de la cúspide a la base, lo mismo en la constitución de las comunidades locales que en la de los *Länder*, y únicamente en lo que respecta a su cuerpo administrativo ofrece determinados límites en ese aspecto que, como se sabe, lo son autoimpuestos[53].

En todos los tipos de derechos de las minorías, normas jurídicas fundamentales, e instituciones de tutela jurídica, que tan frecuentemente favorables resultan ser para los contrarios a la democracia, encontramos que se trata de inhibiciones del poder de la mayoría, deliberadamente establecidas por esta, al servicio de un democratismo de cuño liberal, y motivadas con el fin de proteger las libertades políticas y la ciudadanía, así como la idea del Estado de derecho. El procedimiento agravado de reforma constitucional —convincente en la práctica, pero de tan difícil defensa doctrinal— sirve igualmente a la continuidad de la vida estatal.

Este es, en suma, el sistema de *Checks and Balances*, con el que, en determinados y expresos términos, la Constitución del *Reich* conjura el poder de la mayoría parlamentaria.

De una visión de conjunto sobre la generalidad de este ampliamente desarrollado sistema de contrapesos y delimitaciones lo que se desprende es que no van descaminados aquellos que se quejan de un cierto absolutismo parlamentario del *Reichstag* alemán. *El Reichstag*, esto es, una asamblea de casi 500 diputados pertenecientes a las corrientes políticas más diversas y enfrentadas entre sí, compartimentados en seis grandes fracciones

---

[53] Cfr., para esto, mi trabajo «*Begriff der modernen Demokratie*» (en esta edición: «El concepto de la moderna democracia») [Nota de Thoma.]

de carácter permanente, más un número de grupos minúsculos y fluctuantes. Un parlamento, que en su normal actividad consigue el logro de una mayoría simple, en el mejor de los casos y siempre que se trate de importantes y controvertidas tareas políticas, a costa de asumir el sacrificio que suponen los compromisos necesarios que conducen a la formación de coaliciones. Mayorías simples, insisto, logradas en el ámbito de la normal actividad del *Reichstag*, limitadas ya al surgir o contenidas por múltiples lados, a mayores de la barrera infranqueable que encuentran en el propio desarrollo de las normas constitucionales, y que forzosamente, además, habrán de contar con unos antagonistas jurídicamente muy bien pertrechados, que les podrán salir al paso, lo mismo en el Consejo del Reich *(Reichsrat)* que mediante la iniciativa de decisión popular, en la presidencia del Reich o en los altos tribunales, y hasta desde sus propias minorías parlamentarias. Otro es el caso, si lo que se requiere para la formación de un gobierno es la formación de una coalición, o que para dar un paso concreto o ante la necesidad de una determinada legislación sea preciso convencer a una gran parte de la oposición, como ocurre cuando lo prescrito es la mayoría de dos tercios. Entonces sí, con todos los diques rebasados, el ordenamiento constitucional puede ser alterado o roto, el Consejo del *Reich* sobrepasado, el presidente del *Reich* llevado ante los tribunales o sometido a un referéndum de destitución. Pero incluso bajo estas formas, el parlamento (el *Reichstag*) no es absoluto, sino que tiene pendientes sobre sí legislaciones tales como la de disolución y el referéndum. La primera de las cuales, susceptible de ser invocada tanto por el presidente como por el consejo del *Reich*, el segundo convocado a consecuencia de la iniciativa popular, en virtud de cuya inmediatez y tal como decían los autores del siglo XVII, un «residuo de soberanía» permanece siempre y en todo caso. Un *referendi ad populum*, no obstante, al que por regla general en absoluto habrá necesidad de echar mano. Y eso es así por razón, en primer lugar, del sistema proporcional de representación, además de por la dependencia que presenta toda fracción parlamentaria de las ideas y los votos de sus partidarios, que lo mismo se reflejan en la prensa, que en las decisiones tomadas por asambleas y agrupaciones. Que llegue a concretarse una resolución mayoritaria de los dos tercios de la cámara, cuya finalidad o mejor aún su forzosa inevitabilidad, no dé por hecho que cuenta con una mayoría entre la ciudadanía activa, es algo prácticamente descartable.

No es posible, naturalmente, presumir algo parecido a lo antes dicho para las resoluciones adoptadas por mayoría simple del *Reichstag*. Pero es ese, precisamente, el particular sentido del parlamentarismo en la democracia liberal alemana, que en la secuencia normal de los asuntos de Estado, las decisiones que tienen como fin determinar las directrices políticas, proveer los cargos ministeriales, promulgar leyes y decretos, así como elaborar los planes económicos, son todas cuestiones que se confían a un tan proporcionalmente reducido como selecto número extraído justamente de entre los diputados, y no de la tan falta de instrucción como demagógicamente manipulable amplia masa de la ciudadanía activa.

Tómese si se quiere una resolución que haya adoptado el *Reichstag*, u otra que en plebiscito se haya aprobado, y como es natural, con cualquiera de las dos sucederá que, por mucho que ambas hayan podido recaer conforme a lo que el ordenamiento constitucional dispone, esto es, como resultado de haber alcanzado la propuesta de que se trate, sea una reforma constitucional, sea una alteración radicalmente sustancial de la misma, una mayoría cualificada, siempre quedará la impresión de que, pese a todos los derechos de que está asistida, la minoría ha sido objetivamente y de algún modo «violentada». De hecho, pertenece al repertorio de las más favoritas inculpaciones que se le hacen, bien al parlamentarismo bien a la democracia, de que ambos serían no otra cosa que un despotismo que la mayoría ejerce para violentar a la minoría.

Crítica, por cierto, que la mayoría de las veces lo único que oculta es la más descarada falta de ideas, y basta para despacharla con la evidencia de que a la esencia misma del Estado pertenece lo mismo sopesar que decidir, que es consustancial a toda medida efectiva la de causar una cierta lesión en algún tipo de interés, en la medida en que por la mera adopción de aquella se reprueba y desecha la idea contraria, y que si en efecto en la democracia la mayoría domina sobre la minoría, al menos le cabe la posibilidad a esta de que, andando el tiempo, llegue un día en que los términos se inviertan y lo que es hoy minoría mañana se convierta en mayoría. Cosa, por cierto, impensable en un Estado de privilegios o autoritario, donde la minoría definitivamente mantiene su poder sobre la mayoría, y donde esa falta de democracia, apenas podrá caberle la menor duda a nadie, es en realidad un Estado de clases tal y como le reprochan los socialistas.

La crítica puede ser aún de mayor calado y tener su origen, no obstante, bien en el desengaño que, por ejemplo, ha supuesto la democracia para los social revolucionarios, bien en la zozobra, a la que de entrada no le faltan sólidos fundamentos, que asalta a los profesionales de las artes liberales y a los grandes propietarios de las clases altas, sobre los efectos que para la economía y la cultura supondrá la realidad de un Estado de los desposeídos y las clases más humildes, como el que representa en todo caso la democracia. El temor, en suma, que atenaza a la élite cultural a ser objeto de una violación, todo lo gradual que se quiera, y la congoja de ver cómo la plebe arrolla de manera inmisericorde al patriciado.

El diáfano reconocimiento de ese peligro, que pude llegar incluso a anular en su espíritu y en sus hechos la solidaridad nacional y hasta la misma impresión unitaria de los que comparten un mismo destino, constituye la enorme tarea que tienen ante sí tanto la cultural como la nacional-democrática política social.

LOS FUNDAMENTOS HISTÓRICO-ESPIRITUALES DEL PARLAMENTARISMO EN SU SITUACIÓN ACTUAL (1926)[1]

---

* La traducción española se efectúa sobre el texto de la segunda edición alemana de 1926, en la que la única novedad, sobre la de 1923, era el prólogo titulado: «Acerca del antagonismo entre parlamentarismo y democracia». Nuestra traducción incluye también las importantes notas que Ellen Kennedy introduce en la traducción norteamericana de 1988 y que, para diferenciarlas de las del propio Schmitt, figuran en el texto con las siglas [E. K.].

PREFACIO
A LA SEGUNDA EDICIÓN (1926)*

Acerca del antagonismo entre parlamentarismo y democracia

El texto de la segunda edición del presente ensayo sobre la situación histórico-espiritual actual del parlamentarismo, se ha mantenido, en lo esencial, inalterado respecto de la primera. Con ello no decimos que lo hayamos querido situar por encima de cualquier discusión. Más bien caben motivos para preocuparse de lo contrario. Una explicación como ésta, imperturbablemente científica, que escapa a toda utilización política partidista y no presta a nadie un servicio propagandísti-

---

* *Prefacio* de Carl Schmitt a la 2.ª edición, de 1926, entendido, sobre todo, como una réplica a las críticas de Richard Thoma vertidas en la recensión crítica *Sobre la ideología del parlamentarismo* ahora incluida en este libro, p. 103.

co, podría parecer, hoy día, a la mayoría de los lectores, escasamente práctica, ajena al mundo y anacrónica. Por tanto, es de temer que suscite poco interés una discusión objetiva de conceptos políticos y que el deseo de una discusión de estas características no encuentre demasiada comprensión. Acaso la época de la discusión toque ya a su fin. La primera edición de este trabajo, aparecida en el verano de 1923, ha sido recibida, en general, de una manera tal, que semejantes presunciones pesimistas parecen encontrar confirmación también en este modesto caso[1]. No obstante, sería injusto despreciar los ejemplos aislados de crítica objetiva; y sobre todo exigen respuesta minuciosa la recensión, exhaustiva y rica en argumentos, de un jurista tan relevante como Richard Thoma[2].

Permítaseme, sin embargo, pasar sigilosamente de puntillas por los fantásticos fines políticos que Thoma,

---

[1] *Die Geistesgeschichtliche Lage des heutigen Parlamentarismus* apareció por primera vez en la *Bonner Festgabe für Ernst Zitelmann* (Duncker & Humblot, Múnich y Leipzig, 1923, pp. 415-473). Esta primera edición comprendía el texto correspondiente a la Introducción y a los cuatro capítulos del ensayo; el prefacio «Sobre el antagonismo del parlamentarismo y la democracia» que aquí traducimos apareció por primera vez, con el título «Der Gegensatz von Parlamentarismus und Moderner Massendemokratie», en *Hochland*, XXIII (1926), pp. 257-270), como respuesta a la crítica que le hiciera Richard Thoma un año antes, en el artículo «Zur Ideologie des Parlamentarismus und der Diktatur», del *Archiv für Sozialwissenschaft und Sozialpolitik*, LIII (1925), pp. 212-217. El prefacio fue reimpreso con su título original en el escrito de Schmitt *Positionen und Begriffe im Kampf mit Weimar, Genf, Versailles, 1923-1939*, Hanseatischer Verlag, Hamburgo, 1940, pp. 52-66. [E. K.]

[2] Richard Thoma, *Zur Ideologie des Parlamentarismus und der Diktatur*, en *Archiv für Sozialwisssenschaften* (1925), vol. LIII, p. 212 ss.). Véase p. 103 de este libro.

al final de su reseña, insinúa que yo albergo[3]. Su reparo, objetivo y que no se deja confundir por mistificaciones de tipo político, apunta a que encuentro el fundamento conceptual del parlamentarismo en argumentaciones totalmente anticuadas porque tengo a la discusión y la publicidad (*Öffentlichkeit*) por principios esenciales del Parlamento; algo así quizá fuera decisivo hace algunas generaciones, porque —para mi oponente— hoy el Parlamento tendría desde hace ya muchísimo tiempo, una fundamentación completamente distinta. Mi temor es también que la creencia en la publicidad (*Öffentlich-*

---

[3] En gran parte por su *Römischer Katholizismus and politische Form* (1923 [traducción española de Pedro Lomba: *Catolicismo Romano y forma política*, Tecnos, Clásicos del Pensamiento, Madrid, 2011]), Schmitt fue, entre los juristas alemanes de la época, el defensor más conocido del punto de vista católico. Véase la reseña de esta obra efectuada por Karl Muth en su artículo «Zeitgeschichte», aparecido en *Hochland*, XXI (1923), pp. 96-100. Muth expone con precisión la tesis principal de Schmitt: «a diferencia de la furia expresada por Cromwell [contra el catolicismo romano], su adversario moderno se ha hecho más y más racionalista, humanitario, utilitario y superficial [...], pero en los muchos grados que ha habido de sentimiento anticatólico, sigue vigente el temor al incomprensible poder político del catolicismo romano» (p. 96). Schmitt entendía esas tendencias antirromanas como una «despolitización» del mundo en donde «el orden se obtendría mediante el juego de unas fuerzas de carácter económico y de carácter técnico». Contrastando con esta despolitización, Schmitt veía en la Iglesia «la protectora de la forma política en cuanto tal». La Iglesia, según Muth, tiene derecho a «llamar al orden a las naciones» cuando éstas vulneren alguna ley natural o divina. Respecto al ataque, que tendrá lugar mucho después, contra la «dictadura católica» —la cancillería de Heinrich Brüning— *cf.* Carl von Ossietzky, «Katholische Diktator», en la revista *Weltbühne*, XXVII (1931), pp. 481-487. Y en relación con la educación y la herencia cultural católica de Carl Schmitt, véase Joseph W. Bendersky, *Carl Schmitt: Theorist for the Reich,* Princeton University Press, Princeton, 1983, pp. 3 ss. [E. K.]

keit) y en la discusión aparezca actualmente como algo trasnochado. Por ello, me pregunto a qué orden pertenecen las nuevas argumentaciones y convicciones que proporcionan al Parlamento su moderna cimentación conceptual. Obviamente, en el curso de las cosas, tanto las instituciones como las ideas humanas van cambiando de manera natural. Pero si en el transcurso de los hechos se llegan a suprimir realmente los principios de la discusión y la publicidad (*Öffentlichkeit*), no veo dónde el parlamentarismo actual podría encontrar un nuevo fundamento, y por qué razón seguiría estando clara entonces la verdad y la auténtica lógica del Parlamento. Como toda gran institución, también el Parlamento presupone una serie de ideas especiales y propias. Quien aspire a conocerlas se verá obligado a volver a los Burke, Bentham, Guizot y Stuart Mill[4] y tendrá que consta-

---

[4] Sobre la tradición «doctrinaria liberal» francesa *cf.* Luis Díez del Corral, *Doktrinärer Liberalismus. Guizot und sein Kreis,* Luchterhand, Neuwied am Rhein y Berlín, 1964. Acerca de la tradición que viene de Bentham y Mill, *cf.* Frederick Rosen, *Jeremy Bentham and Representative Democracy: A Study of the Constitutional Code* (Oxford University Press, Oxford, 1983), como también Joseph Hamburger, *Intellectuals in Politics: John Stuart Mill and the Philosophical Radicals* (Yale University Press, New Haven, 1965). Sobre Burke y la tradición conservadora inglesa del pensamiento en torno a la cuestión de la representación política véase Alfred Cobban, *Edmund Burke and the Revolt against the Eighteenth Century,* George Allen and Unwin, Londres, 1929. No está claro cuál de los textos de Burke, Mill o Guizot tiene Schmitt aquí *in mente;* sólo hace una referencia específica a la obra de Bentham, *On the Liberty of the Press and Public Discussion,* de 1821, y a la de Guizot *Histoire des origines du gouvernement représentatif en France,* de 1851. Es probable que Schmitt haya conocido también las *Reflections on the Revolution in France* (1790), de Burke (trad. cast.: *Reflexiones sobre la Revolución Francesa,* trad. de Enrique Tierno Galván, Centro de Estudios Políticos y Constitucionales, Madrid, 1978) y *On Liberty*

tar que, después de ellos, aproximadamente desde 1848, si bien han aparecido numerosas aportaciones de orden práctico, no se han incorporado nuevos argumentos fundamentales[5]. Aunque en el último siglo apenas se ha reparado en ello, porque el parlamentarismo ha ido avanzado simultáneamente y en estrecha implicación con el progreso de la democracia, sin que se hiciera una clara distinción entre ellos[6]. Pero hoy, tras la victoria común de ambos, emergen los antagonismos y no pueden seguir inadvertidas las diferencias entre las ideas liberal-parlamentarias y las que son propias de la democracia de masas. Por tanto, habrá que ocuparse de cate-

---

(1859), de J. Stuart Mill (trad. cast.: *Sobre la libertad*, trad. de Pablo de Azcárate, Tecnos, Madrid, 2008), cuya exposición de la razón parlamentaria él parece haber tomado; puede haber conocido también la obra de Stuart Mill, *Representative Government* (1861 [traducción española de Marta C. de Iturbe: *Del gobierno representativo*, Tecnos, Madrid, 2007]). [E. K.]

[5] La referencia de Schmitt a las Revoluciones de 1848 indica ya que el conflicto cuya existencia asegura entre democracia y parlamentarismo es el resultado del cambio social que se había operado en Europa. En Francia, la Revolución estaba directamente dirigida contra un gobierno burgués parlamentario. Véase Lorenz von Stein, *Geschichte der sozialen Bewegung im Frankreich von 1789 bis auf unsere Tage*, 3 vols., Wigand, Leipzig, 1850. Sobre este autor *cf.* Carl Schmitt, «Die Stellung Lorenz von Stein in der Geschichte des 19. Jahrhunderts», en *Schmollers Jahrbuch*, LXIV (1940), pp. 641-646. [E. K.]

[6] Un ejemplo típico de ello es la definición del parlamentarismo en el libro del senador y profesor Gaetano Mosca, en su *Teorica dei Governi e Governo Parlamentare*, 2.ª ed., Milán, 1925 (1.ª ed. de 1883), p. 147; el autor entiende, bajo tal expresión, un Gobierno donde la superioridad política (*la prominenza politica*) en el Estado corresponde a factores provenientes, directa o indirectamente, de una elección del pueblo. La equiparación entre Constitución representativa y parlamentarismo es víctima de idéntica confusión.

gorías, como dice Thoma, «enmohecidas», ya que sólo a partir de sus razonamientos se puede reconocer lo específico del parlamentarismo y únicamente en ellas conserva el Parlamento el carácter de institución con un fundamento peculiar, capaz de mantener su superioridad espiritual tanto frente a las consecuencias de la democracia directa como ante el bolchevismo y el fascismo[7]. Que el funcionamiento parlamentario actual es un

---

[7] Schmitt se refiere al fascismo italiano. El término *fascismo* proviene del vocablo italiano *fascio* (haz) y del vocablo latino *fasces,* el haz de varas que representaba a las *curias* de la antigua Roma y que eran un símbolo de la autoridad gubernamental. Usado primero para designar el movimiento político creado por Benito Mussolini (1922-1943) —a quien alude Schmitt en este texto cuando se refiere al fascismo—, después se convirtió en un término colectivo referido a la reacción nacionalista, antidemocrática y antiliberal en Europa. Véase al respecto la reseña que hace Carl Schmitt de la obra de Erwin von Bekerath *Wesen und Werden des faschistischen Staates* en la revista *Schmollers Jahrbuch,* LIII (1929), pp. 107-113.

Los bolcheviques no eran, al principio, más que una facción de la Revolución rusa de 1917, dirigida por Lenin y Trotsky. En el Congreso de los Soviets de toda Rusia, contaban con menos delegados (108) que los mencheviques (248) y que los socialdemócratas (255). Después que el gobierno socialdemócrata de Kerensky se enfrentara a ellos en julio de 1917, su radicalización en S. Petersburgo y Moscú fortaleció la posición bolchevique y, en octubre de 1917, un golpe de Estado, planeado por Trotsky, derribó al régimen de Kerensky y dio lugar a «una nueva forma de representación popular, que no seguía los principios parlamentarios, expresando sólo el punto de vista del proletariado». Esta cita está tomada de Georg von Rauch, «Sowjetrussland von der Oktoberrevolution bis zum Sturz Chruschows, 1917-1964», en Theodor Schieder (ed.), *Handbuch der europäischen Geschichte,* vol. VII, parte I, Union-Verlag, Stuttgart, 1959, p. 483. Por la época en que Schmitt escribía, el término *bolchevique* se refería no sólo al régimen ruso liderado por Lenin, sino también a la política radical en general de la clase trabajadora, siendo usado en sentido lato por las clases medias para referirse a casi cualquier tipo de tendencia contracultural o anárquica. Este uso ormal menor, que siempre será mejor que el bolchevismo y la dictadura, que su supresión tendría consecuencias incalculables, que desde la perspectiva de la *técnica social* resulta eficaz, son consideraciones interesantes, y en buena medida ciertas. Pero también hay que decir que todo ello no es la base conceptual de esta particular institución. El parlamentarismo existe hoy día como método de gobierno y como sistema político. Como todo lo que existe y funciona de forma aceptable, es útil, nada más ni nada menos. Se hace valer, en su favor, que, hoy día, sigue funcionando mejor que otros métodos no probados y que el mínimo de orden que de hecho en la actualidad impera, sería puesto en peligro por experimentos irresponsables. Cualquier persona razonable hará valer reflexiones parecidas. Pero éstas no se sitúan en la esfera del interés por los principios. Probablemente nadie esté tan falto de pretensiones como para dar por probado el fundamento conceptual de algo o una verdad moral diciendo: ¿qué otra cosa si no nos queda?[8]

Toda la maquinaria y las normas específicamente parlamentarias cobran el sentido que les corresponde sólo a través de la discusión y por su carácter público y abierto. Esto vale, de forma especial, para el principio —constitucionalmente todavía reconocido de manera oficial, aunque en la práctica apenas creído— de que el diputado es independiente de sus electores y de su partido; vale también para las disposiciones sobre la libertad de expresión (inviolabilidad) y la inmunidad de los

---

dinario del vocablo *bolchevique* tiene, más o menos, la misma connotación que hoy el término *comunista*. [E. K.]

[8] *Cf.* Karl Beyerle, *Parlamentarisches System-oder was sonst*, Pfeiffer & Co. Verlag, Múnich, 1921, mencionado por Schmitt. [E. K.]

diputados, así como en cuanto se refiere al carácter público de las sesiones parlamentarias, etc.[9]. Todas estas instituciones se vuelven incomprensibles tan pronto desaparece la creencia en el principio de la discusión pública. En una institución no es posible introducir a posteriori otros principios cualesquiera, injertándole, a falta de los que hasta ahora tenía, una serie de argumentos sucedáneos. La misma institución puede servir muy

---

[9] El artículo 21 de la Constitución de Weimar dice: «Los diputados son los representantes de todo el pueblo. Sólo están sometidos a su conciencia y no se hallan sujetos a ningún mandato.» Las otras libertades liberales mencionadas por Schmitt habían sido también incorporadas a la Constitución. El artículo 29 («Las deliberaciones del *Reichstag* serán públicas») era una declaración del principio de su carácter público, y una sesión cerrada requería de la petición de cincuenta miembros y de la aprobación por una mayoría de dos tercios. Sus miembros gozaban igualmente de inmunidad parlamentaria, según el artículo 36: «Ningún miembro del *Reichstag* o de un *Landtag* puede en ninguna ocasión ser perseguido por los votos emitidos por él o por las manifestaciones hechas por razón de su cargo, ni tampoco puede pedírsele responsabilidad alguna fuera de la Asamblea.» Sobre esto véase Horst Hildebrandt (ed.), *Die deutschen Verfassungen des 19. und 20. Jahrhunderts*, Schöningh, Paderborn, 1979, pp. 69 ss. [La traducción española de todas las referencias a la Constitución de Weimar recogidas en esta obra sigue la versión de José Rovira Armengol del libro de Ottmar Bühler, *La constitución Alemana de 11 de agosto de 1919*, Barcelona, Labor, 1931.] Sobre la teoría de la representación *cf.* Gerhard Leibholz, *Das Wesen der Representation* (Walter de Gruyter & Co., Berlín, 1929) y la crítica de Schmitt en la *Verfassungslehre* (Duncker & Humblot, Múnich y Leipzig, 1928, pp. 240 ss. y 212 ss.). Y sobre la función social de la representación política puede consultarse Rudolf Smend, «Integración mediante representación», en su *Verfassung und Verfassungsrecht* (1928), texto reimpreso en *Staatsrechtliche Abhandlungen und andere Aufsätze* (Duncker & Humblot, Berlín, 1955, 1968), así como la crítica de Schmitt en la *Verfassungslehre*, pp. 207 ss. [Traducción española de Francisco Ayala: *Teoría de la Constitución*, Alianza, Madrid, 2006]). [E. K.]

bien a distintos fines prácticos, recibiendo así diversas justificaciones de orden práctico. Puede producirse una «heterogeneidad de fines», un cambio de significación en los puntos de vista prácticos y un cambio de funcionalidad en los instrumentos prácticos, pero no cabe una heterogeneidad de los principios. Cuando, verbo y gracia, suponemos con Montesquieu que el principio de la monarquía está en el «honor»[10], no parece plausible pretender encontrarlo también en una república democrática, por lo mismo que tampoco el monarca puede fundamentarse en el principio de la discusión pública. Aunque bien es cierto que en estos tiempos parece estar diluyéndose la creencia en el carácter específico de los principios, abriéndose camino la consideración de que pueden ser atribuidos sin limitación alguna. Éste es el pensamiento fundamental que en la crítica de Thoma inicialmente referida, subyace a todos los reparos opuestos a mi trabajo. Lamentablemente, el autor no revela cuáles son los nuevos principios, por lo visto tan numerosos, de ese parlamentarismo. Se contenta con hacer una breve referencia, en pocas palabras, «a los escritos y conferencias de Max Weber, Hugo Preuss y Friedrich Naumann del año 1917 y siguientes»[11]. ¿Qué significaba el parlamentarismo para los liberales y demócratas alemanes que se enfrentaron al sistema del Gobierno imperial? Fundamentalmente y a lo sumo, un medio de selección de líderes políticos, un camino se-

---

[10] Montesquieu, *L'Esprit des lois* (1748 [traducción española de Mercedes Bláquez y Pedro de Vega: *El espíritu de las leyes,* Tecnos, Clásicos del Pensamiento, Madrid, 2003]).

[11] Acerca del papel de Weber, Preuss y Naumann se puede consultar el estudio de contextualización de Ellen Kennedy al final de este volumen. [E. K.]

guro para apartar a los políticos diletantes y conseguir que los mejores y más capaces llegaran al liderazgo político. Resulta bastante dudoso que el Parlamento posea realmente facultad para formar una élite de políticos. Hoy día no se juzga ese instrumento de selección de una manera tan esperanzadora; muchos verán esas esperanzas como algo que ha quedado anticuado, y la expresión «ilusiones», usada por Thoma contra Guizot, también podría aplicarse fácilmente a aquellos demócratas alemanes. La élite que ininterrumpidamente emana de los numerosos Parlamentos de los distintos Estados europeos y de fuera de Europa en las personas de centenares de ministros, no justifica ningún optimismo. Pero lo que todavía es peor o incluso demoledor de tales esperanzas: en muchos Estados el parlamentarismo ha llevado a que todos los asuntos públicos se conviertan en objetos de rapiña y compromiso entre los partidos y sus seguidores, y la política, lejos de ser tarea de una élite, se ha convertido en negocio, bastante despreciado, de una clase de personas asimismo despreciada.

Sin embargo, esto no es decisivo para una consideración esencial del tema. Los que creen que el parlamentarismo garantiza la mejor selección de líderes políticos, en la mayoría de las casos, ya no operan desde una convicción ideal, sino que se sirven de ella como hipótesis técnico-práctica construida a partir de modelos ingleses que han de ser probados en el continente europeo, y que es abandonada de manera inmediata cuando no queda razonablemente acreditada[12]. Pero su convic-

---

[12] Sobre la recepción alemana de la teoría inglesa del parlamentarismo *cf.* Robert Redslob, *Die parlamentarische Regierung in*

ción puede estar también asociada a la fe en la discusión y en la publicidad (*Öffentlichkeit*) y, entonces, formará parte de la argumentación fundamental del parlamentarismo. En todo caso, el Parlamento sólo será «verdadero» cuando la discusión pública sea tomada en serio y llevada a efecto. La palabra «discusión» adquiere aquí un sentido especial que no significa simplemente negociar (*verhandeln*). Quien califique como parlamentarismo todas las formas posibles de negociación y entendimiento, y a todo lo demás de dictadura o dominación violenta —como hace M. J. Bonn en su *Krisis der europäischen Demokratie*[13] y también R. Thoma en la reseña mencionada— no hará sino eludir la verdadera cuestión. En cualquier reunión de embajadores, congreso de delegados o encuentro de directores, se negocia; igual que se negociaba entre los gabinetes de los

---

ihrer echten und in ihrer unechten Form (Mohr, Tubinga, 1918) y la discusión de Max Weber en torno al sistema inglés en *Parlament und Regierung im neugeordneten Deutschland*, en *Gesammelte Politische Schriften*, compilados por Johannes Winckelmann, Mohr, Tubinga, 1980, pp. 353 ss. [traducción española de parte de los escritos de Joaquín Abellán: *Escritos políticos*, 1.ª ed., 1.ª reimpr., Alianza, Madrid, 2007, p. 232]. *Cf.* asimismo Ludwig Bergsträsser, «Die Entwiclung des Parlamentarismus in Deutschland», en Kluxen (ed.), *Parlamentarismus*, Verlagsgruppe Athenäum, Hain, Scripter, Hanstein, Königstein/Ts, 1980, pp. 138-160. [E. K.]

[13] M. J. Bonn, *Die Krisis der europäischen Demokratie*, Mohr, Tubinga, 1925. En los *Berichte* de los años 1925-1926 de la Deutsche Hochschule für Politik (*Zeitschrift für Politik*, XV (1926), p. 31) se recoge una reseña de este libro y del de Alfred Weber *Die Krise des modernen Staatsgedankens in Europa* (Deutsche Verlag-Anstalt, Stuttgart, 1925) como si se tratara de obras «paralelas»; se considera que en ambos se efectúa un análisis de los movimientos antidemocráticos y antiparlamentarios de los años 20. El recensor anónimo concluía que el escrito de Bonn era el mejor y el más objetiva de los dos. [E. K.]

monarcas absolutos, entre las organizaciones estamentales o entre cristianos y turcos. De ello no se infiere la institución del Parlamento moderno. No se pueden diluir los conceptos sin prestar atención a lo específico de la expresión *discusión*. Discusión significa un intercambio de opiniones con la finalidad de convencer al adversario mediante argumentos racionales, de la verdad y autenticidad de lo que se dice, o bien dejarse convencer uno mismo de la verdad y autenticidad de lo que dice el contrario. Gentz —todavía influido a este respecto por el liberal Burke— lo expresa de manera certera: lo característico de todas las Constituciones representativas (se refiere al Parlamento moderno, por contraposición a las representaciones estamentales) estriba en que las leyes surgen de una confrontación de opiniones, no de una lucha de intereses. A la discusión corresponden como premisas: unas convicciones comunes, la disposición a dejarse convencer, la independencia respecto a ataduras de partido, la imparcialidad frente a intereses egoístas. Hoy día, la mayoría apenas considerará posible semejante falta de interés[14]. Pero

---

[14] *Cf.* Edmund Burke, *Thoughts on the Cause of the Present Discontents* (1770); [traducción española incompleta de Vicente Herrero, *Escritos Políticos,* FCE, México, 1941]. *Cf.* también la discusión de los puntos de vista de Gentz en la *Politische Romantik* de Carl Schmitt (Duncker & Humblot, Múnich y Leipzig, 1919), pp. 13 ss.). Gentz, al que Schmitt califica de funcionario de prensa de Metternich, tradujo a Burke y a Mounier al alemán, y fue el autor de varios tratados y obras de historia contrarrevolucionarios, como los *Fragmente aus der neuesten Geschichte des politischen Gleichgewichts in Europa* (1804), *Über den politischen Zustand Europas vor und nach der französichen Revolution* (1801-1802), o *Betrachtung über den Ursprung und Charakter des Krieges gegen die französiche Revolution* (1907). Sobre la recepción de las ideas de Burke en

también este escepticismo es parte de la crisis del parlamentarismo. Las determinaciones que acabamos de mencionar de las Constituciones parlamentarias, oficialmente todavía vigentes, dejan bien claro que todas las instituciones propiamente parlamentarias presuponen este concepto especial de discusión. Por ejemplo, el principio, repetido por doquier, de que cada diputado no es el representante de un partido, sino del pueblo entero, y no se encuentra vinculado por ninguna clase de instrucciones (la Constitución de Weimar lo incluye también en el artículo 21), las características y tantas veces reiteradas, garantías de libertad de expresión, y las reglas sobre la publicidad (*Öffentlichkeit*) de los debates sólo llegan a cobrar sentido si se entiende correctamente qué es la discusión[15]. En cambio, los debates en que no se trata de encontrar la autenticidad racional,

---

Alemania *cf.* Ursula Vogel, *Konservative Kritik an der bürgerlichen Revolution. August Wilhelm Rehberg*, Luchterhand, Neuwied am Rhein y Berlín, 1972). [E. K.]

[15] Los partidos políticos no tenían un *status* constitucional en la República de Weimar; la Constitución de Weimar no los mencionaba, como tampoco la de Estados Unidos, e incluso algunos de sus preceptos podían ser interpretados como barreras al funcionamiento de los partidos políticos modernos en el Estado. No obstante, «la República de Weimar se había transformado en un "Estado de Partidos" precisamente porque ellos se elevaron a sí mismos, a través de los órganos socialmente subordinados que expresaban la voluntad del Estado, a la condición de órganos principales del poder gubernamental y, por ende, a la condición de factores directos en el Estado». *Cf.* E. R. Huber, *Deutsche Vefassungsgeschichte seit 1789*, Verlag W. Kohlhammer, Stuttgart, 1981, p. 135. *Cf.* asimismo Sigmund Neumann, *Die deutschen Parteien. Wesen und Wandel nach dem Kriege*, Verlag Junker & Dünnhaupt, Berlín, 1932, y Ludwig Bergsträsser, *Geschichte der politischen Parteien in Deutschland*, J. Bensheimer, Mannheim, Berlín y Leipzig, 1924. [E. K.]

sino de calcular y sacar adelante una serie de intereses y posibilidades de ganancia, haciendo valer, en lo posible, el propio interés, vienen también acompañados, naturalmente, de toda clase de discursos y explicaciones, pero no constituyen una discusión en el sentido propio del término. Dos comerciantes, que tras una lucha competitiva alcanzan un acuerdo, hablan sobre las posibilidades económicas de los dos partes, cada uno tratará, obviamente, de obtener ventaja, y llegar así a un compromiso en el negocio. La publicidad en este tipo de negociación sería tan inoportuna como razonable lo es en el caso de una verdadera discusión. Siempre ha habido en la historia universal negociaciones y compromisos, como queda dicho. Los seres humanos saben que, la mayoría de las veces, es más ventajoso acordar que combatir, y que un mal arreglo es mejor que un largo proceso. No cabe duda de que esto sea cierto, pero no es el principio de una determinada forma de Estado o de Gobierno.

La situación del parlamentarismo es, hoy día, tan crítica porque el desarrollo de la democracia de masas moderna ha hecho una huera formalidad de la discusión basada en argumentos. Muchas normas de derecho parlamentario actual, sobre todo las relativas a la independencia de los diputados y al carácter público (*Öffentlichkeit*) de las sesiones causan la impresión de ser un decorado superfluo, inútil e incluso vergonzoso, como si alguien hubiera pintado con llamas rojas los radiadores de una moderna calefacción central produciendo la ilusión de que están al rojo vivo. Los partidos (que, según el texto de la Constitución escrita, oficialmente no existen) ya no se enfrentan entre sí confrontando opiniones en la discusión, sino como grupos de poder social o económico, sopesando los respectivos intereses y posibilidades de poder y llevando a cabo, sobre esta base fáctica, compromisos y coaliciones. Hoy se gana a las masas mediante un aparato propagandístico, cuyos mayores efectos se apoyan en la apelación a intereses y pasiones inmediatos. La idea de argumentar en el sentido propio de la palabra, característica en una verdadera discusión, desaparece. Es reemplazada, en los debates de los partidos, por un cálculo consciente de los intereses y las oportunidades de poder, y, en lo tocante al trato de las masas, por la sugestión inculcada al modo de los carteles y anuncios, o bien —como dice Walter Lippmann, en su libro *Public Opinion,* aparecido en Londres en 1922, un libro muy juicioso, pero demasiado ligado a lo psicológico— por el «símbolo»[16]. La literatura acerca de la psicología, la técnica y la crítica de la opinión pública es, hoy día, muy extensa[17]. Por ello, de-

---

[16] [Hay traducción española de Blanca Guinea y José Luis Palomares: *Opinion Pública*, Cuadernos de Langre, Madrid, 2003.] Un libro aparecido recientemente, interesante e ingenioso y muy digno de atención, pese a sus saltos literarios y conceptuales, de Wyndham Lewis, *The art of being ruled* (Chatto and Windus, Londres, 1926), explica esta transición de lo intelectual a lo afectivo y sensitivo asegurando que, como consecuencia de la democracia moderna, se ha hecho retroceder al tipo masculino y varonil, produciéndose una feminización general.

[17] Pero aquí pone el dedo en la llaga una observación que hace Robert Michels, en el prólogo a la segunda edición de su *Zur Soziologie des Parteiwesens in der modernen Demokratie. Untersuchungen über die oligarchischen Tendenzen des Gruppenlebens* (p. XVIII) [traducción española: *Los partidos políticos*, Amorrortu-Editores, Buenos Aires, 1969], «de que, tanto en el campo de la teoría de la psicología de las masas como también, y sobre todo, en el de la psicología de las masas aplicada [...], la ciencia alemana está, por sus aportaciones, pero también por su interés, algunos decenios

bemos suponer que es algo sabido que hoy día ya no se trata de convencer al adversario de lo auténtico o verdadero de una cosa, sino de conseguir la mayoría, a fin de ganar con ella el poder. Actualmente ha perdido todo su

---

retrasada respecto a la francesa, la italiana, la americana y la inglesa.» A esto sólo habría que decir que un libro como el de Robert Michels, con su extraordinaria riqueza en material y en ideas, probablemente es apropiado para compensar una década de retraso. [Ellen Kennedy añade a esta nota de Schmitt: En este pasaje Michels no sólo observa que la ciencia social ha quedado en Alemania muy por detrás de otros países, sino que vincula la falta de interés alemán por lo sociológico con su cultura política: «Las investigaciones sobre el carácter y el concepto de la vida y el liderazgo político parecieron, desde el principio, algo estrafalario a la tendencia conservadora dominante en la vida cultural alemana. Los socialistas alemanes constituían, ciertamente, un partido de masas, pero seguían sin examinar conceptualmente en qué residía su gran fuerza. Y, en fin, los demócratas, tanto los burgueses como los radicales, se muestran ellos mismos suspicaces, tiquismiquis y ofendidos cuando se hacen investigaciones sobre el problema del liderazgo, lo mismo que hace la burguesía cuando se analiza el tema de la propiedad privada y las ganancias... A lo que habría que añadir una tercera cosa: el carácter nacional alemán, con su sobrevaloración de los factores organizativos, no puede por menos de verse realmente penosamente afectado por esa crítica de la naturaleza de los partidos políticos, como si hubieran sido atacadas cosas que, para él, son particularmente valiosas y centrales.» Michels pone de relieve en este Prólogo el creciente interés existente en Europa, durante la Guerra y después de ella, por todo ese complejo de cuestiones planteadas en su obra, prestando atención, en la *Festschrift* en honor de Ernst Zitelmann (1923), a la aparición de este libro sobre el *parlamentarismo* de Carl Schmitt. *Cf.* al respecto Michels, *Soziologie des Parteiwesens,* ed. cit., pp. XIX-XX (obra traducida al inglés con el título *Political Parties: A Sociological Study of the Oligarchical Tendency of Modern Democracy,* Free Press, Nueva York, 1962). Ocurre raras veces que la bibliografía de la Sociología inglesa o americana presente la obra de Michels en su contexto histórico o la compare con otras obras contemporáneas a las que el propio Michels hace referencia, tales como las de Oswald Spengler *Der Untergang des Abendlandes.*

sentido aquello que Cavour calificaba como mayor diferencia entre el absolutismo y el régimen constitucional: el ministro del rey absoluto ordena y manda, mientras que el ministro constitucional convence a los que tienen que obedecer. Cavour dice expresamente: yo (como ministro constitucional) convenzo de que tengo razón, y sólo en ese contexto formulará su famosa sentencia: «*La plus mauvaise des Chambres est encore préférable à la meilleure des Antichambres*»[18]. Pero hoy el Parlamento parece más bien una enorme *Antichambre* de las oficinas o las comisiones de los invisibles poderosos. En la actualidad la cita de Bentham: «En el Parlamento hay un encuentro de ideas, y el choque de las ideas produce chispas y conduce a la evidencia»[19] da la impresión de una sátira. ¿Quién recuerda aún la época en que, frente al «régimen personalista» de Napoleón III, Prévost-Paradol veía el valor del parlamentarismo en que éste, en cualquier cambio de poder real, obliga al titular real del poder a comparecer públicamente enseguida, y, en consecuencia, el Gobierno iría a

---

Umriss einer Morphologie der Weltgeschichte, aparecida en 1922-1923 [traducción española de Manuel García Morente: *La decadencia de Occidente,* 2 vols., RBA, Barcelona, 2005) y la de Sigmund Freud *Massenpsychologie und Ich-Analyse,* de 1921 (traducción española de Luis López Ballesteros de los escritos de Freud: *Psicología de las masas y análisis del «yo»,* 3 vols., Biblioteca Nueva, 3.ª ed., Madrid, 1971].

[18] El conde de Cavour era un seguidor entusiasta de Benjamin Constant y François Guizot, y apoyó la Revolución burguesa de 1830, que derrocó a Carlos X. Elegido diputado del Parlamento en julio de 1848, Cavour se convirtió en ministro de Finanzas en 1850. [E. K.]

[19] Para una lúcida discusión de los puntos de vista de Bentham sobre el gobierno parlamentario y el carácter público del mismo *cf.* Rosen, *Jeremy Bentham and Representative Democracy.* [E. K.]

significar siempre —en una «admirable» coincidencia entre apariencia y ser— el poder más fuerte? ¿Quién cree aún en este tipo de publicidad (*Öffentlichkeit*) y apertura? ¿Y en el Parlamento como la gran «tribuna»?[20]. Los argumentos de Burke, Bentham, Guizot y J. Stuart Mill han quedado, pues, anticuados. También, las numerosas definiciones del parlamentarismo que actualmente se siguen encontrando en trabajos anglosajones y franceses, y que en Alemania, por lo visto, son menos conocidas, definiciones en las que el parlamentarismo aparece, en lo esencial, como *government by discussion*[21], deberían ser consideradas, según esto, «enmohecidas». Bien. Si alguien sigue, pese a todo, creyendo en el parlamentarismo, al menos tendrá que ofrecer nuevos argumentos. No basta el recurso a Friedrich Naumann, Hugo Preuss y Max Weber. Con todo el respeto que se pueda albergar hacia estas figuras, nadie comparte hoy su esperanza de que mediante el Parlamento se garantice, sin más, la formación de una élite política. De hecho, en el presente, tales convicciones son puestas en duda y sólo pueden subsistir como creencia ideal, en tanto se encuentren vinculadas a la creencia en el papel de la discusión y la publicidad (*Öffentlichkeit*). Al fin y al cabo, las nuevas justificaciones del

---

[20] Prévost-Paradol fue amigo y condiscípulo de Taine en la *École Normale*. Colaboró en el *Journal de Débats* con artículos de tema político y escribió tres volúmenes de piezas ocasionales sobre asuntos públicos en la década de 1850 y 1860 (*Essais de politique et de literature*). [E. K.]

[21] La frase es de Harold Laski: «*The fundamental hypothesis of government in a representative system is that it is government by discussion.*» *Cf.* Laski, «The Problem of Administrative Areas», en *Foundations of Sovereignty,* Harcourt, Barce & Co., Nueva York, 1921, p. 36. [E. K.]

parlamentarismo que han sido aducidas en las últimas décadas no dicen sino que en la actualidad el Parlamento funciona, bien o, al menos de un modo aceptable, como un instrumento útil, y hasta indispensable, de la técnica social y política. Esto es, por decirlo una vez más, un tipo de consideración totalmente plausible. Sin embargo, deberemos interesarnos también por un fundamento más profundo, por aquello que Montesquieu llamaba el principio informador de una forma de Estado o de Gobierno, por la convicción específica que pertenece tanto a ésta como a cualquier otra gran institución, por la creencia en el Parlamento que de hecho una vez ha existido y que hoy día ya no es posible encontrar.

En la historia de las ideas políticas hay épocas de grandes impulsos y tiempos en que domina la calma chicha de un *statu quo* carente de ideas. Así, la época de la monarquía tocó a su fin cuando se perdió el sentido de su principio, *el honor*[22], en el momento en que aparecen reyes burgueses, que en vez de mostrar su carácter sagrado y su honor, tratan de probar que son aptos y útiles. Puede que el aparato exterior de la institución monárquica se mantenga en pie mucho tiempo, pero, con todo, ya ha sonado la última hora de la monarquía. Las convicciones que tienen que ver con ésta y con ninguna otra institución aparecerán entonces como algo anticuado; puede que no falten justificaciones de orden

---

[22] El rey-burgués arquetípico fue Luis Felipe. *Cf.* Alfred Cobban, *A History of Modern France,* vol. II, Penguin, Harmondsworth, 1961, pp. 133 ss., y Karl Marx, *El 18 Brumario de Luis Bonaparte* (1852), en Karl Marx y Friedrich Engels, *Selected Works in Three Volumes* [traducción española: *Obras escogidas* en 2 vols., Editorial Progreso, Moscú, 1966]. [E. K.]

práctico, pero ya es solamente cuestión de hecho que surjan o no personas u organizaciones que se revelen tan útiles, o incluso más que los reyes, y ese simple hecho acaba con la monarquía. Algo parecido sucede con las justificaciones que del Parlamento se den en el ámbito de la técnica social. Si el Parlamento pasa a ser, de la institución de búsqueda de la verdad evidente que era, un mero instrumento de orden práctico y técnico, sólo se precisará mostrar *via facti* —ni siquiera, necesariamente mediante una dictadura que haga acto de presencia— que las cosas también pueden ir de otra manera, y entonces el Parlamento quedará liquidado.

* * *

La creencia en el parlamentarismo, en un *government by discussion,* pertenece al mundo conceptual del liberalismo. No pertenece a la democracia. Ambos, liberalismo y democracia, tienen que ser separados para que se pueda reconocer esa compleja creación heterogénea que constituye la moderna democracia de masas.

Toda auténtica democracia estriba no sólo en que lo igual sea tratado como igual[23], sino que, como una consecuencia inevitable suya, lo desigual no sea tratado de manera igual. Por tanto, forma parte, necesariamente,

---

[23] *Cf.* Aristóteles, *Política* (1280 a): «En las democracias [...] se considera que la justicia significa igualdad [...]. Significa igualdad, pero no para todos, sino para aquellos que son iguales» [traducción española de Carlos García Gual y Aurelio Pérez Jiménez, *Política*, Tecnos, Madrid, 2008.] *Cf.* también la *Ética* (1137 b), al hablar de la equidad [traducción española de María Araujo y Julián Marías, *Ética a Nicómaco*, I.E.P., Madrid, 1959]. [E. K.]

de la democracia, primero, la homogeneidad, y, segundo —en caso necesario— la separación o aniquilación de lo heterogéneo[24]. Para ilustrar estas palabras recordemos brevemente dos ejemplos distintos de democracias modernas: el ejemplo de la Turquía actual, con la radical expulsión de los griegos y su despiadada «turquización» del país[25], o el de los estados de la comunidad australiana, que, como otros dominios de la Corona británica, sólo admiten, por disposición legislativa, a los inmigrantes que se correspondan con el *right type of settler*[26]. La fuerza política de una democracia se revela

---

[24] *Cf.* Hermann Heller, *Politische Demokratie und soziale Homogenität* (1928), en *Gesammelte Schriften,* ed. de Christopf Müller, vol. II, Sijthoff, Leiden, 1971, pp. 421-433, y la discusión con Heller en el estudio de contextualización de Kennedy que sigue a esta obra. [E. K.]

[25] En el Tratado de Lausana (21 de noviembre de 1922) se convino el desplazamiento de poblaciones griegas y turcas en el Sudeste europeo, que empezó a efectuarse en 1923; 1.200.000 griegos fueron trasladados a Grecia desde el Asia Menor y 330.000 turcos desde Macedonia, Tesalónica y el Epiro a Turquía. Sobre las fatigas y tribulaciones que todo esto conllevó, *cf.* Winthrop D. Lane, «Why Greeks and Turks Oppose Being "Exchanged"», en *Current History,* XVIII (1923), pp. 86-90. [E. K.]

[26] Desde principios del siglo XIX, la ley australiana excluía, por motivos raciales, a determinados inmigrantes. La política de mantener una «Australia blanca» era justificada con el argumento de la ubicación geográfica de Australia y sus lazos históricos con Gran Bretaña; iba dirigida, principalmente, al colectivo asiático. Esta política fue defendida en un estudio de Miran Willard, *A History of the White Australia Policy* (University of Melbourne Press, Melbourne, 1923). En esta obra se escribe que «el objeto de la política es la autopreservación nacional. Los australianos temían la inmigración no europea [...] pudiera alterar radicalmente, y quizás destruir, el carácter británico de la comunidad. Sabían que la unidad racial —no necesariamente homogeneidad racial— era esencial para la unidad nacional, para la vida nacional. La unión de un pueblo depende de

en que sabe apartar o mantener alejado lo extraño y desigual, lo que amenaza la homogeneidad. En esta cuestión de la igualdad no se trata de juegos abstractos o de lógica aritmética, sino de la propia sustancia de la igualdad. Se la puede encontrar en determinadas cualidades físicas y morales, por ejemplo en la virtud cívica, y la *areté,* la *virtus* (*vertu*) de la democracia clásica. En la democracia de los sectarios ingleses del siglo XVII la igualdad se basaba en la coincidencia de las convicciones religiosas[27]. Desde el siglo XIX consiste, sobre todo, en la pertenencia a una determinada nación, en la homogeneidad nacional.[28] La igualdad sólo es política-

---

la lealtad común respecto a ideales comunes [...]. Para preservar la unión de su vida nacional, un pueblo puede admitir emigrantes de razas ajenas solamente si en el plazo de un tiempo razonable aquéllos muestran una voluntad y una capacidad suficiente para fusionarse con él, tanto en las ideas como desde un punto de vista racial. Los australianos han dado forma a una política restrictiva porque, por su propia experiencia y la experiencia de otros países, creían que, de momento, los no europeos de las clases trabajadoras no tienen ni esa voluntad ni esa capacidad» (pp. 189-190). Además, si bien es verdad que «una política restrictiva parecía estar en conflicto con la concepción de la hermandad humana y con el ideal democrático de la igualdad de todos [...], los australianos tenían la sensación de que lo que hacían era, en definitiva, acorde con los intereses del propio Imperio británico» (pp. 205-206). [E. K.]

[27] «La *Commonwealth* inglesa era, formalmente, una democracia, comparada con la mayor parte de los regímenes políticos entonces existentes, pero, fundamentalmente, era una oligarquía, medio religiosa y medio militar.» (F. C. Montague, *The History of England: From the Accession of James I to the Restoration (1603-1660),* Longmans, Green & Co., Londres, 1907.) Acerca de las sectas puritanas y la teoría democrática de John Lilburne *cf.* William Haller, *Liberty and Reformation in the Puritan Revolution,* Columbia University Press, Nueva York, 1955. [E. K.]

[28] La sustancia política perteneciente a la democracia no puede residir en lo meramente económico. De la igualdad económica no se

mente interesante y valiosa siempre que tenga sustancia, cuando existe, por ello, al menos la posibilidad y el peligro de una desigualdad. Acaso haya algunos ejemplos aislados del supuesto idílico de que una comunidad social se baste a sí misma en todos los aspectos, donde, simultáneamente, cada uno de sus habitantes goce de esa venturosa autarquía, siendo cada uno de ellos tan semejante a cualquier otro de la comunidad en lo físico, psíquico, moral y económico que nos hallemos ante una homogeneidad sin heterogeneidad, algo que podría ser posible durante un tiempo en primitivas democracias campesinas o en Estados de colonos. Por lo demás, hay que decir que una democracia puede excluir —dado que a la igualdad también pertenece siempre una desigualdad— a una parte de la población dominada por el Estado, sin dejar, por ello, de ser una democracia, o que, incluso, hablando en general, hasta ahora también han existido siempre en la democracia los esclavos o personas que, de alguna forma, están privadas, parcial o totalmente, de sus derechos y excluidos del ejercicio del poder político, llámese toda esa gente bárbaros, salvajes, ateos, aristócratas o contrarrevolucionarios. Ni en la *polis* democrática ateniense ni en el Imperio inglés han tenido los mismos derechos políticos todos los que habitaban en el territorio del Estado. De los más de 400 millones de habitantes del Imperio británico más de 300 millones no son ciudadanos ingleses. Cuando se habla de la democracia inglesa, del de-

---

sigue ninguna homogeneidad política; si bien grandes desigualdades económicas pueden —negativamente— suprimir o poner en peligro una homogeneidad política ya existente. Un desarrollo ulterior de estas tesis pertenece a otro contexto.

recho al voto y del sufragio «universal» e igualdad «universal», esos cientos de millones son ignorados en la democracia inglesa con tanta naturalidad como los esclavos en la democracia ateniense. El imperialismo moderno ha dado lugar a numerosas nuevas formas de dominación, que se corresponden con el desarrollo económico y técnico y que se van extendiendo en la misma medida que la democracia en el interior de la metrópoli. Colonias, protectorados, mandatos, acuerdos de intervención y otras formas semejantes de dependencia permiten, hoy día, a una democracia dominar a una población heterogénea sin hacer de sus miembros ciudadanos del Estado, haciéndoles dependientes del Estado democrático y, al mismo tiempo, manteniéndolos lejos de ese Estado. Éste es el sentido político y Estatal de la bella fórmula: según el Derecho político (*staatsrechtlich*) las colonias son el extranjero, mientras que según el Derecho internacional forman parte del mismo país. Todo esto lo pasa por alto la «forma de expresión lingüística habitual y hoy dominante de democracia», es decir, la usada en la prensa internacional anglosajona, a la que se allana R. Thoma, que incluso reconoce como determinante en la definición de la Teoría del Estado. Por lo visto, para él una democracia es cualquier Estado que haya hecho del sufragio universal e igual «el fundamento de todo»[29]. ¿Pero se basa, por ejemplo, el Imperio británico en el derecho al voto universal e igual de todos sus habitantes? Si así fuera no duraría ni una semana; la gente de color vencería con sus votos a los blan-

---

[29] Richard Thoma arguye que la democracia requiere un sufragio universal; acerca de esto véase el trabajo de contextualización de Kennedy. [E. K.]

cos con una mayoría aplastante. Y, pese a todo, el Imperio británico es una democracia. Y cosas parecidas suceden con Francia y otras potencias coloniales[30].

Es lógico que el sufragio universal y el derecho al voto igual para todos sean la consecuencia de una igualdad sustancial en el interior de un círculo de iguales y que no vaya más allá de esta igualdad. Un derecho igualitario así tiene sentido donde hay homogeneidad. Pero el tipo de universalidad del derecho al voto a que se refiere la mencionada «forma de expresión lingüística habitual de democracia» de la prensa internacional anglosajona significa otra cosa: toda persona mayor de edad debe tener *eo ipso,* en cuanto persona, los mismos derechos políticos que cualquier otra. Y ésta es una idea liberal, no democrática; sustituye la democracia hasta ahora existente, basada en una igualdad y homogeneidad sustancial, por otra, una democracia de la *humanidad,* donde todos los hombres, aunque distintos, cuenten con idénticos derechos. No es, en absoluto, esta última forma de democracia la actualmente dominante

---

[30] «Es verdad que los árabes podían adquirir, nacionalizándose, todos los derechos de los ciudadanos franceses; todo lo que tenían que hacer era abandonar el *status* que tenían en la ley musulmana, adoptar la monogamia, aceptar todos los principios del Código civil: en una palabra, dejar de ser, según sus estándares, musulmanes. Pocos estuvieron dispuestos a pagar este precio.» (D. W. Brogan, *The Development of Modern France [1870-1939],* Hamish Hamilton, Londres, 1967, p. 222.) John R. Seeley (un exponente de la idea de la *Greater Britain*) escribía que la India no podía ser parte de esa *Greater Britain* en el mismo sentido que podían serlo las «decenas de millones» de ingleses que vivían fuera de las Islas Británicas; sobre esta extensión del pensamiento del Imperio británico *cf.* John Galbraith, «The Empire since 1783», en Robin W. Winks, *The Historiography of the British Empire— Commonwealth,* Duke University Press, Durham, 1966. [E. K.]

en el planeta. Dejando de lado otras razones, por la sencilla explicación de que la tierra está dividida en Estados, siendo la mayoría de éstos Estados nacionales homogéneos, que tratan de llevar a cabo una democracia basada en la homogeneidad nacional, pero que, por lo demás, no tratan, en modo alguno, a todos los hombres como ciudadanos provistos de los mismos derechos[31]. Incluso el país más democrático, los Estados Unidos de América, está muy lejos de dejar participar a extraños en su poder o en su riqueza. Hasta la fecha, no ha existido nunca una democracia que no haya conocido en ella el concepto de extranjero y haya realizado en ella la igualdad de todos los hombres. Pero si se quiere ir en serio con el discurso de la democracia de la humanidad equiparando realmente, en lo político, a una persona con cualquier otra, se trataría de una igualdad en la que todo hombre participaría, sin más, gracias a su nacimiento y a su edad. Con ello, se habría privado a la igualdad de su valor y sustancia, robándole el sentido específico que ella tiene, como igualdad política, igualdad económica, etc., es decir, como igualdad en un determinado territorio. Pues todo territorio tiene sus igualdades y desigualdades específicas. Por mucho que fuera injusto despreciar la dignidad humana de cada individuo también sería una estupidez irresponsable —que llevaría a una injusticia— desconocer las particularidades específicas de los distintos territorios. En el ámbito de la política, los seres humanos no se relacionan entre

---

[31] En esto se da un «pluralismo», y el pluralismo social en que se disolverá, según el pronóstico de M. J. Bonn (en *Die Krisis der europäischen Democratie,* 1925), la democracia actual, presuntamente democracia de la *humanidad,* hace ya muchísimo tiempo que existe en una forma distinta y más eficiente.

sí de una forma abstracta, como seres humanos, sino como seres políticamente interesados y determinados, como ciudadanos del Estado, gobernantes o gobernados, aliados o adversarios políticos, es decir, aparecen encuadrados en categorías políticas. No es posible abstraer lo político de la esfera de lo político y no dejar otra cosa que la igualdad humana universal; del mismo modo que en el terreno de lo económico los seres humanos no son captados como hombres en general, sino como productores, consumidores, etc., esto es, sólo dentro de categorías de orden económico.

Una igualdad humana absoluta sería, pues, una igualdad que se entiende, sin más, por sí misma, una igualdad sin el correlato necesario de la desigualdad y, en consecuencia, una igualdad indiferente, que, conceptualmente y en la práctica, no dice nada. Ahora bien, una igualdad así, absoluta, no se dará, ciertamente, en tanto que, como dijimos antes, los distintos Estados del planeta diferencien políticamente a sus ciudadanos de las personas que no lo son y sepan mantener a raya y alejada a una población políticamente dependiente, pero, por las razones que fueren, no deseada, uniendo la dependencia en el plano del Derecho internacional con la condición de extraño en el ámbito del Derecho político. En cambio, al menos en los diversos Estados democráticos modernos parece realizarse una igualdad humana general; es verdad que no se trata de una igualdad absoluta de todos los hombres, porque, naturalmente, los extranjeros, los no pertenecientes a ese Estado, siguen quedando fuera, pero dentro del círculo de los miembros del Estado, si estamos ante una igualdad relativamente amplia. Se ha de observar que, en este caso, la homogeneidad nacional se ve, la mayoría de las veces, tanto más acentuada, siendo suprimida de nuevo esa igualdad humana relativamente general en el seno del Estado por la decidida exclusión de todos los no pertenecientes al Estado, que siguen estando fuera. Donde no sea éste el caso, donde un Estado quiera llevar a cabo en el terreno político la igualdad general de los hombres sin tener en consideración la homogeneidad nacional ni otros tipos de homogeneidad, no resultaría posible evitar la consecuencia de que en la misma medida en que se acerca a la igualdad absoluta de todos los hombres se desvaloriza la igualdad política. Y no sólo esto. También se desvalorizaría, en la misma medida que la que acabamos de mencionar, el ámbito del que trata, la propia política, convirtiéndola en algo indiferente. No sólo se habría privado de su sustancia a la igualdad política, trocándola en algo sin valor para los individuos iguales, sino que incluso la política se habría convertido en algo insustancial, en la medida en que sean tomadas en serio tales igualdades sin sustancia. La indiferencia afectaría igualmente a los asuntos que sean tratados con los métodos de esa igualdad insustancial. Las desigualdades sustanciales no desaparecerían, en absoluto, del mundo ni del Estado, sino que se retirarían a otro ámbito, pasando, por ejemplo, del terreno de lo político al de lo económico, dando a este ámbito un nuevo significado, desmesuradamente fuerte y superior. En el caso de una aparente igualdad política, tiene que haber otro ámbito —por ejemplo, hoy día, el económico— donde se impongan las desigualdades sustanciales que dominan la política. Esto es completamente inevitable y constituye, para una consideración referente a la Teoría del Estado, el auténtico motivo de la tan deplorada dominación de lo económico sobre el Estado y la política.

Cuando una igualdad indiferente, sin el correlato de la desigualdad, se apodera, de hecho, de un ámbito de la vida humana, este mismo ámbito pierde también su sustancia y pasa a estar la sombra de otro ámbito, en donde luego resaltan de nuevo las desigualdades con una fuerza despiadada.

La igualdad de todos los hombres en cuanto personas no es democracia, sino un determinado tipo de liberalismo; no una forma de Estado, sino una moral y una concepción del mundo de corte individualista y humanitario[32]. La moderna democracia de masas se basa en la confusa vinculación de ambos. Pese a lo mucho que ha sido estudiado Rousseau y de reconocer, con razón, lo que Rousseau tiene que ver con el comienzo de la democracia moderna, parece haber pasado inadvertido que ya el *Contrat social* incorpora de una manera incoherente estos dos elementos distintos[33]. La fachada es liberal: fundamentación de la legitimidad del Estado en un libre acuerdo. Pero en el transcurso ulterior de la ex-

---

[32] Esta diferenciación la ha desarrollado bien un artículo, muy notable, de Werner Becker, en la revista *Schildgenossen,* de septiembre de 1925; este trabajo se basa en una excepcional ponencia presentada en mi Seminario sobre Política del semestre de verano de 1925. El artículo de H. Hefele, aparecido en la revista *Hochland* en noviembre de 1924, subraya igualmente el antagonismo entre el liberalismo y la democracia. Con todo, tanto frente a Becker como a Hefele, yo sigo manteniendo la definición de democracia como una identidad entre gobernantes y gobernados.

[33] Jean-Jacques Rousseau, *Du contrat social* (1762 [traducción española de María José Villaverde: *El contrato social*, Tecnos, Clasicos del Pensamiento, Madrid, 2007]). Véase la reseña que Carl Schmitt efectúa de la obra de C. E. Vaughn, *Studies in the History of Political Philosophy before and after Rousseau* (Longmans, Green & Co., Londres, 1925), en la *Deutsche Literatur-Zeitung,* XLVI (1925), pp. 2086-2090. [E. K.]

posición y al desarrollar su concepto esencial, la *volonté générale,* queda patente que el verdadero Estado sólo existe, según Rousseau, cuando el pueblo es tan homogéneo que, en lo esencial, domina la unanimidad. Conforme al *Contrat social,* en el Estado no debe haber partidos, ni intereses particulares, ni diferencias religiosas, nada que separe a los hombres, ni siquiera en asuntos financieros *(finances).* El filósofo de la democracia moderna, admirado por teóricos de la Economía del Estado tan importantes como Alfred Weber[34] y Carl Brinkmann[35], afirma con toda seriedad que las finanzas son algo para esclavos, lo financiero es un *mot d'esclave*[36], donde se ha de señalar que, para Rousseau, el término *esclavo* tiene todo el significado, tan rico en consecuencias, que recibe en su proyecto de Estado democrático; designa al no perteneciente al pueblo, al no-igual, al no-*citoyen,* al que de nada sirve, *in abstracto,* ser un hombre, al heterogéneo, que no participa en la homogeneidad general y que, por ello, puede, con razón, ser excluido. Según Rousseau, la unanimidad ha de llegar tan lejos que las leyes sean aprobadas *sans discussion.* Hasta los jueces y las partes tienen que querer lo mismo[37], no preguntándose siquiera cuál de las dos partes, la de los acusadores o la de los acusados, ha de querer

---

[34] *Die Krise des modernen Staatsgedanken in Europa,* Stuttgart, 1925.

[35] En *Archiv für Sozialwissenschaften,* LIV (agosto de 1925), p. 533.

[36] «*Ce mot de Finance est un mot d'esclave; il est inconnu dans la cité.*» (Libro III, cap. 15, apartado 2.) [E. K.]

[37] Libro II, cap. 4, apartado 7: «*On doit concevoir [...] faute d'un interet commun qui unisse et identifie la regle du juge avec celle de la partie.*»

lo mismo; en una palabra, que en esa homogeneidad incrementada hasta hacer de ella una identidad, todo cae por su propio peso. Pero si la unanimidad y la concordancia de todas las voluntades con todas, realmente resulta tan grande, ¿para qué se necesita aún que se cierre un pacto, o que, al menos, sea proyectado? Pero el contrato presupone la diferencia y la contraposición. La unanimidad, como la *volonté générale,* o se da o no se da; se daría de una forma natural, como lo ha visto, acertadamente, Alfred Weber[38]. Donde no se da, de nada sirve un contrato. El pensamiento del contrato libre de todos con todos proviene de un mundo conceptual totalmente distinto, que presupone intereses contrapuestos, diferencias y egoísmos. La *volonté générale,* tal como la construye Rousseau, es, en realidad, pura homogeneidad. Esto es una democracia realmente consecuente. Así pues, conforme al *Contrat social,* el Estado se basaría, pese al título de la obra y toda esa construcción rousseauniana del contrato, no en un contrato, sino, fundamentalmente, en la homogeneidad. De ésta dimana la identidad democrática entre gobernantes y gobernados.

La Teoría del Estado del *Contrat social* contiene también una prueba de que la definición de la democracia como identidad de gobernantes y gobernados es correcta. Tal definición, propuesta en mi escrito *Politische Theologie* (1922)[39] y en este ensayo sobre el parlamen-

---

[38] Alfred Weber, *Die Krise des modernen Staatsgedankens.* [E. K.]

[39] «Al concepto de Dios de los siglos XVII y XVIII pertenecía la idea de la trascendencia de Dios sobre el mundo, como la trascendencia del Soberano sobre el Estado pertenecía a su filosofía del Estado. En el siglo XX, todo quedaba dominado, cada vez más, por

tarismo ha sido, en cuanto fue advertida, en parte rechazada, en parte copiada. De ahí que yo quiera aún mencionar que si en su aplicación a las teorías sobre el Estado actuales y en su ampliación a toda una serie de identidades es nueva, se corresponde, por lo demás, con una vieja tradición, una tradición que podemos llamar clásica, y, probablemente por esta razón, ya no conocida. Por su referencia a consecuencias interesantes en el campo del Derecho Político y ahora especialmente actuales pueden ser citadas aquí las formulaciones de Pufendorf[40]: en la democracia, donde el que manda y el que obedece es el mismo, el Soberano —esto es, la Asamblea compuesta por todos los ciudadanos— puede

---

concepciones de carácter inmanente. Todas las identidades que aparecen repetidamente en la teoría política y en la ciencia del derecho del siglo XIX permanecen ligadas a tales concepciones de inmanencia: la tesis democrática sobre la identidad del gobernado y el gobernante; la teoría de la organización estatal y su identidad entre el Estado y la soberanía; la doctrina de Krabbe, con su identificación entre la soberanía y la ley positiva, y, finalmente, la teoría de Kelsen sobre la identidad del Estado con el sistema de la ley positiva.» (Carl Schmitt, *Politische Theologie,* Duncker & Humblot, Múnich y Leipzig, 1922, p. 63) [hay traducción española de la segunda edición (1934) debida a Francisco Javier Conde: *Estudios Políticos,* Cultura Española, Madrid, 1941]. Acerca del *juspositivismo,* véase el trabajo de contextualización de Ellen Kennedy. [E. K.]

[40] Pufendorf, *De jure naturae et gentium,* 1672, Libro VII, capítulo VI, § 8. [Ellen Kennedy añade a esta nota de Schmitt: En la Clarendon Press apareció en 1934 una edición, en dos volúmenes, de esta obra, con el texto original y su traducción al inglés. Schmitt se refiere al capítulo «Sobre las características de la soberanía suprema» y al pasaje siguiente: «Pero en las aristocracias y democracias, donde hay algunos que mandan y otros que obedecen, y donde, por tanto, los últimos pueden obtener algunos derechos de las promesas y los pactos de los primeros puede verse claramente la diferencia entre la soberanía absoluta y la limitada» (vol. 2, p. 1065).]

cambiar a voluntad las leyes y la Constitución; en una monarquía o en una aristocracia, *ubi alii sunt qui imperant, alii quibus imperatur,* sería posible llegar, en opinión de Pufendorf, a un acuerdo mutuo, limitando así el poder del Estado.

* * *

Una idea, hoy día extendida, ve amenazado el parlamentarismo, que estaría entre dos lados, el bolchevismo y el fascismo. Se trata de una manera de agrupar las cosas sencilla, pero superficial. Las dificultades de la maquinaria e instituciones parlamentarias provienen, en realidad, de las circunstancias derivadas de la moderna democracia de masas. Ésta lleva, primero, a una crisis de la propia democracia, porque con la igualdad universal de todos los hombres no puede ser solucionado el problema de la igualdad y homogeneidad sustanciales que necesita una democracia. Conduce, además, a una crisis del parlamentarismo, que probablemente tenga que ser diferenciada de la crisis de la democracia. Ambas crisis han hecho su aparición hoy día simultáneamente y se refuerzan mutuamente, pero, en su concepto y de hecho, son diferentes. La moderna democracia de masas trata de realizar, como democracia, una identidad entre gobernantes y gobernados, topándose, en este camino, con el Parlamento como una institución anticuada y que ha dejado de ser comprensible. Si se toma en serio la cuestión de la identidad democrática, a la hora de la verdad ninguna otra institución constitucional puede resistir ante la autoridad única de la incontrovertible voluntad del pueblo, expresada de cualquier modo. Frente a esta voluntad, sobre todo carecería del derecho a una existencia autónoma una institución basada en la discusión de diputados independientes, y tanto menos cuanto la creencia en la discusión no tiene un origen democrático, sino liberal. Es posible diferenciar tres crisis hoy día: la crisis de la democracia, de la que habla M. J. Bonn, sin prestar atención a la contraposición entre la igualdad de todos los hombres en general de los liberales y la homogeneidad democrática; en segundo lugar, una crisis del Estado moderno (Alfred Weber) y, finalmente, la crisis del parlamentarismo[41]. Lo que aquí está en cuestión, la crisis del parlamentarismo, estriba en el hecho de que por mucho que la democracia y el liberalismo puedan haber permanecido asociados durante un tiempo —como también lo están el socialismo y la democracia— tan pronto como esta liberal-democracia llega al poder ha de decidirse por uno de sus elementos, lo mismo que pasa con la socialdemocracia, la cual, por lo demás, al contener la moderna democracia de masas factores esencialmente liberales, es una democracia social-liberal. En la democracia sólo se da la igualdad de los iguales y la voluntad de quienes forman parte de los iguales. Todas las otras instituciones se transforman en recursos de técnica social sin sustancia alguna, que no están en condiciones de oponer su propia voluntad a la voluntad del pueblo, manifestada de cualquier modo. La crisis del Estado moderno reside en el hecho de que una democracia de masas y extensiva a todos los seres humanos no es capaz de realizar ninguna forma de Estado, tampoco un Estado democrático.

En cambio, tanto el bolchevismo como el fascismo son, ciertamente, como toda dictadura, antiliberales,

---

[41] *Cf.* nota (13). [E. K.]

pero no necesariamente antidemocráticos. En la historia de la democracia hay multitud de dictaduras, cesarismos y otros ejemplos de métodos de configuración de la voluntad del pueblo y de creación de alguna clase de homogeneidad que resultan llamativos e inusuales para las tradiciones liberales del último siglo. Que el pueblo sólo puede exteriorizar su voluntad de manera que cada ciudadano individual deposite su voto en el secreto más estricto y completamente aislado, o sea, sin salirse de la esfera de lo privado e irresponsable, bajo determinados «dispositivos de protección» y «sin ser observado» —como prescribe el ordenamiento jurídico del *Reich*[42]— y que luego se registre cada voto individual y se calcule una mayoría aritmética, pertenece a las representaciones no democráticas, surgidas en el siglo XIX de su mezcla con los principios liberales. Con ello, caen en el olvido verdades totalmente fundamentales, ignoradas, por lo visto, por la actual doctrina del Estado. El pueblo es un concepto de derecho público[43]. El pueblo sólo existe en la esfera de la publicidad (*sphäre der publizität*). La opinión unánime de 100 millones de individuos privados no constituiría ni la voluntad del pueblo ni una opinión pública. La voluntad del pueblo se puede exteriorizar igual de bien, e incluso

---

[42] El artículo 125 de la Constitución de Weimar afirmaba: «La libertad y el secreto del sufragio quedan garantizados.» A la legislación del *Reich* y de los *Länder* les correspondía desarrollar este precepto. *Cf.* Gerhard Anschütz, *Die Verfassung des deutschen Reichs vom 11. August 1919,* Stilke Verlag, Berlín, 1928, pp. 332-333. [E. K.]

[43] Schmitt cita del segundo enunciado de la Constitución de Weimar; sobre el significado de la máxima «El poder político emana del pueblo» *cf.* Anschütz, *op. cit.,* pp. 36 ss. [E. K.]

mejor, desde un punto de visto democrático, mediante la *acclamatio,* mediante el hecho natural e incuestionable de estar ahí, que mediante todo ese aparato estadístico que se ha ido formando con tanta minuciosidad desde hace medio siglo. Cuanto más poderoso sea el sentir democrático tanto más seguro será el conocimiento de que la democracia es diferente de un sistema de registro de votos secretos. Ante una democracia directa, no sólo en sentido técnico, sino también vital, el Parlamento surgido a partir de razonamientos liberales aparece como una maquinaria artificial, mientras que los métodos dictatoriales y cesaristas no sólo se sostienen sobre la *acclamatio* del pueblo, sino que pueden ser incluso manifestaciones directas de una sustancia y una fuerza democráticas.

Aunque el bolchevismo sea reprimido y el fascismo mantenido alejado, la crisis del parlamentarismo actual no quedará superada en lo más mínimo. Pues no ha surgido como consecuencia de la aparición de estos dos adversarios; ya estaba ahí, antes de aparecer ellos, y seguirá después de ellos. Dimana de las consecuencias de la moderna democracia de masas y, en el fondo, del antagonismo entre un individualismo liberal que se apoya en un *pathos* moral y un sentimiento del Estado democrático dominado fundamentalmente por ideales de orden político. Un siglo de vínculos históricos y de lucha común contra el absolutismo de los príncipes ha impedido el reconocimiento de esta contraposición. Pero actualmente aparece cada día con más fuerza, sin dejarse obstaculizar ya por ninguna expresión idiomática usual. Se trata, en el fondo, del insuperable antagonismo entre la conciencia liberal del individuo y la homogeneidad democrática.

INTRODUCCIÓN
A LA PRIMERA EDICIÓN (1923)

Desde que existe el parlamentarismo se ha desarrollado también una literatura crítica de ese parlamentarismo[1]. Al principio, comprensiblemente, en el marco de la reacción y la Restauración, es decir, en el campo del adversario político que había sucumbido en la lucha con el parlamentarismo. Luego, a medida que crecía la experiencia práctica del mismo, fueron observados y resaltados los fallos que derivan del dominio de los partidos. Finalmente, la crítica vino de otro lado, del lado

---

[1] Sobre la teoría política de la contrarrevolución en el pensamiento de Carl Schmitt, véase el capítulo «Zur Staatsphilosophie der Gegenrevolution (de Maistre, Bonald, Donoso Cortés)», en su obra *Politische Theologie,* ed. cit., pp. 67-84 [traducción española citada], así como otro escrito de Carl Schmitt, *Donoso Cortés in gesamteuropäischer Interpretation: Vier Aufsätze,* Greven Verlag, Colonia, 1950 [traducción española de Francisco de Asís Caballero: *Interpretación Europea de Donoso Cortes,* Rialp, Madrid, 1951]. [E. K.]

del radicalismo de izquierdas, y tuvo que ver con los principios. Así es como se reúnen en torno a esta crítica tendencias de derechas y de izquierdas, argumentos conservadores, sindicales y anarquistas, puntos de vista monárquicos, aristocráticos y democráticos. La recopilación más sucinta de la situación actual se encuentra en un discurso que el senador Mosca pronunció el 26 de noviembre de 1922 en el Senado italiano al posicionarse sobre la política interior y exterior del Gobierno de Mussolini[2]. A su entender, para hacer frente a las carencias del sistema parlamentario se ofrecían, como medios correctivos, tres soluciones radicales: la llamada dictadura del proletariado, el retorno al absolutismo más o menos encubierto de la burocracia (*un assolutismo burocratico*), y, finalmente, una forma de dominación sindicalista, esto es, la sustitución de la representación individualista del Parlamento actual por una organización de los sindicatos. Esto último era considerado por el orador como el mayor peligro del sistema parlamentario, dado que el sindicalismo surge, según sus palabras, no de doctrinas y sentimientos, sino de la organización económica de la sociedad moderna. En cambio, H. Berthélemy, en el prólogo de la última edición (la décima) de su *Traité de droit administratif,* donde se manifiesta respecto a este tema, considera que precisamente el sindicalismo está aquí fuera de cuestión. Cree que bastaría con que los parlamentarios reconocieran el peligro que entraña una confusión de poderes, abandonaran su economía partidista y velasen por una cierta estabilidad de los ministerios. Por lo demás,

---

[2] *Atti parlamentari della Camera dei Deputati,* 26 de noviembre de 1922.

ve, tanto en el regionalismo como en el industrialismo (esto es, la transposición de los métodos de la vida económica a la política) un peligro para el Estado, mientras que, refiriéndose al sindicalismo, dice que no puede ser tomada en serio una teoría que cree que todo está en orden «*quand l'autorithé viendra de ceux-là mêmes sur lesquels elle s'exerce et quand le contrôle sera confié à ceux qu'il s'agit précisément de contrôler*»[3]. Para la perspectiva de una buena administración burocrática, esto puede ser muy correcto, ¿pero qué sucede con la doctrina democrática, que afirma que toda autoridad de gobierno procede de los gobernados?

En Alemania existía, desde hacía mucho tiempo, una tradición de ideas y tendencias estamentales (*berufständisch*) para la que la crítica del parlamentarismo moderno no era nada nuevo. Además, sobre todo en los últimos años, ha surgido toda una literatura al respecto que se apoya en las experiencias cotidianas, llevadas a cabo, especialmente, desde 1919. En numerosos opúsculos y artículos de diarios y revistas se ha hecho hincapié en fuertes deficiencias y carencias de la maquinaria parlamentaria: el dominio de los partidos, su poca objetiva política personal, el «Gobierno de diletantes», las continuas crisis gubernamentales, la falta de sentido y la banalidad de los discursos parlamentarios, el nivel descendente de los modos del trato parlamentario, los métodos disolventes de la obstrucción parlamentaria, el abuso de la inmunidad y de los privilegios parlamentarios por parte de una oposición radical, que se burla, ella misma, del parlamentarismo, la indigna práctica de

---

[3] H. Berthélemy, *Traité élémentaire de droit administratif*, 10.ª ed., Rousseau, París, 1923.

las retribuciones, la escasa asistencia a las sesiones de las Cámaras. Poco a poco se ha ido extendiendo asimismo la impresión de una observación conocida desde hacía ya mucho tiempo: que el derecho de elección según el sistema de representación proporcional y el sistema de listas liquida la conexión entre electores y diputados, que el fraccionamiento partidista se convierte en un medio indispensable y el llamado principio de representación (artículo 21 de la *Reichsverfassung**: «Los diputados son representantes de todo el pueblo. Sólo están sujetos a su conciencia y no se hallan sujetos a ningún mandato») se convierte en algo sin sentido; que, además, la verdadera actividad tiene lugar no en los debates públicos del pleno, sino en el seno de comisiones, tomándose decisiones fundamentales en sesiones secretas de los jefes de fracción o incluso en reuniones extraparlamentarias, de manera que se produce un desplazamiento y una supresión de toda responsabilidad y, de este modo, todo el sistema parlamentario es, en definitiva, una mala fachada del dominio de los partidos y de intereses económicos[4]. Añádase a esto la crítica de la

---

* *Die Verfassung des Deutschen Reichs* [«*Weimarer Reichsverfassung*»], la Constitución de la República de Weimar, del 11 de agosto de 1919 (N. del T.).

[4] De entre las publicaciones alemanas, podemos nombrar, de la multitud de artículos y opúsculos: los escritos, ricos en ideas, de M. J. Bonn, *Die Auflösung des modernen Staates,* Berlín, 1921, y la *Krisis der europäischen Demokratie,* Múnich, 1925; K. Beyerle, *Parlamentarisches System — oder was sonst?,* Múnich, 1921; Carl Landauer, «Sozialismus und parlamentarisches System», en *Archiv für Sozialwissenschaft* (1922), vol. XLVIII, cuaderno 3, «Die Wege zur Eroberung des demokratischen Staates durch die Wirtschaftsleiter», en la *Erinnerungsgabe für Max Weber,* 1922, vol. II, «Die Ideologie des Wirtschatsparlamentarismus», en la *Festgabe für L. Bren-*

base democrática de este sistema parlamentario, que, a mediados del siglo XIX, era más emocional y surgía de la antigua tradición clásica de la cultura de Europa Occidental, del miedo que sentían los cultos ante la dominación de la masa inculta, un miedo ante la democracia cuya expresión típica la encontramos en las cartas de Jacob Burckhardt. Hace ya mucho tiempo que este tipo de crítica ha sido sustituida por una investigación sobre

---

tano, 1925, vol. I, pp. 153 ss.; R. Thoma, «Der Begriff der modernen Demokratie in seinem Verhältnis zum Staasbegriff», en la *Erinnerungsgabe für Max Weber,* 1922, vol. II (*cf.* Carl Schmitt, *Archiv für Sozialwissenschaft,* 1924, vol. LI, cuaderno 3), «Zur Ideologie des Parlamentarismus und der Diktatur», en *Archiv für Sozialwissenschaft* (1924), vol. LIII, cuaderno 1; Heinz Marr, «Klasse und Partei in der modernen Demokratie», en *Frankfurter gelehrte Reden und Abhandlungen,* cuaderno 1, Fráncfort, 1925 (*cf.* al respecto E. Rosenbaum en *Hamburgisches Wirtschaftsdienst,* 26 de febrero de 1926); Karl Löwenstein, *Minderheitsregierung in Grossbritanien,* Múnich, 1925; Hermann Port, «Zweiparteiensystem und Zentrum», en *Hochland,* julio de 1925; W. Lambach, *Die Herrschaft der 500,* Hamburgo, 1925; Ernst Müller-Meiningen, *Parlamentarismus,* Berlín, 1926.

Acerca de las opiniones de Oswald Spengler, la conferencia, con una recapitulación panorámica del tema, de Otto Koellreutter, *Die Staatslehre Oswalds Spenglers,* Jena, 1924.

De la copiosa literatura sobre el problema «estamental» podemos citar: Herrfahrdt, *Das Problem der berufsständischen Vertretung,* Berlín, 1921; Edgar Tatarin-Tarnheyden, *Die Berufsstände,* Berlín, 1922, y «Kopfzahldemokratie, organische Demokratie und Oberhausproblem», en la *Zeitschrift für Politik,* vol. XV, pp. 97 ss.; Heinz Brauweiler, *Berufsstand und Staat,* Berlín, 1925, y «Parlamentarismus und berufsständische Verfassungsreform, en *Preussische Jahrbücher,* octubre de 1925, y el tratado crítico mencionado anteriormente de Carl Landauer.

Acerca de las dificultades especiales del parlamentarismo frente a los problemas de la economía moderna, *cf.* Göppert, *Staat und Wirtschaft,* Tubinga, 1924. [E. K.]

los métodos y las técnicas con que los partidos llevan a cabo su propaganda electoral, trabajan a las masas y dominan la opinión pública. Como modelo de esta clase de literatura puede servir la obra de Ostrogorski sobre los partidos de la democracia moderna; el *Party System* de Belloc y Chesterton* popularizó la crítica del sistema de partidos; los estudios sociológicos de la vida de los partidos, sobre todo el célebre libro de Robert Michels, destruyeron, sin delimitarlas con mayor precisión, numerosas ilusiones parlamentarias y democráticas. Incluso los no socialistas reconocieron finalmente la vinculación entre prensa, partidos y capital, considerando en adelante la política como una sombra de las realidades económicas.

En conjunto, esta literatura debe presuponerse como conocida. El interés científico del estudio que sigue a continuación no apunta a confirmarla o a refutarla, sino a intentar dar con el núcleo más profundo de la institución del Parlamento moderno. De ahí resultará, por sí mismo, qué poco comprensible es para los razonamientos políticos y sociales hoy dominantes la base sistemática de la que surgiera el parlamentarismo moderno, hasta qué punto la institución ha perdido, moral e intelectualmente, las raíces en que se asentaba, y cómo se mantiene en pie como un aparato vacío, en virtud de una inercia meramente mecánica, *mole sua*. Propuestas de reforma sólo podrán abrir un horizonte si son conscientes de la situación. Es necesario distinguir mejor

---

* Hilaire Belloc, escritor inglés, que escribió, junto con Cecil Chesterton, hermano del famoso escritor, el *Party System,* donde se critica el sistema partidista y se defiende la doctrina social de la Iglesia, especialmente lo enseñado en la encíclica *Rerum novarum,* del papa León XIII (N. del T.).

conceptos como democracia, liberalismo, individualismo o racionalismo, términos todos que están relacionados con el parlamentarismo moderno, para que dejen así de ser caracterizaciones y eslóganes provisionales, y no caiga de nuevo en vacío el esperanzado intento de ir, por fin, desde las cuestiones de índole táctica y técnica, a los principios intelectuales.

I

Democracia y parlamentarismo

Para el siglo XIX, la historia de las ideas políticas y de la Teoría del Estado puede ser abarcada con una simple fórmula: la marcha triunfal de la democracia[1]. Nin-

---

[1] Acerca del pensamiento político en el siglo XIX, véase James J. Sheehan, *German Liberalism in the Nineteenth Century* (Methuen, Londres, 1982), y Heinrich A. Winkler, *Preussischer Liberalismus und deutscher Nationalstaat* (Mohr, Tubinga, 1964). La obra de Geoffrey Eley y David Blackbourne, *Mythen deutscher Geschichtsschreibung* (Ullstein, Berlín, 1980), desencadenó en 1980-1981 una controversia feroz. Estos autores atacaban la tesis del *Sonderweg* alemán: que mientras todos los otros países europeos (especialmente Inglaterra) se habían hecho más democráticos en el curso del siglo XIX, Alemania habría tomado una «ruta especial» hacia la modernidad —una industria moderna, pero con un Estado y un sistema político feudal—. Pese a que la intención de los autores era, al menos parcialmente, criticar el supuesto genio del desarrollo político inglés —que algunos historiadores alemanes alzaban como un estándar conforme al cual había de ser medido el desarrollo históri-

gún Estado del ámbito cultural de Europa Occidental ha resistido a la difusión de las ideas y las instituciones democráticas. Incluso allí donde existían vigorosas fuerzas sociales que se defendían, como en la monarquía prusiana, faltaba una energía espiritual que operase más allá del propio círculo y que pudiera vencer la fe en la democracia. Pues progreso significaba lo mismo que ampliación de la democracia, mientras que la resistencia antidemocrática no era sino una actitud meramente defensiva de cosas históricamente superadas y que habían quedado anticuadas, la lucha de lo viejo con lo nuevo. Cada época del pensamiento político y del Estado tiene representaciones que, en un sentido específico, le parecen evidentes y que —acaso también con multitud de malentendidos y mitificaciones— parecen las cosas más obvias a grandes masas de la población. En el siglo XIX y hasta entrado el XX esta clase de obviedad y evidencia estaba, sin duda, del lado de la democracia. Ranke calificaba la idea de soberanía popular como la más fuerte de la época y su confrontación con el princi-

---

co alemán—, en la tesis de Blackbourne y Eley resonaban las críticas de Carl Schmitt. Descubrieron, como Schmitt, una identidad entre la «democracia» y el «liberalismo» en el pensamiento político decimonónico, que (por razones supuestamente diferentes) no estaban dispuestos a admitir. Winkler, al que Eley y Blackbourne echaban en cara la equiparación del avance de la burguesía y el desarrollo de las formas democráticas, ha replicado, con razón: «Ninguno de los historiadores alemanes criticados por Blackbourne y Eley habrían pensado en borrar la distinción entre "liberales" y "demócratas".» *Cf.* Winkler, «Der deutsche Sonderweg: Eine Nachlese», *Merkur,* VIII (1981), pp. 793-804. Véase la cuidadosa distinción que hace Winkler de las corrientes políticas y la política en el pensamiento político alemán del siglo XIX en su *Preussischer Liberalismus,* ed. cit., pp. 22 ss. y 93. [E. K.]

pio de la monarquía como la tendencia principal del siglo². Mientras tanto, ese enfrentamiento ha acabado, de momento, con la victoria de la democracia.

Desde los años 30 del siglo XX, cada vez se extendía más entre los franceses más destacados y con un sentido de actualidad intelectual, la creencia de que Europa tenía que hacerse democrática, como si lo hubiera señalado un destino ineluctable. Probablemente haya sido Alexis de Tocqueville el autor que lo sintiera y lo expresara más a fondo³. Guizot estaba dominado por esta creencia, aunque conocía también el miedo hacia el caos democrático. Parecía que un designio providencial se había decidido por la democracia. Se tenía de ello una imagen frecuentemente repetida: la marea de la democracia, contra la que, desde 1789, no parecía caber oponer ningún dique. La impresionante descripción de esta evolución de los acontecimientos que efectúa Taine en su *Historia de la literatura inglesa* se encuentra tam-

---

[2] Ranke «tenía miedo de las tendencias democráticas y revolucionarias que pudiera haber dentro del movimiento nacionalista, cosa que, en su opinión, amenazaba la continuación de la existencia de la vida cultural europea». Rudolf Vierhaus, «Ranke und die Anfänge der deutschen Geschichtswissenschaft», en Bernd Faulenbach (editor), *Geschichtswissenschaft in Deutschland,* Beck, Múnich, 1974. *Cf.* también Theodore H. von Laue, *Leopold Ranke: The Formative Years,* Princeton University Press, Princeton, 1950. [E. K.]

[3] «El futuro inmediato de la sociedad europea es totalmente democrático.» (Alexis de Tocqueville, *Journeys to England and Ireland,* citado en George Watson, *The English Ideology: Studies in the Language of Victorian Politics,* Allen Lane, Londres, 1973, p. 155). Véase asimismo Tocqueville, *De la démocratie en Amérique* (París, 1835 [traducción española de Eduardo Nolla: *La democracia en América,* Aguilar, Madrid, 1988]), donde se expresa un profundo pesimismo en relación con la configuración de la sociedad americana. [E. K.]

bién bajo la influencia de Guizot⁴. Este proceso fue enjuiciado de forma diversa: Tocqueville, con un miedo aristocrático ante una humanidad aburguesada, ese «*troupeau d'animaux industrieux et timides*»; Guizot,

---

⁴ *Cf.* al respecto el excelente trabajo de Kathleen Murray sobre Taine y el romanticismo inglés, aparecido en Múnich y Leipzig en 1924. [Ellen Kennedy añade a esta nota de Schmitt: El estudio de Kathleen Murray sobre Taine y el Romanticismo inglés estaba dedicado a Carl Schmitt y fue publicado por Duncker & Humblot. La autora escribe en su Introducción que Taine fue «una de las figuras más grandes y representativas del siglo XIX», el cual, como crítico e historiador, «combinaba en su propia persona todas las enormes contradicciones e inconsistencias de su época». Murray entendía la obra de Taine bajo las dos perspectivas, la estética y la sociológica, y es evidente que estaba muy influenciada por la *Politische Romantik* (1919) de Schmitt. El tema de la segunda parte de *Taine und die englische Romantik* nos permite constatar una influencia mutua; se ocupa de la percepción de Taine de que «a una nueva obra de arte pertenece siempre un nuevo público» y de que la audiencia específica (*das Publikum*) del arte romántico es «un público burgués, plebiscitario» (p. 65).
La descripción de Carl Schmitt de la influencia y la valoración que Guizot hace de la democracia parafrasea, a su vez, la discusión de Murray sobre «el ideal político (pp. 53 ss.) *Cf.* también el capítulo de la autora sobre «Tipos de inglés y burgués» (pp. 67 ss.) y el comentario —tan válido para la obra de Taine como para su propia obra y partes de la de Schmitt— de que «Taine [...] quería siempre describir *tipos* generales y buscaba las relaciones firmes, pero no mensurables, entre los hechos y los grupos de hechos que componen la vida social y moral [...]. Quiere conseguir llegar al *tipo ideal,* tal como los zoólogos lo entienden [...]. Tales relaciones las llama él leyes (*lois*), afirmando que no era otra cosa lo que deseaba descubrir Montesquieu» (ibíd., p. 6). *Cf.* también Hippolyte Taine, *Histoire de la littérature anglaise* (París, 1863), así como François Pierre Guillaume Guizot, *De la démocratie en France* (Victor Masson, París, 1849 [traducción española de Dalmacio Negro: *De la democracia en Francia*, Centro de Estudios Políticos y Constitucionales, Madrid, 1987]) y *L'Eglise et la société chrétienne en 1861* (Michel Levy, París, 1861)]. [E. K.]

por su lado, esperando poder regular aquella terrible corriente; Michelet mostrando una fe entusiasta por la bondad natural del «pueblo», y Renan manifestando el *dégoût* del intelectual y el escepticismo del historiador; los socialistas, en cambio, estaban convencidos de ser los auténticos herederos de la democracia. Es una prueba de la curiosa evidencia de las ideas democráticas el que incluso el socialismo, que había aparecido como la nueva idea del siglo XIX, se decidiera por una alianza con la democracia. Muchos habían intentado coaligarse con la monarquía existente, dado que la burguesía liberal era el enemigo común tanto para la monarquía conservadora como para las masas proletarias. Esta coincidencia táctica se plasmó en distintas combinaciones y tuvo éxito incluso en Inglaterra con Disraeli[5], pero a fin de cuentas sólo resultó favorable a la democracia. En Alemania se limitó, en este aspecto, a deseos piadosos y a un «socialismo romántico». La organización socia-

---

[5] Walter Schotte comentaba, en los *Preussische Jahrbücher,* CLXXXI, 1920, pp. 136-137) que «los conservadores ingleses no han carecido nunca de perspicacia política»; a diferencia de los políticos alemanes, los tories ingleses sabían cuándo introducir reformas que conservaran su propia posición. Schotte hace referencia al gobierno minoritario de Derby-Disraeli, que introdujo el proyecto de ley de reforma electoral (*the second reform bill*), que había sido la causa inmediata de la caída del gobierno liberal encabezado por Gladstone y al que Disraeli sustituyó. Sobre Disraeli *cf.* Maurice Cowling, *Disraeli, Gladstone and the Revolution: The Passing of the Second Reform Bill, 1867,* Cambridge University Press, Cambridge, 1967. Keith Middlemas, en su *Politics in Industrial Society: The Experience of the British System since 1911* (Andre Deutsch, Londres, 1979) proporciona un punto de vista, con frecuencia provocativo, de la cultura política inglesa de este siglo; véase, en esta obra, de una forma especial, «Party and Parliamentary Illusion», en la pp. 307 ss., y «A Crisis of the State?», en la pp. 430 ss. [E. K.]

lista de las masas de trabajadores asumió allí hasta tal punto el pensamiento democrático-progresista, que aparecía como la abanderada radical de tales ideas, superando con mucho a la democracia burguesa y asumiendo una doble tarea: llevar a efecto simultáneamente, además de sus reivindicaciones socialistas, también las de signo democrático[6]. Ambas tareas podían ser consideradas idénticas porque se tenía a ambas por el progreso y el futuro.

De este modo, la democracia aparecía con la evidencia de un poder que avanzaba y se propagaba irresistiblemente. Mientras fue un concepto fundamentalmente polémico, es decir, la negación de la monarquía existente, la convicción democrática pudo unirse y coaligarse con otros empeños políticos de signo distinto. Pero a medida que se convertía en una realidad quedaba claro que servía a muchos señores y que no tenía, en modo alguno, un fin, por su contenido, unívoco. Cuando su adversario más importante, el principio monárquico, desapareció, la democracia perdió precisión en su contenido y compartió el destino de todos los conceptos polémicos. Al principio se había mostrado en una unión completamente natural y hasta en una identidad con el liberalismo y la libertad. En la socialdemocracia venía acompañada del socialismo. Por el éxito de Napoleón III y los resultados de los referéndums suizos se constataba que podía ser también conservadora y reaccionaria, cosa que, por cierto, Proudhon había profetizado en

---

[6] Acerca del desarrollo de la socialdemocracia alemana, *cf.* C. E. Schorske, *German Social Democracy, 1905-1917,* Harvard University Press, Cambridge, Mass., 1955. [E. K.]

muy temprana fecha[7]. Si todas las orientaciones políticas podían servirse de la democracia, quedaba demostrado que no tenía ningún contenido político y no era más que una forma de organización; y si se prescindía de un contenido político diferente que se esperaba alcanzar a través de la democracia, no cabía sino preguntarse qué valor tenía por sí misma, como mera forma organizativa. La cuestión no quedaba contestada intentando darle un contenido, tratando de sacarla del terreno político y aplicándola al económico. En numerosas publicaciones pueden encontrarse estas transposiciones de lo político a lo económico. El socialismo gremial inglés se considera a sí mismo una democracia de corte económico. Por todas las direcciones se extendió la conocida analogía entre el Estado constitucional y la fábrica constitucional[8]. En realidad, con ello se estaba

---

[7] Sobre Suiza cómo democracia conservadora véase Benjamín R. Barber, *Death of Communal Liberty: A History of Freedom in a Swiss Mountain Canton,* Princeton University Press, Princeton, 1974. *Cf.,* además de *El 18 brumario de Luis Bonaparte* (1852) de Karl Marx, las obras historiográficas sobre la Francia de Napoleon III que mencionamos a continuación: Theodor Zeldin, *Emile Ollivier and the Liberal Empire of Napoleon III* (Clarendon Press, Oxford, 1963) y *The Political System of Napoleón III* (Macmillan & Co., Londres, 1958), H. C. Payne, *The Police-State of Louis Napoleon Bonaparte, 1851-1869* (University of Washington Press, Seattle, 1966). [E. K.]

[8] El guildismo era un socialismo surgido en Gran Bretaña y cercano al sindicalismo. La *Guilds Restoration Movement* (fundada en 1906) y la *National Guilds League* (fundada en 1915) trataban de realizar el socialismo por vía sindical. Su patrimonio conceptual pasó al Partido Laborista. (N. del T.) Puede encontrarse una clásica exposición del *guild socialism* inglés en G. D. H. Cole, *Guild Socialism Restated* (Leonard Parsons, Londres, 1920). Cole argumentaba que la «democracia teórica» se había vuelto, en gran parte, «inoperante» a causa de «la sustitución, en la democracia representativa,

operando un cambio esencial en el concepto de democracia, pues, mientras dominaran en la economía la libertad contractual y el derecho privado, los puntos de vista políticos no podían ser transferidos a relaciones de orden económico. Max Weber ha sostenido, en su escrito *Parlament und Regierung im neugeordneten Deutschland* (1918)[9], que, desde una perspectiva sociológica, el Estado no es más que una gran empresa y, hoy día, un enorme aparato de administración económica. De esto Kelsen (en su tratado *Vom Wesen und Wert der Demokratie,* de 1921) se apresuró a extraer conclusiones: «Por ello, en los dos casos el problema de organización es, fundamentalmente, el mismo, ya que la democracia no es sólo una cuestión del Estado, sino también de las empresas económicas»[10]. Pero lo cierto es que una organización política deja de ser política si está construida, como la economía moderna, sobre la base del derecho privado. Probablemente existan analogías entre el monarca, señor absoluto del Estado, y el empresario ca-

---

del representado por el representante» (pp. 13-14). Demandaba que el concepto de democracia se extendiera más allá de un «sentido políticamente limitado», hasta incluir también la organización social y económica: «La cantidad de maquinaria electoral, sobre la base de "un hombre, un voto" no hará realmente, ni en lo social ni en lo político, iguales [al rico, y al esclavo de un salario]» (p. 15). [E. K.]

[9] Max Weber, *Parlament und Regierung im neugeordneten Deutschland* (1918), en *Gesammelte Politische Schriften,* ed. de Johannes Winckelmann, Mohr, Tubinga, 1980, pp. 306-443; Keith Tribe, «Parliament and Government in Newly Organized Germany», en *Economy and Society,* IV (1983), pp. 1381-1462. [E. K.]

[10] Hans Kelsen, *Wesen und Wert der Demokratie,* 2.ª ed., Mohr, Tubinga, 1929 [traducción española de Rafael Luengo y Luis Legaz: *Esencia y Valor de la Democracia.* Labor, Madrid, 1934], trabajo cuya primera edición apareció en el *Archiv für Sozialwissenschaft und Sozialpolitik,* XLVII (1920), pp. 50-85. [E. K.]

pitalista privado, también señor absoluto (naturalmente en otro sentido) en su empresa; hay, en los dos casos, posibilidades de una cooperación de los subordinados; pero la forma y el contenido de la autoridad, el carácter público de la misma y de la representación, son esencialmente diferentes. Por lo demás, contravendría todas las reglas del pensamiento económico aplicar, por vía de la analogía, a hechos económicos modernos las formas políticas, creadas bajo presupuestos económicos totalmente distintos. Sería, por servirnos de la conocida imagen económica, como transferir el armazón de una superestructura a una infraestructura esencialmente distinta.

Los distintos pueblos o grupos sociales y económicos que se organizan «democráticamente» tienen el mismo sujeto, «pueblo», únicamente en un sentido abstracto. *In concreto,* las masas son, sociológica y psicológicamente, heterogéneas. Una democracia puede ser militar o pacifista, absolutista o liberal, centralista o descentralizada, progresista o reaccionaria, y puede encarnar todo estos distingos, en distintos momentos, sin, por ello, dejar de ser democracia. Teniendo presente este simple hecho, cae por su propio peso que no se le puede dar a la democracia un contenido transponiéndola al terreno de lo económico. ¿Qué queda, pues, de la democracia? Queda, para su definición, una serie de identidades. Corresponde a su esencia que todas las decisiones que sean tomadas deban valer sólo para aquellos mismos que deciden. Que, en ello, tenga que ser ignorada la minoría, superada por la mayoría, es algo que genera dificultades sólo en teoría y aparentemente. En realidad, hasta esto se basa en la identidad, que, en la lógica democrática, vuelve siempre a aparecer, y en la argumentación, esencialmente democrática —como mostraremos enseguida— de que la voluntad de la minoría sobrepasada por la mayoría es idéntica, en realidad, con la voluntad de la mayoría. Las explicaciones, frecuentemente citadas, de Rousseau en el *Contrat social*[11] son fundamentales para el pensamiento democrático y se corresponden, por cierto, con una vieja tradición; aparecen, casi en los mismo términos, en Locke[12]: en democracia, el ciudadano acepta incluso la ley que va contra lo que él quiere; pues la ley es la *volonté générale,* y ésta es, a su vez, la voluntad de los ciudadanos libres; por consiguiente, propiamente el ciudadano no da nunca su aprobación a un contenido concreto, sino, *in abstracto,* al resultado, a la voluntad general que resulta de la votación, y da su voto únicamente para que se pueda hacer un cálculo de los votos en donde se reconoce esa voluntad general. Si el resultado se aparta del contenido de lo votado por el individuo, éste, vencido por la votación de la mayoría, se entera de que se ha equivocado respecto al contenido de la voluntad general; «*cela ne prouve autre chose si non que je m'étais trompé et ce que j'estimais être la volonté générale ne l'était pas*»[13]. Y dado que, como Rousseau continúa diciendo expresamente, la voluntad general se corresponde con la libertad verdadera, el así vencido por los votos de la mayoría no

---

[11] Libro IV, cap. 22, apartado 8.

[12] Véase la discusión de Locke sobre los orígenes de las sociedades políticas en su *Second Treatise of Civil Government* [traducción española de Carlos Mellizo y Estudio Preliminar de Peter Laslett: *Segundo tratado sobre el gobierno civil: un ensayo acerca del verdadero origen, alcance y fin del gobierno civil,* Tecnos, Clásicos del pensamiento, Madrid, 2006], en John Locke, *Two Treatises of Government*, Cambridge University Press, Cambridge, 1970, pp. 348 ss. [E. K.]

[13] Libro IV, cap. 22, apartado 8.

era libre. Con esta lógica jacobina se puede justificar también, como es sabido, la dominación de la minoría sobre la mayoría, recurriendo también, por cierto, a la democracia. Se echa de ver aquí lo que constituye el meollo del principio democrático, es decir, la aserción de que la ley y la voluntad del pueblo son cosas idénticas, y para una lógica abstracta no hay propiamente ninguna diferencia entre identificar con la voluntad del pueblo la voluntad de la mayoría o de la minoría, cuando en ninguno de los casos puede ser la voluntad del pueblo una voluntad absolutamente unánime de todos los ciudadanos (incluyendo también a los menores de edad).

Si el derecho al sufragio se concede a un número cada vez mayor de personas, esto es un síntoma del empeño que se tiene de realizar la identidad entre Estado y pueblo; en ello subyace una determinada concepción sobre los presupuestos bajo los cuales la identidad se asume como algo verdadero. Incluso esto no cambia nada en la idea fundamental de que, desde un punto de vista lógico, todos los argumentos democráticos descansan en una serie de identidades. Pertenecen a esta serie: la identidad entre gobernantes y gobernados, soberanos y súbditos, entre el sujeto y el objeto de la autoridad estatal, entre el pueblo y su representación en el Parlamento, entre el Estado y el pueblo que vota, entre el Estado y la ley, y, finalmente, identidad entre lo cuantitativo (la mayoría o la unanimidad aritmética) y lo cualitativo (lo justo de la ley).

Pero todas esas identidades no constituyen una realidad tangible, sino que se basan en un reconocimiento de la identidad. Ni en lo jurídico ni en lo político o psicológico se trata de algo realmente igual, sino de identificaciones. La ampliación del derecho al sufragio, la reducción del período de duración de las legislaturas, la introducción y la difusión de plebiscitos, en una palabra, todas aquellas cosas que son consideradas tendencias y dispositivos propios de la democracia directa y lo que, como acabamos de decir, esté dominado por el pensamiento de una identidad son, ciertamente, consecuentemente, democráticas, pero sin llegar a alcanzar nunca una identidad absoluta y directa, en cada momento *in realitate praesente*. Siempre subsiste una distancia entre la igualdad real y el resultado de la identificación. La voluntad del pueblo es, naturalmente, siempre idéntica a esa voluntad del pueblo, ya sea tomada una decisión a partir del *sí* o del *no* de millones de papeletas electorales depositadas, o bien una sola persona tenga de su lado, incluso sin votación, la voluntad del pueblo, o el pueblo nombre, por «aclamación», a quien quiera. Todo depende de la manera en que se construya la voluntad. La ancestral dialéctica de la doctrina de la voluntad del pueblo no ha sido resuelta aún: la minoría puede tener en sí la verdadera voluntad del pueblo; el pueblo puede ser engañado; hace ya mucho que se conoce la técnica de la propaganda y de la elaboración de la opinión pública. Esta dialéctica es tan antigua como la propia democracia y no comienza, en absoluto, con Rousseau o los jacobinos. Desde los inicios de la democracia moderna encontramos la extraña contradicción de que los demócratas radicales ven su radicalismo democrático como un criterio de selección, para diferenciarse, en tanto auténticos representantes de la voluntad popular, de todos los demás, de donde resulta una exclusividad del todo antidemocrática. Al principio en la realidad, en la medida que se conceden derechos políticos únicamente a los representantes de la verdadera democracia, surge, desde ese mismo momento, una nueva aristocracia, lo cual es un viejo fenómeno sociológico que se repite en cada revolución y en modo alguno aparece por primera vez con los *Novembersozialisten* de 1918*[14], sino que había sido ya ejemplarizado por doquier en 1848 por los llamados «*républicains de la veille*»**. No deja de ser del todo consecuente que la democracia sólo deba ser introducida en un pueblo que piense verdaderamente de forma democrática. Los primeros demócratas de una democracia directa en la Edad

---

* Se refiere a los dirigentes de la Revolución alemana en noviembre de 1918, que condujo al *Reich*, hacia el final de la Primera Guerra Mundial, desde el régimen monárquico a una república pluralista. Los objetivos revolucionarios, guiados por ideales socialistas, fracasaron en enero de 1919 ante la oposición de los líderes del Partido Socialdemócrata Alemán (SPD). Éstos temían un «caos revolucionario» y posteriormente se esforzaron en reconciliar a los partidos burgueses y a la élite afín al *Kaiser* ante las nuevas relaciones del poder. Además, acordaron una alianza con el estamento militar, permitiendo la sofocación violenta del llamado Levantamiento Espartaquista (*Spartakusaufstand*). El desenlace formal de la Revolución ocurrió el 11 de agosto de 1919 con la promulgación de la nueva Constitución de la República (N. del T.).

** Así, los *republicanos de la víspera,* fueron llamados en la Revolución francesa de 1848 los auténticos republicanos, que eran una minoría, y sobre los cuales se imponen los *républicains du lendemain* (los *republicanos del día siguiente*), reclutados en parte entre los monárquicos legitimistas (N. del T.).

[14] Véase, al respecto, A. J. Ryder, *The German Revolution of 1918* (Cambridge University Press, Cambridge, 1967), así como la discusión que en este período se estaba desarrollando en Völker Berghahn, «War and Civil War, 1914-1923», en su *Modern Germany Society, Economy, and Politics in the Twentieh Century* (Cambrdge University Press, Cambridge, 1982, pp. 38-81). Acerca de los *républicains de la veille, cf.* Lorenz von Stein, *Geschichte der socialen Bewegung in Frankreich* (Wigand, Leipzig, 1850), que Carl Schmitt conocía bien. [E. K.]

Moderna, los *levellers* de la Revolución puritana***, no pudieron escapar a esta dialéctica democrática. Su líder Lilburne decía, en su *Legal fundamental Liberties of the people of England* (1649), que únicamente los bien intencionados, los *«well-affected»*, debían tener derecho al voto, y que los representantes elegidos por ellos habían de retener enteramente en sus manos la elaboración de las leyes, siendo la Constitución un contrato firmado por estos *«well-affected»*[15].

Así pues, el destino de la democracia parece ser suprimirse a sí misma (*selbstaufzuheben*) en el problema de la formación de la voluntad del pueblo. Para el demócrata radical, la democracia, en cuanto tal, tiene su propio valor, sin consideración alguna del contenido de la política que se haga con su ayuda. Pero si existe el peligro de que la democracia sea utilizada para destruir la democracia[16], entonces el demócrata radical tiene que tomar la resolución o de seguir siendo demócrata incluso contra la mayoría o de renunciar a sus propias

---

*** Los *levellers* (*niveladores*) fueron llamados así, en la revolución que surgió en Inglaterra cuando se desató el conflicto entre el rey y el Parlamento, en la década de 1640, por defender una igualdad absoluta de todos los ciudadanos ante la ley. Este movimiento igualitario fue reprimido por Cromwell (N. del T.).

[15] *The Clarke Papers,* ed. por C. H. Firth, vol. II, Camden Society, 1794, pp. 257-258.

[16] Carl Schmitt, en su escrito *Legalität und Legitimität* (Duncker & Humblot, Múnich y Leipzig, 1932 [traducción española de José Díaz García: *Legalidad y legitimidad,* Aguilar, Madrid, 1971]), argumentaba que los «partidos anticonstitucionales» (el KPD y el NSDAP) no debieran tener «las mismas oportunidades» de llegar al poder en el Estado, al estar comprometidos en la destrucción de la sustancia de la Constitución. *Cf.* Joseph W. Bendersky, *Carl Schmitt Theorist for the Reich,* Princeton University Press, Princeton, 1983, pp. 144 ss. [E. K.]

creencias. Tan pronto como la democracia recibe el contenido de un valor debido a ella misma no se puede (en sentido formal) continuar siendo demócrata a cualquier precio. Se trata de un curioso hecho y de una necesidad, pero, en absoluto, de una dialéctica abstracta y de un juego de sofistas[17]. Esa situación en que los demócratas están en minoría sucede con mucha frecuencia. Incluso puede ocurrir que, por sus presuntos princi-

---

[17] Gran valor de información acerca de este tema de la dialéctica democrática tiene el trabajo de Lorenz von Stein, «Die socialistischen und communistischen Bewegungen seit der dritten französischen Revolution», Apéndice de su libro *Socialismus und Communismus des heutigen Frankreichs,* Verlag Otto Wigand, Leipzig y Viena, 1848, pp. 25-26. [Ellen Kennedy añade a esta nota de Schmitt: Schmitt se refiere al Apéndice «Cartas sobre Francia» del libro de Lorenz von Stein. Es evidente que el argumento de la cuarta carta, «La Cámara», influyó en la concepción que Schmitt tiene sobre el parlamentarismo. Stein había escrito, en mayo de 1848, acerca del Parlamento francés de la época: «La falta de una actividad real, de toda iniciativa, de cualquier intervención independiente, la lentitud de sus propios movimientos incluso en áreas importantes, como, por ejemplo, la consideración de las recomendaciones constitucionales, demostraba enseguida, para cualquier observador independiente, que los elementos dominantes ya no estaban dentro de la Cámara, sino que luchaban entre sí fuera de ella.» Tal situación de impotencia parlamentaria, según argumenta Stein, prueba que «la pura democracia y las formas absolutamente democráticas» habían acabado en Francia; la democracia «era, y sigue siendo todavía, impotente» porque el principio primero de la democracia es el papel de la mayoría, y he aquí que «la debilidad de la democracia reside justamente en el hecho de que sus propios principios [como éste del papel de la mayoría] la forzaban a servir a una serie de intereses que eliminarían la base misma de la democracia: la igualdad.» Esta cuestión será un tema persistente en la obra de Schmitt durante la época de la República de Weimar; puede verse, por ejemplo, «Legalidad e igualdad de posibilidades en la consecución del poder político», en *Legalität und Legitimität* (traducción española citada: *Legalidad y legitimidad*).

pios democráticos, estén a favor del derecho al sufragio de las mujeres y luego experimenten que la mayoría de las mujeres no eligen en ese sentido democrático. Entonces se pone encima de la mesa aquel viejo programa de la educación del pueblo: mediante una educación adecuada, el pueblo puede ser llevado a reconocer de verdad su propia voluntad, a formarla y manifestarla de forma correcta. Esto no significa, en la realidad, sino que el educador identifica, al menos de momento, su voluntad con la del pueblo; por no hablar de que el contenido de lo que el educando vaya a querer es determinado, a su vez, por el educador. La consecuencia de esta doctrina del adoctrinamiento es la dictadura, la suspensión de la democracia en nombre de la verdadera democracia, que está aún por crear. Esto no suprime, teóricamente, la democracia. Pero es importante reparar en ello, porque demuestra que la dictadura no es lo contrario de la democracia. Incluso durante un periodo transitorio dominado por el dictador, puede seguir imperando la identidad democrática y ser lo únicamente determinante la voluntad del pueblo. Claro que entonces queda también patente, y de una forma especialmente llamativa, que lo único que afecta a la identificación es una cuestión de orden real, a saber, la pregunta sobre quién dispone de los medios para formar la voluntad del pueblo: el poder militar y político, la propaganda, el dominio de la opinión pública a través de la prensa, de las organizaciones de los partidos, de las asambleas, de los cursos de formación popular, de la escuela. Sobre todo el propio poder político puede configurar previamente la voluntad del pueblo de la que él mismo debe surgir.

La expansión del pensamiento democrático probablemente permita decir hoy día que aquella identidad con la voluntad del pueblo se ha hecho hasta tal punto una premisa común que ha dejado de ser, políticamente, interesante y la lucha se libra únicamente en torno a los medios para su identificación. Sería estúpido negar que, en esto, exista un acuerdo general. No sólo porque ya no hay reyes que tengan coraje suficiente para declarar públicamente que, en caso necesario, continuarían en el trono incluso contra la voluntad del pueblo, sino porque todo poder político digno de mención puede esperar alcanzar un día, con los medios que sean, esa identificación con el pueblo, no teniendo, por ello, ningún interés en negar la identidad, sino, al contrario, un interés por saberla confirmada.

Es verdad que la dominación del Gobierno bolchevique en la Rusia soviética constituye un ejemplo palmario del desprecio de los principios democráticos. Pero, con todo, su argumentación teórica continúa estando (con las restricciones que se indicarán en el capítulo IV) en una vía democrática y no hace otra cosa que utilizar tanto la crítica moderna como las experiencias modernas que se han ido construyendo abusando de la democracia política: la democracia que domina hoy en los Estados de cultura europea no es, para el Gobierno soviético, más que un engaño de la dominación económica del capital sobre la prensa y los partidos, es decir, el engaño de una voluntad del pueblo mal formada; únicamente el comunismo traerá la auténtica democracia. Si pasamos por alto la argumentación de orden económico, éste es, en su estructura, el viejo argumento jacobino. En el bando contrario, un escritor *royaliste* podía expresar su desprecio por la democracia en esta frase: la opinión pública hoy dominante es hasta tal punto estúpida que con un tratamiento adecuado podría ser llevada incluso a renunciar a su propio poder; esto significaría, ciertamente, «*demander un acte de bon sens à ce qui est privé de sens, mais n'est-il pas toujours possible de trouver des motifs absurdes pour un acte qui ne l'est point?*»[18]. Hay algo en lo que coinciden los dos bandos. Cuando el teórico del bolchevismo suspende la democracia en nombre de la verdadera democracia y cuando el enemigo de la democracia espera engañarla, el uno presupone la verdad teórica de los principios democráticos y el otro su dominio de hecho, con el que hay que contar. Únicamente el fascismo italiano no da, por lo visto, ningún valor a ser «democrático». Aparte de éste, habrá que decir que, hasta ahora, el principio democrático ha sido reconocido, en general, como algo incuestionable.

Para el manejo jurídico del Derecho público esto es importante. Ni la teoría ni la praxis del Derecho político e internacional pueden salir adelante sin un concepto de *legitimidad;* por ello, es importante el que la forma de legitimidad hoy dominante sea, de hecho, la democrática. La evolución histórica desde 1815 hasta 1918 puede describirse como el desarrollo de un concepto de legitimidad que va de la legitimidad dinástica a una legitimidad democrática. El principio democrático debe aspirar hoy día a una significación análoga a la que antes tuvo el principio monárquico. No es éste el lugar de tratarlo en extenso, pero, al menos, tenemos que dejar bien sentado que un concepto como el de legitimidad no puede cambiar su sujeto sin cambiar con ello su estructura y su contenido. Hay dos tipos distintos de legitimidad, sin que el concepto haya dejado de ser indispensable y de

---

[18] Charles Maurras, *L'avenir de l'intelligence,* 2.ª ed., 1905, p. 98.

desempeñar funciones esenciales, por mucho que los juristas sean poco conscientes de ello. Según el Derecho político, se puede decir que, en general, todo Gobierno es tenido por provisional hasta que resulte sancionado por una Asamblea constituyente erigida conforme a principios democráticos, y cualquier poder que no descanse sobre esta base aparece como usurpación. Pues se admite (aunque la suposición no dimane, en absoluto, de los principios de la democracia) que el pueblo está ya, realmente, maduro y no precisa de ninguna dictadura adoctrinadora jacobina. En el plano del Derecho internacional la convicción jurídica hoy extendida y el concepto de legitimidad fundado en la exigencia de una Asamblea constituyente se manifiesta en el hecho de la condena de la intervención del exterior en los asuntos constitucionales de un Estado. Se considera una diferencia esencial entre la *Santa Alianza** y la actual Sociedad de Naciones (SDN)** el que ésta se limita a garantizar el *statu quo* de sus miembros, absteniéndose de toda intromisión en los asuntos internos de un

---

* Antes de que se disolviese el Congreso de Viena, el zar Alejandro I realizó una particular propuesta, la de crear una Santa Alianza con el fin de garantizar el mantenimiento del orden absolutista y reprimir cualquier intento de alterar la situación política de la Europa de la Restauración. Fue la Santa Alianza un acuerdo entre Rusia, Austria y Prusia, convirtiéndose en el llamado «sistema Metternich» —por el ministro austriaco Metternich que la dirigía—, y se arrogaba la facultad de poder intervenir militarmente en cualquier país contra movimientos liberales y revolucionarios (N. del T.).

** La Sociedad de Naciones (SDN), organismo internacional creado por el Tratado de Versalles tras la Primera Guerra Mundial. Su finalidad era mantener la paz y organizar las relaciones internacionales en base al Derecho. Es el precedente directo de las Naciones Unidas (ONU), que incluso es su heredero legal (N. del T.).

Estado. Pero tan consecuentemente como la legitimidad monárquica puede dar lugar a intervenciones también cabe justificar las intervenciones recurriendo al derecho de autodeterminación de los pueblos. En numerosas protestas contra el Gobierno soviético, surgidas de convicciones democráticas, es posible reconocer el presupuesto esencial de este principio democrático de no intervención, a saber, que la Constitución no debe contradecir la voluntad del pueblo. Si vulnerando los principios democráticos se impone una Constitución, entonces el derecho de autodeterminación del pueblo puede ser restablecido, y esto se hace precisamente mediante una intervención. Una intervención basada en el concepto de legitimidad monárquica sólo es contraria a Derecho para el pensamiento democrático porque vulnera el principio democrático de la autodeterminación del pueblo. En cambio, un establecimiento de la libre autodeterminación, una liberación del pueblo del tirano, llevada a cabo gracias a una intervención del exterior no vulneraría, en absoluto, ese principio de no intervención en los asuntos internos de un Estado, sino que no haría más que crear los presupuestos para el principio de no intervención. Incluso una moderna Sociedad de Naciones (SDN) de base democrática tiene necesidad de un concepto de legitimidad, precisando, en consecuencia, de la eventualidad de una intervención, cuando el principio que constituye su base jurídica resulte vulnerado[19].

Por tanto, hoy día es lícito partir, en muchos análisis jurídicos, del reconocimiento de los principios demo-

---

[19] *Cf.* al respecto Carl Schmitt, *Die Kernfrage des Völkerbundes,* Berlín, 1926.

cráticos, sin exponerse al equívoco de emprender todas esas identificaciones que integran la realidad política de la democracia. Teóricamente y, en períodos críticos, también prácticamente, la democracia es impotente ante el argumento jacobino, es decir, ante el caso de la identificación decisiva de una minoría con el pueblo y la transposición decisiva del concepto de democracia de lo cuantitativo a lo cualitativo. De acuerdo con esto, el interés se orienta hacia la educación y formación de la voluntad del pueblo, y la creencia de que todo el poder proviene del pueblo contiene un significado parecido a la creencia de que todo el poder de la autoridad viene de Dios. Cada uno de estos enunciados admite, en la realidad política, formas de Gobierno y consecuencias jurídicas distintas. Una consideración científica de la democracia tendrá que plantearse en un terreno especial, que yo he denominado teología política[20]. Dado que en el siglo XIX parlamentarismo y democracia han estado tan unidos entre sí que eran considerados conceptos equivalentes, he tenido que anticipar estas observaciones sobre la democracia. Puede existir una democracia sin eso que se llama parlamentarismo moderno, y, a su vez, un parlamentarismo sin democracia; y lo mismo que la democracia no es algo categóricamente antagónico a dictadura tampoco la dictadura lo es respecto a la democracia.

---

[20] *Politische Theologie; vier Kapitel zur Lehre von der Souveränität,* Múnich y Leipzig, 1922. [Traducción española citada en el volumen *Escritos Políticos.*]

II

Los principios del parlamentarismo

En la lucha entre representación del pueblo y monarquía se llamaba gobierno parlamentario al dominado de forma principal por la representación popular, aplicando, por tanto, el término a un tipo determinado de poder ejecutivo. Con ello, se cambió el sentido del concepto de «parlamentarismo». El gobierno parlamentario presupone, como algo dado, un Parlamento, y revindicar un gobierno así significa que se parte del Parlamento como una institución ya existente, a fin de extender sus poderes, lo que, en el lenguaje del constitucionalismo, quiere decir que el legislativo domina al ejecutivo. La idea fundamental del principio parlamentario no puede radicar esencialmente en esta participación del Parlamento en el gobierno, no habiendo mucho que esperar, en la cuestión que aquí nos interesa, de una explicación de este postulado del gobierno parlamentario. Aquí se trata de buscar el fundamento espiritual último del propio parlamentarismo, y no de la extensión del poder del Parlamento. ¿Por qué el Parlamento ha sido verdaderamente para muchas generaciones un *ultimum sapientiae* y en qué se basa la fe que todo un siglo tuvo en esta institución? La exigencia de que el Parlamento controle el gobierno y ejerza su influencia en la designación de los ministros, que son responsables ante él, presupone esta fe.

La más antigua justificación del Parlamento, repetida a lo largo de los siglos, reside en la consideración de su aparente carácter «expeditivo»[1]. En propiedad, quien debiera decidir sería el pueblo en su totalidad real, como era, originariamente, cuando aún era posible reunir a todas los miembros de la comunidad dentro de los límites de la aldea; pero, por razones prácticas, hoy día es imposible reunir a todos al mismo tiempo en un mismo lugar, como también es imposible preguntar a todos en relación a cada cuestión particular, razón por la cual resulta razonable que se eche mano de un comité de personas de confianza elegido por todos, y esto es precisamente el Parlamento. De ahí surge la conocida progresión: el Parlamento es una comisión del pueblo, y el gobierno una comisión del Parlamento. De este modo, la idea del parlamentarismo aparece como algo esencialmente democrático. Pero no lo es, pese a toda su contemporaneidad y a sus conexiones con las ideas democráticas, como tampoco por los puntos de vista prácticos y expeditivos. Si por razones y técnicas los que deciden son, en vez del pueblo, personas de su confianza, también puede decidir, en nombre del mismo pueblo, un solo

---

[1] Egon Zweig, *Die Lehre vom pouvoir constituant, passim,* Tubinga, 1909.

hombre de su confianza², y esta argumentación justificaría, sin dejar, por ello, de ser democrática, un cesarismo antiparlamentario. Según esto, la idea de democracia no es específicamente la idea parlamentaria, y lo esencial no es que el Parlamento sea una comisión del pueblo o un colegio de hombres de confianza del pueblo. Incluso existe una contradicción en que el Parlamento, como la primera comisión elegida por el pueblo que es, deba ser independiente del pueblo durante el período de una legislatura y no pueda resultar revocable a voluntad, mientras que el gobierno parlamentario, comisión del pueblo en segundo grado, sigue dependiendo del primero, pudiendo, por tanto, ser revocado en cualquier momento.

1. La discusión pública (*Öffentliche Diskussion*)

La *ratio* del Parlamento reside, según la acertada expresión de Rudolf Smend³, en su «dinámica dialéctica»,

---

² Los monárquicos de la Asamblea Nacional francesa argumentaban que un solo hombre podía ser el representante del pueblo. *Cf.* Karl Löwenstein, *Volk und Parlament nach der Staatstheorie der französichen Nationalversammlung von 1789,* Drei Masken Verlag, Múnich, 1922. [E. K.]

³ Rudolf Smend, *Die Verschiebung der konstitutionellen Ordnung durch Verhältniswahl,* en el escrito de homenaje a Karl Bergbohm de la Facultad de Derecho de la Universidad de Bonn, 1919, p. 278, o *Die politische Gewalt im Verfassungsstaat und das Problem der Staatsform,* escrito de homenaje a Wilhelm Kahl, de la Facultad de Derecho de la Universidad de Berlín, Tubinga, 1923, p. 22 [hay traducción española del primero de los trabajos a cargo de José María Beneyto, en Rudolf Smend, *Constitución y Derecho Constitucional,* Centro de Estudios constitucionales, Madrid, 1985].

es decir, en un proceso de confrontación de opiniones antagónicas cuyo resultado es la correcta (*richtige*) voluntad estatal. Así pues, lo esencial del Parlamento es la confrontación pública (*öffentliche*) entre argumentos y contrargumentos, el debate y la discusión pública (*öffentliche*), justamente lo que se llama *parlamentar,* sin que sea necesario pensar de primera intención en la democracia[4]. La argumentación absolutamente típica en esta materia la proporciona Guizot, representante también absolutamente típico del parlamentarismo. Partiendo del Derecho (como antítesis del Poder) enumera las notas características esenciales del sistema que garantiza el dominio del Derecho: 1.ª, que los «*pouvoirs*» se vean siempre obligados a discutir, buscando así, en común, la verdad; 2.ª, que la publicidad de toda la vida Estatal sitúa a tales «*pouvoirs*» bajo el control de los ciudadanos; 3.ª, que la libertad de prensa empuje a los ciudadanos a buscar por ellos mismos la verdad, y decírsela al «*pouvoir*»[5]. Por consiguiente, el Parlamento

---

[4] De entre las manifestaciones, en este punto, características podemos mencionar aquí: Esmein-Nézard, *Élements de droit constitutionel*, 5.ª ed., 1909, p. 274: «*Car le régime représentatif* [entendido como tal el parlamentarismo] *est essentiellement un régime de débat et de libre discussion*», mientras que en la 7.ª edición de la misma obra (1921, vol. I, p. 448) se explican todas las instituciones del Derecho Constitucional parlamentario actual a partir del hecho de que un sistema de Gobierno así «*suppose la pleine liberté de decission et de discussion*» de la Asamblea legislativa.

Cf. asimismo H. Laski, *The foundations of Sovereignty,* Nueva York, 1921, p. 36: *The fundamental hypothesis of government in a representative system is that it is government by discussion*». *Cf.* también la nota de la p. 35 de ese trabajo.

[5] Guizot, *Histoire des origins du gouvernement représentatif en Europe,* Bruselas, 1851, tomo II, pp. 10-11. El libro surgió a partir de lecciones que Guizot había impartido desde 1820 y luego reela-

es el lugar donde se juntan y se convierten en poder público (*öffentlichen Herrschaft*) las partículas de razón

---

boraría con frecuencia; sería el resultado de todo aquello que un intelectual importante y, al mismo tiempo, político experto y hombre de bien había observado y pensado desde el año 1814 a 1848; su teoría del parlamentarismo, llena de espíritu anglosajón, la llama Guizot, en el prólogo (datado en mayo de 1851) «*la foi et l'espérance qui ont rempli ma vie et qui ont été, jusquà ces derniers jours, la foi et l'espérance de notre temps*». Se reconoce muy bien el significado típico de Guizot en Krabbe, *Die moderne Staatsidee*, La Haya, 1919, p. 178. Citaremos *in extenso*, por la recapitulación exhaustiva que es, la manifestación de Guizot mencionada aquí: «*C'est de plus le caractère du système qui n'admet nulle part la légitimité du pouvoir absolu d'obliger tous les citoyens à chercher sans cesse, et dans chaque ocassion, la vérité, la raison, la justice, qui doivent régler le pouvoir de fait. C'est ce que fait le système représentatif: 1.º par la discussion qui oblige les pouvoirs à chercher en commun la vérité; 2.º par la publicité qui met les pouvoirs occupés de cette recherche sous les yeux des citoyens; 3.º par la liberté de la presse qui provoque les citoyens eux-mêmes à chercher la vérité et à la dire au pouvoir.*» La representación significa, en la expresión «sistema representativo», la representación del pueblo (razonable) en el Parlamento. Es un índice de la confusión reinante en el siglo XIX la equiparación del sistema representativo y el parlamentarismo. El concepto de representación entraña una profunda problemática, de la que en absoluto son todos conscientes. Para lo que nos interesa en este trabajo es suficiente que aquí hablemos sólo del parlamentarismo, contentándonos con apuntar brevemente la particularidad específica del concepto genuino de representación: ésta pertenece esencialmente a la esfera de lo que tiene un carácter público (a diferencia de la sustitución, el encargo, el mandato, etc., que son, originariamente, de naturaleza privada), presuponiendo, tanto en el representado y el representante como también en aquel ante el cual se representa una dignidad personal (a diferencia de lo que sería una delegación de intereses, una negociación o cosas parecidas). Así es como —por dar un ejemplo totalmente claro y típico de lo que vamos diciendo— en el siglo XVIII el príncipe es representado por su embajador (que tiene que ser noble) ante otro príncipe, mientras que los negocios económicos o de otro tipo son llevados a cabo por un

diseminadas y desigualmente repartidas entre los hombres. Esto parece una imagen típicamente racionalista.

«agente». En la lucha del Parlamento contra la monarquía absoluta, el Parlamento aparecía como la representación del pueblo (entendido éste de una forma unitaria). Allí donde el pueblo se convirtió en el representado el rey sólo pudo mantener su dignidad en calidad de representante del propio pueblo (como ocurría en la Constitución francesa de 1791). Donde se impuso, en cambio, la monarquía absoluta, ésta no podía por menos de poner en tela de juicio la posibilidad o la licitud de una representación del pueblo, tratando, por tanto, de hacer del Parlamento una forma de defensa de los intereses estamentales (como ocurrió en Alemania de 1815 a 1848). Si, la mayoría de las veces, un Parlamento independiente de los mandatos imperativos de los electores, un Parlamento «libre» es designado, de una forma especial, como una Asamblea «representativa», esto se explica por la acentuación de una particularidad suya que es, en la práctica, importante. En realidad, el Parlamento como representante de todo el pueblo no es dependiente de los electores, porque éstos no constituyen todo el pueblo, la nación entera. Sólo poco a poco, a medida que un concepto como aquél de *persona* ya no podía ser imaginado y la cosa se objetivaba, es decir, en el transcurso del siglo XIX, se fue confundiendo la suma de los ciudadanos (o su mayoría) que eligen o dan su voto con la personalidad superior del pueblo o de la nación, perdiéndose así el sentido tanto de lo que es una representación del pueblo como de lo que es una representación en general. Ya en la lucha entablada en torno a la representación que tuvo lugar en Alemania en el período de 1815-1848 alcanza la confusión un grado indescriptible, no pudiéndose apenas echar de ver si es el Parlamento el que debe representar al pueblo ante el Rey (existiendo, por consiguiente, dos representados, el Rey y el pueblo, en el interior del mismo Estado), o si el Parlamento es representante de la nación junto con el rey (como ocurrió en Francia, cuando, según la Constitución de 1791, coexisten dos representantes). La exposición histórica tanto de la Asamblea Nacional Francesa de 1789 como de la lucha alemana en torno a una «Constitución representativa» adolecen de un malentendido en un concepto tan esencial como el de la representación. Esto vale también para un libro —por lo demás tan valioso y digno de admiración— como el de Karl Löwenstein, cuyo título es *Volk und Parlament nach der Staatstheorie der französi-*

Pero sería incompleto e inexacto definir al Parlamento moderno como una institución surgida del espíritu racionalista. Su justificación última, y su evidencia, vinculada a una época, se basan en que este racionalismo no es absoluto y directo, sino relativo, en un sentido específico. Contra la afirmación de Guizot, había objetado Mohl: ¿Quién nos asegura que los portadores de esas partículas fragmentadas de la razón se sientan justamente en el Parlamento?[6]. La respuesta habría que buscarla en las ideas de la libre concurrencia y de la armonía preestablecida, que frecuentemente aparecen, en la institución parlamentaria, como en la política en general, recubiertas de vestimentas apenas reconocibles.

Es necesario mirar al liberalismo como un sistema consistente y exhaustivamente metafísico. De ordinario no se discute sino de las consecuencias económicas que derivan de la libre concurrencia económica entre individuos privados; de la libertad de contrato y la libertad de comercio o de industria, resulta, por sí misma, la armonía social de los intereses en juego y la mayor riqueza posible. Pero todo eso no es más que un caso particular de aplicación del principio general del liberalismo. Responde a lo mismo decir que de la libre lucha de opiniones surge la verdad como de la lucha competitiva resulta, de suyo, la armonía social. Y en esto consiste también el meollo intelectual de esta idea, su relación específica con la verdad, que se convierte en una mera función (en

---

chen Nationalversammlung von 1789 (Múnich, 1922), o para la disertación en Bonn, en 1926, *Über den Begriff der Repräsentation in der deutschen Literatur von 1815-1848,* de Emil Gerber.

[6] Robert von Mohl, *Staatsrecht, Völkerrecht und Politik. Monographien,* vol. I, Verlag der Lauppschen Buchhandlung, Tubinga, 1860-1862, p. 5.

el sentido matemático de la expresión) de una eterna competencia entre opiniones distintas. Respecto a la verdad, esto significa la renuncia a un resultado definitivo. Esta discusión eterna ha sido conocida del pensamiento alemán en la imagen romántica de *ein ewiges Gespräch,* la conversación sin fin, la conversación eterna[7], y anotemos de paso que en un contexto así se revela toda la confusión que reina entre las concepciones corrientes, en el campo de la historia de las ideas, en torno al romanticismo político alemán, calificado de conservador y antiliberal. La libertad de opinión, la libertad de prensa, la libertad de reunión, la libertad de discusión no son, por tanto, solamente cosas útiles y convenientes, sino auténticas cuestiones vitales del liberalismo. Al enumerar las tres características del parlamentarismo Guizot nombró, como tercer momento esencial, junto con la discusión y la publicidad, a la libertad de prensa. Se ve fácilmente que la libertad de prensa no es más que un medio para la discusión y la publicidad, o sea, ningún momento verdaderamente autónomo, pero es el medio característico para las otras dos notas esenciales, y así se justifica que Guizot la destaque con tan singular relieve.

Sólo cuando se reconoce en sus justos términos la importancia capital de la discusión en el sistema liberal, adquieren también su verdadera importancia dos postulados políticos característicos del racionalismo liberal, saliendo de la confusa atmósfera de los tópicos y de las razones tácticas del oportunismo político para ascender a las regiones de la claridad científica: el postulado de

---

[7] *Cf. Schmitt, Politische Romantik,* Duncker & Humblot, Múnich y Leipzig, 1919 [traducción española citada]. [E. K.]

la publicidad (*Öffentlichkeit*) de la vida política y el de una división de poderes, o mejor, la doctrina de un sistema de contrapesos entre fuerzas antagónicas, de cuyo equilibrio debe resultar, por sí mismo, el justo equilibrio. A causa de la importancia decisiva que corresponde a esa característica de la publicidad (*Öffentlichkeit*), y sobre todo al dominio de la opinión pública en el pensamiento liberal, parece como si el liberalismo y la democracia fueran aquí cosas idénticas. En la doctrina de la división de poderes evidentemente éste no es el caso. Al contrario, fue usado por autores como Wilhelm Hasbach para construir el más agudo antagonismo entre el liberalismo y la democracia[8]. La tripartición de poderes, la diferenciación de contenidos entre poder legislativo y ejecutivo, el rechazo del pensamiento de que la plenitud del poder Estatal se pueda concentrar en un solo punto, todo esto está, de hecho, en contradicción con la noción de la identidad democrática. De modo que ambos postulados no son, sin más, iguales. De la ingente multitud de ideas dispares vinculadas con estos dos postulados sólo vamos a destacar aquí lo que sea necesario para reconocer el centro conceptual del parlamentarismo moderno.

1.1. *Publicidad* (Öffentlichkeit)

La fe en la opinión pública tiene sus raíces en una idea que, la mayoría de las veces, no se encuentra ver-

---

[8] Wilhelm Hasbach, *Die moderne Demokratie,* Jena, 1913, reimpresión, 1921, así como *Die parlamentarische Kabinettsregierung,* Stuttgart, 1919, o el artículo «Gewaltentrennung, Gewaltenteilung und gemischte Staatsform», en *Vierteljahrschrift für soziale und Wirtschaftsgeschichte,* XIII (1916), p. 562.

daderamente subrayada en la voluminosa literatura sobre este tema, ni siquiera en la gran obra de Tönnies[9]: más que de la opinión pública se trata del carácter público (*Öffentlichkeit*) de la opinión pública. Esto se pone de manifiesto al reconocer el antagonismo histórico de donde surgió la exigencia —que aparece en la teoría dominante en numerosos escritos del siglo XVI y XVII— de mantener ocultos los secretos del Estado, los «*arcana rei publicae*». La teorización de una praxis muy seguida comienza con la literatura que versa sobre la *razón de Estado,* la *ratio Status,* de la que constituye el núcleo genuino; se inicia, en la historia de la literatura política, con Maquiavelo, alcanzando su apogeo en Paolo Sarpi. Respecto al tratamiento sistemático y metodológico del que ha sido objeto por eruditos alemanes podríamos mencionar, como ejemplo, el libro de Arnold Clapmarius[10]. Se trata, en conjunto, de una doctri-

---

[9] Ferdinand Tönnies, *Kritik der öffentlichen Meinung,* Berlín, 1922, p. 100.

[10] Véanse más detalles al respecto en mi libro *Die Diktatur. Von den Anfängen des modernen Souveränitätsgedankens bis zum proletarischen Klassenkampf,* Múnich/Leipzig, 1921, pp. 14 ss. [traducción española de José Díaz García, Revista de Occidente, Madrid, 1968]. *Cf.,* también Meinecke, *Die Idee der Staatsräson,* Oldenburg, Múnich y Berlín, 1924 [Traducción española de Felipe González Vicén, I.E.P., Madrid, 1952], junto con mi comentario en *Archiv für Sozialwissenschaft,* LVI (1926), pp. 226-234. [Ellen Kennedy añade a la nota de Schmitt: El libro de Arnold Clapmarius al que se refiere aquí Schmitt se titula *De arcanis rerum publicarum,* publicado en Bremen en 1605. La reseña que hace Schmitt de Meinecke fue reimpresa en su libro *Positionen und Begriffe im Kampf mit Weimar, Genf, Versailles, 1923-1939,* Hanseatischer Verlag, Hamburgo, 1940. La obra de Meinecke *Staatsräson* ha sido traducida al inglés con el título *Machiavellism: The Doctrine of Raison d'Etat and Its Place in Modern History,* Routledge, Kegan Paul, Londres 1957.]

na que considera al Estado y a la política únicamente como una técnica de afirmación y ampliación del Poder. Contra su «maquiavelismo» surgió toda una gran literatura antimaquiavélica, indignada, bajo la impresión de la noche de San Bartolomé (1572), con la inmoralidad de semejantes máximas. A esa técnica política conforme a un ideal del Poder se contraponen hoy día los conceptos del Derecho y de la Justicia. Así es como argumentan, sobre todo, autores *monarcómacos** contra el absolutismo de los príncipes[11]. En el ámbito de la

---

* Teoría política que postulaba el derecho de los pueblos a la resistencia al monarca cuando su mandato era despótico. (N. del T.)

[11] Sobre los *monarcómacos cf.* la Introducción de Harold Laski a la traducción inglesa de *Vindiciae contra tyrannos,* de Junius Brutus: *A Defense of Liberty against Tyrants,* G. Bell & Sons, Londres, 1924. [traducción española de ambos en *Vindiciae contra Tyrannos*, edición y traducción de Benigno Pendás y Piedad García-Escudero, Tecnos, Clásicos del Pensamiento, Madrid, 2008] Laski comenta «que en el fondo del argumento [de los *monarcómacos*] hay un énfasis que la filosofía política no puede permitirse desatender. Tiene que ver, en parte, con la constatación de que todo Estado está construido sobre la conciencia de la gente [...] Y, en parte, también con la insistencia en que el Estado existe para asegurar a sus miembros un mínimo de civilización acordado» (p. 55, traducido del texto original inglés). La tradición de los *monarcómacos* se originó en la masacre de los hugonotes ordenada por la reina católica Catalina de Médici en septiembre de 1572; fueron asesinados unos dos mil protestantes franceses, a lo que siguió un período de revanchas en otros países europeos, en donde los católicos eran perseguidos por los monarcas protestantes, o los protestantes por los católicos. Acerca de este tema de los *monarcómacos* véase asimismo Albert Elkan, *Die Publizistik der Bartholomäusnacht* (Carl Winter, Heidelberg, 1904) y Otto von Gierke, *Johannes Althusius und die Entwicklung der naturrechtlichen Staatstheorien* (Breslau, 1878, pp. 3-4). La obra de Gierke ha sido traducida al inglés como *The Development of Political Theory* (Allen & Unwin, Londres, 1939). Laski —y en esto también Schmitt— confronta *Vindiciae contra tyrannos* con *Les six*

historia de las ideas, esta controversia no es, prioritariamente, más que un ejemplo de la vieja lucha entre el Poder y el Derecho: la técnica maquiavélica del Poder es combatida mediante un *ethos* de índole moral y jurídica. Con todo, esta caracterización no resulta completa, pues, poco a poco, se van desarrollando una serie de contraexigencias específicas, que tienen que ver, precisamente, con aquellos dos postulados de la publicidad (*öffentliche*) y del equilibrio de los distintos poderes. Este último postulado trata de superar la concentración de poder que entraña el absolutismo mediante un sistema de partición de poderes; por su parte, el postulado de la publicidad (*öffentliche*) encuentra su enemigo específico en la idea de que en toda política debe haber un conjunto de *arcana,* de secretos concernientes a la técnica política, los cuales son, de hecho, tan necesarios para el absolutismo como los secretos comerciales e industriales para una vida económica basada en la propiedad privada y en la libre competencia.

Una política de gabinete urdida por unos pocos, a puerta cerrada, aparece ahora *eo ipso* como algo malo y el carácter público (*öffentliche*) de la vida política, en consecuencia, como algo, ya por ello, bueno y justo. La consideración de *público* (*öffentliche*) recibe un valor absoluto, aunque, en principio, no sea otra cosa que un medio práctico contra la política secreta técnica, buro-

---

livres de la République (1576) de Bodino [traducción española de Pedro Bravo, Tecnos, Clásicos del Pensamiento, Madrid, 1985], un texto que defiende el concepto de un poder limitado contra la soberanía sin límites de los monarcas absolutos: comenta que, a finales del siglo XVI, «Bodino fue el innovador», mientras que las *Vindiciae* mantenían un concepto medieval de mundo, gobernado por la ley natural (Laski, Introducción a las *Vindiciae,* ed. citada). [E. K.]

crática y especializada, del absolutismo. La eliminación de la política y la diplomacia secreta resulta el remedio contra todo mal y corrupción política; la publicidad (*öffentliche*) se convierte en órgano de control absolutamente eficaz. Claro que sólo la Ilustración del siglo XVIII le confiere a ésta un carácter absoluto. La luz de la publicidad (*öffentliche*) sería la luz de la Ilustración, la liberación de la superstición, del fanatismo y de las intrigas despóticas. En todos los sistemas donde reina el despotismo ilustrado la opinión pública (*öffentliche*) desempeña el papel de un correctivo absoluto. Al poder del déspota le está permitido engrandecerse tanto más cuanto mayor difusión adquiera la Ilustración; la opinión pública (*öffentliche*) ilustrada haría, de suyo, completamente imposible, cualquier abuso. Es algo que cae de su peso para todos los ilustrados. Le Mercier de la Rivière[12] lo expuso sistemáticamente, Condorcet intentó extraer conclusiones prácticas con una fe tan entusiasta en la libertad de opinión y de prensa que puede resultar conmovedor si se tienen presentes las experiencias de las últimas generaciones: donde reina la libertad de prensa un abuso del poder sería impensable, un solo periódico libre sería capaz de derribar al tirano más poderoso, la imprenta es el fundamento de la libertad, *l'art*

---

[12] Economista y seguidor de François Quesnay, el fundador de la fisiocracia, Le Mercier de la Rivière fue consejero en el Parlamento en la época anterior a la Revolución. En los años previos a la Revolución produjo una serie de opúsculos justificando al monarca francés, y su obra más famosa, *L'Ordre naturel* (1767), defendía los derechos y la especificidad de la monarquía. No dio el brazo a torcer en la época del Terror y murió, perseguido, en 1793 o 1794. *Cf.* Lotte Silberstein, *Le Mercier de la Rivière und seine politischen Ideen*, Emil Ebering, Berlín, 1928. [E. K.]

créateur de la liberté[13]. Kant fue a este respecto la expresión de la fe política de su época, de la fe en el progreso de la publicidad de la política y en la capacidad del público de —indefectiblemente— ilustrarse a sí mismo, en cuanto dispone de la libertad para ello[14]. En Inglaterra es Jeremy Bentham, el fanático de la concepción liberal, quien proclama (después de que hasta entonces en Inglaterra la argumentación hubiera sido esencialmente práctica y pragmática) la importancia de la libertad de prensa a partir del sistema liberal: la libertad de la discusión pública (*öffentliche*), y especialmente la libertad de prensa, es la protección más eficaz contra la arbitrariedad política, es el «*controlling power*», el genuino «*check to arbitrary power*», etc.[15]. En el transcurso de un desarrollo ulterior de esto vuelve a asomar, incluso aquí, el antagonismo respecto a la democracia. John Stuart Mill veía con una preocupación rayana en la desesperación la posibilidad de una contraposición entre democracia y libertad, la aniquilación de la minoría. La simple idea de que, aunque fuera sólo a un único hombre, pudiera privársele de la posibilidad

---

[13] Así aparece en su *Discours sur les conventions nationales* (1 de abril de 1791), o en su otro discurso sobre la monarquía y la república (también de 1791, en *Oeuvres,* XI). La fe en las virtudes del arte de la imprenta pertenece a los signos distintivos de la Ilustración revolucionaria. Un artículo del año I de la República francesa (tomado del *Citateur Républicain,* París, 1834, p. 97) enumera los efectos: desaparecerá toda falta de libertad, todo vicio, cualquier obstáculo a la felicidad general, cesarán las guerras, siendo sustituidas éstas por el enriquecimiento de la población, la abundancia y la virtud, *tels seront les bienfaits de l'imprimerie.*

[14] *Cf.* Erich Kaufmann, *Kritik der neukantischen Rechtsphilosophie,* Tubinga, 1921, pp. 60-61.

[15] En su escrito *On liberty of the Press and Public Discussion,* 1821.

de expresar su opinión lleva al pensador positivista a una inquietud inexplicable, en la medida en que se dice a sí mismo que cabe la posibilidad de que esta única persona fuera la que más se aproximaba la verdad[16].

El carácter público (*öffentliche*) de la opinión, protegido por la libertad de opinión, de prensa, de reunión y por las inmunidades parlamentarias, significa, en un sistema liberal, libertad de opinión, en el sentido pleno, y fecundo en consecuencias, que la expresión tiene en este sistema. Donde la publicidad (*öffentliche*) puede convertirse en obligación, como en el ejercicio del derecho de voto por parte del individuo, en ese punto de transición de lo privado a lo público, entra en escena el postulado contrario, el del secreto de la elección. La libertad de opinión es una libertad de los sujetos privados; es necesaria para la confrontación de las opiniones, donde vence la mejor.

1.2. *Separación (equilibrio) de poderes* [Teilung (Balancierung) der Gewalten]

En el moderno parlamentarismo, esta creencia en la opinión pública, se une con una segunda representación, de carácter más organizativo: la división o el equilibrio de las distintas actividades e instancias del Estado. E incluso aquí sigue operando la idea de una cierta lucha competitiva, que arrojará, como resultado, lo justo. El hecho de que en la división de los poderes el Parlamento reciba la función de poder legislativo, quedan-

---

[16] John Stuart Mill, *On Liberty* (1859) [hay traducción española de Marta C. de Iturbe, Tecnos, Madrid, 1965]. [E. K.]

do limitado a ello, relativiza de nuevo al racionalismo que sirve de base al pensamiento del equilibrio, diferenciando este sistema, como enseguida mostraremos, del racionalismo absoluto de la Ilustración. No hay necesidad de extenderse sobre la importancia general de la idea de equilibrio de poderes. De entre todas las imágenes recurrentes que retornan de forma típica en la historia del pensamiento político y del Estado, y cuyo estudio sistemático ni siquiera ha empezado todavía (me limito a mentar, por poner un ejemplo: el Estado como maquinaria, el Estado como organismo, el Rey como clave de bóveda, como bandera o «alma» de la nave), la idea de equilibrio es, para los tiempos modernos, la más importante. Desde el siglo XVI en la totalidad de los ámbitos de la vida espiritual humana domina todo tipo de formas de equilibrio (Woodrow Wilson fue el primero en señalarlo en sus discursos sobre la libertad): la balanza comercial en la economía nacional, el equilibrio en la política exterior, el contrapeso cósmico existente entre la atracción y la repulsión, el equilibrio de las pasiones en Malebranche y Shaftesbury, hasta llegar al equilibrio alimenticio de J. J. Moser. En lo concerniente a la Teoría del Estado, la importancia central de esta idea universal puede ser extraída, sin más, de algunos nombres, como, por ejemplo, Harrington, Locke, Bolingbroke, Montesquieu, Mably, de Lolme, el *Federalist** y la Asamblea Nacional francesa de 1789. Por nombrar

---

* Se refiere a los 84 artículos aparecidos entre octubre de 1787 y mayo de 1788 en los periódicos de Nueva York, bajo el epígrafe *The Federalist* [hay traducción española de Gustavo R. Velasco, *El Federalista*, FCE, México, 1943]. Los llamados *Federalist Papers* iban dirigidos al pueblo neoyorquino y trataban de convencerlo de la necesidad de ratificar la nueva Constitución federal (N. del T.).

también ejemplos modernos: Maurice Hauriou recurre, en sus *Principes de droit public*[17], a la idea de un equilibrio de fuerzas en todos los problemas de la vida Estatal y administrativa, y el gran éxito obtenido por la definición de Robert Redslob del Gobierno parlamentario (1918) muestra lo fuerte que puede ser su influjo incluso hoy día.

Aplicándola a la institución parlamentaria, la idea general del contrapeso o del equilibrio adquiere un contenido especial. Esto ha de ser subrayado, porque aquélla domina incluso en Rousseau, si bien no con esta aplicación especial al Parlamento[18]. Pues aquí, en el Parlamento tiene lugar un equilibrio que presupone el racionalismo moderado inherente a las ideas de contrapeso. Bajo el sugestivo influjo de una tradición de tratados que ha banalizado la doctrina de la división de poderes de Montesquieu[19], se ha acostumbrado a no ver en el Parlamento, que no es más que una parte de las funciones del Estado, como contrapuesto a las otras partes del mismo (al poder ejecutivo y judicial). Pero el Parla-

---

[17] Maurice Hauriou, *Principes de droit public*, París, 1910; Redslob, *Die parlamentarische Regierung in ihrer wahren und in ihrer unechten Form,* 1918.

[18] Rousseau habla del equilibrio de los intereses en la *volonté genérale; cf. Contrat social,* II, cap. 9, apartado 4, II, 11, nota, IV, 4, apartado 25, IV, 5, y, de una forma especial, I, 8, apartado 2, II, 6, apartado 10, III, 8, apartado 10.

[19] Montesquieu, *L'Esprit des lois* (1748 [traducción española de Mercedes Blázquez y Pedro Vega: *Del espíritu de las leyes,* Tecnos, Clásicos del Pensamiento, Madrid, 2007]). Sobre el pensamiento político de Montesquieu véase el capítulo, acertadamente llamado «The British Constitution», del libro de Kingsley Martin, *French Liberal Thought in the Eighteenth Century,* Phoenix, Londres, 1962, pp. 147 ss. [E. K.]

mento no sólo es un miembro del equilibrio, sino que, justamente porque representa el poder legislativo, tiene que estar, a su vez, equilibrado en sí mismo. Esto se basa en un modo de pensar que crea siempre una multiplicidad para establecer, en vez de una unidad absoluta, un equilibrio resultante, en virtud de un dinamismo que le es inmanente, de todo un sistema de mediaciones y transacciones. Esto sólo se consigue al ser equilibrado y mediado el propio poder legislativo en un sistema bicameral o con instituciones federalistas, pero incluso también dentro mismo de cada Cámara se pone en funcionamiento, como consecuencia de un peculiar racionalismo, un equilibrio de distintos puntos de vista y opiniones diversas. Que exista una oposición pertenece a la esencia misma del Parlamento y de cada una de sus Cámaras, y hay, de hecho, hasta una metafísica del sistema de dos partidos. Resulta habitual que, para fundamentar la doctrina de la división de poderes, se aduzca un principio bastante banal, citando, para ello, la mayoría de las veces, a Locke[20]: sería peligroso que la autoridad que promulga las leyes se encargara ella misma de ejecutarlas; esto constituiría una tentación demasiado grande para las ansias de poder del ser humano, razón por la cual ni el Príncipe, como cabeza del poder ejecutivo, ni el Parlamento, como órgano legislativo, deben concentrar en sí mismos todo el poder del Estado. Las primeras teorías sobre la división y el contrapeso entre los distintos poderes seguramente han surgido a partir de las experiencias hechas con la concentración de po-

---

[20] Locke, *Second Treatise of Civil Government,* ed. cit., sect. 172.

der en el *Long Parliament** de 1640²¹. Pero tan pronto como se introduce una argumentación general en el ámbito de la Teoría del Estado surge, al menos en el continente europeo, una teoría constitucional que maneja un concepto de ley también constitucional. Partiendo de éste, la institución parlamentaria ha de ser entendida como un órgano esencialmente legislativo. Únicamente este concepto de ley constitucional fundamenta el principio, hoy día poco entendido, pero desde mediados del siglo XVIII absolutamente dominante en el pensamiento de Europa Occidental, de que una Constitución es algo idéntico a la división de poderes. En el artículo 16 de la Declaración de los derechos del hombre y del ciudadano de 1789 encontrará este principio su proclamación más celebre: «*Toute société dans laquelle la garantie des droits n'est pas assurée, ni la séparation des pouvoirs déterminée, n'a pas de constitution*»²². Que la

---

* El *Long Parliament* (*Parlamento Largo*) es el nombre del Parlamento inglés convocado por Carlos I en 1640. El nombre le viene de que sólo podía ser disuelto con el consentimiento de todos sus miembros, los cuales no accedieron a tal disolución hasta después de la Guerra Civil y al final del *interregnum* en 1660. Se dictaron leyes para privar al rey de los poderes que había asumido e impedir que pudiera volver a gobernar de forma absoluta (N. del T.).

[21] Thomas Hobbes, *Behemoth or The Long Parliament* (1679), con una edición moderna preparada por Ferdinand Tönnies (Cambridge University Press, Cambridge, 1889 [traducción española de Miguel Ángel Rodilla, *Behemoth*, Tecnos, Clásicos del Pensamiento, Madrid, 1992]). Acerca del *Long Parliament* y la guerra civil inglesa *cf.* Christopher Hill, *The Intellectual Origins of the English Revolution* (Clarendon Press, Oxford, 1965) y *God's Englishman: Oliver Cromwell and the English Revolution* (Weidenfeld & Nicholson, Londres, 1970). [E. K.]

[22] *Cf.* Martin, *French Liberal Thought in the Eighteenth Century* (Harper Torchbooks, Nueva York, 1962) y, en Léon Duguit y

división de poderes se identifique con la Constitución y que sea un factor esencial del concepto de la misma, le parece obvio incluso al pensamiento filosófico alemán sobre el Estado, desde Kant hasta Hegel. En consecuencia, la dictadura no es, tampoco para esta forma de pensar, algo antagónico a la democracia, sino, esencialmente, una supresión de la división de los poderes estatales, es decir, una supresión de la Constitución, lo cual quiere decir una supresión de la diferenciación entre el poder legislativo y el ejecutivo[23].

2. EL CONCEPTO DE LEY DEL PARLAMENTARISMO
(*DER GESETZSBEGRIFF DES PARLAMENTARISMUS*)

El concepto de ley parlamentario es perceptible ya entre los *monarcomacos*. En el *Droit des Magistrats,* de Beza, se dice: «*on doit juger non par exemples mais par lois*»[24]. Junius Brutus, en sus *Vindiciae contra tyrannos,*

Henry Monnier, *Les Constitutions et les principales lois politiques de la France depuis 1789,* «Acte constitutionnel du 24 Juin 1793, et Declaration des droits de l'homme et du citoyen», Librairie Générale de Droit et de Jurisprudence, 3.ª ed., París, 1915. [E. K.]

[23] *Cf.* p. 149 de mi libro *Die Diktatur,* ed. cit.

[24] Theodore de Beza, *Droit de Magistrats,* de 1574. (Ellen Kennedy añade a la nota de Schmitt: «La teoría de los políticos calvinistas se ve aquí continuada con toda claridad. El poder absoluto pertenece únicamente a Dios. Los altos dignatarios del Estado gozan, ciertamente, de una amplia autoridad y el pueblo no les puede pedir cuentas [...], pero cuando la tiranía se hace intolerable hay que buscar, sencillamente, un remedio. Cosa que no puede hacer, ciertamente, cualquier miembro del Estado. El ciudadano ordinario está obligado, por su condición, a la sumisión [...]. Con todo, en cada Estado hay un grupo de ciudadanos cuya función es ver si el Soberano cumple sus deberes; por ejemplo, en Francia un grupo así lo

se levanta contra la «*pestifera doctrina*» de Maquiavelo llevado no sólo por el pathos de la justicia, sino por un cierto tipo de racionalismo; quiere proceder «*Geometrarum more*» y contrapone a la persona concreta del *Rex* el *Regnum* suprapersonal y la *Ratio* universal, que es lo que constituye, según la tradición aristotélico-escolástica, la esencia de la ley. Así como el cuerpo obedece al alma, el Rey tiene que obedecer la ley. La normatividad general de la ley resultaría de que la ley (al contrario de la voluntad o el mandato de una persona concreta) no es otra cosa que *Ratio* y no conoce ni la *cupiditas* ni la *turbatio,* mientras que el hombre concreto «*variis affectibus perturbatur*»[25]. Con muchas modificaciones, pero conservando siempre la característica esencial de lo «universal», este concepto de ley deviene en fundamento del pensamiento constitucional. Grocio lo mantiene en la forma escolástica de universal, en contraposición a los *singularia*[26]. Toda la doctrina del Estado de Derecho reposa en la contraposición entre

---

constituyen los Estados Generales [...]. Aunque de naturaleza divina, la realeza depende esencialmente de una institución de carácter popular» [Laski, Introducción a *Vindiciae contra tyrannos,* pp. 24-25]. El panfleto de Beza fue el primero, por la época de las guerras civiles, en afirmar el principio de la soberanía del pueblo, hasta tal punto que, según Laski, Beza puede ser considerado el primer *monarcomaco.*)

[25] Junius Brutus, *Vindiciae contra tyrannos.* [Ellen Kennedy añade a la nota de Schmitt: Schmitt se refiere a las pp. 115-116 de una edición de Edimburgo, de 1579.] Véase la introducción de Laski en la traducción española de Piedad García-Escudero, Tecnos, Madrid, 2008, citada.

[26] *De jure belli ac pacis,* l. 1, cap. III, § 6 (en la edición de Ámsterdam, de 1631). Grocio recurre también a la comparación con las matemáticas, con vistas a fundamentar su valoración negativa del hecho particular.

una ley general, establecida de antemano y que vincula a todos, por principio y sin excepción, para siempre, y un mandato personal que se formula supuesto a supuesto y teniendo en cuenta un contexto concreto y particular. En una famosa exposición, Otto Mayer hablaba de la «indefectibilidad» (*Unverbrüchlichkeit*) de la ley[27]. Esta noción de ley se basa en aquella diferenciación racionalista entre lo general (ahora ha cesado de ser universal), y lo singular, y los defensores del Estado de Derecho ven, sin más, en lo que, de suyo, es general, el valor superior. En Locke esto se hace especialmente patente al contraponer la *Law* a la *Commission,* cosa que está en el centro de sus disquisiciones, y este clásico de la filosofía del Estado de Derecho[28] no es en este caso más que un ejemplo de la controversia general, que dura un siglo, sobre la cuestión de si el Soberano es la Ley suprapersonal o la propia persona del Rey[29]. Hasta «el Gobierno de los Estados Unidos de América ha sido caracterizado acentuando de un modo especial que es un gobierno de las leyes, no un gobierno de los hombres»[30]. La definición habitual de la soberanía, que

---

[27] Otto Mayer, *Deutsches Verwaltungsrecht,* Duncker & Humblot, Múnich y Leipzig, 1895-1896. [E. K.]

[28] Un ejemplo brillante de la actualidad sustancialmente práctica de Locke, que ha de ser destacado también por su importancia en relación con el concepto material de ley, son las explicaciones que da Erich Kaufmann en su libro *Untersuchungsausschuss und Staatsgerichtshof,* Berlín, 1920, pp. 25 ss.

[29] John Neville Figgis, *The divine right of Kings,* 2.ª ed., Cambridge, 1914 [traducción española de Edmundo O'Gorman: *El derecho Divino de los Reyes,* FCE, México, 1942].

[30] Esta afirmación de John Marshall se cita como lema del capítulo 16 del libro de James Beck sobre la Constitución americana, en la versión alemana de Alfred Friedmann, Berlín, 1926. [Kennedy

se retrotrae a Bodino, surgió de reconocer que, en atención a la situación concreta, se hace siempre necesario hacer excepciones en la ley, que tiene una validez general, y que Soberano es el que decide sobre la excepción[31].

---

añade a esta nota del autor: Schmitt hace referencia a la traducción alemana del libro de Beck *The American Constitution* (Oxford University Press, Oxford, 1924), que apareció con el título *Die Verfassung der Vereinigten Staaten von Amerika* (Walter de Gruyter, Berlín, 1926.)] La edición alemana venía acompañada por un Prefacio de Calvin Coolidge y una Introducción de Walter Simons, presidente interino de la República de Weimar y, más tarde, presidente del Tribunal Supremo alemán. John Marshall —también presidente de la Corte Suprema de Estados Unidos— estableció el principio de la supervisión judicial de las leyes, para ver si eran o no conformes a la Constitución estadounidense. Durante los últimos años de la República de Weimar Schmitt se vio envuelto en un debate con Hans Kelsen y otros juristas en torno al tema del «protector de la Constitución». Después de haber compartido por breve tiempo este punto de vista, Schmitt argumentaba, en su artículo «Der Hüter der Verfassung» (1931), que el presidente del *Reich* era la persona adecuada para defender la Constitución. *Cf.* Su posición sobre esta discusión en «Der Hüter der Verfassung», en *Archiv des öffentlichen Rechts,* XVI (1929), pp. 161-237. [Los trabajos de Schmitt y Kelsen han sido traducidos al español en *La polémica Schmitt-Kelsen,* Estudio preliminar de Giorgio Lombardi, Clásicos del Pensamiento, Tecnos, Madrid, 2008.] Pueden consultarse también Bendersky, *Carl Schmitt: Theorist for the Reich* (Princeton University Press, Princeton, 1983, pp. 112 ss.) y Ellen Kennedy, *«Bendersky, Carl Schmitt: Theorist for the Reich»,* en *History of Political Thought,* IV (1983), pp. 582 ss.; *cf.* asimismo George Schwab, *The Challenge of the Exception,* Duncker & Humblot, Berlín, 1970, pp. 80 ss.

[31] Carl Schmitt, *Politische Theologie,* ed. cit., pp. 4 ss. [Ellen Kennedy añade a la nota de Schmitt: Schmitt define al Soberano como aquel que decide sobre el estado de excepción (*Souverän ist, wer über den Ausnahmezustand entscheidet*). *Cf.* la discusión de Pufendorf en *De jure naturae* (Libro VII, cap. 6, apartado 8), anteriormente citado. Acerca de Bodino véase el estudio de Julian H. Franklin, *Jean Bodin and the Rise of Absolutist Theory,* Cambridge University Press, Cambridge, 1973.]

La piedra de toque tanto del pensamiento constitucional como del absolutista es el concepto de ley, aunque naturalmente no en lo que desde Laband[32] en Alemania se llama, ley en sentido formal, que es todo lo que se realiza con la participación de la representación del pueblo, sino el enunciado de la misma determinado según criterios lógicos. La diferencia decisiva sigue siendo si la ley es un enunciado general y racional, o bien una medida, una disposición particular y concreta, un mandato, una orden de un superior.

Si se llama *ley* justamente a una disposición que ha sido elaborada con la participación de la representación popular esto tiene su sentido, ya que la representación del pueblo, es decir, el Parlamento, llega a sus resoluciones parlamentando, sopesando los argumentos y los contraargumentos, por lo que, por tanto, estas resoluciones tienen, desde un punto de vista lógico, un carácter distinto a una orden basada únicamente en la autoridad. Hobbes, lo expresa con una tajante antítesis, en su definición de ley: «*every man seeth, that some lawes are addressed to all the Subjects in generall, some to particular Provinces; some to particular Vocations; and some to particular Men*». Al absolutista le parece obvio «*that Law is not Counsell, but Command*»[33], y que tiene que ver, esencialmente, con la autoridad y no, como en el caso del concepto de ley racionalista y propia

---

[32] Paul Laband fue uno de los fundadores del *iuspositivismo* en Alemania. *Cf.* Peter Oertzen, *Die soziale Funktion des staatsrechtlichen Positivismus* (Suhrkamp Verlag, Frankfurt, 1974) y Walter Wilhelm, *Zur juristischen Methodenlehre im 19. Jahrhundert. Die Herkunft der Methode Paul Labands aus der Privatrechtlichenwissenschaft* (Klostermann, Frankfurt, 1958). [E. K.]

[33] *Leviathan,* cap. XXVI, p. 137 en la ed. inglesa de 1651.

del Estado de Derecho, con la verdad y la autenticidad. *Autoritas, non Veritas facit Legem*. Bolingbroke, razonando desde la perspectiva del Estado de Derecho, formula la contraposición existente entre el *«Government by constitution»* y el *«Government by wil»*, diferenciando una vez más entre la Constitución y el Gobierno (*constitution and government*), en el sentido de que la Constitución ha de contener una regla que vale siempre, *at all times*, mientras que el Gobierno es aquello que, *at any time*, realmente acontece; lo primero es invariable, mientras lo segundo cambia con el tiempo y las circunstancias, etc.[34]. Toda la doctrina sobre la ley como *volonté générale* (voluntad considerada, en cuanto tal, plenamente valiosa por su carácter general y contrapuesta a toda *volonté particulière*) que domina en los siglos XVII y XVIII se ha de entender como expresión de este concepto de ley en un Estado de Derecho. Condorcet es aquí también el típico representante del radicalismo ilustrado, para quien todo lo concreto no es más que un caso de aplicación de una ley general. Toda la actividad, toda la vida del Estado se agota, para él, en la ley y en la aplicación de la ley; incluso el poder ejecutivo sólo tiene la función *«de faire un syllogisme dont la loi est la majeure; un fait plus ou moins générale la mineure; et la conclusion l'application de la loi»*. No sólo la justicia es, como se dice en la conocida expresión de Montesquieu, *«la bouche qui prononce les paroles de la loi»*, sino que esto mismo sería también la administración del Estado[35]. Esto

---

[34] Bolingbroke, *Dissertation on parties, letter* X.
[35] Véanse sobre esto las explicaciones extraordinariamente interesantes de Joseph Barthélémy, *Le rôle du pouvoir exécutif dans les republiques modernes,* París, 1906, p. 489. Las citas anteriores

vendría dicho en las puntualizaciones que hace el proyecto de Constitución girondina de 1793: «*Les caracteres que distinguent les lois sont leur généralité et leur durée infinie.*» E incluso quiere llevar al poder ejecutivo a que no mande, sino que razone: «*Les agents exécutifs n'ordonnent pas, ils raisonnent*»[36]. Como último ejemplo de este antagonismo central y sistemático citaremos la afirmación de Hegel sobre la naturaleza jurídica de la ley presupuestaria: la llamada ley financiera es, en esencia, pese a la colaboración de los estamentos, un asunto del Gobierno, siendo denominada, impropiamente, ley porque abarca una amplia extensión, o incluso la totalidad de la extensión, de los medios externos del Gobierno. «Una ley que se ha de dar por un año y cada año parece, incluso al sentido común humano, como algo inadecuado, que sabe distinguir, en cuanto tal, como contenido de una auténtica ley lo que es, en sí y para sí, general de lo que es una mera generalidad de reflexión, que sólo exteriormente abarca algo que, por su naturaleza, es múltiple»[37].

---

de Condorcet se encuentran en su *Rapport sur le projet girondin*, en *Archives parlamentaires,* LVIII, p. 583 (citado en Barthélémy).

[36] *Titre* VII, *Section* II, Art. 4 (Duguit y Monner, *Las Constitutions et les principales lois politiques de la France depuis 1789,* 1915, p. 52): a diferencia de las leyes, las características de los decretos son la «*application locale ou particulière et la nécessité de leur renouvellement à une époque déterminée*». La Constitución del 21-6-1793, en sus artículos 54 y 55, determina el concepto de ley según las materias reguladas.

[37] Hegel, *Enzyklopädie,* p. 544 [traducción española de Ramón Valls, *Enciclopedia de las Ciencias Filosóficas,* Alianza, Madrid, 1997]. [Ellen Kennedy añade a la nota de Schmitt: Había tres ediciones de la *Enciclopedia* hegeliana; este parágrafo no aparece en la primera de ellas (1817), pero sí fue incluido en la edición de Karl Rosenkranz (L. Heimann, Berlín, 1870). El parágrafo continúa con una discusión crítica sobre un control del Gobierno mediante la ley

3. Limitación del Parlamento a la legislación (*Beschränkung des Parlaments auf Gesetzgebung*)

La ley, que es *veritas,* en contraposición de la mera *autoritas,* y la auténtica norma general —que, como ha expuesto en brillante formulación Zitelmann, se distingue de la orden real y concreta, que contiene siempre, como imperativo, un factor individual e intransferible a otros[38]— son consideradas como algo intelectual, a diferencia del ejecutivo, que es, esencialmente, obrar. El legislar sería *deliberare,* las funciones del ejecutivo un *agere.* También esta oposición tiene su historia, que había empezado con Aristóteles y que en el racionalismo de la Ilustración francesa privilegia al poder legislativo a costa del ejecutivo, encontrando luego para el poder ejecutivo una fórmula característica en la determinación de la Constitución del 5 de fructidor del año III (título IX, 275): «*nul corps armé ne peut délibérer*»[39]. El *Federalist,* en 1788, lo explica de la forma menos doctrinaria posible: El poder ejecutivo tiene que estar en manos de un solo hombre, porque de esto depende su energía y actividad; es un principio general, reconocido por los mejores políticos y estadistas, que legislar es deliberar, y, por ello, ha de ser llevada a cabo por una Asamblea más grande, mientras que pertenece al ejecutivo la decisión y el mantenimiento de los secretos Estatales, algo «que decrece a medida que crece el número de responsables». Se aducen algunos ejemplos

---

del presupuesto. Concluye rechazando, como «una contradicción de la idea fundamental de lo que es un Estado», la teoría de un contrapeso de poderes dentro del mismo Estado.]

[38] Zitelmann, *Irrtum und Rechtsgeschäft,* pp. 201 ss.
[39] Duguit y Monnier, *op. cit.,* p. 260. [E. K.]

históricos que lo corroboran, y luego se sigue diciendo: sin embargo, dejemos las inseguridades y confusiones de las consideraciones históricas y atengámonos únicamente a lo que nos dice la razón y el sano sentido común; las garantías de la libertad de los ciudadanos pueden cumplirse de forma consecuente en el poder legislativo, pero no en el ejecutivo; quizás en el legislativo los antagonismos de opiniones y partidos impidan que se tome más de una resolución justa y saludable, pero, a cambio, la argumentación de la minoría frena los excesos de la mayoría, siendo aquí útiles y necesarias las opiniones divergentes; otra cosa es lo que pasa en el ejecutivo, donde, sobre todo cuando se está en guerra y durante una sublevación, lo importante es un actuar enérgico, y para ello se precisa de una unidad de decisión[40].

En esta juiciosa consideración del *Federalist* se aprecia, de la forma más clara, lo poco que se pensaba, en la teoría del equilibrio de poderes, en hacer extensible el

---

[40] *Cf.* Alexander Hamilton [el autor principal de la serie de ensayos políticos que ya hemos mencionado, conocidos como los *The Federalist Papers*], n.º LXX, del 18-3-1788. También Montesquieu (*Esprit des Lois,* XI, 6) es de la opinión de que el poder ejecutivo ha de estar en manos de una sola persona, porque en él se trata de realizar una acción inmediata, mientras que la legislación, en cambio, sería gestionada «frecuentemente mejor», como él lo expresa con toda prudencia, por varias personas que por una sola. Acerca de la representación popular Montesquieu hace la característica observación de que la gran ventaja de los representantes es *«qu'ils sont capables de* discutir *les affaires. Le peuple n'y est point du tout propre; ce qui forme un des grands inconvénients de la démocratie».* La diferenciación entre la labor de legislar como discusión y deliberación y la del ejecutivo como acción aparece de nuevo en Sieyès (*cf. Politische Schriften,* ed. alemana de 1796, vol. II, p. 384).

racionalismo, determinante para el poder legislativo y el Parlamento, al poder ejecutivo, reduciendo también a éste a un mecanismo de discusión. Pues el racionalismo de este pensamiento sabe también mantener un contrapeso entre lo racional y lo irracional (si se quiere llamar así a lo no accesible a una discusión racional), siendo también aquí una mediación y, en cierto sentido, un compromiso —de forma parecida a como puede ser tenido el deísmo como un compromiso metafísico—[41]. En cambio, el absolutismo absoluto de Condorcet hacía desaparecer la división de poderes, acabando tanto con la labor de arbitraje y mediación del poder Estatal que hay en ella como incluso con la autonomía de los partidos. El complicado equilibrio de poderes de las Constituciones americanas se le antoja a este radicalismo demasiado sutil y lento, una concesión a las particularidades de aquel país, uno de los sistemas *«où l'on veut forcer les lois et par conséquent la vérité, la raison, la*

---

[41] El hecho de que el deísmo siga manteniendo a Dios como una instancia extramundana es de gran importancia para las ideas del equilibrio de poderes. Es diferente si hay un tercero que tenga en sus manos la balanza o si el equilibrio surge por sí mismo como resultado de dos pesos contrapuestos. Una representación típica de lo primero (e importante para la teoría del equilibrio de poderes de Bolingbroke) es la sentencia de Swift, del año 1701: La *«"balance of power" supposes three things: First, the part which is held, together with the hand, that holds it; and then two scales, with whatever is weighted is weighted therein»*. (Agradezco la referencia de esta cita al Dr. Eduard Rosenbaum; *cf.* el *Weltwirtschaftliches Archiv,* XVIII, octubre de 1922, p. 423.) [Ellen Kennedy añade a la nota de Schmitt: La cita que hace Schmitt de Swift está tomada de un artículo de Eduard Rosenbaum, titulado «Eine Geschichte der Pariser Friedenskonferenz» y que era una reseña del libro de H. W. V. Temperley *A History of the Peace Conference of Paris,* 5 vols., Henry Fronda, Hodder & Stoughton, Londres, 1920-1921.]

justice»[42], y donde se sacrifica, a los prejuicios y locuras de los pueblos singulares, la *«législation raisonnable»* común a toda la humanidad. Un racionalismo así llevaba a la supresión del equilibro de los poderes estatales, a la dictadura de la razón. Es común a ambos la identificación entre ley y verdad; pero el racionalismo relativo de la teoría del equilibrio se limita al Parlamento y a la legislación, y, consecuentemente, dentro del propio Parlamento, a una verdad solamente relativa. Un equilibrio de las opiniones conseguido mediante el antagonismo de los partidos nunca puede ser ampliado, por tanto, a cuestiones absolutas que tengan que ver con la concepción del mundo, concerniendo únicamente a cosas que, por su naturaleza relativa, resultan apropiadas para semejante proceso. Las antítesis estrictamente contradictorias acaban con el parlamentarismo; su discusión presupone una base común e indiscutida. Ni al poder del Estado ni a ninguna a otra convicción metafísica le está permitido aparecer con una evidencia inmediata; todo tiene que pasar por la mediación del proceso, intencionadamente complicado, del equilibrio de fuerzas. Pero el Parlamento es el lugar donde se *delibera,* es decir, donde, en un proceso discursivo y mediante el debate de argumentos y contraargumentos, se obtiene una verdad relativa. Y así como para el Estado es necesaria una pluralidad de poderes, toda corporación parlamentaria requiere una multiplicidad de partidos.

En el liberalismo alemán de la primera mitad del siglo XIX, estas ideas aparecen ya vinculadas con el pensamiento histórico. La teoría del equilibrio de poderes,

---

[42] *Oeuvres,* XIII, p. 18.

con su característica elasticidad que sirve a todo de medio, pudo incluso insertar en su sistema a la reflexión de la historia. Es del mayor interés constatar cómo en el liberalismo alemán del siglo XIX esa idea mecánica del equilibrio de poderes se desarrolló de una manera peculiar, hasta convertirse en una doctrina sobre la mediación orgánica, teniendo, por ello, siempre la posibilidad de destacar el papel sobresaliente de la persona del príncipe, representante de la unidad del Estado. Mientras que en el Romanticismo alemán la discusión liberal se convierte en una *eterna conversación*[43], en el sistema filosófico de Hegel es el autodesarrollo mismo de la conciencia a partir de posiciones y negaciones hacia síntesis siempre nuevas. La representación estamental del pueblo, limitada a una función de colaboración meramente consultiva, quedaría estipulada, en Hegel, de tal forma «que la conciencia pública llega allí a la existencia como la colectividad empírica de las opiniones y los pensamientos de la multitud»; los estamentos serían un órgano mediador entre el Gobierno y el pueblo, interviniendo en la labor legislativa sólo en una función de colaboración; mediante la publicidad de sus debates ese «factor de conocimiento general experimentaría su aplicación», y sólo mediante la «apertura de esta oportunidad cognoscitiva llega la opinión pública a la elaboración de auténticos pensamientos y a la comprensión de la situación y del concepto del Estado y de sus asuntos, adquiriendo solamente así la capacidad de juzgar más racionalmente sobre todo ello». Así es como este tipo de parlamentarismo deviene «en medio de forma-

---

[43] Carl Schmitt, *Politische Romantik* (1919).

ción, y, por cierto, uno de los más importantes»[44]. Sobre el valor de la publicidad (*öffentliche*) y de la opinión pública Hegel hace un conjunto de observaciones muy características: «El carácter público (*öffentliche*) de la Asamblea estamental constituye un gran espectáculo, forma, de un modo excelente, a los ciudadanos, y el pueblo aprende allí, ante todo, lo auténtico de sus intereses»; su publicidad (*öffentliche*) sería «el mayor medio de formación respecto a los intereses del Estado». Sólo así se generará una vivificación del interés Estatal y una opinión pública (*öffentliche*) que, según Hegel, es la «forma inorgánica» en que «lo que un pueblo quiere y piensa se da a conocer». En la doctrina sobre los partidos del liberalismo alemán se muestra igualmente su vinculación con representaciones organicistas. Se hace una diferencia entre los partidos y las fracciones partidistas; estas últimas constituirían la imagen distorsionada de un partido, mientras que los verdaderos partidos serían expresión de «una participación viva y multilateral en la cosa pública (*öffentliche*)» y «se ocupan, con su viva confrontación, de la resolución correcta de los asuntos del Estado»[45]. Bluntschli, que toma de F. Rohmer la doctrina sobre los partidos, dice que un partido no puede existir sin un partido contrario, y que sólo al

---

[44] *Cf.* Hegel, *Rechtsphilosophie*, §§ 301, 314, 315, y en cuanto a la cita siguiente del texto *cf.* el apéndice al § 315 y § 316 de la misma obra [traducción española de Juan Luis Vermal, *Principios de la Filosofía del Derecho*. Sudamericana, Buenos Aires, 1975 (traducción revisada en la reedición de EDHASA, Barcelona, 1988.)] [Ellen Kennedy añade a la nota de Schmitt: Traducción inglesa de la obra por T. M. Knox, con el título *Hegel's Philosophy of Right*, Oxford University Press, Oxford, 1973.]

[45] Mohl, *Enzyklopädie der Staatswissenschaften*, 2.ª ed., Lauppschen Buchhandlung, Tubinga, 1872, p. 655.

príncipe y a los funcionarios (estos últimos, al menos, en cuanto tales, no como personas privadas) no les está permitido pertenecer a un partido, ya que el Estado y sus órganos están por encima de los partidos. «El Derecho Político no sabe nada de partidos; el orden del Estado, tranquilo y firme, es un orden común a todos, y pone límites al engranaje y a las luchas partidistas [...]. Los partidos sólo aparecen cuando se inicia el movimiento de una vida nueva y libre, es decir, la política.» Los partidos son, para él (siguiendo a Rohmer) analogías de las distintas edades de la vida. Sigue dominando, también en él, la idea a la que Lorenz von Stein había dado su expresión clásica: la abundancia de contradicciones forma parte de la vida del Estado, como de toda clase de vida, constituyendo la dinámica del auténtico vivir[46].

La idea liberal se ha aunado aquí con un pensamiento «orgánico» específicamente alemán, superando así la

---

[46] *Cf.* Bluntschli, artículo «Politische Parteien», en Bluntschli y Brater (editores), *Deutsches Staatswörterbuch,* vol. VII, Expedition des Staatswörterbuches, Stuttgart y Leipzig, 1861, pp. 717-747.
Sobre Lorenz von Stein *cf.* mi *Politische Theologie,* ed. cit., p. 53. Esta explicación de lo que son los partidos, característica del liberalismo alemán, se puede encontrar aún en Fr. Meinecke, *Idee der Staatsräson,* ed. cit., p. 525. [Ellen Kennedy añade a la nota de Schmitt: La página que cita Schmitt no es la correcta, pues la discusión sobre los partidos políticos se encuentra en las pp. 537-538. Meinecke arguye aquí que los partidos políticos forman parte de la sana vida política del Estado, ni más ni menos que las contradicciones y el pluralismo forman parte de la vida individual. Aunque el argumento aparece, en este estadio, como una característica liberal, observando Meinecke posteriormente que el «parlamentarismo sólo temporalmente satisface a la razón de Estado de los dirigentes del mismo; su atención no tarda en concentrarse en el tema de la próxima elección» (p. 538).]

representación mecanicista del equilibrio de fuerzas. Con todo, con ayuda de este pensamiento orgánico pudo mantenerse también la idea del parlamentarismo. La situación del mismo se hizo crítica con la reivindicación de un Gobierno parlamentario como el defendido por Mohl, pues el punto de vista de un proceso dinámico-dialéctico de la discusión puede trasponerse muy bien al poder legislativo, pero difícilmente al poder ejecutivo, y sólo la ley general, no la orden concreta, puede constituir la clase de verdad y justicia conseguida a base de una mediación equilibradora y una discusión pública. En las conclusiones particulares se sigue manteniendo la antigua concepción del Parlamento, sin que se tenga una conciencia clara de su conexión sistemática con el resto. Bluntschli presentaba, por ejemplo, como un distintivo esencial del Parlamento moderno que no debía desempeñar sus funciones mediante comisiones, como había hecho la antigua representación estamental[47]. Esto es completamente cierto; sólo que su funda-

---

[47] Bluntschli, *Allgemeines Staatsrecht,* vol. I, Múnich, 1868, p. 488. [Hay traducción española de A. García Moreno y J. Ortega García, *Teoría General del Estado,* Góngora y cía, Madrid, 1880.] Un interesante maridaje entre la antigua y certera comprensión de lo que son los principios del parlamentarismo y sus malentendidos modernos se puede encontrar en el artículo de Adolf Neumann-Hofer, «Die Wirksamkeit der Kommissionen in den Parlamenten», en *Zeitschrift für Politik,* IV (1911), pp. 51 ss. Parte del supuesto de que, como nos enseña la experiencia, en la Asamblea plenaria y pública ya no se discute, pero él cree poder hacer de las comisiones, para salvar el principio de la discusión, una especie de «club de discutidores» (pp. 64-65). Sobre el desconocimiento que subyace en el concepto de discusión véase mi Prefacio a esta obra. [Ellen Kennedy añade a la nota de Schmitt: Sobre el argumento de Robert von Mohl a favor del parlamentarismo *cf.* su *Representativsystem* (1860), sometido a discusión en James J. Sheehan, *Ger-*

mento resulta de unos principios de publicidad (*öffentliche*) y discusión que ya no tiene presentes.

4. SIGNIFICADO GENERAL DE LA FE EN LA DISCUSIÓN (*ALLGEMEINE BEDEUTUNG DES GLAUBENS AN DIE DISKUSSION*)

Éstos son los dos principios en que se basan, dentro de un sistema consecuente y global, el pensamiento constitucional y el parlamentarismo. Ambos parecieron esenciales e inevitables al sentimiento de justicia de toda una época. Lo que el equilibrio garantizado por la publicidad y la discusión debía traer consigo era nada menos que la propia verdad y justicia. Se creía que sólo a base de publicidad y discusión, sería posible superar la fuerza y el poder como hechos meramente brutos —para un pensamiento liberal del Estado de Derecho el mal en sí, «*the way of beasts*», como dice Locke[48]—, procurando así la victoria del Derecho sobre el Poder. Hay una expresión sumamente característica de esta forma de pensar: *la discussion substituée à la force*. Esta formulación proviene de un adepto a la monarquía del *rey ciudadano* que no es, en absoluto, una figura genial, ni siquiera importante, pero sí, quizás, típica, y que formuló también la cadena de conclusiones de toda creencia constitucional y parlamentaria: todo progreso, incluso el progreso social, se realiza «*par les institutions représentatives, c'est-à-dire

---

man *Liberalism in the Nineteenth Century*, Methuen, Londres, 1982, pp. 116 y 385.]

[48] Locke, *Second Treatise of Civil Government*, ed. cit., sect. 172. [E. K.]

par la liberté régulière —par des discussions publiques, c'est— à-dire par la raison»[49].

La realidad de la vida parlamentaria y de los partidos políticos y las convicciones comunes de las personas hoy día están muy alejadas de una fe así. Grandes decisiones políticas y sociales de las que depende en la actualidad el destino de los hombres ya no son (si es que lo fueron alguna vez) el resultado de un equilibrio de las opiniones en una confrontación pública (*öffentliche*) de argumentos y contraargumentos ni el resultado de debates parlamentarios. La participación de la repre-

---

[49] Eugene Forcade, *Études historiques,* París, 1853, al comentar *L'Histoire de la révolution de 1848,* de Lamartine. El propio Lamartine es, asimismo, un ejemplo de esta fe en la virtud de la discusión, contrapuesta por él al poder y a la violencia. Tanto su escrito sobre un Gobierno prudente (del año 1831) como el tratado *Le Passé, le Présent, l'Avenir de la Republique* (de 1848) están imbuidos de esta idea. ¡Llega a decir que el periódico sale, por la mañana, como el sol, esparciendo su luz por doquier!

Resulta sumamente característica y, como síntoma, de la mayor importancia, la descripción, a la manera de himno, que hace Victor Hugo de la *tribune* en su célebre escrito *Napoléon le Petit.* La fe en el poder de la discusión es un distintivo de esta época. De ahí que Maurice Hauriou pueda designar, en su *Précis de droit constitutionel* (París, 1923, pp. 198, 201 y *passim*), la época del parlamentarismo como la época de la discusión, *l'age de la discussion,* y un liberal tan acérrimo como Yves Guyot contraponga, ya desde el mismo título de su libro, *Politique Parlamentaire—Politique Atavique* (París, 1924), el Gobierno parlamentario, basado en la discusión (que para él, naturalmente, es un *gouvernement de discussion*) al «atavismo» de cualquier forma de política que no se discuta. De este modo, el parlamentarismo es identificado, sin más, con la libertad y la cultura, y L. Gumplowicz (*Soziologie und Politik,* Duncker & Humblot, Leipzig, 1892, p. 116) llega a escribir, con una disolución total del concepto: «Lo característico y distintivo de la cultura asiática es el despotismo, así como el régimen parlamentario lo es de la cultura europea.»

sentación del pueblo en el Gobierno, el Gobierno parlamentario, se ha revelado precisamente como el medio más importante para poner fin a la división de poderes y, con ella, a la vieja idea del parlamentarismo. Naturalmente, tal como hoy están, de hecho, las cosas, es prácticamente del todo imposible trabajar de otra forma que en comisiones, y en comisiones cada vez más reducidas, evitando, a fin de cuentas, al pleno del Parlamento —es decir, lo que le da su carácter público (*öffentliche*)— privándolo de su fin y convirtiéndolo necesariamente en una fachada. Puede que, en la práctica, no quepa otra opción. Pero al menos se ha de tener suficiente conciencia de la situación histórica para poder ver que el parlamentarismo renuncia, con ello, a su base conceptual y pierde su *ratio* todo ese sistema de libertad de opinión, reunión y prensa, de sesiones públicas e inmunidades y privilegios parlamentarios. Comisiones reducidas o reducidísimas de partidos o coaliciones de partidos deciden a puerta cerrada, y lo que acuerdan los representantes de los intereses del gran capital en un reducidísimo comité acaso resulte aún más importante para la vida cotidiana y el destino de millones de personas que las decisiones políticas. El pensamiento del parlamentarismo moderno, así como la reivindicación de un control y la fe en el espacio público (*öffentliche*) y en la publicidad surgieron en la lucha contra la política secreta de los príncipes absolutos; el sentimiento de libertad y justicia se alzó contra la praxis de los *arcana* que decidía, con acuerdos secretos, sobre el destino de los pueblos. ¡Pero qué inocentes e idílicos eran los objetivos de aquella política de Gabinete de los siglos XVII y XVIII al lado de los destinos que hoy día se barajan y que actualmente son objeto de toda clase de secretos!

Ante este hecho, la fe en el valor de la discusión pública no puede por menos de experimentar una terrible desilusión. Seguro que, hoy día, no habrá muchas personas que quieran renunciar a las viejas libertades liberales, sobre todo a la libertad de expresión y de prensa. Pero, en el continente europeo, tampoco habrá muchos que crean que aquellas libertades sigan existiendo allí donde puedan convertirse en realmente peligrosas para los poseedores del poder real. Y menos subsistirá todavía la creencia de que la verdadera y genuina legislación y política emerge de los artículos periodísticos, los discursos de asambleas y los debates parlamentarios. Creer en todo eso es, ni más ni menos, creer en el Parlamento mismo. Si la publicidad (*öffentliche*) y la discusión se han convertido, en la realidad de los hechos parlamentarios, en una formalidad vacua y fútil, el Parlamento, tal como se desarrolló en el siglo XIX, ha perdido también la base y el sentido que hasta ahora tenía.

III

La dictadura en el pensamiento marxista

En el continente europeo, el parlamentarismo constitucional tuvo su período clásico en la monarquía del *rey ciudadano,* Luis Felipe, y su representante clásico en Guizot. La antigua monarquía y la aristocracia habían quedado, a sus ojos, superadas, y la democracia que se aproximaba aparecía como una corriente caótica, que había que represar. Entre la monarquía y la democracia se cernía, como el justo medio, la monarquía parlamentario-constitucional del *rey ciudadano.* Todas las cuestiones sociales debían resolverse a través de un debate juicioso y público en el Parlamento; la expresión *«juste-milieu»* procedía del núcleo esencial de este pensamiento, y un concepto como el de monarquía burguesa contiene ya en su literalidad un mundo que gira en torno a ese *juste-milieu* y al principio del compromiso. El concepto de dictadura, supresor del parlamentarismo, cobra de nuevo actualidad en relación no con la democracia, sino con este constitucionalismo parlamentario. 1848, que puede considerarse como el año crítico para la democracia, lo es, al mismo tiempo, de la dictadura. Ambas se contraponían al liberalismo burgués del pensamiento parlamentario[1].

Esta forma de pensar se mantuvo, en principio, como un postulado de mediación, desempeñando una función de discusión y equilibrio, entre dos adversarios que la combatían con tal energía que la discusión conciliadora sólo podía aparecer como un ínterin entre sangrientas batallas decisivas. Sus dos enemigos respondieron con la supresión de aquel equilibro, echando mano de una acción directa y una actitud apodíctica, es decir, estableciendo una dictadura. Podríamos decir que hay —por caracterizarlo de una forma aproximada y en rudos términos— una actitud apodíctica en el racionalismo y otra que tiene que ver con lo irracional. La dictadura nacida

---

[1] La Revolución de Julio en París (1830) condujo a la abdicación del Carlos X. Luis Felipe, el *rey-ciudadano,* le sucedió e inauguró «la edad de oro de la burguesía». Dieciocho años después, la Revolución de Febrero en París llevaba, a su vez, a la propia abdicación de Luis Felipe y al establecimiento de una República francesa bajo Luis Napoleón, el nieto de Napoleón Bonaparte. Ese mismo año (1848), Marx y Engels publicaron el *Manifiesto Comunista* y el orden conservador imperante en Europa se vio sacudido por una serie de disturbios y revoluciones. La revuelta socialista que tuvo lugar en junio en París fue brutalmente reprimida por las autoridades, y es a este conflicto de intereses de clase entre, por un lado, la burguesía y, por otro, los campesinos y trabajadores a lo que Schmitt se refiere cuando dice que el concepto de dictadura, supresor del parlamentarismo, cobró de nuevo actualidad, no en oposición a la democracia, sino al constitucionalismo parlamentario. *Cf.* Karl Marx, *Las luchas de clases en Francia de 1848 a 1850* [traducción española, Espasa-Calpe, Madrid, 1995]. [E. K.]

a partir de un racionalismo directo y absolutamente seguro de sí mismo tenía detrás de sí toda una tradición: la dictadura educativa de la Ilustración, el jacobinismo filosófico, el dominio, por la fuerza, de la razón, que constituía una unidad formal surgida del espíritu racionalista y clasicista, una «alianza entre la filosofía y el sable»[2]. Con la derrota de Napoleón III pareció acabarse, y también quedar superado en el plano teórico y moral por el sentido histórico entonces recién despertado. Pero en la filosofía de la historia siguió existiendo la posibilidad de una dictadura racionalista y se mantuvo viva como idea política. Su portador fue el socialismo marxista radical, cuya última evidencia metafísica está construida sobre la base de la lógica hegeliana de la historia.

Que el socialismo haya pasado de la condición de utopía a la de ciencia no significa que renunciara a la dictadura. Es un síntoma que merece ser destacado el que, desde la Guerra Mundial, algunos socialistas y anarquistas radicales creyeran que tenían que volver a la utopía a fin de rescatar, para el socialismo, la audacia que se requiere para instaurar una dictadura[3]. Esto nos revela hasta qué punto la ciencia ha dejado de ser, para la generación presente, la base evidente de la actuación

---

[2] «Como antaño en su alianza con la Iglesia, la filosofía jugó, en esta alianza del siglo XIX, un papel modesto; con todo, no podrá renunciar a ella tan pronto.» *Cf.* H. Pichler, *Zur Philosophie der Geschichte,* Tubinga, 1922, p. 16.

[3] Schmitt se refiere al socialista utópico Ernst Bloch, a quien conoció en Múnich. De entre la obra de Bloch quizás lo más relevante para este punto sea su libro *Geist der Utopie* (Duncker & Humblot, Múnich, 1918), del que aparecerá una 2.ª edición, aumentada, en 1923 (Paul Cassirer, Berlín, 1923). *Cf.* igualmente, del mismo Bloch, *Freiheit und Ordnung. Abriss der Sozialutopien* (Aufbau Verlag, Berlín, 1947). [E. K.]

social. Pero no demuestra que en el socialismo científico desconozca la posibilidad de una dictadura. Sólo que el término *ciencia* ha de ser entendido correctamente y no quedar limitado a la mera tecnicidad exacta de las ciencias naturales. Este carácter científico de las ciencias de la naturaleza no puede ser, ciertamente, la base para una dictadura, como tampoco para alguna otra institución o forma de dominación política. Pero el racionalismo del socialismo científico va mucho más allá de lo que pueda ir una ciencia de la naturaleza. En él, la fe racionalista de la Ilustración se ha superado aún más y de una forma desmedida, tomando un nuevo impulso, casi fantástico, que si fuera capaz de conservar la antigua energía podría medirse muy bien en intensidad con el racionalismo de la Ilustración.

1. El carácter científico del marxismo es metafísica

Sólo cuando el socialismo tuvo conciencia de ser un socialismo científico, creyó contener en sí mismo la garantía de una comprensión esencialmente infalible y pudo atribuirse el derecho a emplear la violencia. Desde el punto de vista histórico, la conciencia de su carácter científico fue apareciendo a partir de 1848, es decir, desde el momento en que el socialismo cobró una dimensión política que podía esperar realizar un día sus ideas. En esta especie de ciencia aparecen unidas, por tanto, ideas prácticas y teóricas. Con frecuencia, la expresión socialismo científico no significa más que algo negativo, a saber, el rechazo de la utopía, no queriendo decir sino que se está decidido a intervenir con toda conciencia en la realidad política y social, configurándola según las condiciones, adecuadamente conocidas, que le son inmanentes, en vez de guiarse por fantasías e ideales ficticios. Aquí importa buscar, entre la multiplicidad de lados y posibilidades del socialismo, su argumento definitivo, conceptualmente decisivo, la evidencia última de la fe socialista. El marxismo convencido es plenamente consciente de haber encontrado el verdadero conocimiento de la vida social, económica y política, así como la praxis adecuada que de ello resulta, captando convenientemente y en toda su objetividad, desde dentro de la misma, la vida de la sociedad, con todas sus necesidades reales, y pudiéndola, de este modo, dominarla. Dado que tanto en Marx como en Engels y, probablemente, en todo marxista capaz de un fanatismo intelectual, está viva la conciencia de las particularidades del desarrollo histórico, no puede equipararse su ciencia a los numerosos intentos de transferir el método y la exactitud de las ciencias de la naturaleza a los problemas de la filosofía social y de la política. Es verdad que al marxismo popular le gusta escribir sobre la exactitud *científica* de su pensamiento, sobre la «férrea necesidad» con que las cosas, en virtud de las leyes del materialismo histórico, ocurren, algo que muchos filósofos sociales burgueses se han ocupado de rebatir, demostrando con todo detalle que los hechos históricos no pueden ser calculados como se calcula en la astronomía el curso de los astros, y que, en todo caso —incluso admitiendo esa «férrea necesidad»— sería muy extraño organizar un partido cuyo fin fuera la producción de un futuro eclipse solar. Pero el racionalismo del pensamiento marxista presenta aún otro aspecto, importante para el concepto de dictadura, y que no se agota en una ciencia que quiere conseguir, con ayuda de leyes naturales y una visión del mundo estrictamente determinista, un método para usar en provecho del hombre esas leyes naturales, de forma parecida a como a cada ciencia exacta de la naturaleza va vinculada una técnica específica. Si lo científico del socialismo radicara en eso, el salto al reino de la libertad no sería otra cosa que un salto hacia el reino de la absoluta tecnicidad. Se trataría del viejo racionalismo de la Ilustración y de una de las tentativas más queridas desde el siglo XVIII[4], consistente en lograr una política de una exactitud equiparable a la exactitud de las matemáticas y de la física, con la única diferencia de que ahora habría sido, en lo teórico, abandonado aquel fuerte moralismo que todavía dominaba en el siglo XVIII. El resultado tendría que ser, como ocurre en todo racionalismo, una dictadura de los líderes racionalistas.

Pero lo fascinante, en el plano filosófico-metafísico, de la filosofía de la historia y de la sociología marxistas no estribaría en su carácter científico, sino en la forma que tiene Marx de conservar el pensamiento del desa-

---

[4] *Cf.* Shirley Letwin, *The Pursuit of Certainty: Hume, Bentham, Mill, Beatrice Webb,* Cambridge University Press, Cambridge, 1965. *Cf.* asimismo Friedrich A. von Hayek, *The Road to Serfdom* (Routledge, Kegan Paul, Londres, 1977 [traducción española de José Vergara: *Camino de servidumbre,* Alianza, Madrid, 2005]), obra publicada, originariamente, en 1944, y el ensayo de Hayek *«The Road to Serfdom after Twelve Years»* (1956), en sus *Studies in Philosophy, Politics, and Economics,* Routlege, Kegan Paul, Londres, 1967). Estos textos de «liberales clásicos» contemporáneos revelan una conexión fascinante entre sus puntos de vista sobre la Ilustración y los de Schmitt, pese a la vigorosa crítica que de él hace Hayek en «The Road to Serfdom». F. R. Cristi ha explorado la relación entre Schmitt y Hayek en el artículo «Hayek and Schmitt on the Rule of Law», *Canadian Journal of Political Science,* XVII/3 (1984), pp. 521-535. [E. K.]

rrollo dialéctico de la historia de la humanidad, considerándolo como un proceso antitético, concreto e irrepetible que se produce a sí mismo en virtud de una fuerza orgánica inmanente. El hecho de que traslade esta evolución a un plano técnico-económico no cambia nada en la estructura de su pensamiento y no es más que una transposición que puede ser explicada de diversas maneras: psicológicamente, a partir de una intuición del significado político de los factores económicos, o, sistemáticamente, en el empeño por hacer de la actividad humana manifestada en la técnica, la dueña y señora que dispone libremente del acontecer histórico y domina sobre la irracionalidad del destino. Pero ese «salto al reino de la libertad» sólo podría ser entendido dialécticamente. No podría darse con ayuda únicamente de la técnica. Si no, habría que exigir del socialismo marxista que, mejor que acciones políticas, inventara nuevas máquinas; sería cuestionable el que incluso en la sociedad comunista del futuro se produjeran nuevos inventos técnicos y químicos capaces de cambiar, a su vez, la base de esta sociedad comunista y de hacer necesaria de nuevo una revolución, como sería, propiamente, extraño suponer que la sociedad del futuro tuviera que, por un lado, fomentar y acelerar enormemente el desarrollo técnico y, por otro, estar permanentemente protegida del peligro de una nueva formación de clases. Todas estas objeciones son muy plausibles, pero no aciertan en el núcleo mismo del pensamiento marxista. Según la fe marxista, la humanidad cobrará conciencia de sí misma mediante un conocimiento auténtico de la realidad social. Con ello, la conciencia adquiere un carácter absoluto. Lo que está en juego aquí es un racionalismo que incluye en sí mismo la evolución hegeliana y tiene, en su concreción, una evidencia de la que no era capaz el racionalismo abstracto de la Ilustración. La ciencia marxista no quiere dar a las cosas venideras la seguridad mecánica de un resultado calculado y realizado de forma mecánica, sino que las deja inmersas en la corriente de la época y en la realidad concreta del acontecer histórico que se produce a sí mismo.

La comprensión de la historicidad concreta fue un logro al que Marx nunca renunció. Pero el racionalismo hegeliano tenía ánimos suficientes como para construir él mismo incluso la historia. Para una persona activa ya no podía haber otro interés que el de captar de una forma absolutamente segura la época y el momento presentes. Con ayuda de una construcción dialéctica de la historia esto era, científicamente, posible. El carácter científico del socialismo marxista se basa, por tanto, en el principio de la filosofía hegeliana de la historia. Hay que partir de la conexión con la dialéctica de la historia hegeliana no para mostrar que Marx es dependiente de Hegel e incrementar las explicaciones al respecto, sino para determinar el núcleo de la argumentación marxista y su concepto específico de dictadura. El resultado será que tenemos que vérnoslas aquí con un determinado tipo de evidencia metafísica, que lleva a determinadas construcciones sociológicas y a una dictadura racionalista.

2. Dictadura y evolución dialéctica

Es cierto que es dificultoso unir entre sí evolución dialéctica y dictadura. Pues la dictadura parece una interrupción de la continua sucesión del desarrollo, una intervención mecánica en la evolución orgánica. Los conceptos de evolución y dictadura parecen excluirse recíprocamente. El proceso sin fin del espíritu del mundo, que se desarrolla dialécticamente a través de antagonismos, tenía que incluir en sí mismo incluso su propio contrario, la dictadura, privándola, con ello, de su propia esencia, que es la decisión. La evolución seguiría de forma ininterrumpida, e incluso las interrupciones del mismo le servirían como negaciones para impulsarlo hacia adelante. Lo esencial es que jamás una excepción proceda del exterior, fuera de la propia inmanencia del desarrollo. Claro que en la filosofía de Hegel no se puede hablar de una dictadura en el sentido de una decisión moral que interrumpiera tanto la evolución como la discusión. Hasta las realidades contrarias se compenetran, incorporándose a la evolución que lo abarca todo. No tiene lugar en este sistema el *o* u *o* de la decisión moral, la disyunción decidida y decisoria. Hasta el *diktat* del dictador se convierte en un factor de la discusión y del desarrollo, que prosigue imperturbable su curso. Incluso el *diktat* del dictador es asimilado, como todo lo demás, en el movimiento peristáltico de este espíritu del mundo. La filosofía de Hegel no contiene una ética que pueda fundamentar una separación absoluta entre el bien y el mal. Para ella, lo bueno sería aquello que en el estadio correspondiente del proceso dialéctico es lo racional y, con ello, lo real. Lo bueno sería (tomo aquí una certera formulación de Christian Janentzky) «lo adecuado a la época», en el sentido de una verdadera comprensión y conciencia dialéctica. Si la propia historia del mundo es el tribunal del mundo[5],

---

[5] «Die Weltgeschichte ist auch das Weltgericht», una frase habitualmente asociada con Hegel, fue sacada del poema titulado *Re-*

es un proceso sin una instancia última y sin un juicio disyuntivo definitivo. Lo malo sería algo irreal y sólo concebible en la medida en que pueda serlo algo intempestivo, es decir, acaso explicable como una falsa abstracción del entendimiento, un yerro pasajero de una particularidad autolimitada. Una dictadura sería posible con este —al menos en lo teórico— pequeño margen, es decir, sólo para la supresión de lo intempestivo, para la supresión de la falsa apariencia. Sería algo secundario y pasajero; no la negación esencial de algo esencial, sino la liquidación de un resto sin importancia. Al contrario de lo que ocurre en la filosofía racionalista de Fichte, aquí se rechaza una dominación por la fuerza. Hegel dice, contra Fichte, que suponer que el mundo ha sido abandonado por Dios y que espera a que nosotros introduzcamos en él una finalidad, construyéndolo según la máxima abstracta «de lo que debe ser»[6] significa una violenta abstracción. El deber es impotente. Lo que tiene derecho se hace también valer, y lo que únicamente debe ser, sin que sea, no es verdadero y constituye un adueñamiento subjetivo de la vida.

El paso más importante que el siglo XIX habría dado con respecto al racionalismo del siglo XIX tiene que ver con este antagonismo entre Hegel y Fichte. Una dicta-

---

signación de Friedrich von Schiller (*Werke,* Deutsches Verlagshaus Bong & Co., Berlín y Leipzig, sin año). Cf. también Hegel, *Grundlinien der Philosophie des Rechts* (1821), parágrafo 340, y *Enzyklopädie* (1817), parágrafo 448. [E. K.]

[6] *Cf.* Hegel, *Geschichte der Philosophie,* III: «Fichte nunca llega a la idea de la razón, en cuanto unidad real y completa del sujeto y del objeto, del *ego* y del *non-ego*. Para él, aquélla no sería sino un deber ser, una intención.» Citado en J. N. Findley, *The Philosophy of Hegel,* Collier Books, Nueva York, 1966, p. 49. [E. K.]

dura ya no es posible, porque se ha disuelto el carácter absoluto de la disyunción moral. Con todo, la filosofía hegeliana no es más que una continuación y un incremento, consecuente, del antiguo racionalismo. Sólo la acción conscientemente humana convierte al hombre en lo que él ya, de suyo, es, empujándolo, a partir de la caducidad natural del «ser-en-sí», al grado superior del «para sí»; tiene que hacerse consciente de lo que él, estructuralmente es, para no persistir en las casualidades y arbitrariedades de lo empírico y para que el ímpetu incontenible del acontecer de la historia universal no pase por encima de él. Claro que mientras esta filosofía permanece en el plano contemplativo no deja espacio alguno para una dictadura. Pero esto cambia tan pronto como es tomada en serio por personas activas. En la praxis política y sociológica concreta, las personas que están más concienciadas y se sienten portadoras de aquel gran impulso superarán la resistencia del ser limitado y sacarán adelante lo «objetivamente necesario». Y su voluntad obligará, también aquí, al esclavizado y falto de libertad a ser realmente libre. Esto significaría, en la realidad concreta, una dictadura de la educación; sólo que, si la historia del mundo debe seguir progresando siempre, seguirá siendo siempre necesaria la eliminación violenta de lo opuesto a la objetividad, seguirá habiendo, por tanto, permanentemente una dictadura. Aquí también queda evidenciado que la bilateralidad y ambigüedad general que subyace, según la filosofía hegeliana, en todo acontecer está, ante todo, en ella misma: su concepto de desarrollo igual puede eliminar la dictadura que explicar su permanencia. Para la actividad del hombre sigue siempre en pie la argumentación de que el nivel superior debe y tiene que ejercer conscientemente una dominación sobre el nivel inferior, y el resultado de ello ha de ser equiparado, en el ámbito de la política práctica, a una dictadura racionalista de la educación. Al hacer esto, también el hegelianismo, como todo otro sistema racionalista, aniquila al individuo, como algo casual e insustancial, entronizando sistemáticamente al todo como algo absoluto.

El espíritu del mundo sólo se capta a sí mismo, al principio, en la etapa correspondiente de su concienciación, en pocas cabezas. La conciencia general de lo que es la época no aparece, de golpe, en todas las personas, y ni siquiera en todos los miembros del pueblo o del grupo social dirigente. Siempre habrá una avanzadilla del espíritu del mundo, un punto culminante del desarrollo y de la concienciación, una vanguardia que tiene el derecho de actuar porque está en posesión de un conocimiento y una conciencia certeros de la situación; no como la elegida de un Dios personal, sino como el factor del desarrollo, de cuya inmanencia ella no quiere, en modo alguno, salirse, o bien, según la imagen vulgar, como comadrona de las cosas que están por venir. La personalidad de la historia universal —Teseo, César, Napoleón— sería un instrumento del espíritu del mundo; su función dictatorial se basaría en el hecho de estar en un determinado momento de la historia. El alma del mundo que Hegel veía entonces, en 1806, cabalgar en Jena era un soldado y no un hegeliano[7]; era un representante de la alianza de la filosofía

---

[7] La batalla de Jena, en donde Napoleón venció las fuerzas aliadas de Rusia y Prusia, tuvo lugar cuando Hegel estaba completando su *Phänomenologie des Geistes* (1807). Por lo general, los historiadores datan el final del Sacro Imperio Romano Germánico a partir de 1806. *Cf.* también Hegel, *La Constitución de Alemania* (1799-1802) [traducción española de Dalmacio Negro, Aguilar, Madrid,

con el sable, pero que se mostraba por el lado del sable. Pero sí eran hegelianos quienes reivindicaban, a partir de la conciencia de haber conocido verdaderamente lo que era su época, una dictadura política, en donde ellos, como cae de su peso, serían los dictadores. No de forma distinta a lo que decía Fichte, también ellos estaban «prestos para demostrar a todo el mundo que su opinión es infalible». Esto les daba un derecho a la dictadura[8].

3. Dictadura y dialéctica en el socialismo marxista

Lo aquí dicho sobre la filosofía hegeliana —que tiene una vertiente cuyas consecuencias prácticas podrían llevar a una dictadura racionalista— vale también para el marxismo; es más, es la clase de evidencia en que se funda la seguridad metafísica de su dictadura, permaneciendo por entero dentro del marco de la construcción hegeliana de la historia. Dado que los intereses científicos de Marx se concentraron posteriormente, de forma exclusiva, en el campo de lo económico (si bien esto también fue, como explicaremos enseguida, una consecuencia del pensamiento hegeliano) y como el decisivo concepto de clase no estaba incluido en su sistema his-

---

1971]. El 13 de octubre de 1806 Hegel escribía en una carta: «Yo veía a Napoleón, el alma del mundo, cabalgando por la ciudad en una tarea de reconocimiento. Es realmente maravilloso ver concentrado en un punto, a lomos de un caballo, a un individuo que invade el mundo y lo domina.» Citado de *Hegel's Political Writings,* ed. por Pelczynski, Clarendon Press, Oxford, 1964, 7. [E. K.]

[8] Acerca de los jóvenes hegelianos *cf.* Charles Taylor, *Hegel,* Cambridge University Press, Cambridge, 1975.) [E. K.]

tórico-filosófico y sociológico, una consideración superficial del marxismo pudo situar la esencia del mismo en la concepción materialista de la historia. Pero ya en el *Manifiesto Comunista,* cuyas grandes líneas continúan siendo fundamentales, se evidencia la verdadera construcción histórica del marxismo. Que la historia universal es una historia de lucha de clases se sabía ya hace muchísimo tiempo; realmente no estriba en esto la novedad del *Manifiesto Comunista.* También la figura del burgués, considerada en 1848 como una figura odiosa, era ya conocida como tal desde mucho tiempo atrás, y difícilmente se encontraría en aquel entonces algún literato importante que no hubiese usado alguna vez esta expresión como un insulto[9]. Lo nuevo y fascinante en el *Manifiesto Comunista* tenía que ver con otra cosa: la reducción sistemática de la lucha de clases a una única y última lucha de la historia de la humanidad, al apogeo culminante de la tensión dialéctica: la lucha entre burguesía y proletariado. Los antagonismos de las múltiples clases sociales se ven simplificados y convertidos en un único y último antagonismo. En vez de las numerosas clases anteriores, y hasta en lugar de las tres clases de Ricardo (capitalistas, terratenientes y asalariados), que Marx todavía reconoce en las explicaciones

---

[9] En la Francia del siglo XIX abunda el arte y la literatura donde se pinta al burgués como una figura ridícula y malévola. *Cf.,* por ejemplo, la obra de Flaubert *Bouvard et Pécuchet* (1881). Un comentario de Henry James, en *Daumier, Caricaturist,* resume el contenido social de los dibujos de Daumier como sigue: «Carece de un horizonte amplio; está circundado enteramente por gente absolutamente burguesa y él mismo es un burgués, desprovisto de ironía poética, al que se ha dado un espejo roto.» *Cf.* asimismo T. J. Clark, *The Absolute Bourgeois: Artists and Politics in France, 1848-1851,* Thames & Hudson, Londres, 1973. [E. K.]

de índole económica de *El Capital*¹⁰, aparecerá ahora un único antagonismo entre dos clases. Esta simplificación supone un notable incremento de la intensidad. Y ello resulta tanto de una necesidad sistemática como metodológica. Como el curso de la evolución es dialéctica y, por tanto, lógica, incluso aunque su base siga siendo económica, es necesario que en el último punto crítico, absolutamente decisivo, de la historia del mundo se llegue a una sencilla antítesis. Así es como se genera la máxima tensión en un momento determinado de la historia universal. En esa simplificación lógica estriba la exacerbación última no sólo de la lucha real, sino incluso de las contradicciones del pensamiento. Todo tiene que ser llevado a un punto extremo, a fin de que tenga que producirse, como necesidad dialéctica, un vuelco absoluto. La riqueza más desorbitada tiene que contraponerse a la miseria más monstruosa, la clase de quienes todo lo poseen, la clase de los burgueses —que sólo poseen y tienen cosas y han dejado ya de ser humanos— a la clase de los proletarios, que no tienen nada y no son otra cosa que seres humanos. Sin la dialéctica de

---

¹⁰ Karl Marx y Friedrich Engels, *Das Komunistische Manifest* (1848), y Karl Marx, *Das Kapital* (1867-1894). Marx había identificado ya la contradicción fundamental de la «economía política burguesa clásica» de David Ricardo como la relación entre la compra y venta del trabajo y su valor. «La escuela de Ricardo», comenta Engels, «se había destruido, en gran parte, por el carácter insoluble de esta contradicción. Las economías clásicas habían ido a parar a un callejón sin salida. El hombre que encontró la salida de este callejón fue Karl Marx». Introducción de Engels a Karl Marx, *Lohnarbeit und Kapital* (*Trabajo asalariado y capital*), obra de 1849 (en Marx and Engels, *Wage, Labour and Capital, Selected Works*, Progress Publishers, Moscú, 1977, vol. VII, p. 146) [traducción española en *Obras escogidas* citada]. [E. K.]

la filosofía hegeliana, se podría pensar perfectamente, por las experiencias históricas hasta ahora hechas, que el estado de depauperación subsistirá durante siglos y siglos y que finalmente la humanidad sucumbirá en una apatía generalizada, o bien que una nueva invasión de pueblos cambiará la faz de la tierra. La sociedad comunista del futuro, ese estadio superior de una humanidad sin clases, sólo se evidenciará, por tanto, si el socialismo mantiene la estructura de la dialéctica hegeliana. Y está claro que, entonces, la deshumanización del orden capitalista de la sociedad tendrá que generar forzosamente, a partir de ella misma, su propia negación.

También Lasalle, bajo la impresión de esta dialéctica, trató de llevar a su punto extremo, por vías antitéticas, esta tensión, aunque en él se trate más de un impulso retórico que de un impulso conceptualmente efectivo, cuando (contra Hermann Schulze-Delitzsch) aseguró: «Ricardo es el teórico más grande de la economía burguesa, la ha llevado a su culminación, es decir, al abismo, donde, en virtud de su propia evolución teórica, no le quede más remedio que dar un vuelco y convertirse en una economía social»[11]. De modo que la burguesía

---

[11] «Ricardo representa el desarrollo último y capital de la economía política burguesa, que a partir de él no ha hecho ya más progresos. Hizo un epítome de la economía burguesa, es decir, la llevó a una profundidad donde ya no le quedaba otra alternativa que transformarse ella misma en una economía social.» Cf. Ferdinand Lasalle, *Herr Bastiat Schulze von Delitzsch, der ökonomische Julian, oder Kapital und Arbeit* (1864), en *Gesammelte Reden und Schriften*, ed. de E. Bernstein, vol. V, Cassirer, Berlín, 1919, pp. 216-217. Lasalle comenta además en el capítulo «Tausch, Wert und Freie Konkurrenz», que la «socialdemocracia combate, hoy día, contra usted [Schulze-Delitzsch] en vez de contra Ricardo. Esto no hace más que revelar el grado de degeneración de la burguesía europea».

ha de alcanzar su intensidad más extrema antes de que pueda aparecer la certeza de que ha llegado su última hora. En esta representación esencial coinciden del todo Lasalle y Marx. Sólo la simplificación de los antagonismos en un único, último y absoluto antagonismo de clases lleva al proceso dialéctico a su momento absolutamente crítico. Pero aún hay más: ¿De dónde se saca la certeza de que ese momento último ha llegado y, con ello, la última hora de la burguesía? Si se investiga la clase de evidencia con que el marxismo argumenta aquí se encuentra una autoconfirmación típica del racionalismo hegeliano. Toda esta construcción parte del supuesto de que el desarrollo significa una concienciación cada vez mayor, viendo en la propia certeza de esta conciencia una prueba de su verdad. La construcción dialéctica de una concienciación que se va incrementando obliga al pensador que realiza tal construcción a pensarse a sí mismo, con su propio pensamiento, como la cima de la evolución. Para él esto significa, al mismo tiempo, la superación del estadio que habría reconocido en su totalidad y que ha quedado a sus espaldas como un pasado histórico. No pensaría correctamente y se contradiría a sí mismo si la evolución no fuese consciente, de la forma más profunda, en él mismo. El hecho de que una época sea captada por la conciencia humana aportaría a la dialéctica histórica la prueba de que

---

Schulze-Delitsch era un parlamentario liberal que se convenció de que «la vía para la reforma tenía que ser encontrada, más que en la vida política, en la social y económica». Organizó el movimiento cooperativista en Alemania y esperaba que esto propiciaría un camino para lograr una reforma social en el marco de una economía libre. *Cf.* al respecto James J. Sheehan, *German Liberalism in the Nineteenth Century,* Methuen, Londres, 1982, p. 92. [E. K.]

la época, comprendida en el plano histórico, ha llegado a su fin. Pues el rostro de este pensador se ha vuelto hacia lo histórico, es decir, hacia el pasado y el presente delicuescente; nada es más falso que la creencia popular de que el hegeliano puede vaticinar el futuro como un profeta. Conoce, concretamente, las cosas que están por venir, pero sólo de un modo negativo, como lo dialécticamente contrario de lo que hoy día ya está, históricamente, acabado. En cambio, contempla el pasado que evoluciona hasta el presente en su permanente evolución, y si lo conoce y reconstruye correctamente se podrá tener la seguridad de que aquello, como algo comprendido y conocido hasta el fondo, pertenece ya a un estadio superado por la conciencia y al que le ha llegado su última hora.

A despecho de algunas locuciones utilizadas, como «férrea necesidad», Marx no calculaba las cosas por venir como un astrónomo pueda calcular las futuras constelaciones estelares; pero tampoco fue lo que cierto periodismo psicológizante quiso hacer de él, un profeta judío, que vaticinaba catástrofes venideras. No es difícil percatarse que en él vive un fuerte *pathos* moral, que ejerce su influjo en su argumentación y forma de exposición de las cosas, pero eso no es —como no lo es su desprecio lleno de odio por el burgués— algo específicamente suyo. Estas dos cosas pueden ser encontradas igualmente en muchos no socialistas. La aportación de Marx ha consistido en haber extraído la figura del burgués, desde la esfera del resentimiento aristocrático y literario, y alzarla a la categoría de figura de la historia universal, que, en un sentido no moral, sino hegeliano, tenía que ser absolutamente inhumano para hacer surgir, como su contrario, la necesidad inmediata de lo bueno y absolutamente humano, de forma similar a como, según Hegel (*Fenomenología*, II, 257)[12], «puede decirse del pueblo judío que, precisamente por estar inmediatamente ante la puerta de la salvación, es el pueblo más reprobado». De ahí que, desde una perspectiva marxista, del proletariado sólo pueda decirse que es, de forma absoluta, la negación de la burguesía, o que sería propio de un socialismo no científico el imaginarse el aspecto que tendrá el Estado proletario del futuro. Es una necesidad sistemática que todo lo concerniente al proletariado sólo pueda ser determinado negativamente. Sólo cuando ello se haya olvidado por completo podrán hacerse algunos intentos de definir positivamente al proletariado. Lo único que puede decirse de la sociedad del futuro es que en ella no habrá antagonismos de clases, y del proletariado que es la clase social que no participa de la plusvalía, que no es poseedora de cosas, que no conoce ni familia ni patria, etc. El proletario no es, socialmente, nada[13]. De él cabe decir que, al revés que el burgués, no es nada más que un ser humano, de lo que se deriva, con una necesidad dialéctica, que durante el tiempo de transición no debe ser más que el miembro de su clase, es decir, que tiene que quedar absorbida por algo que constituye lo contrario de lo humano: la clase. El antagonismo de clases tiene que conver-

---

[12] Hegel, *Phänomenologie des Geistes* (1807), citada según la versión inglesa de James Baillie, *The Phenomenology of Mind*, Georg Allen & Unwin, Londres, 1910, p. 366 [traducción española de Manuel Jiménez: *Fenomenología del espíritu*, Pre-Textos, Valencia, 2006]. [E. K.]

[13] Ésta no es una mera forma de hablar. Si en una sociedad es posible que haya algo que socialmente no es nada, con ello se demostraría que no persiste ningún orden social. No puede haber ningún orden social que contenga un vacío así.

tirse en un antagonismo absoluto a fin de que todos los antagonismos puedan ser absolutamente superados y desaparecer en lo puramente humano.

4. La tautología del marxismo

Por consiguiente, la certeza científica del marxismo sólo hace referencia al proletariado sólo de forma negativa, en tanto en cuanto es, en el plano económico, lo dialécticamente contrario a la burguesía. En cambio, la que sí debe ser conocida positivamente y en toda su historicidad es la burguesía. Dado que su esencia radica en lo económico, Marx tuvo que seguirla hasta el ámbito de lo económico, para captarla allí de un modo exhaustivo y en su misma esencia. De conseguirlo, de lograr conocerla exhaustivamente, se habría probado que la burguesía pertenecía a la historia y estaba acabada, representando un estadio de la evolución que el espíritu ha dejado conscientemente atrás. Para el carácter científico del socialismo marxista es realmente una cuestión de vida o muerte conseguir analizar y captar de manera adecuada a la burguesía. Aquí reside el motivo más profundo de la endiablada aplicación con que Marx se sumergió en las cuestiones económicas. Se le ha objetado que, esperando encontrar las leyes naturales de la vida social y económica, limitara, sin embargo, sus estudios casi exclusivamente a la situación industrial de Inglaterra, como el «lugar clásico» del modo de producción capitalista[14], o de que sólo hablara de mercancías y va-

---

[14] Es difícil exagerar la importancia que tuvo Inglaterra en cuanto modelo del desarrollo capitalista y de la sociedad burguesa

lores, es decir, de conceptos típicos del capitalismo burgués, permaneciendo, con ello, en el ámbito de la economía antigua, es decir, la clásica economía burguesa. Esta objeción sería cierta si el específico carácter científico del marxismo radicara sólo en sus agudos análisis. Pero ciencia significa aquí el tomar conciencia de una metafísica de la evolución, que hace de la misma conciencia criterio del progreso. El enorme énfasis que Marx pone en volver, una y otra vez, a la economía burguesa no es, por consiguiente, ni un fanatismo teorético y académico ni un mero interés táctico de abordar al adversario. Responde a un imperativo totalmente metafísico. La conciencia certera sería el criterio de que comienza una nueva etapa de evolución. Mientras éste no sea el caso, mientras no esté realmente en puertas una nueva época, la época hasta ahora vigente, esto es, la burguesa, no puede ser conocida correctamente, y al revés: el hecho de que sea realmente conocida implica, a su vez, la prueba de que su tiempo toca a su fin. En semejante círculo operaría la autogarantía tanto de la certidumbre hegeliana como también, después, de la marxista. Sólo la visión verdadera de lo que es la marcha de la evolución depararía, pues, la certeza científica de que el momento histórico del proletariado ha llegado. La

---

para la teoría marxista, cosa cuidadosamente recapitulada en la respuesta de Engels, en sus *Principles of Comunism* (1847), a la cuestión sobre «cómo surgió el proletariado»: «El proletariado surgió como un resultado de la revolución industrial que se desarrolló en Inglaterra en la segunda mitad del pasado siglo (esto es, el siglo XVIII) y que se ha repetido, desde entonces, en todos los países civilizados del mundo.» (Marx and Engels, *Selected Works,* 81). *Cf.* al respecto Michael Evans, *Karl Marx*, George Allen & Unwin, Londres, 1976. [E. K.]

burguesía no puede entender al proletariado, pero sí, probablemente, el proletariado a la burguesía. De este modo, en la época burguesa irrumpe el crepúsculo: la lechuza de Minerva remonta su vuelo, y esto no quiere decir aquí que el arte y la ciencia prosperen, sino que la época en trance de desaparecer se ha convertido en el objeto de la conciencia histórica de una época nueva.

En el último y definitivo estadio, puede que una humanidad marxista que se ha encontrado a sí misma no se diferencie de aquello que la dictadura educativa racionalista veía como etapa final de la humanidad. Pero no es necesario llegar tan lejos. El racionalismo, que incluye también la historia del mundo en su reconstrucción teórica, tiene probablemente sus grandiosos momentos dramáticos; pero su incremento acaba en fiebre, y no permite ver directamente ante sí el idílico paraíso que el ingenuo optimismo de la Ilustración ponía ante sí, descrito por Condorcet en su esbozo sobre la evolución del género humano, en lo que él llamaba la «Apocalipsis de la Ilustración»[15]. El nuevo racionalismo se

---

[15] Condorcet refuta, en su *Tableau historique* (1794), la tesis, defendida por Rousseau en el *Discours sur les sciences et les arts* (1750), de que el conocimiento y el cultivo de las artes y la ciencia había llevado a la degeneración de la moral. Desde el punto de vista de Condorcet, el progreso se identifica con el conocimiento y la lucha contra la superstición, el clero y el error. Significativamente, considera el descubrimiento de la imprenta como el instrumento que creó un nuevo tribunal, el tribunal de la opinión pública. En su última época, Condorcet se preguntaba si no podía llegar un tiempo en que el bienestar de las masas comenzara a deteriorarse y en donde, a diferencia del progreso continuado de todos los períodos anteriores, habría «un movimiento retrógrado, o, al menos, un tipo de movimiento entre bueno y malo», que hiciera imposible una mejora ulterior. *Cf.* al respecto Kingsley Martin, *French Liberal Thought in the Eighteenth Century*, Phoenix, Londres, 1962, pp. 281 ss. [E. K.]

destruye y se supera dialécticamente también a sí mismo, y ante él se abre una terrible negación. El empleo de la violencia a que recurrirá ya no es la ingenua perorata de maestro de escuela de la dictadura de la educación de Fichte. El burgués no debe ser educado, sino aniquilado. La lucha, la lucha completamente real y sangrienta que aquí surge, necesita de un razonamiento distinto y de una estructura conceptual distinta de la construcción hegeliana, que, en el fondo, se queda siempre en lo contemplativo. Es verdad que ésta sigue totalmente en pie, como el factor intelectual más importante, y casi cada escrito de Lenin o Trosky nos revela la fuerza tensorial de la que aún es capaz. Pero se ha convertido en un mero instrumento intelectual al servicio de una motivación que, en realidad, ya no es racionalista. Los partidos de la lucha que ha estallado entre burguesía y proletariado tuvieron que adquirir una forma más concreta, como requería un combate real. Una filosofía de la vida concreta ofrecía al efecto, un arma conceptual, una teoría que consideraba todo conocimiento de índole intelectual como algo meramente secundario en comparación con los procesos más profundos —voluntaristas, emocionales o vitales— que estaban teniendo lugar; una teoría que correspondía a una disposición del espíritu que había hecho estremecer los cimientos del orden jerárquico de la moral tradicional, es decir, el dominio de lo consciente sobre lo inconsciente, de la *ratio* sobre los instintos. Tanto al racionalismo absoluto de la dictadura educativa como al racionalismo relativo de la división de poderes se contraponía ahora una nueva teoría del uso directo de la violencia; a la fe en la discusión se enfrentaba ahora una teoría de la acción directa. Se atacaba de raíz, en sus propios fundamentos, no sólo al parlamentarismo, sino también a la democracia aún teóricamente conservada en la dictadura educativa racionalista. Trosky observa, con razón, contra el demócrata Kautsky: en la conciencia de las realidades relativas no hay ánimo suficiente para hacer uso de la violencia y llegar a derramar sangre[16].

---

[16] En una conversación mantenida el 12 de mayo de 1982, Carl Schmitt enfatizaba la importancia de esta última sentencia para la comprensión de las políticas contemporáneas y la apreciación del dilema que él trataba de clarificar en este texto. El «sistema» liberal es una dialéctica, pero sólo permite la dictadura en forma de educación; únicamente así irrumpe aquélla en la discusión. Para Hegel, las dialécticas eran instrumentos para el análisis de la sociedad, pero Marx transforma tal *Gesellschaftsanalyse* en *Klassenkampf*. Esta lucha no precisa de educación; se trata, más bien, de una guerra en donde el enemigo es aniquilado («*ein Krieg in dem die Feinde vernichtet werden*»). Esto transforma la filosofía hegeliana en una teología política. Sobre la última sentencia de este apartado Schmitt comentaba: «es asunto de vida o muerte. Marx entendía a su enemigo —al burgués liberal— mejor que éste se entendía a sí mismo». Schmitt proseguía citando a Bruno Bauer: «Sólo quien conozca a su presa mejor que ésta se conoce a sí misma puede atraparla.» *Cf.* Carl Schmitt, «Die legale Weltrevolution: Politischer Mehrwert als Prämie auf juristische Legalität und Superlegalität», en *Der Staat*, III (1978), pp. 321-339. [E. K.]

IV

TEORÍAS IRRACIONALISTAS SOBRE EL USO DIRECTO DE LA VIOLENCIA

Permítasenos repetir que las consideraciones que aquí hacemos centran su interés, de forma sistemática, en la base ideal de determinadas tendencias de la política y de la filosofía del Estado, en el propósito de conocer la situación espiritual del parlamentarismo actual y la fuerza de la idea parlamentaria. Si en la dictadura marxista del proletariado subyacía aún la posibilidad de una dictadura racionalista, todas las doctrinas modernas de la acción directa y la utilización directa de la violencia descansan, más o menos conscientemente, en una filosofía irracionalista. En realidad, como se pudo ver bajo la dominación bolchevique, en la vida política pueden estar operantes, corrientes y tendencias muy diferentes entre sí, unas al lado de las otras. Aunque el Gobierno bolchevique reprimió, por razones políticas, a los anarquistas, todo el complejo conceptual en el que se mueve realmente la argumentación bolchevique contiene razonamientos de corte decididamente anarcosindicalistas, y el hecho de que los bolcheviques usen todo su poder político para aniquilar el anarquismo no suprime su parentesco histórico-intelectual, como la represión de los *levellers* por Cromwell tampoco eliminó su conexión con ellos[1]. Es posible que el marxismo haya podido entrar en escena en suelo ruso de una manera tan irresistible y desaforada porque el pensamiento proletario se veía libre, de un modo definitivo, de todas las ataduras de la tradición de Europa Occidental y todas las ideas morales y educativas en las que, naturalmente, vivían todavía Marx y Engels. La teoría de la dictadura del proletariado, tal como sigue siendo oficial aún hoy día en los partidos marxistas, sería, ciertamente, un hermoso ejemplo de lo que es un racionalismo consciente de una evolución histórica que se encuentra abocada al uso de la violencia; en la forma de pensar, en la argumentación, en las realizaciones organizativas y administrativas pueden mostrarse numerosos paralelismos con la dictadura jacobina de 1793, y toda la organización de la educación e instrucción del pueblo creada por el Gobierno soviético en lo que se ha llamado el *Proletkult* («el culto al proletariado») es un caso magnífico

---

[1] Isaac Deutscher nos proporciona una vívida descripción de los bolcheviques en la Revolución de Octubre en *The Prophet Armed: Trotsky, 1879-1921* (Oxford University Press, Oxford, 1970) [traducción española *Trosky, el profeta armado*. Sucesivas ediciones]; acerca de Cromwell y los *levellers,* véase Christopher Hill, *God's Englishman,* Weidenfeld & Nicholson, Londres, 1970. [E. K.]

de dictadura educacional radical[2]. Pero con ello no se ha llegado a explicar todavía por qué justamente en Rusia pudieron alcanzar tales cotas de poder las ideas del proletariado industrial de las grandes ciudades modernas. La razón de todo ello estaría en el hecho de que allí han confluido motivos de nuevo cuño, de corte irracionalista, sobre el uso de la fuerza: no fue en el racionalismo, que, llevado a una exacerbación extrema, dio un vuelco y se convirtió en su contrario y que fantaseó con utopías, sino el alborear de una nueva valoración del

---

[2] En el *Anti-Dühring* (1877-1878), Engels sugiere ya una «dictadura del proletariado», pero fue Lenin quien dio a esta idea su definitiva argumentación práctica. *Cf. Lenins's Theses on Bourgeois Democracy and Proletarian Dictatorship,* Socialist Labour Press, Glasgow, 1920. La relación entre el arte y la política en la Unión Soviética fue, en los primeros años, mucho más complicada de lo que permite suponer la referencia de Schmitt al *Proletkult*, pero, no obstante, hubo un deliberado engranaje de las dos en los años posteriores a la Revolución. El *Manifiesto del productor* (Moscú, 1921), de Alexander Rodschenko y Warwara Stepanowa, nos da algunas indicaciones del tono y contenido político del arte soviético de la época: «La tarea del grupo constructivista es dar una expresión comunista al material, trabajar de una forma constructiva.» El *Manifiesto* continúa afirmando un comunismo basado en el materialismo histórico, como la única base de la ciencia, y concluye con una serie de eslóganes de los constructivistas, como, por ejemplo: ¡Abajo con el arte, larga vida a la técnica!» Citado de *Tendenzen der Zwanziger Jahre, 15. Europäische Kunstausstellung,* Dietrich Reimer Verlag, Berlín, 1977, pp. 102-103. Pero Schmitt parece referirse aquí a la creciente preocupación del arte, en la década de 1920, por la vida y el entorno de los trabajadores y los objetos del mundo cotidiano de la clase trabajadora. El catálogo de la exposición de Berlín de 1977 es una fuente excelente para conocer las imágenes características de esta tendencia, pero sobre el desarrollo y adaptación del arte de cultura proletaria en Alemania puede consultarse también David Mellor, *Germany: The New Photography, 1927-1933,* Arts Council of Great Britain Publications, Londres, 1978. [E. K.]

pensamiento racional en general, una nueva fe en el instinto y en la intuición, que liquida toda fe en la discusión y que incluso rechazaría la idea de preparar a la humanidad, mediante una dictadura en la educación, a la *madurez* para la discusión.

1. LA TEORÍA DEL MITO DE GEORGES SOREL

De los escritos que aquí nos interesan, realmente en Alemania, sólo se ha llegado a conocer el que versa sobre el «método revolucionario» de Enrico Ferri (gracias a la traducción de Robert Michels, en la colección de Grünberg sobre las obras capitales del socialismo)[3]. La exposición que sigue se atiene a las *Réflexions sur la violence* de Georges Sorel[4], que expone con la mayor claridad el contexto histórico e intelectual de estas ideas. Además, este libro tiene la ventaja de presentar numerosos *aperçus* originales de tipo histórico y filosó-

---

[3] Enrico Ferri aparece —en Michels, *Sociologie des Parteiwesens in der modernen Demokratie* (Alfred Kröner Verlag, Leipzig, 1926) y en la *Storia critica del Movimento Socialista Italiano* (Società Editrice «La Voce», Florencia, 1926)— como un ejemplo del nuevo tipo de líder político. Ferri, profesor de Derecho, se convirtió en dirigente del Partido Socialista Italiano en 1893; a partir de 1922 se unió a los fascistas y fue nombrado senador por Mussolini. Fue el autor del influyente estudio sobre el positivismo *Socialismo e scienza positivista: Darwin, Spencer, Marx* (1894) y de un texto definitivo de Derecho criminal, *Sociologia Criminale* (1900). La traducción alemana, *Die revolutionäre Methode* (Hirschfeld, Leipzig, 1907-1910), contaba con una Introducción de Michels. [E. K.]

[4] Citado según la 4.ª edición, París, 1919 (texto primeramente publicado en 1906, en el *Mouvement socialiste* [traducción española de M.ª Luisa Balseiro: *Reflexiones sobre la violencia,* Alianza, Madrid, 2005]).

fico y confiesa abiertamente la deuda que tiene con sus ancestros espirituales, con Proudhon, Bakunin o Bergson. Su influencia es notablemente mayor de lo que pudiera parecer a primera vista, y no ha desaparecido por el hecho de que Bergson se haya convertido en un pensador no de moda[5]. Benedetto Croce dijo de Sorel que había dado una forma nueva al sueño marxista, pero que en la clase trabajadora había vencido definitivamente la idea democrática[6]. Después de los acontecimientos sobrevenidos en Rusia e Italia, eso no puede ser considerado tan definitivo. El fundamento de aquellas reflexiones de Sorel sobre la violencia es una teoría de la vida inmediata y concreta, inspirada por Bergson y aplicada, bajo la influencia de dos anarquistas, Proudhon y Bakunin, a los problemas de la vida social.

Para Proudhon y para Bakunin, el anarquismo significa, una lucha contra toda forma de unidad sistemática, contra la uniformidad centralizadora del Estado moderno, contra los políticos que hacen del Parlamento su profesión, contra la burocracia, el aparato militar y po-

---

[5] Por lo que respecta a Alemania, incluso hoy día (1926) Sorel es apenas conocido, y mientras que en los últimos años han sido vertidos al alemán numerosos escritos, Sorel ha sido ignorado, quizás a causa de la primacía de que goza aquí el papel de la «eterna conversación» romántica. Wyndham Lewis tiene razón cuando dice, en *The art of being ruled* (Londres, 1926, p. 128) que *«George Sorel is the key to all contemporary political thought»* [nota de la 2.ª edición).

[6] Benedetto Croce, *Materialismo storico ed economia marxista* (1900). Croce pensaba que Karl Marx y Georges Sorel eran «los únicos teóricos originales del socialismo». Su traducción al italiano de la obra *Refléxions sur la violence* de Sorel fue leída por Mussolini, y, a partir de 1922, Croce se convirtió en un destacado filósofo fascista. [E. K.]

licial, contra la fe en Dios, que ellos viven como un centralismo metafísico. Bajo la influencia de la filosofía de la restauración, se le impuso a Proudhon esa analogía entre las representaciones de Dios y del Estado. El fue quien le confirió un giro revolucionario, anti-Estatal y antiteológico, que Bakunin llevaría luego hasta sus últimas consecuencias[7]. Cualquier sistema completo forzaría de forma violenta la individualidad concreta, la realidad social de la vida. El fanatismo uniformador de la Ilustración no sería menos despótico que la unidad y la identidad de la democracia moderna. La unidad es la esclavitud; todas las instituciones tiránicas descasan en el centralismo y la autoridad, se hallen sancionadas o no, como pasa en la democracia moderna, por el sufragio universal[8]. A este combate contra Dios y el Estado, Bakunin le concede el carácter de una lucha contra el intelectualismo y contra la forma tradicional de la educación en general. Ve —con razón— en la advocación al intelecto una pretensión de ser el líder, la cabeza, el cerebro de un movimiento, es decir, una nueva autoridad. Incluso ni la ciencia tiene el derecho de dominar. No es la vida, no crea nada, construye y conserva, pero únicamente comprende lo general, lo abstracto, sacrificando la plenitud individual de la vida en el altar de su abstracción. Para la vida de la humanidad, el arte es más importante que la ciencia. Estas manifestaciones de Bakunin coinciden, de forma sorprendente, con de-

---

[7] *Cf.* Carl Schmitt, *Politische Theologie,* ed. cit., p. 45.

[8] Bakunin, *Oeuvres*, vol. IV, París, 1910, p. 428 (donde se habla del enfrentamiento con Marx el año 1872), y vol. II, p. 34 (el *referendum* como la nueva mentira) [traducción española de Diego Abad de Santillán: *Obras Completas* en 5 vols. Las Ediciones de la Piqueta, Madrid, 1977-1986].

terminados pensamientos de Bergson y han sido resaltadas con toda razón[99]. A partir de la vida directa e inmanente de la propia clase trabajadora se ha reconocido la importancia de los sindicatos y de sus medios específicos de lucha, sobre todo la huelga. Así es como Proudhon y Bakunin se convirtieron en padres del sindicalismo y crearon la tradición donde se asientan, apoyándose en argumentos de la filosofía bergsoniana, los pensamientos de Sorel. Su núcleo central está constituido por una teoría del mito que representa el antagonismo más fuerte respecto al racionalismo absoluto y a su dictadura educativa, pero también, al mismo tiempo —dado que es una doctrina de la decisión activa y directa— mantiene un antagonismo todavía mayor respecto al racionalismo relativo de todo ese complejo de cosas agrupadas en torno a ideas como el equilibrio, el debate público y el parlamentarismo.

---

[9] Cf. Fritz Brupbacher, *Marx und Bakunin, ein Beitrag zur Geschichte der internationalen Arbeiterassoziation,* Birk, Múnich, 1913, pp. 74 ss. [Ellen Kennedy añade a la nota de Schmitt: En las páginas 75 y 76 del libro de Brupbacher se habla de una discusión entre Bakunin y Bergson. *Cf.* también J. J. Hamilton, «Georges Sorel and the Inconsistencies of a Bergsonian Marxism», en *Political Theory*, I (1973), pp. 329-340. La obra de Bergson *L'evolution créatice* (1907) [traducción española: *La evolución creadora,* Espasa-Calpe, 2.ª ed., Madrid, 1985], interpretaba la historia haciendo referencia a un creador que va conociendo. El conjunto de su obra había surgido a partir de una crítica de la ciencia y del positivismo, y en el corazón de la filosofía bergsoniana se puede encontrar la afirmación de que Dios (como quiera que éste sea concebido) es más importante que el cálculo frío de la ciencia moderna. A fin de cuentas, éste es, en el pensamiento de Bergson, el significado del *élan vital*. La literatura sobre Bergson es enorme; una bibliografía exhaustiva al respecto hasta 1974 la suministró P. A. Y. Gunter, *Henri Bergson: A Bibliography,* Philosophy Documentation Center, Bowling Green, Ohio, 1974.]

La capacidad para actuar y el heroísmo, como toda actividad decisiva en la historia universal residiría, para Sorel, en la fuerza para forjar mitos. Ejemplos de mitos así serían: la idea de la fama y del renombre entre los griegos, la espera del Juicio Final en el cristianismo primitivo, la fe en la «*vertu*» y la libertad revolucionaria durante la gran Revolución Francesa, o bien el entusiasmo nacional de las guerras de liberación alemanas de 1813. Sólo en el mito reposa el criterio para saber si un pueblo u otro grupo social tienen o no una misión universal y si ha llegado su momento histórico. El gran entusiasmo, la gran decisión moral o el gran mito surgirían de lo profundo de los auténticos instintos vitales, no de un razonamiento o de consideraciones prácticas. Una masa entusiasta, llevada por su intuición directa, crea la imagen mítica que impulsa su energía hacia adelante, que le infunde tanto la fuerza para el martirio como el coraje necesario para servirse de la violencia. Sólo así un pueblo o una clase se convierten en motor de la historia universal. Donde ello falte, es imposible mantener un poder social y político, y ningún aparato mecánico podrá levantar un dique cuando se desencadena una nueva corriente de vida histórica. Según esto, lo importante es ver certeramente dónde reside realmente hoy día esa capacidad de mito y esa fuerza vital. Con seguridad, no se encuentra entre la burguesía moderna, esa capa social depravada por el miedo a perder el dinero y los bienes, moralmente quebrantada por el escepticismo, el relativismo y el parlamentarismo. La forma de administrar el poder que tiene esta clase, la democracia liberal, no sería otra cosa que una «plutocracia demagógica»[10].

---

[10] *Cf.* Georges Sorel, *Réflexions sur la violence* [traducción española citada *Reflexiones sobre la violencia*]. Para un alegato con-

¿Quién es, pues, hoy el portador del gran mito? Sorel trata de demostrar que únicamente las masas socialistas del proletariado industrial tienen todavía un mito en el que creen: la huelga general. Sería mucho menos importante saber qué es lo que, en la actualidad, realmente significa huelga general, qué clase de fe une al proletariado con ella o qué hazañas y sacrificios puede inspirar, y si es capaz de generar una nueva moral. La fe en la huelga general y en la tremenda catástrofe, provocada por ella, de la totalidad de la vida económica y social formaría parte, por tanto, de la vida del socialismo. Habría surgido del seno de las propias masas, directamente de la vida del proletariado industrial, no como un invento de intelectuales y literatos, no como una utopía; pues hasta la utopía sería, según Sorel, un producto del espíritu racionalista y querría adueñarse de la vida desde afuera, según un esquema mecanicista.

Desde la perspectiva de esta filosofía, hasta el ideal burgués de un entendimiento pacífico, del cual todos obtendrían provecho y harían un buen negocio, se convierte aquí en un engendro del intelectualismo cobarde; la negociación, donde se discute, transige y parlamenta, aparece como una traición al mito y al gran entusiasmo, del que todo depende. A la imagen mercantilista de la balanza que equilibra se le contrapone otra distinta, la representación bélica de una sangrienta, definitiva y de-

---

temporáneo de este punto de vista véase C. B. MacPherson, *The Life and Times of Liberal Democracy* (Oxford University Press, Oxford, 1977), en donde la democracia liberal es —según la definición más consistente de la misma dada por MacPherson— «la democracia de una sociedad de mercado capitalista» en la que el liberalismo significa «la libertad que tiene el más fuerte para mantener sometido al más débil siguiendo las reglas del mercado».

cisiva batalla de aniquilación. Esta cruenta imagen emerge en 1848, enfrentada al constitucionalismo parlamentario, en los dos bandos: en el del orden tradicional, de signo conservador, representado por un católico español, Donoso Cortés, y en el anarcosindicalismo radical de Proudhon. Ambos reclaman una decisión. Todas las ideas del autor español giran en torno a «la gran contienda», la terrible catástrofe que se acerca y que sólo puede ser negada por la cobardía metafísica de un liberalismo discutidor. Y Proudhon, de cuyo pensamiento resulta significativo aquí el escrito *La guerre et la paix,* habla de la batalla napoleónica —la «*bataille napoléonienne*»— que aniquila al enemigo[11]. Toda la serie de violencias e infracciones del Derecho que forman parte de una lucha cruenta reciben en Proudhon su sanción histórica. En vez de los antagonismos relativos, accesibles a un tratamiento parlamentario, ahora aparecen antítesis absolutas. «Llega el día de las negaciones radicales o de las afirmaciones soberanas»[12]; ninguna discusión parlamentaria lo podrá detener; el pueblo, impulsado por los instintos, romperá a golpes el atril de los sofistas. Se trata de afirmaciones de Donoso Cortés, que podrían corresponder, literalmente, a Sorel, salvo porque el anarquista está del lado de los instintos del pueblo. Para Donoso, el socialismo radical es más ad-

---

[11] Proudhon, *La guerre et la paix* (1861), en *Oeuvres completes,* vols. XIII-XIV, Librarie International, París, 1867-1870. [E. K.]

[12] En castellano en el texto de Carl Schmitt, tomado de Donoso Cortés, *Obras,* vol. IV, p. 155 (*Ensayo sobre el catolicismo, el liberalismo y el socialismo* [con su última edición en Biblioteca Nueva, Madrid, 2007]). *Cf.* también Carl Schmitt, *Donoso Cortés in gesamteuropäischer Interpretation,* Greven Verlag, Colonia, 1950. [E. K.]

LOS FUNDAMENTOS HISTÓRICO-ESPIRITUALES... 289

mirable que la transigencia liberal, porque va a los problemas últimos y ofrece una respuesta decisiva a cuestiones radicales y porque posee una teología. Precisamente el enemigo es aquí Proudhon, no por haber sido el socialista más nombrado en 1848, contra el que Montalembert pronunció un famoso discurso parlamentario[13], sino por defender un principio radical de una forma radical. Donoso Cortés se desesperaba por la estúpida vacuidad de los legitimistas y la artería cobarde de la burguesía. Sólo en el socialismo veía aún lo que él llamaba «instinto»*, extrayendo de ahí la conclusión de que, a la larga, todos los partidos trabajaban para el socialismo. Es así como los antagonismos adquirieron de nuevo una dimensión conceptual y, con frecuencia, una tensión directamente escatológica. A diferencia de lo que sucedía en la tensión dialécticamente construida del marxismo hegeliano, aquí se trata de antagonismos directos e intuitivos entre diversas imágenes míticas. Desde las alturas de su aprendizaje hegeliano, Marx pudo tachar a Proudhon de filósofo diletante y mostrarle hasta qué punto había entendido mal a Hegel[14]. Hoy

---

[13] Charles-Forbes, conde de Montalembert (1810-1870), representó a mediados del siglo XIX al liberalismo católico francés. Se oponía a los ultramontanos, entrando en una larga controversia con su líder Louis Veuillot. Montalembert también se resistía a aceptar la doctrina de la infalibilidad papal, pero luego, cuando fue reprendido por la Curia, se sometió. Fue un defensor directo de la Revolución de Febrero, de 1848, luchando por la separación de Iglesia y Estado en Francia. [E. K.]

* En castellano en el original (N. del T.).

[14] Proudhon era, para Marx, «un ideólogo de la pequeña burguesía». *Cf.* Marx, «Carta a P. V. Annenkow en París» (28 de diciembre de 1846), en donde critica la filosofía de Proudhon, como «una fantasmagoría que, de un modo presuntuoso, pretende ser dia-

día, un socialista radical, podría mostrar, a su vez, a Marx, ayudándose de una filosofía actual, que en este tema no fue más que una suerte de maestro de escuela que seguía inmerso en la sobrevaloración intelectualista de la educación burguesa de Occidente, mientras que el Proudhon al que él había atacado poseía, en todo caso, el instinto para entender la vida real de las masas trabajadoras. A los ojos de Donoso Cortés, este anarcosocialista era un pérfido demonio, al igual que, a su vez, el católico fue para Proudhon, un fanático, un gran inquisidor, del que intentaba reírse. Hoy es fácil apreciar que es aquí donde se encuentran los verdaderos enemigos, no siendo el resto más que medias tintas[15].

---

léctica», y al propio Proudhon como a un hombre para quien «la vida burguesa es una verdad eterna». Marx y Engels, *Selected Works*, ed. cit., vol. I, pp. 519 y 524 [traducción española citada]. [E. K.]

[15] Nota de Schmitt a la 2.ª edición: A lo que tengo que añadir: los dos enemigos genuinos dentro del ámbito cultural occidental. Pues Proudhon seguía aún en la línea de la tradición moral transmitida; su ideal era la familia monógama, basada estrictamente en la *patria potestas,* cosa que estaría en contradicción con un anarquismo consecuente; *cf.* al respecto mi *Politische Theologie,* ed. cit., p. 55. Sólo con los rusos, sobre todo con Bakunin, aparece el enemigo por antonomasia de todos los conceptos tradicionales de la cultura occidental. Proudhon y G. Sorel serían aún —en esto le doy la razón a Wyndham Lewis (*op. cit.*, p. 360)— «romanos», no anarquistas como los rusos. J. J. Rousseau, al que Wyndham Lewis tiene, igualmente, por un auténtico anarquista, no me parece a mí un caso claro, porque es un romántico, habiéndose, por tanto, de juzgar su relación con cuestiones como el Estado y la familia sólo como un caso del ocasionalismo romántico. [Ellen Kennedy añade a la nota de Schmitt: El atacar a Rousseau como romántico fue un tema muy frecuentado por la Action Française en los años anteriores a 1914; *cf.* Ellen Kennedy, «Bergson's Philosophy and French Political Doctrines: Sorel, Maurras, Peguy and de Gaulle», *Government & Opposition,* vol. XV, n.º 1, 1979, pp. 80-84.]

Las concepciones bélicas y heroicas, que se asocian con luchas y batallas, vuelven a ser tomadas en serio por Sorel, como si se tratara de verdaderos impulsos de una vida intensa. El proletariado debe creer en la lucha de clases como en un combate real, no como un lema referido a debates parlamentarios o a la agitación propia de las elecciones democráticas. El proletariado entiende esa lucha de clases a partir de un instinto vital, no siendo autor de ninguna construcción científica, pero sí creador de un potente mito, en donde encuentra el ánimo que necesita para la batalla decisiva. De ahí que para el socialismo y su pensamiento de la lucha de clases, no exista un peligro mayor que la Política como profesión y la participación en los mecanismos parlamentarios. Éstas transmutan en desánimo el gran entusiasmo, convirtiéndolo en pura palabrería y en intrigas, matando los auténticos instintos e intuiciones de donde surge la decisión moral. Lo que la vida humana puede tener de valor no vendría de un razonamiento; surgiría, de una situación de guerra, entre personas que, animadas por grandes imágenes míticas, participan en el combate. Dependería, como se dice, literalmente, en las *Réflexions sur la violence* (p. 319), «*d'un état de guerre auquel les hommes acepten de participer et qui se traduit en mythes précis*»[16]. El entusiasmo bélico y revolucionario, y la expectativa del acaecimiento de enormes catástrofes formarían parte de la intensidad de la vida y serían los motores de la historia. Pero el impulso tiene que proceder de las propias masas; los ideólogos y los intelectuales no pueden inventarlo. Así se habrían originado las guerras revolucionarias de 1792; y el porqué

---

[16] *Réflexions sur la violence*, p. 319.

de la época que Sorel, como Renan, celebra como la epopeya más grande del siglo XIX, a saber, las guerras de liberación alemanas de 1813[17]: su espíritu heroico habría surgido de la irracionalidad de la energía vital de una masa anónima.

Toda interpretación racionalista falsearía la inmediatez de la vida. El mito no es una utopía. La utopía, como producto de un pensamiento que razona, lleva, a lo sumo, a una serie de reformas. Tampoco debe confundirse el *élan* bélico con el militarismo, y, sobre todo, el uso de la fuerza de esta filosofía de la irracionalidad quiere ser algo distinto de la dictadura. Sorel, como Proudhon, odia todo intelectualismo, toda centralización o uniformación, y sin embargo, exige también, como Proudhon, la disciplina y la moral más férreas. La gran batalla no será producto de una estrategia científica, sino de una «*accumulation d'exploits héroiques*» y el desencadenamiento de la «*force individualiste dans les masses soulevées*»[18]. La violencia creadora, tal como brota de la espontaneidad de las masas entusiastas, es, en consecuencia, también algo distinto que la dictadura. Tanto el racionalismo como las distintas clases de monismo que le siguen, la centralización y la uniformidad, además de las ilusiones burguesas sobre el «gran hombre», formarían parte, según Sorel, del cuadro de la dic-

---

[17] La guerra de liberación contra las tropas francesas ocupantes fue el inicio de «un genuino despertar popular», y las reformas del ministro prusiano Karl von Stein «arrancó de la idea fundamental de enarbolar un espíritu moral, religioso y patriótico en la nación». *Cf.* E. J. Passant, *Germany, 1815-1945,* Cambridge University Press, Cambridge, 1971, pp. 6-7; así como James J. Sheehan, *German Liberalism in the Nineteenth Century,* ed. cit., pp. 7 ss. [E. K.]

[18] *Refléxions sur la violence,* ed. cit., p. 376.

tadura. Su resultado práctico sería la subyugación sistemática, la crueldad en forma de justicia y todo un aparato de carácter mecánico. La dictadura no es otra cosa que una maquinaria militar-burocrático-policial nacida del espíritu racionalista; en cambio, el uso de la violencia revolucionaria por parte de las masas resulta expresión de la inmediatez de la vida, frecuentemente salvaje y bárbara, pero nunca sistemáticamente cruel e inhumana.

La dictadura del proletariado significa, tanto para Sorel como para los que comparten el contexto histórico espiritual de su pensamiento, una vuelta a 1793. Cuando el revisionista Bernstein expresó la opinión de que esta dictadura sería probablemente la de un club de oradores y literatos, estaba pensando en una imitación a lo sucedido en 1793, a lo que Sorel le replica (en la p. 251 de sus *Réflexions*): la idea de una dictadura del proletariado es parte de la herencia del *ancien régime*[19]. Tiene como resultado, como ya sucediera con los jacobinos, el establecimiento de un nuevo aparato burocrático y militar que ocupa el sitio del antiguo. Esto daría lugar a una nueva dominación de intelectuales e ideólogos, pero en ningún caso a una libertad proletaria. Incluso Engels, del que procede la afirmación de que con la dictadura del proletariado sucederá lo que sucedió en 1793, es, a los ojos de Sorel, un racionalista típico[20]. Pero de

---

[19] Sorel replicaba, en sus *Réflexions sur la violence*, p. 251, a Eduard Bernstein: «*la dictatur du proletariat [...] signaler un souvenir de l'Ancien Regime*». *Cf.* Peter Gay, *The Dilemma of Democratic Socialism: Eduard Bernstein's Challenge to Marx*, Columbia University Press, Nueva York, 1952. [E. K.]

[20] Sorel, *Matériaux d'une théorie du prolétariat*, Marcel Rivière, París, 1919, p. 53.

esto no se sigue que la Revolución proletaria tenga que proceder de un modo revisionista-pacifista-parlamentario. Más bien, en vez del poder mecánicamente concentrado del Estado burgués, hace su aparición la violencia creadora del proletariado, en lugar de la *«force»*, la *«violence»*. Ésta no es otra cosa que un acto de guerra, y no una medida que revista forma jurídica y administrativa. Marx no habría conocido aún la diferencia porque seguía viviendo en medio de las representaciones políticas heredadas. Los sindicatos proletarios, apolíticos, y la proletaria huelga general engendrarán métodos de lucha específicos y nuevos, haciendo totalmente imposible el recurso a los antiguos medios políticos y militares. De ahí que, para el proletariado, no haya más que un peligro: que se deje desposeer de sus instrumentos de lucha por la democracia parlamentaria, y que quede así paralizado (*Refléxions,* p. 268)[21].

Sólo es posible oponerse a una teoría tan decididamente irracionalista, con argumentos[22] y en este sentido

---

[21] *Réflexions sur la violence,* p. 268.

[22] No se podrá objetar a Sorel el que se apoye en Bergson. Toma como base de sus teorías políticas de lo antipolítico o de lo antiintelectual una filosofía de la vida concreta e inmediata, y una filosofía así ofrece, como el hegelianismo, diversas posibilidades de utilizar ese lema en la vida concreta. Por lo que concierne a Francia, la filosofía bergsoniana sirvió, simultáneamente, tanto para una vuelta de la tradición conservadora y del catolicismo como para un anarquismo radical y ateo. Esto no es, en absoluto, un signo de su falsedad de fondo. Este fenómeno tendría una interesante analogía con el antagonismo entre la derecha y la izquierda hegeliana. Se podría decir que una filosofía tiene, ella misma, una vida actual cuando suscita vivos antagonismos y hace un grupo viviente de los enemigos que se combaten. Bajo esta perspectiva es digno de tener en cuenta que únicamente los adversarios del parlamentarismo han sacado de la filosofía de Bergson esa forma de vivificación. El liberalismo ale-

habrá que hacer referencia a una serie de incoherencias; entiéndase bien, no a errores en el sentido de la lógica abstracta, sino a contradicciones por carencias orgánicas. En primer lugar, Sorel intenta mantener en todo momento la base puramente económica de la perspectiva proletaria, partiendo cada vez más decididamente, pese a sus muchas objeciones, de Marx. Espera que el proletariado cree una moral propia de productores económicos. La lucha de clases es una lucha que se desarrolla sobre esa base económica y que se sirve de medios de índole económica. En el capítulo anterior ya mostramos cómo Marx, por una necesidad sistemática y lógica, siguió a su enemigo, el burgués, hasta en el ámbito económico. Por tanto, aquí ha sido el adversario el que ha decidido el terreno donde se ha de luchar, e incluso las armas de la lucha, es decir, la estructura de la argumentación. Si se sigue al burgués hasta su terreno económico, también habrá que seguirle en la democracia y el parlamentarismo. Además, sin el racionalismo técnico-económico de la economía burguesa no será posible situarse, al menos provisionalmente, en el ámbito económico. Al mecanismo de la producción creada por la época capitalista le son inherentes, en sí mismas, sus propias leyes racionales, aunque muy probablemente del propio mito quepa extraer el ánimo requerido para romperlo a golpes; pero si el mecanismo sigue adelante, si la producción continúa creciendo —cosa que, naturalmente, hasta Sorel quiere—, el proletariado

---

mán de mediados del siglo XIX ha utilizado, al contrario, precisamente el concepto de vida para el sistema parlamentario-constitucional, viendo en el Parlamento el vivo portador de los antagonismos de la vida social.

tendrá que renunciar a su mito. Exactamente al igual que la burguesía el predominio del mecanismo de producción le precipitará a entrar en un estadio racionalista y mecanicista carente de mitos. En esto Marx fue, hasta en un sentido vital, más consecuente, por ser más racionalista. Pero desde el punto de vista de lo irracional, constituía una traición pretender ser aún más economicista y más racionalista que la propia burguesía. Así lo entendió Bakunin con toda razón. La cultura y la forma de pensar de Marx permanecieron dentro del marco de la tradición recibida, que entonces era la burguesa, de manera que siguió conservando una relación de dependencia conceptual con su adversario. Pese a todo, precisamente con su construcción de la figura del burgués, ha prestado un servicio imprescindible a la forja del mito en el sentido de Sorel.

2. LA IMAGEN MITOLÓGICA DEL BURGUÉS

No puede negarse la gran importancia psicológica e histórica de la teoría del mito. También, la construcción de la figura del burgués emprendida con los medios de la dialéctica hegeliana ha servido para crear una imagen de un enemigo en la que podían cristalizar todos los afectos del odio y el desprecio. Creo que la historia de esta imagen del burgués es tan importante como la historia del burgués mismo. Una caricatura como ésta, construida al principio por aristócratas, será propagada, en el siglo XIX, por artistas y poetas románticos. La extensión del influjo de Stendhal determinará que todos los literatos desprecien al burgués, incluso aun cuando vivan de él, y sus obras se conviertan en lectura preferida de un público burgués, como *Les scènes de la vie de bohème*, de Henri Murger*. Más importante que esas caricaturas es el odio de genios socialmente desclasados, como Baudelaire, que ha aportado nueva vida a esta imagen. Esta figura, creada en Francia por autores franceses y referida al burgués francés la elevan Marx y Engels a la categoría de una construcción de la historia universal. Para ellos adquiere el significado de último representante de una humanidad prehistórica, dividida en clases, del último enemigo de la humanidad en general, del postrer *odium generis humani*. Así es como la imagen se expandió ilimitadamente, siendo transferida hacia el Este con un inmenso trasfondo, no sólo histórico, sino incluso metafísico. Aquí pudo infundir nueva vida —y recibirla, a su vez, de él— al odio ruso contra la complicación, la artificialidad y el intelectualismo de la civilización occidental. Sobre suelo ruso se unificaron todas las energías que habían creado esa imagen del burgués. Ambos, tanto el ruso como el proletario, veían ahora en el burgués la encarnación de todo aquello que trataba de esclavizar, como un mecanismo letal, su forma de vida.

3. MITOS DE LA LUCHA DE CLASES Y MITOS NACIONALES EN EL ANTAGONISMO ENTRE BOLCHEVISMO Y FASCISMO

La imagen había emigrado de Occidente hacia el Este. Pero allí se apoderó de ella un mito que ya no cre-

---

* Traducción española: *Escenas de la vida bohemia*, Montesinos, Barcelona, 2001. En este libro se basa *La bohème*, de Puccini (N. del T.).

ce meramente a partir de instintos de lucha de clases, sino que contiene fuertes elementos nacionales. Sorel añadió a la última edición de sus *Refléxions sur la violence,* en 1919, una apología de Lenin[23]. Lo calificaba del más grande teórico que el socialismo haya tenido desde los tiempos de Marx y lo compara, como estadista, con Pedro el Grande, con la diferencia de que ahora Rusia no asimilaba el intelectualismo de la Europa occidental, sino, más bien, todo lo contrario: el uso proletario de la violencia habría logrado, al menos aquí, que Rusia volviera a ser rusa, y Moscú de nuevo la capital del Estado, y que la élite superior de la sociedad, europeizada y que despreciaba su propio país fuera aniquilada. La violencia proletaria habría vuelto a hacer a Rusia moscovita. ¡Extraño elogio en boca de un marxista internacionalista, pues revela que la energía de lo nacional es mayor que el mito de la lucha de clases!

También los otros ejemplos de mitos mencionados por Sorel demuestran, al incidir en esta nueva época, que el mito más fuerte es el nacional. Las guerras revolucionarias del pueblo francés, las guerras de liberación españolas y alemanas contra Napoleón son síntomas de una energía de carácter nacional. En el sentimiento de lo nacional operan distintos elementos de una manera sumamente distinta en los diferentes pueblos: las ideas más naturales sobre la raza y el origen, un *«terrisme»* que parece típico de las tribus céltico-romanas; y, luego, la lengua, la tradición, la conciencia de una cultura y una educación común, así como la conciencia de una

---

[23] Sorel escribió un Apéndice a la 4.ª edición de sus *Refléxions sur la violence* con el título «Pour Lenine» (ed. cit., pp. 437-454). [E. K.]

comunidad de destino, y una sensibilidad respecto al ser distinto a los demás, todo eso se mueve hoy más bien en dirección de lo nacional que de los antagonismos de clase. Ambas cosas pueden coincidir, como se ve por el ejemplo de la amistad entre Padraic Pearse, el mártir de la nueva conciencia nacional irlandesa, y el socialista irlandés Connolly, víctimas los dos del levantamiento dublinés contra los ingleses en 1916[24]. Incluso un común enemigo imaginario puede producir una coincidencia; así, la lucha del fascismo contra la masonería coincidiría con el odio que también sienten los bolcheviques por la masonería, estigmatizada como «el engaño más pérfido de la clase trabajadora, por obra de una burguesía radicalizada»[25]. Pero allí donde se ha llegado a una abierta confrontación entre estos dos mitos, en Italia, el triunfador ha sido, hasta hoy mismo, el mito

---

[24] Patrick Pearse y James Connolly fueron ejecutados por pelotones de fusilamiento después del Levantamiento de Pascua de 1916. Ambos se convirtieron en héroes del movimiento nacional irlandés, pero la muerte de Connolly adquirió una importancia casi mística en la política irlandesa en parte porque estaba tan malherido que las tropas británicas tuvieron que atarlo, para su ejecución, a una silla. El análisis marxista de Connolly ha tenido poco impacto, pero su muerte se convirtió en un poderoso símbolo en la historia posterior de Irlanda. Se ha afirmado que Pearse «ha tenido más influencia que cualquier otra persona en la Irlanda del siglo XX». *Cf.* al respecto P. MacAonghusa, *Quotations from P. H. Pearse*, Mercier Press, Dublín y Cork, 1979. Si bien las metáforas sobre su nacionalismo son diferentes, pues el de Pearse es un nacionalismo místico católico y el de Connolly marxista, ambos han quedado unidos en la misma mística de muerte y salvación nacional que en los años ochenta del pasado siglo seguía estando presente en la política irlandesa actual. [E. K.]

[25] Manifestación de Trotsky en el IV Congreso de la III Internacional (1 de diciembre de 1922).

nacional. El fascismo italiano ha retratado a su enemigo comunista sirviéndose de una imagen horrible, con el rostro mongólico del bolchevismo; ello ha producido una mayor impresión y suscitado más repulsión que la imagen del burgués. Hasta el momento hay sólo un único caso donde, invocando el recurso al mito, fueron dejados despectivamente de lado la democracia y el parlamentarismo, y eso ha sido un ejemplo de la fuerza irracional del mito nacional. En su famoso discurso en Nápoles en octubre de 1922, antes de la marcha sobre Roma, Mussolini dijo: «Nosotros hemos creado un mito, y el mito es una fe, un noble entusiasmo, no necesita, para ser, de ninguna realidad, es un impulso y una esperanza, fe y coraje. Nuestro mito es la nación, la gran nación, que nosotros queremos convertir en una realidad concreta»[26]. En el mismo discurso, alude al socialismo como una mitología inferior. Como antaño, en el siglo XVI, ha sido de nuevo un italiano quien ha dado expresión al principio de la realidad política. La importancia histórica de este ejemplo para la cultura política es especialmente grande porque el entusiasmo nacional tenía, en suelo italiano, una tradición democrática y parlamentario-constitucional, y parecía estar dominada por la ideología del liberalismo anglosajón.

La teoría del mito es el síntoma más contundente de que el racionalismo relativo del pensamiento parlamentario ha perdido la evidencia que tenía. Cuando los autores anarquistas descubrieron, por enemistad hacia la

---

[26] El discurso de Mussolini en Nápoles, pronunciado el 24 de octubre de 1922, fue un hito en el camino de la toma de poder en Italia por parte de los fascistas. *Cf.* Adrian Lyttelton, *The Seizure of Power: Fascism in Italy, 1919-1929,* Weidenfeld & Nicholson, Londres, 1973. [E. K.]

autoridad y la unidad, la importancia de lo mítico, colaboraban, sin quererlo, en fundamentar una nueva autoridad, un nuevo sentimiento de orden, disciplina y jerarquía. El peligro teórico de tales irracionalidades es, verdaderamente, grande. Los últimos sentimientos de solidaridad, todavía vigentes, al menos, en algunos restos, se ven superados por el pluralismo de un número incalculable de mitos. Para la teología política se trata de un politeísmo, como todo mito es politeísta. Pero esta fuerte tendencia del presente no puede ser ignorada. Acaso quizás un optimismo parlamentario espere relativizar también este movimiento y, como en la Italia fascista, aguarde, apechando, esperando, mientras tanto, la recuperación del debate. Y acaso aspire incluso someter a discusión la propia discusión, probando que se discuta. Pero en esa discusión reanudada, el optimismo parlamentario no debiera darse por contento repitiendo y haciendo valer, otra vez más, únicamente su réplica: «parlamentarismo, o ¿qué otra cosa, si no?», como si, de momento, no hubiera ninguna alternativa. Ésta no sería más que una argumentación desvalida, incapaz de hacer renacer una época de discusión[27].

---

[27] Beyerle, *Parlamentarisches System— oder was sonst?*, Pfeiffer & Co. Verlag, Múnich, 1921. [E. K.]

ESTUDIO DE CONTEXTUALIZACIÓN

Die geistesgeschichtliche Lage des heutigen Parlamentarismus de CARL SCHMITT en su circunstancia histórica

Por *Ellen Kennedy**

> «Le principe détermine les formes; les formes revèlent le principe.»
>
> GUIZOT (1851)

> «De hecho, una institución se mantiene y cae no por su ideología, sino por lo que el propio Carl Schmitt define como su vitalidad, su sustancia, su fuerza.»
>
> RUDOLF SMEND (1928)

---

* Este trabajo corresponde al estudio de la presentación que la autora sitúa como introducción a *The crisis of parliamentary democracy* (Cambridge, Massachusetts, 1988), la edición americana del trabajo de Schmitt.

La lectura más extendida de *Die geistesgeschichtliche Lage des heutigen Parlamentarismus*, parte del presupuesto de que fue un libro «bien recibido entre el amplio espectro de prejuicios antiparlamentarios de la República de Weimar», un texto que tanto por su método como por su contenido extremaba al máximo la polarización generada por la Constitución de Weimar. Según esta interpretación, Schmitt habría sido «el teórico de los resentimientos de toda una generación», cuya crítica minó los cimientos de la primera República alemana al cuestionar una de sus instituciones políticas centrales, el *Reichstag*. Pocos cambios se han operado en este punto de vista desde 1923. Sesenta años después, el *Parlamentarismus* de Schmitt sería calificado como un texto de «terrible relevancia», que ha de ser leído como advertencia «sobre dónde se llega cuando se ha sucumbido a las tentaciones del antiparlamentarismo». Sólo cabe una alternativa al parlamentarismo, como escribió Christian Graf von Krockow a finales de 1983: «Si las mayorías convencionales no tienen ya la última palabra... entonces el eslogan del momento sólo puede ser la dictadura»[1].

Este punto de vista es digno de mención no porque sea inusual, sino porque esta misma pregunta y argumentación fue avanzada ya en la reseña que Richard

---

[1] Las citas de este párrafo han sido tomadas de Robert Leicht, «Ein Staatsrecht ohne das Recht: Über die Machtphantasien eines Unpolitischen», en *Süddeutsche Zeitung,* n.º CLIV (8/9 de julio de 1978), y Christian Graf von Krockow, «Freund oder Feind: Parlamentarismus oder Diktatur —Die Unheimliche Aktualität und Kontinuität des Carl Schmitt», *Die Zeit,* n.º XLVI, 11 de noviembre de 1983. *Cf.* también Ellen Kennedy, «Carl Schmitt in West German Perspective», en *West European Politics,* IV (1984), pp. 120-127.

Thoma hizo en 1925 del ensayo de Schmitt[2]. Ocho años antes de que el nombramiento de Adolf Hitler como *Reichskanzler* pusiera fin a la democracia en Alemania, Thoma acusaba a Schmitt de simpatizar políticamente con lo irracional y de mantener una preferencia apenas disimulada, en favor de la dictadura en alianza con la Iglesia católica, como solución de los problemas políticos de Alemania. Pese al rechazo de esta acusación por parte de Schmitt en su réplica a Thoma recogida en el prefacio a la segunda edición de la obra publicada en 1926, ha persistido el punto de vista de que la crítica por él efectuada al Gobierno parlamentario fue, de hecho, un preludio de la dictadura. Pero para entender la razón de ello, y hacerse un juicio correcto sobre la validez de esta interpretación, tendremos que encuadrar antes la obra de Schmitt en su contexto histórico e intelectual.

I. EL CONTEXTO DE DIE GEISTESGESCHICHTLICHE LAGE DES HEUTIGEN PARLAMENTARISMUS

En los primeros años de la República de Weimar, Carl Schmitt fue estrechamente identificado con el catolicismo político[3]. Su obra, *Römischer Katholizismus*

---

[2] Richard Thoma, «Zur Ideologie des Parlamentarismus und der Diktatur», en *Archiv für Sozialwissenschaft und Sozialpolitik,* LIII (1925), pp. 215-217.

[3] El catolicismo político en la Alemania de Weimar y antes de ella en el *Reich* Guillermino, era, además de una opción intelectual e incluso cabría decir que vital, una organización política perfectamente estructurada en el partido *Zentrum,* que en principio se incluyó en la coalición que dio luz a la Constitución de 1919, participando y diri-

und politische Form (1923, 1925), así como sus fuertes contactos con los círculos políticos e intelectuales católicos en 1926, hacían de él un destacado exponente del punto de vista católico entre los juristas alemanes[4], de manera pues que sus opiniones ejercían un gran atractivo en Europa. Uno de los más influyentes partidarios de su análisis sobre el parlamentarismo y la democracia era Karl Muth, editor del diario católico *Hochland*. Al volver de Francia en la primavera de 1926, Muth escribía a Schmitt: «En París tuve muchas oportunidades de hablar con franceses sobre usted. Allí hay ciertamente un vivo interés por su obra, y una tarde, en casa de Jacques Maritain, me encontré a Monsieur Linn, tra-

---

giendo algunos de sus gobiernos a través de personajes como Konstantin Fehrenbach y Wilhelm Marx, Heinrich Brüning, y que en 1932 mantuvo un actitud ambigua ante Hitler, ya que si, por un lado, fueron los disidentes del ala derecha del partido guiados por Von Papen y Popitz y auxiliados intelectualmente por Schmitt, los que desde el orden constitucional abrieron las puertas de la legalidad a la *revolución conservadora* que desembocó en el nazismo, de otro, el partido oficialmente se mantuvo al margen de las maniobras que determinaron el ascenso al poder de Hitler. Ello no fue óbice para que a partir de la constitución del gabinete Hitler-von Papen en enero de 1933, el partido iniciara una senda de efímera colaboración que incluso le llevó a votar la ley de plenos poderes que el parlamento concedió a Hitler el 23 de marzo de 1933 y a que también unos meses después, el 20 de julio de 1933, el Vaticano firmara un nuevo concordato con Berlín (N. del T.).

[4] Carl Schmitt, *Römischer Katholizismus und politische Form*, Jakob Hegner Verlag, Hellerau, 1923 (hay traducción española de Pedro Madrigal de la 2.ª edición: *Catolicismo Romano y forma política*, Tecnos, Clásicos del Pensamiento, Madrid, 2011). La segunda edición fue publicada con el *imprimatur* de la católica Theatiner Verlag, Múnich y Roma, 1925. La traducción inglesa es de E. M. Codd, con una introducción de Christopher Dawson, y apareció en la serie «Essays in Order» con el título *The Necessity of Politics: An Essay on the Representative Idea in the Church and Modern Europe*, Sheed & Ward, Londres, 1931.

ductor de su *Politische Romantik*. Le enseñé, entre otros, a Georges Goyan el artículo publicado por usted en junio "Sobre la contradicción entre la democracia moderna de masas y el parlamentarismo", quien manifestó gran interés por el tema»[5].

De *geistesgeschichtliche Lage des Parlamentarismus* apareció, por primera vez, en 1923, en un libro conmemorativo de la Universidad de Bonn dedicado a Ernst Zitelmann[6]. El año siguiente Schmitt se dirigió a la editorial Duncker & Humblot para tratar de la publicación de una segunda edición de su ensayo, firmando al efecto un contrato en junio. Pero antes de que Duncker & Humblot tuviera preparada esta segunda

---

[5] Carta de Muth a Schmitt, fechada el 6 de junio de 1926. Entre el estrecho círculo de admiradores, por esta época, de Schmitt estaban Hugo Ball y Waldimar Gurian; Ball llegó a escribir que, «como pensador católico, Schmitt es un nuevo tipo de Kant», y al reseñar su *Politische Theologie Vier Kapitel zur Lehre von der Souveränität*, Duncker & Humblot, Múnich y Leipzig (1922) para el *Hochland*, alababa la defensa que hacía Schmitt del catolicismo y de la civilización europea [hay traducción española de la segunda edición (1934) de la *Teología* debida a Francisco Javier Conde: *Estudios políticos,* Cultura Española. Madrid, 1941 —en el volumen se incluye también la traducción de otros textos: *El Concepto de la Política* (texto de 1927), y *La época de la Neutralidad* (1929)]. Durante estos años, Schmitt publicó con frecuencia en importantes periódicos católicos; además de para el *Hochland,* escribió artículos para el *Kölnische Volkszeitung* y el *Germania,* el periódico del *Deutsche Zentrumspartei,* el partido católico alemán. Una lista de las conexiones políticas de Schmitt durante esos años puede encontrarse en Joseph W. Bendersky, *Carl Schmitt: Theorist for the Reich,* Princeton University Press, Princeton, 1983.

[6] *Bonner Festgabe für Ernst Zitelmann,* Duncker & Humblot, Múnich y Leipzig, 1923. El presente opúsculo de Schmitt sobre el parlamentarismo, fue también publicado, como separata, en esa misma editorial y el mismo año.

edición apareció el estudio de Thoma sobre la obra. A comienzos de 1926 Schmitt escribía a Karl Muth sugiriendo que el *Hochland* publicase su réplica, a lo que Muth accedió[7]. Cuando el manuscrito fue presentado a Ludwig Freuchtwanger, el editor de Duncker & Humblot, Schmitt pidió que su réplica fuera incluida, como prefacio de la obra[8]. Ni Muth ni Feuchtwanger tuvieron nada que objetar, de modo que la contestación de Schmitt a Thoma apareció tanto en el *Hochland* como en la segunda edición del *Parlamentarismus,* en 1926.

Encontramos alguna indicación de cómo Schmitt y su editor veían este ensayo, en la correspondencia entre los dos en torno al título de la obra y la propuesta original del editor para su segunda edición. Como respuesta a las incitaciones de Schmitt para que la nueva edición apareciera en 1925, Feuchtwanger expresaba sus dudas sobre que el mercado fuera propicio: «Nadie compra, hoy día, un libro que no tenga directamente que ver con algún interés existencial concreto, como, por ejemplo, superar un examen, o que no sirva para alguna demanda profesional, etc., *o bien* lo compra por su sensacionalismo [...]». La alternativa que Feuchtwanger ofrecía era publicar el *Parlamentarismus* en 1926, pues «el próximo año tenemos intención de reeditar, con el mismo formato, algunos opúsculos de suma importancia que están agotados y que se nos han solicitado con frecuencia: *Politik als Beruf,* de Max Weber, *Der Konflikt der modernen Kultur,* de Simmel, *Das Wesen des Geldes,* de Bendixen (más tarde director del Hamburg Bank), *Metaphysik und Naturwissenschaft,* de Becher (actualmen-

---

[7] Schmitt a Muth, 10 de marzo de 1926.
[8] Feuchtwanger a Schmitt, 14 de mayo de 1926.

te catedrático de Filosofía), y, finalmente, su *Parlamentarismus»*. Seguía sugiriendo que los cinco libros podían aparecer con idéntica carátula, que los identificase como «Beiträge zur Kulturwissenschaft»; en todo caso, todos ellos estarían «unidos por su alto nivel intelectual»[9]. Una vez presentado el manuscrito, Feuchtwanger le contestó, el 6 de mayo de 1926, confirmando que su libro sería publicado con los otros el verano de ese mismo año.

A finales de 1925, Schmitt había accedido a la sugerencia de Feuchtwanger de cambiar el título de su ensayo por *Die* moralische *Lage des heutigen Parlamentarismus*, a condición de que esto no retrasara la aparición del libro[10]. La preferencia de Feuchtwanger por el término *moral* en vez de la expresión «*Die geistesgeschichtliche»* [«histórico-espiritual» o «en la historia del espíritu»], era explicada en una carta suya a Schmitt de 14 de mayo de 1926: «Pese a que es un término gastado, en el presente contexto, la palabra *"moral"* dice más que *"Die geistesgeschichtliche"*, anticipando casi el resultado de la obra. Dicho término deja traslucir la situación de peligro que corre el prestigio del parlamentaris-

---

[9] Feuchtwanger a Schmitt, 5 de diciembre de 1925. *Die geistesgeschichtliche Lage des heutigen Parlamentarismus* de Schmitt apareció como el volumen primero de la serie «Wissenschaftliche Abhandlungen und Reden zur Philosophie, Politik und Geistesgeschichte», junto con los siguientes escritos: Max Weber, *Politik als Beruf* [traducción española de Joaquín Abellán: *Política como profesión,* Biblioteca Nueva, Madrid, 2007], como vol. II, Erich Becher, *Metaphysik und Naturwissenschaften* (vol. III), y Georg Simmel, *Der Konflikt der modernen Kultur* (vol. IV). Las ediciones siguientes de la obra fueron publicadas como parte de esta serie, hasta que, en la cuarta edición (1961), apareció de forma independiente.

[10] Schmitt a Feuchtwanger, 8 de diciembre de 1925.

mo contemporáneo. Si hablamos de la situación *moral* de una institución pública —y, además, en el mismo título— se dice claramente en qué etapa del proceso nos encontramos, mientras que *geistesgeschichtlich* ("histórico-espiritual") es un término demasiado poco denso, y como usted mismo dice, ha quedado comprometido por el uso de los historiadores de la literatura»[11].

El *Parlamentarismus* de Schmitt pertenece a la primera fase de su obra, en la que su preocupación pasa por la crítica cultural de la sociedad moderna y la historia de las ideas políticas; sin embargo, en este ensayo se pueden percibir ciertos puntos de inflexión que le conducirán a su posterior «decisionismo». La serie de libros aparecidos entre 1919 y 1926 permite señalar ya con alguna especificidad esos supuestos. Lo primero con que nos encontramos es con la crítica que Schmitt efectúa del romanticismo político en cuanto *ewiges Gespräch* (conversación sin fin) en su *Politische Romantik* (1919), un estudio de las ideas políticas de los románticos alemanes y del desarrollo profesional de Adam Müller, libro que se convirtió en una obra de referencia sobre el tema[12]. Su siguiente obra fue *Die Diktatur* (1921), que insertaba los trabajos sobre los conceptos de «estado de sitio» y «emergencia» elaborados por Schmitt durante la Primera Guerra Mundial en el contexto de una historia de la teoría política de la dictadura en la Europa moderna[13]. Su *Politische Theologie* (1922) reto-

---

[11] Feuchtwanger a Schmitt, 14 de mayo de 1926.
[12] Carl Schmitt, *Politische Romantik,* Duncker & Humblot, Múnich y Leipzig, 1919 [traducción española: *Romanticismo político,* Universidad Nacional de Quilmes (provincia de Buenos Aires), 2006].
[13] Carl Schmitt, *Die Diktatur. Von den Anfängen des modernen Souveränitätsgedankens bis zum proletarischen Klassenkampf,* Duncker & Humblot, Múnich y Leipzig, 1921 [traducción española

maba determinados aspectos de las dos obras anteriores y contenía una crítica de la debilidad de la burguesía, cuya representación política Schmitt atribuye a los liberales y al liberalismo[14]. El romántico, como el liberal, eludiría tomar decisiones; ante la pregunta «Cristo o a Barrabás, el liberal contesta con una moción para posponer la sesión o convocar un comité de investigación»[15]. De este modo, la preparación de un ensayo sobre la institución más característica del liberalismo, el Parlamento, era un desarrollo lógico del pensamiento de Schmitt. Lo mismo que la réplica a Thoma[16] y el tratado sobre las disposiciones plebiscitarias de la Constitución de Weimar, *Volksentscheid und Volksbegehren* (1926, 1927)[17].

Para poder entender por qué un trabajo tan breve ha sido persistentemente objeto de controversias en el pensamiento alemán a lo largo del siglo xx, tenemos que

---

de José Díaz García: *La dictadura: desde los comienzos del pensamiento moderno de la soberanía hasta la lucha de clases proletaria*]. *Cf.* también los dos artículos anteriores, «Diktatur und Belagerungszustand», en la *Zeitschrift für die gesamte Strafrechtswissenschaft,* XXXVIII (1916), pp. 138-162 [este artículo y el anterior libro están incluidos en *Ensayos sobre la Dictadura*, Tecnos, Madrid, 2013], y «Die Einwirkung des Kriegszustands auf das ordentliche strafprozessuale Verfahren», ibíd., pp. 783-793.

[14] Carl Schmitt, *Politische Theologie. Vier Kapitel zur Lehre von der Souveränität,* Duncker & Humblot, Múnich y Leipzig, 1922 citada.

[15] Ibíd., p. 78.

[16] Carl Schmitt, «Der Gegensatz von Parlamentarismus und moderner Massendemokratie», en *Hochland,* XXIII (1926), pp. 257-270.

[17] Carl Schmitt, *Volksentscheid und Volksbegehren. Ein Beitrag zur Auslegung der Weimarer Verfassung und zur Lehre von der unmittelbaren Demokratie,* Walter de Gruyter & Co., Berlín y Leipzig, 1927. El texto es una versión ampliada de una conferencia impartida el 11 de diciembre de 1926.

retomar las opiniones que suscitó entre sus contemporáneos, y al intercambio producido entre Carl Schmitt y Richard Thoma, que Rudolf Smend calificó «de controversia más sugestiva e instructiva que haya tenido lugar en los últimos años en la teoría del Estado»[18].

II. LA TESIS DE SCHMITT Y LA CRÍTICA DE THOMA

Richard Thoma formuló dos objeciones a la visión que Schmitt mantenía del parlamentarismo. La primera afirma que la posición de Schmitt es pura ideología, y está centrada únicamente de la teoría política del Parlamento como institución y del liberalismo como doctrina; la segunda viene a decir que Carl Schmitt no habría captado bien cuáles eran los fundamentos ideológicos del parlamentarismo contemporáneo en Alemania. Éstos no serían, como afirmaba Schmitt, los textos clásicos del pensamiento político liberal de Inglaterra y Francia, sino las ideas políticas de la propia República de Weimar, y sus autores constitucionales, a saber, Max Weber, Friedrich Naumann y Hugo Preuss[19]. El propio Schmitt

---

[18] Rudolf Smend, *Verfassung und Verfassungsrecht* (1928), en Smend, *Staatsrechtliche Abhandlungen und andere Aufsätze*, 2.ª ed., Duncker & Humblot, Berlín, 1968, p. 152 (la 1.ª ed. es de 1955) [hay traducción española parcial de José María Beneyto, en la que se incluye el trabajo *Constitución y Derecho Constitucional* de 1928 en: *Constitución y Derecho Constitucional,* Centro de Estudios constitucionales, Madrid, 1985, para la cita p. 82].

[19] Thoma, «Zur Ideologie des Parlamentarismus», *loc. cit.* En comparación con Weber y Preuss, Friedrich Naumann ejerció poca influencia sobre Carl Schmitt; también podía argüirse que, pese a la opinión de Thoma de que el influjo de los tres era aproximadamente

declaró que su intención era examinar por qué el Parlamento ha sido «para muchas generaciones [de europeos] *um ultimum sapientiae*» y que para entenderlo era necesario considerar el núcleo más profundo de la institución del Parlamento moderno y los fundamentos intelectuales del propio parlamentarismo[20]. Éstos no podrían ser justificaciones de orden técnico o pragmático, como las propuestas por Thoma; y Schmitt rechazaba, de forma especial, la base del razonamiento de que, dado que realmente no hay otra alternativa mejor (y sí muchas peores) al Gobierno parlamentario, no cabe discusión alguna sobre sus principios. Aunque, ciertamente, conocía la obra de Naumann, Preuss y Weber, Schmitt insistía en que estos autores, en principio, no habían aportado nada relevante al parlamentarismo; sus puntos de vista habrían asumido, más bien, las teorías «clásicas» del liberalismo. Si el parlamentarismo debe ser entendido correctamente en todas sus circunstancias históricas, habrá que prestar atención, en primer lugar, a su filosofía política; primero, en la idea del propio Parlamento, y, luego, a su función. Y tales presupuestos, seguía arguyendo Schmitt, habrían sido planteados con la mayor contundencia, en Inglaterra, por Locke, Bentham, Burke y Stuart Mill, y por Guizot en Francia.

---

igual, las ideas de Naumann desempeñaron un papel mucho menos importante que el pensamiento de los otros dos en la elaboración de la Constitución de Weimar. Pero *cf.,* al respecto, Theodor Heuss, *Friedrich Naumann: Der Mann, das Werk,* Deutsche Verlags-Anstalt, Stuttgart, 1949, así como Naumann, *Werke,* ed. de Theodor Schieder, Wolfgang Mommsen y otros, Westdeutscher Verlag, Colonia y Opladen, 1964.

[20] *Cf. Die geistesgeschichtliche Lage des heutigen Parlamentarismus,* Duncker & Humblot, 2.ª ed., Berlín, 1926, p. 30 [p. 70, de la traducción castellana].

La primera edición del ensayo de Schmitt sobre el parlamentarismo fue publicada, antes del comienzo de la más dura de las crisis que sacudiría los primeros tiempos de la República de Weimar, en el otoño e invierno de 1923, pero había sido escrito durante y después de la etapa de serias perturbaciones que persistían en Alemania desde el fin de la Primera Guerra Mundial en noviembre de 1918[21]. Sin embargo, el texto del ensayo no hace referencia directa a estos sucesos. La primera edición se ocupaba, más bien, de la esencia del parlamentarismo, tal como puede ser entendida a partir de las teorías clásicas y la experiencia política de la Europa moderna, especialmente en el siglo XIX. El argumento, que Thoma criticaba en su reseña dos años después,

---

[21] La República de Weimar nunca consiguió ser un ejemplo de estabilidad constitucional. Nacida el 11 de agosto de 1919 de la derrota militar que dio lugar a la Paz de Versalles de 28 de junio de 1919, sus primeros momentos estuvieron marcados por la incomprensión de los vencedores y los deseos de revancha de los franceses, los motines revolucionarios y contrarrevolucionarios y por la crisis económica que siguió al desplome del marco. La estabilidad económica que introdujo la instauración del *Rentenmmark* (15 de noviembre de 1923) permitió la sucesión de una serie de gobiernos de coalición que excluyendo a comunistas y extremistas nacionalistas, proporcionaron los mejores años a Alemania (1923-1931). El colapso financiero del Credit-Anstalt austriaco en mayo de 1931, marco el comienzo de la crisis y de la depresión económica en toda Europa central, que afectó sobremanera a una Alemania en la que el nacionalista Hindenburg había sido elegido Presidente (26 abril de 1925) y donde los nacional-socialistas (el 14 de septiembre de 1930 alcanzaron por primera vez la condición de fuerza parlamentaria relevante con 107 escaños frente a los 12 anteriores) junto con los comunistas, amenazaban con destruir una democracia cuyos apoyos políticos irían mermando hasta desaparecer en medio del paro y de la desesperación de las masas. A partir de aquel momento Weimar entró en su fase final, en su eclipse (N. del T.).

consistía en asegurar que la esencia del parlamentarismo estaba en su carácter público y abierto, y en la discusión, ya que estos supuestos eran reconocidos, en la filosofía política liberal, como los medios de realización de la razón política, en la creencia de que el poder puro y duro y la fuerza bruta —para el pensamiento liberal del *Rechtsstaat*, el mal absoluto, «la senda de las bestias», de que hablara Locke— sólo podía ser superado, «a base de publicidad y discusión, [...] procurando así la victoria del Derecho sobre el poder»[22]. Pero nuevas doctrinas y movimientos ponen en cuestión ahora la vitalidad de la creencia en tales principios. Carl Schmitt sostenía además que la experiencia política bajo la Constitución de Weimar revelaba que estas ideas —y, con ello, el Parlamento como institución política— se habían quedado anticuadas. La crisis del parlamentarismo contemporáneo en Alemania se había agudizado tanto, replicaba a Thoma en 1926, porque con la evolución de la moderna democracia de masas, «la publicidad y la discusión se han convertido, en la realidad de los hechos parlamentarios, en una formalidad vacua y fútil»[23]. Thoma coincidía con Schmitt en que los principios que éste identificaba con el parlamentarismo —el carácter público y abierto, y la discusión— eran «anticuados»; el desacuerdo estribaba en la conclusión derivada por Schmitt que de esto hacía también «anticuado» al Gobierno parlamentario. La controversia de Schmitt se basaba, en última instancia, en su reclamación de una lógica de los enunciados de justificación de la elección y la acción políticas, así como en la defini-

---

[22] Ibíd., p. 61 [p. 251 de la traducción castellana].
[23] Ibíd., p. 63 [p. 254, de la traducción castellana].

ción del Parlamento dada por Harold Laski, como un *«government by discussion»*[24]. La primera de estas justificaciones la consideraremos en detalle más tarde; la segunda, tomada en préstamo del pensamiento político contemporáneo inglés, reivindica con énfasis la eficacia de la teoría liberal de la política. Según la interpretación de Schmitt, la discusión obliga a los que ostentan la autoridad a declarar cuáles son sus posiciones y a debatir abiertamente las alternativas. En el sistema liberal, una prensa libre y la libertad de opinión proporcionan al público el acceso a una información independiente de lo que digan las autoridades, de manera que puede saber qué se ha hecho y por qué razones. Los ciudadanos controlarían, por estos medios, el uso del poder. Además, la teoría liberal asume que la discusión genera toda una dialéctica de opiniones e ideas de donde surge la voluntad general o el bien común. Que el parlamentarismo cree una voluntad que es general (y no meramente, como dice Rousseau, «la voluntad de todos») es, en la interpretación de Schmitt, el fundamento último de su pretensión de legitimidad.

Sobre cómo la discusión representa un supuesto central para el liberalismo, se han desarrollado una serie de estructuras institucionales, conocidas por todos, que

---

[24] Harold Laski, *The Foundations of Sovereignty,* Harcourt Brace & Co., Nueva York, 1921. Lord Acton se quejaba de que la Constitución suiza de 1874 hubiera «separado la decisión de la deliberación», porque así quedaba estipulada la convocatoria de plebiscitos. *Cf.* la reseña que hace Acton de la obra *Democracy in Europe* (1877), de Erskine May, en Acton, *The History of Freedom and Other Essays,* Macmillan, Londres, 1907. No está claro, por el texto de Laski, si éste conocía o no el ensayo de Acton, pero Carl Schmitt toma la frase de Laski, no de Acton.

sirven de protección: controles y equilibrios («*checks ands balances*»), división de poderes, y todo un catálogo de derechos fundamentales comunes a la mayor parte de las democracias liberales. Su función sería impedir el abuso del poder político, pero la justificación que en ellas subyace deriva, según Schmitt, de «un sistema consistente y exhaustivamente metafísico»[25]. La necesidad de la discusión no resultaría menos epistemológica que política; la búsqueda de la verdad se procuraría, en el liberalismo, en forma de una conversación de la que está ausente la fuerza y donde prevalecen la razón y la persuasión. La teoría política liberal dependería, así, de la admisión de la idea de que el conflicto político puede llegar a transformarse en una cuestión de opinión; cuanto más informado y más «ilustrado» llegue a encontrarse el público, tanto más cercano estará de la verdad, y, según esta interpretación, el Parlamento se convertirá en el medio más fuerte para conseguir la educación política no sólo de los líderes, sino también del público. La labor del Parlamento, que consiste en debates y preguntas, tendría por objeto extraer la evidencia de las opiniones discrepantes, de modo que el Gobierno parlamentario puede gobernar no en razón a que ostenta el poder y en virtud de su autoridad, sino porque hasta donde es posible, alcanza la verdad. De acuerdo con esto, para la visión liberal, los supuestos constitutivos de la teoría de un Gobierno responsable y que rinde cuentas de sus acciones, estarían organizados, desde el punto de vista liberal, en torno a la seguridad inherente

---

[25] Carl Schmitt, *Die geistesgeschichtliche Lage des heutigen Parlamentarismus,* ed. cit., p. 45 [p. 223, de la traducción castellana].

a la dialéctica de la opinión; el régimen de preguntas e interpelaciones («*question time*») en el Parlamento, las comisiones parlamentarias, el escrutinio de la prensa y la sanción definitiva de las urnas, estarían todas ellas al servicio de semejante fin.

La radicalidad del análisis de Schmitt había quedado expresada de manera palmaria en el capítulo II de la obra, titulado «Los principios del parlamentarismo». Pero la crítica de Thoma sobre su interpretación del liberalismo no representaba, en la controversia desencadenada por el ensayo de Schmitt después de 1923, más que la expresión de un punto de vista académico[26]. Una discrepancia más sustantiva afectaba al cuestionamiento directo que de su planteamiento derivaba del parlamentarismo en la república de Weimar, y, en concreto, en las supuestas implicaciones que la argumentación de Schmitt encerraba en orden al papel que la Constitución reservaba a ejecutivo y legislativo. Un estudioso del pensamiento político de Schmitt ha dicho que su ensayo sobre el parlamentarismo se encontraba impulsado por el intento de descubrir «si la Constitución era un documento consistente»[27]. Conforme a la interpretación de Schmitt, y tal como se fue desarrollando entre 1923 y 1926 (entre la primera y segunda edición del *Parla-*

---

[26] *Cf.*, por ejemplo, la reseña hecha por Leo Wittmayer de la primera edición de esta obra de Schmitt en el *Archiv des öffentlichen Rechts*, XLVII /N.F. 8 (1925), pp. 231-233. Wittmayer fue el autor de obras como *Deutscher Reichstag und Reichsregierung* (1918), *Die Weimarer Reichsverfassung* (1922) y *Parlamentarismus und Demokratie* (1928).

[27] Georg Schwab, *The Challenge of the Exception: An Introduction to the Political Ideas of Carl Schmitt between 1921 and 1936*, Duncker & Humblot, Berlín, 1970, p. 61.

mentarismus), no podía serlo. La Constitución de Weimar encerraba dos principios, uno liberal y otro democrático. Durante estos años Schmitt empezó a identificar estos dos principios, respectivamente, con el *Reichstag* y el *Reichspräsident*. Esta faceta del pensamiento de Schmitt resulta de suma importancia para entender por qué sus opiniones sobre el Gobierno parlamentario fueron tan controvertidas como sus declaradas intenciones entre 1923 y 1926.

III. PARLAMENTO Y DEMOCRACIA DESPUÉS DE LA REVOLUCIÓN ALEMANA DE 1918-1919: HUGO PREUSS Y MAX WEBER

La Constitución de Weimar afirmaba en su artículo 1, que el *Reich* alemán era una democracia y una república.[28] Pero en opinión de Thoma «el artículo I, sección 2,

---

[28] En el artículo 1.º de la Constitución de Weimar se lee:
«El *Reich* alemán es una República.
El poder político emana del pueblo.»
Cf. Horst Hildebrandt (editor), *Die deutschen Verfassungen des 19. und 20. Jahrhunderts,* Schöningh, Paderborn, 1979, p. 69. [La traducción española de todas las referencias a la Constitución de Weimar recogidas en esta obra sigue la versión establecida por José Rovira Armengol en su versión del libro de Ottmar Bühler, *La constitución Alemana de 11 de agosto de 1919,* Barcelona, Labor, 1931.]

Willibalt Apelt escribe que la convocatoria de la Asamblea Nacional significaba que «también en Alemania se había aceptado aquella teoría política de Rousseau que afirmaba que la soberanía, incluyendo la determinación de la ley, la forma del Estado y su Constitución, residía en el pueblo». Apelt identifica asimismo el parlamentarismo con la democracia, en este caso porque las alternativas —la monarquía o la dictadura del proletariado— representan la dominación de un único hombre o una única clase. *Cf.* Apelt, *Die*

que se refiere a la nación en sí —esto es, en la nación alemana en cuanto tal, no conformada de esta o aquella manera»[29]—, oculta el principal problema constitucional con que se veían enfrentados sus autores: «La República de Weimar no era ni el resultado necesario de un desarrollo político orgánico ni del triunfo de una revolución espontánea que se autolegitimara históricamente»[30]. En 1918 no se discutía ya acerca de los «alemanes como tales»[31], y los puntos de vista, radicalmente contrapuestos, sobre el futuro de Alemania surgidos durante el invierno de 1918-1919, estructuraban las distintas posibilidades de una nueva Constitución. En el texto escrito se expresó el acuerdo finalmente alcanzado, imponiéndose las posiciones liberales, propuestas por Weber y Preuss, frente a las tesis políticas defendidas por las fuerzas revolucionarias, que eran lo que aquéllos más temían. Con la convocatoria de una Asamblea Nacional y su aceptación de un *bürgerliche Rechtsstaat* como forma del Estado alemán, los liberales alemanes bloqueaban la instauración permanente de un

---

Geschichte der Weimarer Verfassung, Beck'sche Verlagsbuchhandlung, Múnich y Berlín, 1965, pp. 47-48.

[29] Richard Thoma, «Das Reich als Demokratie», en Gerhard Anschütz y Richard Thoma (editores), *Handbuch des Deutschen Staatsrechts*, Mohr, Tubinga, 1929. Ahora incluido en este libro, p. 113.

[30] Karl Dietrich Bracher, *Die Auflösung der Weimarer Republik. Eine Studie zum Problem des Machtverfalls in der Demokratie*, Droste Verlag, Königstein/Ts., 1978, p. 19.

[31] Se está refiriendo a que no se discutía ya sobre el hecho de la unidad alemana, sobre las posibles formas de confederación, y en definitiva sobre qué era Alemania y quiénes eran los alemanes, algo que había ocupado los debates del siglo pasado y que en aquel momento sólo afectaba a los restos alemanes del fenecido Imperio Habsburgo, aquella parte que terminaría constituyéndose como República austriaca. (N. del T.)

verkehrter Obrigkeitsstaat —un *Estado autoritario invertido o al revés*—, un Estado socialista calcado del modelo de la Unión Soviética que habría transformado la sociedad alemana y excluido a su burguesía de toda participación política y económica.

La personalidad más descollante de cuantas contribuyeron al proyecto de Constitución de Weimar fue, sin duda, Hugo Preuss, por aquel entonces *Staatssekretär* en el Ministerio del Interior del *Reich*. En noviembre de 1918 Preuss argumentaba que si se llevaban a cabo las metas sociales y políticas de la *Rätebewegung* (Movimiento de Consejos de trabajadores y soldados) y de la izquierda radical representada por los Socialistas Independientes (que más tarde se convertiría en el Partido Comunista de Alemania), el Estado alemán se constituiría bajo una sombra represiva que «desembocaría, en muy poco tiempo, en el terror bolchevique.»[32] Sólo dos

---

[32] Hugo Preuss, «Volksstaat oder Verkehrter Obrigkeitsstaat?», en el *Berliner Tageblatt*, n.º DLXXXIII, 11 de noviembre de 1918, en Preuss, *Staat, Recht und Freiheit. Aus 40 Jahren Deutscher Politik*, Mohr, Tubinga, 1926, p. 366. Ahora incluido en este volumen, p. 9. Sobre el lugar de Preuss en la historia de la Constitución de Weimar *cf.* Apelt, *Die Geschichte der Weimarer Verfassung,* ed. cit., pp. 55 ss., y la introducción de Theodor Heuss de *Staat, Recht und Freiheit. Aus 40 Jahren Deutscher Politik*, ed. cit. Carl Schmitt consideraba el ensayo de Preuss «Volksstaat oder Verkehrter Obrigkeitsstaat?» «uno de los documentos más importantes de la historia constitucional alemana». *Cf.* Schmitt, *Hugo Preuss: Sein Staatsbegriff und seine Stellung in der Deutschen Staatslehre,* Mohr, Tubinga, 1930, p. 17. Una postura similar es la adoptada por Apelt, que, como Schmitt, ve en Preuss la única, de entre las más importantes fuerzas intelectuales, en rechazar tanto el bolchevismo como la reacción de 1918-1919; *cf.* Schmitt, *Hugo Preuss,* ed. cit., pp. 56 ss. El ensayo de Preuss «Volksstaat oder Verkehrter Obrigkeitsstaat?» apareció la misma mañana en que fue nombrado por Ebert *Staatssekretär* en el Ministerio del Interior.

días después de que Philipp Scheidemann proclamara la República ante una muchedumbre congregada frente al *Reichstag,* Preuss escribía en el *Berliner Tageblatt* que el Estado autoritario «no había sido reemplazado, en absoluto, por un *Volksstaat* (un Estado *popular*), sino por un *umgedrehter Obrigkeitsstaat* (lo contrario de un Estado autoritario)»[33]. Para él, los términos de la cuestión estaban claros; bajo el Gobierno del *Kaiser,* se había bloqueado una democratización a la manera occidental: «¿vamos a querer nosotros copiar ahora el bolchevismo, la otra cara del antiguo zarismo?». Sólo cabían dos alternativas: «Wilson o Lenin, o la democracia construida a partir de las Revoluciones francesa y americana o la forma brutal del fanatismo ruso. Hay que optar»[34].

En tales circunstancias, Preuss creía que una Asamblea Nacional elegida democráticamente debía decidir el futuro de Alemania: «Si no existe una solución para la cuestión constitucional alemana que presuponga la igualdad de todos los miembros de la nación (*Volksgenossen*) en el seno de una organización políticamente democrática, entonces no quedará otra salida que la implantación del poder de una fuerza sin ley, y, con ella, la destrucción completa de la vida económica»[35].

A finales de noviembre de 1918, el Gobierno provisional (*Rat der Volksbeauftragten*), bajo la dirección del socialdemócrata (y más tarde primer presidente de la República) Friedrich Ebert, hizo encargo a Preuss de la redacción del proyecto de nueva Constitución. Su

---

[33] Hugo Preuss, *Staat, Recht und Freiheit,* ed. cit., p. 365.
[34] Ibíd., p. 367.
[35] Ibíd., p. 366.

«Denkschrift zum Entwurf des allgemeinen Teils der Reichsverfassung» se presentó el 3 de enero de 1919, y apareció publicado en el *Reichsanzeiger* de 20 de enero de ese mismo año[36]. El plan de una República democrática ideado por Preuss descansaba en la creencia de que el nuevo *Reich* alemán tendría que ser el resultado de «la autoconciencia nacional de un pueblo que se organiza a sí mismo». En contraste con el proceso de unificación del Estado alemán protagonizada por Bismarck bajo la hegemonía de Prusia en 1871, el nuevo *Reich* debería ser «un Estado nacional unificado, fundado en la libre autodeterminación de todo el pueblo»[37]. Sin embargo, el principio esencialmente democrático de que iba a ser el propio pueblo quien se daría a sí mismo su Constitución, dejaba sin resolver la cuestión de cómo habría de ser gobernada Alemania, y qué forma debería revestir la categoría de democracia en el Estado y la política germana. Al final, se adoptó una Constitución mixta, que incorporaba entremezclados tanto elementos de la democracia directa como de la indirecta, atribuyendo al poder democrático del pueblo la tarea de moderar las instituciones liberales.

Puntos de vista similares habían sido anticipados también por Max Weber durante el invierno de 1918-

---

[36] Hugo Preuss, «Denkschrift zum Entwurf des allgemeinen Teils der Reichsverfassung vom 3. Januar 1919», *Reichsanzeiger,* 20 de enero de 1919, en Preuss, *Staat, Recht und Freiheit,* ed. cit., pp. 368-394.

[37] Ibíd., p. 370. *Cf.* la caracterización que hace Anschütz del «principio político dominante» de Preuss como una «unidad democrática», en *Verfassung des Deutschen Reichs vom 11. August 1919,* G. Stilke, Berlín, 1929, p. 17. *Cf.* también la discusión de Anschütz sobre el Parlamento en cuanto representación del pueblo alemán como un todo nacional (pp. 159 ss.).

1919. Como a Preuss, a Weber le preocupaba impedir que las fuerzas de extrema izquierda, a las que tenía por inmaduras y peligrosas, excluyeran a las clases medias alemanas de la participación política. Como Preuss, Weber había puesto también el énfasis en la importancia de la unidad alemana ante la derrota y las severas condiciones económicas impuestas por los Aliados[38]. Contra el «carnaval revolucionario» (*Revolutionskarnaval*), la teoría política de Weber enarbolaba un ideal de liderazgo racional y de competencia política[39].

---

[38] El 4 de octubre de 1918, el nuevo canciller alemán, príncipe Max de Baden, informado por el jefe del ejército, Ludendorff, de la insostenible situación del frente, apeló al presidente americano Wilson para obtener un armisticio. La noticia de la inevitable derrota cayó de repente sobre una población esforzada y exhausta, a la que la censura había mantenido ignorante de la realidad, sin que tampoco las líneas del frente delataran la auténtica desventaja militar de la situación para Alemania. La firma del armisticio vino después, el 11 de noviembre, cuando la república acababa de ser proclamada en Berlín. Las dudas y titubeos de los sucesivos gobiernos republicanos sobre lo admisible del definitivo tratado de paz que contenía pesadas cargas para Alemania, duraron todo el invierno 1918-1919 en medio de continuos *putsch* reaccionarios y tentativas revolucionarias fracasadas, dando lugar a un bloqueo militar de los aliados que provocó una enorme hambruna en una población civil completamente inerme. Finalmente, el 23 de junio de 1919, la asamblea constituyente reunida en Weimar aceptó por 237 votos contra 138, el tratado de Versalles. Pero el lastre de una paz considerada injusta y las enormes reparaciones a que fue condenado el Estado alemán, pesaron como un fardo sobre el nuevo régimen que se vio obligado a cargar con las consecuencias de una derrota militar en una guerra que no había iniciado y de la que no era responsable. Pocas voces se levantaron en el campo de los antiguos aliados en favor de dar una oportunidad a la Alemania democrática nacida de las cenizas del *Reich* bismarkiano, entre ellas dos proféticas, John Keynes y Guglielmo Ferrero. (N. del T.).

[39] Max Weber, «Das neue Deutschland» (1918), en *Gesammelte Politische Schriften,* ed. por Johannes Winckelmann, Mohr, Tubin-

La obra de Weber de los últimos años de la Guerra prueba que estaba ansioso de estudiar las posibles significaciones del hecho de la existencia de un poder cesarista en Alemania, que los militares habían empezado a desarrollar y que en su razonamiento se estaba tornando cada vez más peligroso. En una serie de artículos publicados en el *Frankfurter Zeitung* en el verano de 1918, pero redactados durante el invierno anterior, Weber argumentaba que la demagogia era el principal peligro para los Estados democráticos. En la moderna democracia de masas, la organización del poder político encontraba una potencialidad en el atractivo que despertaba entre los votantes el líder democrático, algo que fácilmente podía derivar en cesarismo: «La significación de la democratización activa de las masas es que un líder político ya no es nombrado candidato sobre la base del reconocimiento de sus méritos en el círculo de un grupo de notables, convirtiéndose luego en líder por su actuación parlamentaria. Obtiene, más bien, el poder político por medios demagógicos y lo mantiene sobre la base de la fe y la confianza que en él ponen las masas»[40].

---

ga, 1980, p. 486 [traducción española de Joaquín Abellán: *Escritos políticos,* 1.ª ed., 1.ª reimpr., Alianza, Madrid, 2007, p. 232].

[40] Max Weber, «Parlament und Regierung im neugeordneten Deutschland. Zur politischen Kritik des Beamtentums und Parteiwesens» (1918), en *Gesammelte Politische Schriften,* ed. cit., p. 393. Walter Struve reduce las preocupaciones de Max Weber a una superficial preferencia por el elitismo, como un «ardid para promover el desarrollo de un Estado que perseguiría una persistente política de imperialismo explotando a fondo los recursos de toda la nación». *Cf.* Walter Struve, *Elites against Democracy: Leadership Ideals in Bourgeois Political Thought in Germany, 1890-1933,* Princeton University Press, Princeton, 1973, p. 114. Realmente, yerra el tiro. Para una interpretación verdaderamente diferente, y de mayor em-

Por el peligro de cesarismo que implicaba, Weber se oponía, en aquel entonces, a la elección directa de muchos cargos del Estado: «Cualquier género de elección directa de las más altas autoridades, como, de hecho, cualquier género de poder político que dependa de la confianza de las masas y no del Parlamento [...], va encaminado hacia su forma más *pura*: la aclamación cesarista»[41]. Los líderes cesaristas llegan al poder o a través del aparato militar (Napoleón I) o por la apelación directa del pueblo en plebiscitos (Napoleón III). Ambas vías, argüía Weber, estarían en radical contradicción con el principio parlamentario[42].

El año siguiente (1919), las opiniones de Weber habían cambiado. Respecto a la «forma del Estado alemán en el futuro» ahora abogaba por un «presidente del *Reich* plebiscitario», con poderes para apelar directamente al pueblo en el supuesto de que el Gobierno se encontrara en un punto muerto, y veía el *referendum* como un medio para resolver conflictos surgidos entre los entes federados y el poder unitario del Estado[43]. Tres meses después de la aparición de *Deutschlands künftige Staatsform* y a los pocos días de haber sido elegido Friedrich Ebert por la Asamblea Nacional primer presidente del *Reich*, el 25 de febrero de 1919 Weber escribía que los «futuros presidentes del *Reich* tienen que ser elegidos directamente por el pueblo»[44]. Pese a que la mayor

---

patía con Weber, *cf.* Wilhelm Hennis, «Max Weber's Central Question», en *Economy and Society,* XII (1983), pp. 135-180.

[41] Max Weber, *Gesammelte Politische Schriften,* ed. cit., p. 394.
[42] *Loc. cit.*
[43] Max Weber, *Deutschlands künftige Staatsform* (1918), *op. cit.,* pp. 468 ss.
[44] Max Weber, *Der Reichspräsident* (1919), ibíd., p. 498.

parte de sus recelos iniciales respecto a la elección popular parecían haber remitido, subsistían aún en ciernes algunos elementos de los temores anteriores de Weber. El poder presidencial debería ser equilibrado por el poder parlamentario, y definido de manera que sólo pudiera ser empleado «en crisis temporalmente insolubles (mediante un veto suspensivo y de nombramiento a petición de los ministerios). Pero hay que conseguir, por medio de una elección directa del pueblo, que el presidente se asiente sobre un suelo independiente. De otro modo, toda la estructura del *Reich* se tambalearía en el caso de una crisis parlamentaria, y por la existencia de, al menos, cuatro o cinco partidos, estas crisis no serán infrecuentes»[45].

IV. EL DEBATE SOBRE EL PARLAMENTARISMO EN LOS PRIMEROS TIEMPOS DE WEIMAR

Para los liberales alemanes de 1919 existían dos sistemas parlamentarios que se presentaban a sí mismos como modelos, el inglés y el francés. Ambos fueron objeto de considerable atención en los escritos políticos de Max Weber, junto con el sistema presidencial americano; y Hugo Preuss antes de redactar el borrador de la nueva Constitución, había leído las obras de Robert Redslob y Robert Piloty sobre el Gobierno parlamentario en Europa, así como el estudio de Wilhelm Hasbach sobre el Gobierno de *gabinete*[46]. Tanto Weber como

---

[45] Ibíd., p. 500.
[46] Robert Redslob, *Die parlamentarische Regierung in ihrer echten und in ihrer unechten Form. Eine vergleichende Studie über*

Preuss compartían el punto de vista de Redslob de que el parlamentarismo inglés era la forma «verdadera» o, por decirlo con palabras de Weber, la forma «real» de parlamentarismo[47]. Pero el modelo inglés a secas no era adecuado a la circunstancia alemana de 1918-1919; no cabía limitarse, simplemente, a efectuar su trasposición. Sólo un círculo bastante reducido de alemanes se había venido ocupando de ese conjunto de cuestiones implícitas en la democracia, mientras que amplios sectores de la sociedad albergaba una abierta hostilidad hacia cualquier forma de parlamentarismo y democracia. Cuando los políticos alemanes se vieron obligados a improvisar, en el otoño de 1918, un sistema parlamentario, Thomas Mann replicó tajantemente: «Yo quiero la monarquía, yo quiero un Gobierno apasionadamente independiente, porque sólo él ofrece protección a la libertad tanto en la esfera intelectual como económica [...] Yo no quiero ese Parla-

---

die Verfassungen von England, Belgien, Ungarn, Schweden und Frankreich, Mohr, Tubinga, 1918; Robert Piloty, *Das parlamentarische System. Eine Untersuchung seines Wesens und seines Wertes,* Verlagsbuchhandlung Rothschild, Berlín y Leipzig, 1917; Wilhelm Hasbach, *Die parlamentarische Kabinettsregierung ausserhalb England,* Deichert, Leipzig, 1918. *Cf.* también Theodor Eschenberg, *Die improvisierte Demokratie. Gesammelte Aufsätze zur Weimarer Republik,* Piper & Co. Verlag, Múnich, 1963, pp. 41 ss. Una crítica temprana, pero que, aun así, tiene cuenta ya de la concepción sostenida por esta generación de estudiosos alemanes sobre el parlamentarismo y el Gobierno parlamentario, es el escrito de Ulrich Scheuner, «Über die verschiedenen Gestaltungen des parlamentarischen Regierungssystems —zugleich eine Kritik der Lehre vom echten Parlamentarismus», en *Archiv des öffentlichen Rechts,* XIII (1927), pp. 209-233, 337-380.

[47] Weber, «Parlament und Regierung im neugeordneten Deutschland», en *Gesammelte Politische Schriften,* ed. cit., p. 383.

mento y ese negocio de partidos que con su política, estropeará la vida entera de la nación [...]. Yo no quiero política, quiero competencia, orden y decencia»[48].

Ni la cultura política alemana ni las circunstancias en que la monarquía llegaba a su terminación, y en que los Gobiernos de los primeros años de Weimar se veían obligados a gobernar, reforzaban las posibilidades de que la Constitución fuera aceptada.

Finalmente, en el documento constitucional se fraguó un acuerdo en torno a una República que era la mezcla de elementos tomados de Inglaterra, Francia y Estados Unidos en una complicada construcción legal y con una confusión, con frecuencia desafortunada, de poderes. La primera parte, basada, fundamentalmente, en el borrador de Preuss, bosquejaba un *bürgerlicher Rechtsstaat,* pero la segunda, referente a los «derechos y deberes fundamentales de los alemanes» («*Grundrechte und Grundpflichten der Deutschen*»), contenía un catálogo de demandas sustancialmente políticas que reflejaban los muy diferentes puntos de vista representados en Weimar. Figuraban también los términos *unidad* («*Einheit*»), *libertad* («*Freiheit*») e *igualdad* («*Gleichheit*»), pero estos conceptos generales no podían canalizar demandas específicas materiales ni reconciliar reivindicaciones rivales. El resultado fue una combinación de formas gubernamentales neutrales y objetivos políticos incompatibles entre sí; éstos eran dejados, para ser resueltos, a la práctica de la República, sobre la

---

[48] Thomas Mann, *Betrachtungen eines Unpolitischen* (1914 y 1919) [traducción española de León Mames: *Consideraciones de un apolítico,* Grijalbo, Barcelona, 1978], citado en Eschenberg, *Die improvisierte Demokratie,* ed. cit., p. 43.

base de la «tregua negociada entre las clases» que había sido conseguida en Weimar[49].

El punto crucial del dilema último —y definitivo— de Weimar reside en la ambigüedad del principio democrático y la estructura, frecuentemente irrealizable, de su Gobierno parlamentario[50]. Aunque el principio democrático que figuraba en el artículo 1.º —la aserción de que todo el poder legítimo viene del pueblo— encontraría una amplia aceptación entre los teóricos políticos y juristas alemanes después de 1919[51], el debate

---

[49] En el comité de la Asamblea Nacional que se ocupaba de la cuestión de los *Grundrechte* (los derechos fundamentales) en la nueva Constitución, Friedrich Naumann se produjo la confrontación entre dos concepciones alternativas de lo que es una Constitución: o expresión de una *Weltanschauung* y una estructura social unitarias, o bien la conclusión de un compromiso entre varios grupos sociales. Naumann optó por lo último, urgiendo a la Asamblea Nacional a aceptar «una tregua negociada entre el capitalismo y el socialismo». *Cf.* Naumann, «Bericht und Protokolle des 8. Ausschusses über den Entwurf einer Verfassung des Deutschen Reiches», en *Berichte der Nationalversammlung 21* (Berlín, 1920), p. 180. Citado en Ingebourg Maus, *Bürgerliche Rechtstheorie und Faschismus. Zur sozialen Funktion und aktuellen Wirkung der Theorie Carl Schmitts,* Fink Verlag, Múnich, 1980, p. 27.

[50] Respecto de la crisis final de Weimar, *cf.* Karl Dietrich Bracher, *Die Auflösung der Weimarer Republik. Eine Studie zum Problem des Machtverfalls in der Demokratie,* ed. cit., así como su artículo «Demokratie und Machtvakuum: Zum Problem des Parteienstaats in der Auflösung der Weimar Republik», en Karl Dietrich Erdmann y Hagen Schulze (editores), *Weimar: Selbstpreisgabe einer Demokratie. Eine Bilanz Heute,* Droste, Düsseldorf, 1980. *Cf.* asimismo Larry Eugene Jones, «The Dissolution of the Bourgeois Party System in the Weimar Republic», en Richard Bessel y E. J. Feuchtwanger (editores), *Social Change and Political Development in Weimar Germany,* Croom Helm, Londres, 1981.

[51] Hans Kelsen escribió, en 1921, que la democracia era algo que «casi se daba por sentado en el pensamiento político», y para el

sobre el parlamentarismo encendió la cuestión de cómo podía llegar a ser realizado este principio en Weimar. Aun cuando en términos de las alternativas disponibles en 1918-1919, la democracia parlamentaria representaba, de hecho, la solución conservadora para el problema constitucional de Alemania, la hostilidad imperante hacia los partidos y hacia la política parlamentaria, determinó su paralización casi desde el primer momento. Incluso antes de que estallara la primera crisis parlamentaria seria, hubo quien se lamentó de que la Constitución de Weimar no hubiese dado a Alemania «nada más que un triste Gobierno de partidos»[52]. La oposición al parlamentarismo de Weimar provenía de tres fuentes: los críticos tradicionales y autoritarios, que se inclinaban por el sistema monárquico y burocrático del *Kaiserreich;* los nacionalistas, como Hitler y aquellos que le rodeaban, que esperaban combinar el cambio social con un Gobierno dictatorial; y la izquierda radical, cuya meta era el modelo ruso y la dictadura del proletariado. Además de estas posiciones, esencialmente enfrentadas a la democracia parlamentaria, existía un gran volumen de

---

austro-marxista Rudolf Hiferding era «la única forma de Estado» posible después de la experiencia masiva de 1914-1918. Richard Thoma, en un escrito de 1923, dividía los Estados en dos categorías: democracias y «Estados de privilegios». Schmitt mantiene aquí el mismo punto de vista, y en su obra clásica de fines de los años 20 sobre el *Rechtsstaat* (Estado de Derecho) liberal, *Verfassungslehre* (1928), observaba que «la legitimidad de la Constitución de Weimar se basa en el poder constitucional del pueblo alemán». *Cf.* Carl Schmitt, *Verfassungslehre,* Duncker & Humblot, Múnich y Leipzig, 1928, p. 88 [traducción española de Francisco Ayala: *Teoría de la Constitución,* 1.ª ed., 6.ª reimpr., Alianza, Madrid, 1992].

[52] Walter Schotte, «Der missverstandene Parlamentarismus», en *Preussische Jahrbücher,* CLXXXI (1920), p. 134.

literatura académica en Europa y América, que criticaba distintos aspectos del parlamentarismo y le achacaba ser causa de «continuas crisis gubernamentales» en numerosos Estados parlamentarios[53].

Los socialistas europeos fueron los primeros en formular una de las tesis más importantes de la literatura contemporánea sobre el parlamentarismo. Afirmaban que la política parlamentaria era una mera sombra de la realidad política, una apariencia creada y manipulada por toda una red de intereses solapados en los partidos políticos, en la prensa y en grupos de intereses económicos. En 1922, un año antes de que apareciese la primera edición de *Die geistesgeschichtliche Lage der heutigen Parlamentarismus,* Joseph Schumpeter incorporó este argumento a su enjuiciamiento de las perspectivas del socialismo en Alemania[54]. Empezando con la

---

[53] *Cf.* Schmitt, *Die geistesgeschichtliche Lage des heutigen Parlamentarismus,* ed. cit., p. 28 [p. 41, de la trad. cast.].

[54] Joseph Schumpeter, «Sozialistische Möglichkeiten von Heute», en *Archiv für Sozialwissenschaft und Sozialpolitik,* XLVIII (1922), pp. 305-360; *cf.* también la réplica de Carl Landauer, «Sozialismus und parlamentarisches System», ibíd., pp. 748-760. El punto de vista de Schumpeter no era algo aislado en la izquierda de esta época. Max Adler escribió que la democracia parlamentaria «participa de la lucha de clases: es siempre una imposición del poder (*Machtdurchsetzung*) de una clase frente a otra, tratando, con su mayoría, de imponer a la fuerza sus leyes a la clase que se resista». Max Adler, *Die Staatsauffassung des Marxismus. Ein Beitrag zur Unterscheidung von Soziologischer und Juristischer Methode,* Wiener Volksbuchhandlung, Viena, 1922, p. 125. Este libro de Adler era una respuesta al libro de Hans Kelsen *Sozialismus und Staat* (1921). Los planteamientos antiparlamentarios de Adler de aquel tiempo aparecen desfigurados en la introducción de Tom Bottomore al libro *Austro-Marxism* (Clarendon Press, Oxford, 1978), que tiende a subrayar la mezcla de elementos «revolucionarios y reformistas» presentes en el pensamiento de la escuela austromarxista en su con-

relación existente entre el parlamentarismo y la moderna democracia de masas, aseguró que el sufragio que había experimentado una extensión tan amplia, convertía al Parlamento en una institución diferente de la descrita por la teoría liberal. Concluía que las instituciones parlamentarias eran sustancialmente algo sin sentido; su importancia procedía sólo de aquello que venía de fuera, externo a ellas, no de la política del debate parlamentario en cuanto tal. Según Schumpeter, «las clases se orientan hoy día respecto a la política, conforme al dictado de los medios de producción»[55]. Las clases están representadas en el Parlamento por sus partidos, pero el conflicto real se producía en otro sitio, en la economía y en la sociedad. El debate parlamentario no es, por tanto, una forma de libre discusión o deliberación, sino únicamente un frente en la lucha de clases.

Max Weber entendía los partidos como agentes necesarios de la educación y organización políticas en la sociedad moderna, y reconocía que el progreso de la democracia (la ampliación de los derechos al voto y la movilización política del pueblo que antes no había participado en la política) significaba también el crecimiento de la burocracia política. En la medida en que Weber se ocupaba primordialmente de las repercusiones que ello pudiera tener en la calidad de la vida política y en el liderazgo, pensaba que los partidos políticos, con sus organizaciones profesionales dedicadas a movilizar a los votantes y ganar apoyos, apelarían tam-

---

junto, pasando por alto la opinión, bastante más entusiasta que Adler, de forma especial, mantuvo respecto de la Unión Soviética de la época.

[55] Joseph Schumpeter, *op. cit.*, p. 326.

bién a un componente esencialmente irracional del público; esto constituía la fuente de sus mayores temores respecto a los representantes elegidos democráticamente. El análisis de Schumpeter sobre el parlamentarismo de Weimar subrayaba este aspecto, pero en el contexto de la crítica marxista a la política parlamentaria: los partidos continuarían la lucha de clases, y sus técnicas estarían determinadas por la audiencia de masas que esperaban obtener con ellas. Su preocupación central consistiría en organizar esa masa como votantes, y —siempre según Schumpeter— los efectos sustanciales de ello podían verse en la calidad de las campañas electorales. Los factores irracionales se habrían convertido en más importantes que el debate de problemas, cosa que podía ser observada también en los discursos del *Reichstag*. Éstos no iban dirigidos, como suponía la teoría liberal, al hemiciclo, sino, más bien, a la audiencia que pudieran encontrar fuera entre la masa del pueblo. Además, si bien los partidos encuadraban a las masas para votar, resultaba muy confuso al servicio de qué propósito exactamente las organizaban. Schumpeter mantenía que la ampliación del derecho de voto no había dado como resultado un Gobierno más democrático; el sufragio universal sólo había transformado la representación en un sistema de partidos con nuevos métodos para captar votantes, una nueva maquinaria electoral, nuevas organizaciones de partido, y nuevas jerarquías:

> Se prescinde de argumentos racionales porque el tamaño de los grupos superaría las dimensiones dentro de las que la lógica de la razón puede resultar efectiva; aparece el agitador profesional, el funcionario del partido, el *boss*. Esto hace del éxito político una cuestión de organización y produce los distintos círculos de líderes y grupos de presión que convierten a

los miembros del Parlamento en sus marionetas. Ello transforma al propio Parlamento en una marioneta, ya que la agitación y las victorias que tienen lugar fuera, resultan más importantes que un buen discurso en la Cámara. Como no todo el mundo tiene derecho a hablar, nadie, salvo el dueño de la maquinaria, es capaz de hablar. Esto ha destruido el sentido original del Parlamento, quebrando su técnica original, haciendo que su actividad parezca una farsa[56].

Los partidos, dominados por una élite, representarían cada vez más a clases sociales particulares y a intereses corporativos. Aunque puedan trabajar juntos y alcanzar compromisos recíprocos, «fundamentalmente no tienen nada de que deliberar o de discutir unos con otros»[57]. En contraste con los principios parlamentarios, la moderna maquinaria política había evolucionado hasta convertirse en una fuerza ejecutiva, que obraba y no hablaba. Éste era también el punto de vista de Carl Schmitt, que en 1923 tenía la certeza de que estos cambios estructurales habían hecho de los principios del parlamentarismo, la discusión, y del carácter público y abierto, una fachada sin sentido: «Comisiones reducidas o reducidísimas de partidos o coaliciones de partidos deciden a puerta cerrada, y lo que acuerdan los representantes de los intereses del gran capital en un reducidísimo comité acaso sea aún más importante para la vida cotidiana y el destino de millones de personas que las decisiones políticas»[58].

El punto de vista de Schmitt según el cual el Parlamento se había convertido en una «antecámara» de

---

[56] Ibíd., pp. 329-330.
[57] Ibíd.
[58] *Cf. Die geistesgeschichtliche Lage des heutigen Parlamentarismus,* ed. cit., p. 62 [p. 253, de la trad. castellana].

ocultos intereses y de que sus miembros no serían ya, como declaraba la *Reichsverfassung,* «representantes de todo el pueblo [...], sólo están sometidos a su conciencia y no se hallan sujetos a ningún mandato» (art. 21) era compartido por Gustav Radbruch[59]. Con su artículo en el número primero de *Die Gesellschaft,* Radbruch ofrecía una crítica general a la cultura política de la Alemania contemporánea, tachándola de «política que se conducía como religión». Se refería a que los partidos políticos habían desarrollado, como algo fuertemente adherido a ellos, intereses programáticos incompatibles con los principios del parlamentarismo. Arguyendo en términos socialdemócratas, Radbruch rechazaba la condena, de marxistas como Schumpeter, de la política parlamentaria, que, para él, consistía en un medio para promover los intereses de la clase trabajadora, apremiando a una participación responsable en un Gobierno de coalición: «Únicamente en coaliciones puede adoptar expresión política la división del poder entre capital y trabajo que domina nuestra sociedad [...]. La lucha de clase también se puede llevar adelante en una mesa de negociaciones»[60]. Con todo, Radbruch pensaba que el Parlamento era el lugar de un espectáculo (*showplace*). «Mientras gobierne el Parlamento —escribía en 1924— quien manda, en realidad, no será el Parlamento mismo, sino los intereses y las voces de círculos extraparlamentarios a los que gusta ganar influencia sobre los partidos, extremadamente sensibles a

---

[59] Gustav Radbruch, «Goldbilanz der Reichsverfassung», en *Die Gesellschaft,* I (1924), pp. 57-69.

[60] Ibíd., p. 62. *Cf.* también el artículo de Landauer, *Sozialisnus und parlamentarisches System,* ed. cit.

las presiones»⁶¹. Más interesante que la polémica de Radbruch sobre el «grotesco espectáculo que representa cada nueva crisis gubernamental», es su análisis acerca de la relación entre un hombre de Estado y un programa político. La disposición a arrojar por la borda todo programa «cuando la idea del Estado lo demande» es lo que caracteriza al hombre de Estado, distinguiéndole del político de partido, pero el estadista sólo puede emerger cuando tiene la confianza de su partido. Las mejores relaciones entre los líderes del partido y el partido parlamentario, estarían construidas sobre la confianza, y así discurre también la relación entre votantes y representantes: «Cuanto más deja de ser la política una simple cuestión de satisfacción de las demandas de partido tanto más se ubica en esa zona, de encaje de bolillos, de los compromisos, que se hacen precisamente mucho más difíciles de explicar a los votantes —votantes, naturalmente, del partido en su gran mayoría— si no existe una base personal para tener confianza en quienes los representan en el Parlamento»⁶². En las circunstancias políticas alemanas, argumentaba Radbruch, adquiriría una importancia especial el cargo de *Reichspräsident*:

> Si la democracia y el parlamentarismo deben funcionar, tiene que construirse toda una escala de confianza e independencia crecientes en los votantes del país, a través de sus representantes, hacia los dirigentes del Estado. Y, entre éstos, el *Reichspräsident* ocupa un puesto especial [...]. El *Reichspräsident* está, políticamente, obligado a tomar las medidas apropiadas si el Gobierno, que sólo es responsable ante la mayoría parlamentaria del *Reichstag,* lo solicita [...],

---

[61] Radbruch, *op. cit.,* p. 65.
[62] *Loc. cit.*

y a representar a la República con tacto y dignidad [...]. En contra de una interpretación puramente ceremonial de este cargo, pesa otro hecho que debe ser tenido en cuenta: la Constitución ha dotado al *Reichspräsident* de una base política fundamentalmente diferente de la que sostiene al Gobierno del *Reich*: la elección directa del pueblo[63].

V. EL DEBATE EN TORNO AL PODER PRESIDENCIAL EN LOS PRIMEROS TIEMPOS DE WEIMAR

La Constitución confería al *Reichspräsident* un papel en la disolución del *Reichstag* y en la formación del Gobierno; también le permitía apelar directamente, pasando por encima del Parlamento, al pueblo alemán. De todas las atribuciones conferidas al presidente en este sistema, las más importantes eran, en definitiva, las recogidas en el artículo 48. Este precepto autorizaba al *Reichspräsident* a emplear la fuerza contra los *Länder* recalcitrantes o en rebeldía (*Reichsexecution*), y cuando «el orden y la seguridad públicos estén considerablemente alterados o amenazados»[64].

---

[63] Ibíd., pp. 65-66. Radbruch no era el único autor que pensaba que el *Reichspräsident* ocupaba un puesto especial en la Constitución; *cf.* también Hugo Preuss, «Reichsverfassungsmässige Diktatur», en *Zeitschrift für Politik,* XIII (1924), pp. 97-113. Hermann Pünder comenta que «Ebert no compartía, en absoluto, el punto de vista de que el cargo de *Reichspräsident* fuera decorativo». *Cf.* Pünder, *Der Reichspräsident in der Weimarer Republik,* Athenäum Verlag, Bonn y Fráncfort, 1961, p. 17.

[64] En el artículo 48.º de la Constitución de Weimar se lee:
«Cuando un Territorio (*Land*) no cumple los deberes que le impone la Constitución, o las leyes del *Reich,* puede el presidente del *Reich* obligarle a ello apelando a la fuerza armada.

Entre 1919 y 1924, y especialmente durante la crisis de Estado de 1923, estos poderes fueron empleados por Friedrich Ebert en una serie de casos: contra Turingia y Gotha (1920), o contra Sajonia (1923); y, tras el *Putsch de la cervecería de Múnich* protagonizado por Hitler el 8 de septiembre de noviembre de 1923, la autoridad ejecutiva del *Reich* se delegó en el poder militar bajo el mando del general von Seeckt. Además de estos casos de *Reichsexekution* contra los *Länder*, Ebert se sirvió también de los poderes que le confería la sección 2.ª del artículo 48, para enfrentar los disturbios políticos e intentos de *Putsch* (1920 y 1923), y los altercados originados por los asesinatos de Erzberger (1921) y Rathenau (1922). Desde finales de 1922, se dictaron numerosos decretos presidenciales dirigidos a la resolución de problemas financieros y económicos, sobre la base de los poderes concedidos al presidente en este artículo. Además de los decretos que afectaban a la moneda y a las finanzas (para controlar la especulación y el cambio de

---

Cuando en el *Reich* alemán el orden o la seguridad públicos estén considerablemente alterados o amenazados, puede el Presidente del *Reich* tomar aquellas medidas que sean necesarias para su restablecimiento, apelando a la fuerza armada si el caso lo requiere. A este objeto puede suspender provisionalmente, en todo o en parte, los derechos fundamentales consignados en los artículos 114, 115, 118, 123, 124 y 153.

Cuantas medidas haya tomado el Presidente del *Reich* en virtud de los apartados 1 y 2 de este artículo, deberá ponerlas sin demora en conocimiento del *Reichstag*. Si el *Reichstag* lo exige, las medidas tomadas deberán dejarse sin efecto.

Si la demora llegara a constituir un peligro, puede un Gobierno territorial tomar para su Territorio (*Land*) las medidas consignadas en el apartado 2. Estas medidas se dejarán sin efecto a instancias del Presidente del *Reich* o del *Reichstag* mismo.

Los pormenores serán regulados por una ley del *Reich*.» [N. del T.]

divisas extranjeras y para iniciar, tras la estabilización del marco, la transición hacia el nuevo curso legal de la moneda del *Rentenmark*), durante el invierno de 1923-1924, salieron de la oficina presidencial una serie sucesiva de decretos de *Reichsexekution*[65].

Sólo cuando el recurso a los poderes presidenciales disminuyó, los constitucionalistas y los politólogos empezaron a debatir la cuestión en Alemania. El artículo 48 fue objeto de debate en la reunión de Jena de la Asociación Alemana de profesores de *Staatsrechtslehrer*, en abril de 1924, y en el Congreso de Juristas alemanes del mismo año, y a lo largo de los cinco años siguientes, fueron apareciendo una serie de trabajos sobre los problemas legales y constitucionales que planteaba la aplicación del artículo 48 durante los primeros años de turbulencias de la República de Weimar[66]. Este debate dominado, en gran parte, por el problema de la revisión judicial de la utilización que hacía el presidente de la República del artículo 48 y por la cuestión de los «poderes legislativos implícitos» que el *Reichspräsident* podía llegar a tener atribuidos, cuestiones que derivaban directamente de la realidad de la vida política de los primeros años 20[67].

La ponencia de Carl Schmitt en Jena, «Die Diktatur des *Reichspräsident* nach Artikel 48 der Reichsverfas-

---

[65] Ulrich Scheuner, «Die Anwendung des Art. 48 der Weimarer Reichsverfassung unter den Präsidenten von Ebert und Hindenburg», en Ferdinand A. Hermens y Theodor Schieder (editores), *Staat, Wirtschaft und Politik in der Weimarer Republik,* Duncker & Humblot, Berlín, 1967, pp. 249-286.

[66] «Die Diktatur des *Reichspräsident*», en *Veröffentlichungen der Vereinigungen der Deutschen Staatsrechtslehrer,* cuaderno 1 (1924), Berlín, W. de Gruyter & Co., pp. 63 ss.

[67] *Cf.* Ulrich Scheuner, *op. cit.,* pp. 266 ss.

sung», presentaba un enfoque diferente. Schmitt argumentaba a favor de una interpretación del artículo 48 que estipulaba una «dictadura comisaria», la concepción recogida en su libro *Die Diktatur* (1921), donde había estudiado la idea de la dictadura en el pensamiento político moderno[68]. Según Schmitt, el presidente se encontraría investido del poder de actuar «a favor de la seguridad y la defensa de la Constitución en su conjunto», poder que resultaba «inexcusable»[69]. Pero, la interpretación de Schmitt a favor de los amplios poderes comisariales del presidente tuvo escasa aceptación, y el debate sobre el artículo 48 continuó centrado, a lo largo de los años del período medio de la República (1924-1929), en la caracterización y definición legislativa de la autoridad ejecutiva que derivaba de sus previsiones[70].

---

[68] Según Schmitt, un «dictador comisario» ejercería el poder temporalmente y con el propósito de restaurar el orden constitucional ya establecido, mientras que un «dictador soberano» crea un nuevo orden constitucional. *Cf.* también Schwab, *The Challenge of the Exception*, ed. cit., pp. 30-37.

[69] Carl Schmitt, *Die Diktatur. Von den Anfängen des modernen Souveränitätsgedankens bis zum proletarischen Klassenkampf,* ed. cit., p. IX.

[70] La ponencia de Schmitt en la conferencia de juristas constitucionales alemanes de 1924 (*cf.* nota 61) fue añadida a la segunda edición de *Die Diktatur* (1927), pp. 213-259. El punto de vista de Hugo Preuss sobre la interpretación que da Schmitt de los poderes presidenciales del artículo 48 era una excepción entre los juristas alemanes. Comentando la opinión de Schmitt en un artículo de 1924, Preuss escribió: «Esta definición del concepto de dictadura es completamente conforme con la esencia del poder extraordinario dispuesto en el artículo 48 de la Constitución de Weimar y conferido al presidente del *Reich*.» (Preuss, «Reichsverfassungsmässige Diktatur», ed. cit., p. 101.) *Cf.* también Richard Grau, *Die Diktaturgewalt des Reichspräsident und der Landesregierungen auf Grund des Artikel 48 der Reichsverfassung,* Liebmann, Berlín, 1922. Grau

El propio Schmitt dejó de lado el tema hasta 1929. Sólo más tarde, en la última crisis de la República, la interpretación que Schmitt había sugerido por primera vez en 1924 (junto con Erwin Jacobi) adquiriría importancia en la praxis política, y conseguiría ganar apoyos como procedimiento de gobierno en Alemania sin el control del Parlamento[71]. Pero los pasos que desembocaron en este punto de vista fueron prolongados e indirectos. Su trayectoria descansa en el desarrollo de una interpretación constitucional y una teoría de su protección que se desarrolla a partir de la crítica que Schmitt hace del parlamentarismo y su preocupación por las consecuencias del positivismo jurídico.

VI. DEMOCRACIA REPRESENTATIVA *VERSUS* DEMOCRACIA PLEBISCITARIA

El juicio de Richard Thoma en 1930 de que «la democracia alemana es, de una forma abrumadora y fundamental, liberal e indirecta, en contraste con un democratismo igualitario-radical [*sic*], a cuyas pretensiones se habían hecho sólo unas pocas concesiones en la

---

argumentaba que «el *Estado de Derecho* no puede conservarse a sí mismo solamente con los medios que le proporciona la división de poderes cuando está amenazado desde dentro». Grau anotaba además que estos poderes extraordinarios «estaban firmemente anclados en la responsabilidad legal-constitucional». (Grau, *op. cit.*, pp. 104-105).

[71] *Cf.* Bendersky, *Carl Schmitt: Theorist for the Reich*, ed. cit., pp. 145 ss., y Ellen Kennedy, «Review Article, Joseph W. Bendersky, *Carl Schmitt: Theorist for the Reich*», en *History of Political Thought*, IV (1983), pp. 579-589.

Constitución de Weimar»[72] reiteraba su interpretación del principio democrático de la República en sus primeros años. Su artículo «Der Begriff der modernen Demokratie» (1922)[73] identificaba la democracia con la «democracia formal», o con la extensión del sufragio universal en el Estado; la democracia sería, según argumentaba Thoma, la negación de un Estado autoritario (*Obrigkeitsstaat*), un «Gobierno responsable», en cuanto que lo opuesto a un Gobierno autocrático. Pero el aspecto crucial del argumento de Thoma estaba en su negativa a que una democracia implicara una serie de creencias sustanciales o políticas; en su opinión, la democracia era, más bien, una cuestión de formas y procedimientos, como, por ejemplo, el carácter secreto de las votaciones, el papel de la mayoría y el proceso adecuado. En el sentido de estos términos, argüía Thoma, la República alemana era una democracia liberal: para su funcionamiento se requería la existencia de partidos, y su actuación como sistema democrático dependía de la expresión indirecta de la voluntad del pueblo. Thoma contraponía la democracia liberal e indirecta de Weimar con la democracia radical basada en el igualitarismo, las elecciones plebiscitarias y los referendums. En un escrito del mismo año, Rudolf Smend también señalaba

---

[72] Richard Thoma, «Sinn und Gestaltung des deutschen Parlamentarismus», en Bernard Harms (editor), *Recht und Staat im neuen Deutschland. Vorlesungen gehalten in der Deutschen Vereinigung für Staatswissenschaftliche Fortbildung,* vol. I, Verlag von Reimar Hobbing, Berlín, 1929, p. 114.

[73] Richard Thoma, «Der Begriff der modernen Demokratie in seinem Verhältnis zum Staatsbegriff», en Melchior Palyi (editor), *Hauptprobleme der Soziologie. Erinnerungsgabe für Max Weber,* vol. II, Duncker & Humblot, Múnich y Leipzig, 1922, pp. 37-65. Ahora incluido en este volumen, p. 91.

que el Gobierno parlamentario era algo típico de la «cultura liberal-*burguesa* del siglo XIX, representada originariamente por la creencia racionalista en la fuerza productiva de una dialéctica política como forma de realización automática de la verdad política; en la era clásica del *government by talking* ésta era la forma en que el mundo político de un país se encontraba representado, con mayor o menor identificación»[74]. En estos Estados, concluía Smend, salvo su vinculación general con la libertad, el contenido sustancial y real de la vida política era secundario; los factores primarios de integración serían las elecciones, la responsabilidad ministerial, las decisiones presupuestarias y la regulación de los procedimientos. Pero aunque Smend compartía la preocupación de Thoma por las propiedades formales del Estado democrático, su discurso no concluía (como el de Thoma) en ellas: «La precondición del Estado moderno es la integración y la educación de los individuos mediante un rango de valores [...] que tiene que ser constantemente renovado con la ayuda de los medios dialéctico-funcionales de integración»[75]. Lo que no era óbice para reconocer que, con el tiempo, iría cambiando la forma de funcionamiento de los medios de integración del parlamentarismo. Para Smend, como para Schmitt, el problema que subyacía en el Estado democrático alemán estaba planteado en la combinación entre los mecanismos parlamentarios y la realidad de la moderna democracia de masas. Si el parlamentarismo

---

[74] Rudolf Smend, «Die politische Gewalt im Verfassungsstaat und das Problem der Staatsform» (1923), en Smend, *Staatsrechtliche Abhandlungen und andere Aufsätze,* ed. cit., p. 85.
[75] Ibíd., p. 87.

pudo integrar a la burguesía inglesa durante el siglo XIX, ¿podría hacer lo mismo con las nuevas clases políticas de Alemania después de la Primera Guerra Mundial? La respuesta implícita en el libro de Carl Schmitt sobre el parlamentarismo era *no*. En la primera edición del ensayo, en relación con el concepto de «pueblo», Schmitt distinguía entre democracia y parlamentarismo. El pueblo, en concreto, es variado y heterogéneo; pero, como sujeto de la democracia, el pueblo sería idéntico al Estado: «El meollo del principio democrático, es decir, la aserción de que la ley y la voluntad del pueblo son cosas idénticas»[76]. Además, la lógica del argumento democrático se apoya en una serie de identidades: la identidad entre los que mandan y los que obedecen, entre gobernantes y gobernados, entre sujeto y objeto de la autoridad estatal, entre el pueblo y sus representantes en el Parlamento, entre el Estado y los votantes, entre el Estado y la ley. Y, por último, Schmitt argumentaba que una democracia implicaba la identidad de lo cuantitativo (la mayoría o la pluralidad numérica) y lo cualitativo (la justicia). Aunque la concepción de Schmitt sobre la homogeneidad democrática ha sido frecuentemente mal interpretada, viendo en ella un simple requerimiento a que el pueblo sea una comunidad homogénea natural (o racial)[77], el argumento por él expuesto en la primera edición del *Parlamentarismus* no depende, de hecho, de esa homogeneidad. En propiedad, iba directamente enfocado hacia el problema teóri-

---

[76] *Cf. Die geistesgeschichtliche Lage des heutigen Parlamentarismus,* ed. cit., p. 35 [p. 205 de la traducción castellana].

[77] *Cf.,* por ejemplo, Charles E. Frye, «Carl Schmitt's Concept of the Political», en *Journal of Politics,* XXVIII (1966), pp. 818-830.

co de la voluntad política en una democracia. Ello queda claro por la referencia en clave de discusión, más bien breve, que Schmitt hace allí de las leyes electorales y de los distintos sentidos de la expresión «voluntad del pueblo» en una democracia. En obras posteriores, este aspecto del argumento de Schmitt sería desarrollado en forma de teoría de la democracia plebiscitaria.

Esta concepción de la democracia emerge en el pensamiento político de Schmitt a principios de los años 20, derivado de su análisis sobre el significado del principio democrático y liberal en la Constitución de Weimar. Tanto la Constitución del *Reich* como las Constituciones de los distintos *Länder* alemanes, contenían disposiciones sobre instituciones de democracia directa. La Constitución de Weimar reconocía cinco supuestos de posible recurso al plebiscito (*Volksentscheid*)[78]. El presidente del *Reich* podía convocar un plebiscito sobre una ley aprobada por el *Reichstag* (artículo 73), y el *Reichsrat* podía, a su vez, reclamar del presidente del *Reich* convocar un plebiscito por el mismo motivo (art. 74, sección 3.ª); el *Reichstag* podía convocar un plebiscito con ocasión de una reforma constitucional iniciada por el *Reichstag* (art. 76, sección 2.ª); una vigésima parte de los votantes con derecho a voto podían exigir que una ley que hubiera sido aprobada, pero no promulgada por acuerdo de un tercio del *Reichstag* (art. 72), fuera sometida a plebiscito (art. 73, sección 2.ª), y, finalmen-

---

[78] Schmitt, *Volksentscheid und Volksbegehren. Ein Beitrag zur Auslegung der Weimarer Verfassung und zur Lehre von der unmittelbaren Demokratie,* 8, ed. cit. Acerca de los elementos de democracia directa en Weimar, *cf.* Reinhard Schiffers, *Elemente direkter Demokratie im Weimarer Regierungssystem,* Droste, Düsseldorf, 1971, especialmente pp. 272 ss.

te, una décima parte del electorado podía reclamar la introducción de una ley sobre la base de un *referendum*. Si esta ley era aprobada sin modificaciones por el *Reichstag* el «*referendum* no tiene lugar» (art. 73, sección 3.ª)[79]. En una ponencia presentada el 11 de diciem-

---

[79] El artículo 73.º de la Constitución de Weimar dice:
«Una ley acordada por el *Reichstag* debe someterse a plebiscito antes de su promulgación cuando el Presidente del *Reich* lo disponga así en el plazo de un mes.

Una ley cuya promulgación es diferida a petición por lo menos de una tercera parte del *Reichstag,* debe someterse al plebiscito cuando lo solicite una vigésima parte del cuerpo electoral.

También debe provocarse un plebiscito cuando una décima parte del cuerpo electoral expone su deseo de que sea presentado un proyecto de ley. Este deseo debe ir acompañado de un proyecto de ley articulado. Debe someterse al *Reichstag* por el gobierno manifestando éste su opinión sobre el mismo. El plebiscito no tiene lugar cuando el proyecto de ley presentado es aprobado sin variación alguna por el *Reichstag.*

Sobre presupuestos, leyes tributarias y ordenanzas de salarios, sólo el Presidente del *Reich* puede provocar un plebiscito.

Una ley del *Reich* deberá regular el procedimiento que deba seguirse para el plebiscito y para la iniciativa popular.»

El artículo 74.º de la Constitución de Weimar dice:
«El *Reichsrat* puede oponerse a las leyes acordadas por el *Reichstag.*

El disentimiento será notificado al *Reichstag* en el término de dos semanas después de haber sido tomado el acuerdo, y, a lo más tardar, dentro de otras dos semanas, pero en este caso alegando los motivos de no haberlo hecho antes.

En el caso de que se manifieste el disentimiento, la ley es presentada de nuevo al *Reichstag* para que vuelva a recaer acuerdo sobre ella. Si en este nuevo debate no se llega a un acuerdo entre el *Reichsrat* y el *Reichstag*, el Presidente del *Reich* puede ordenar, dentro del término de tres meses, que se haga un plebiscito sobre el asunto debatido. Si el presidente no hace uso de este derecho, la ley se tiene por no aprobada. Si el *Reichstag* se decide, por dos tercios de mayoría, contra el disentimiento del *Reichsrat,* debe el Presiden-

bre de 1926 ante la *Juristische Gesellsschaft* de Berlín[80], Schmitt examinaba el texto constitucional de Weimar que recogía estas previsiones sobre la democracia directa, tratando de esbozar una teoría sobre «el pueblo» en la democracia que fuera, a la vez, moderna y útil para la ciencia del Derecho.

De todos estos casos que podían dar lugar a un plebiscito, el que más interesaba a Schmitt era el recogido en el artículo 73, sección 2.ª y 3.ª de la Constitución, donde se dispone la iniciativa legislativa del pueblo. Schmitt argumentaba que «el pueblo [...] se convertía, en virtud de lo dispuesto en esta sección, en sujeto acti-

---

te promulgar la ley con la redacción acordada por el *Reichstag*, o bien ordenar que sobre ella recaiga un plebiscito.»

El artículo 75.º de la Constitución de Weimar dice:

«Mediante plebiscito puede dejarse sin efecto un acuerdo del *Reichstag* cuando la mayoría del cuerpo electoral interviene en la votación.»

El artículo 76.º de la Constitución de Weimar dice:

«la Constitución puede modificarse por vía legislativa; sin embargo sólo serán válidos los acuerdos del *Reichstag* intentando modificar la Constitución, cuando estén presentes dos terceras partes del número legal de miembros, y voten a favor de la modificación dos tercios, cuando menos, de los presentes. También los acuerdos del *Reichsrat* que intenten reformar la Constitución necesitarán una mayoría de las dos terceras partes de los votos emitidos. Si por iniciativa popular se pretende introducir alguna modificación en la Constitución por vía plebiscitaria, se requerirá que preste su asentimiento la mayoría del cuerpo electoral.

Si el *Reichstag* ha acordado una reforma de la Constitución y disiente de ese acuerdo el *Reichsrat*, el Presidente del *Reich* no debe promulgar esta ley si el *Reichsrat* reclama plebiscito dentro del plazo de dos semanas.»

[80] Schmitt, *Volksentscheid und Volksbegehren. Ein Beitrag zur Auslegung der Weimarer Verfassung und zur Lehre von der unmittelbaren Demokratie*, ed. cit., p. 34.

vo como legislador»[81], de manera que este precepto infundía vida al principio democrático de la Constitución, tal y como él lo entendía. En el preámbulo de la Constitución de Weimar se afirmaba que «el pueblo se ha dado a sí mismo esta Constitución», y la intención de Hugo Preuss había sido desarrollar una fórmula constitucional que incorporara el «poder constitucional» del pueblo alemán.

Mucho de la tensión de la argumentación de Schmitt en favor de una democracia plebiscitaria y de la controversia que provocaba, procedía de una concepción a esa altura aún no completamente elaborada de su pensamiento. Schmitt afirmaba que la esencia de la Constitución de Weimar radicaba en el principio democrático expresado en el artículo 1.º, no en sus principios liberales (las disposiciones dirigidas a la realización de un Gobierno parlamentario y los poderes legislativos del *Reichstag*). En el razonamiento de Schmitt los poderes especiales del *Reichspräsident* estarían previstos, para garantizar, cuando este principio se viera amenazado, permitiéndole operar como un «dictador comisario» para preservar la estructura del *Reich*. Contra la «excesiva simplificación», de la dicotomía democracia representativa *versus* democracia directa, Schmitt trataba de demostrar, en 1926, que la Constitución de Weimar integraba un principio democrático altamente complicado.

En esta época (y no lo volvería a repetir en ninguna otro momento mientras duró la República de Weinar), Schmitt no clamó por la suspensión de las elecciones; su argumento iba dirigido, más bien, a moderar los poderes parlamentarios a través de la acción de otros me-

---
[81] Ibíd., p. 157.

dios constitucionales. Pero en su *Parlamentarismus* quedaría claro, en relación con su argumento, que Carl Schmitt albergaba escaso respeto por los procedimientos de la democracia liberal. El voto secreto, los derechos individuales al sufragio y toda la estructura de las elecciones en un sistema representativo le parecían, en términos políticos, algo bastante distinto de la democracia de los Estados modernos. Además, creía que los fundamentos intelectuales y morales de estas instituciones se encontraban ya debilitados por la democracia de masas y amenazados por la irrupción del bolchevismo y el fascismo, que eran ideologías más vitales que el liberalismo. Pero entre 1923 y 1926, sus razones persuadieron a muy pocos de sus oponentes. Leída junto a otras de sus obras de la misma época —*Politische Romantik* (1919), *Die Diktatur* (1921), *Politische Theologie* (1922) y *Römischer Katholizismus und politische Form* (1923)—, *Die geistesgeschichtliche Lage des heutigen Parlamentarismus* pareció ya, a los que, como Thoma, hacían hincapié en los elementos indirectos y liberales de la Constitución de Weimar, un ataque a la democracia, tal como la entendían. El argumento de Carl Schmitt a favor de los elementos directamente democráticos de la Constitución no tenía, ciertamente, la intención de apoyar la democracia en la forma que Preuss y Weber la habían entendido en 1918-1919; en todo caso, en 1926 continuaba todavía abierta la polémica en la Teoría del Estado alemana. ¿Cuál era, pues, el contexto en que argumentaba Schmitt?

VII. POSITIVISMO JURÍDICO Y LEGITIMIDAD

El objetivo final del pensamiento político de Schmitt se encaminaba hacia la teoría del positivismo jurídico alemán, cuyas raíces hay que buscarlas a mediados del siglo XIX. La escuela, fundada por Carl Friedrich von Gerber y continuada por Paul Laband, ofreció, en sus comienzos, una alternativa clara y moderna a la escuela histórica del Derecho. Pero, tras la Primera Guerra Mundial, la perspectiva, libre de valores, del *iuspositivismo* alemán, que separaba el derecho y la legalidad de las cuestiones políticas y morales, ya no era capaz de formular preguntas sobre la legitimación del Estado y del poder político, o sobre un concepto de justicia que resultara relevante a efectos de la relación entre poder y autoridad en el Estado. Semejantes cuestiones eran descartadas como metafísicas, resultando de este modo incontestables. No obstante y en un sentido contrario, los teóricos del positivismo jurídico alemán desarrollaron la tesis del «poder normativo de lo fáctico», que Georg Meyer fue el primero en enunciar. Gerhard Anschütz aceptó la intuición de Georg Meyer, y construyó su definición clásica: «La capacidad de ejercer un poder estatal no se define por los derechos inherentes heredados (*rechtsmässige Erbe*) sino por el hecho de su posesión [...]. La cuestión de la legitimidad del poder del Estado puede decidirse [ciertamente] según los principios del Derecho, pero las propiedades del poder del Estado en cuanto poder legítimo no ejercen [pueden no ejercer] ningún concreto efecto legal. La legitimidad no es una característica del poder del Estado»[82].

---

[82] Gerhard Anschütz revisó el *Lehrbuch des deutschen Staatsrechts* (1878) de Georg Meyer, y las ediciones posteriores fueron

Tras la Revolución alemana de 1918-1919, esta teoría positivista del Derecho centrada en la legalidad era incapaz, justamente, de definir un cambio como «revolucionario». «Para conocer la vitalidad» de la Constitución surgida de la Revolución —escribe E. R. Huber— «no se exigía ni su "aplicación permanente", ni que fuera sancionada por "un sentido de la justicia" de aquellos a los que concernía [...]. [Conforme a esta teoría] sólo había una razón para la validez de una constitución revolucionaria procedente de la usurpación del poder del Estado: la efectiva pervivencia en la posesión del poder»[83]. Aunque la *Allgemeine Staatslehre* (1900) de Georg Jellinek[84] había modificado de alguna manera este punto de vista introduciendo una serie de consideraciones respecto de las «convicciones» (*Überzeugungen*), éstas no eran tenidas por auténticamente normativas. Más bien, eran el producto de un incuestionado disfrute del poder: «el derecho consuetudinario no procede del espíritu de la nación (*Volksgeist*) que lo sanciona, ni de la convicción de

---

publicadas con el nombre de los dos: Georg Meyer y Gerhard Anschütz, *Lehrbuch des deutschen Staatsrechts* (Duncker & Humblot, Múnich y Leipzig, 1906). La formulación de Anschütz aparece citada en E. R. Huber, *Deutsche Vefassungsgeschichte seit 1789,* vol. VI, Verlag W. Kohlhammer, Stuttgart, 1981, p. 8. Acerca del *juspositivismo* en Alemania *cf.* también Peter Oertzen, *Die soziale Funktion des staatsrechtlichen Positivismus. Eine Studie über die Entstehung des formalistischen Positivismus in der deutschen Staatsrechtswissenschaft,* Suhrkamp, Franckfurt, 1974.
[83] E. R. Huber, *Deutsche Verfassungsgeschichte,* vol. VI, p. 8.
[84] Georg Jellinek, *Allgemeine Staatslehre*, Verlag Athenäum, Kronberg/Ts., 1977; la edición disponible actualmente es una reimpresión de la tercera edición (1921), siendo la primera edición de 1900. Sobre la representación y las instituciones representativas *cf.* pp. 566 ss. [traducción española de Fernando de los Ríos de la segunda edición —1905— *Teoría General del Estado,* sucesivas reimpresiones].

todo el pueblo de que algo puede ser justo a causa de su necesidad interna, ni de la voluntad tácita del pueblo, sino de cualidades psicológicas generales que caracterizan el hecho reiterado de manera consistente, como norma»[85]. De ese modo, el positivismo jurídico alemán trazó una distinción entre las cuestiones relativas al poder y la justicia: su teoría constitucional, como su doctrina, distinguía la *Rechtsmässigkeit* (la legitimidad jurídica) de la *Rechtswirksamkeit* (la vigencia jurídica), lo justo de la ley de su eficacia jurídica. Concluyendo de todo ello que la conquista ilegítima del poder del Estado era algo inconcebible; su irrupción en aquel momento de mano de la Revolución no podía afectar a la validez de la ley ni a las obligaciones del ciudadano.

El positivismo jurídico era, políticamente, neutral. Podía ser invocado para justificar tanto una Revolución efectivamente victoriosa como una hipotética Revolución futura. Por causa de su ambivalencia teórica, el positivismo jurídico alemán «no podía ofrecer una garantía perdurable capaz de infundir validez a una Constitución surgida de una Revolución»[86]. La Constitución republicana podía encontrar, en el *Rechtspositivismus*, una «legalidad temporal», pero no una «legitimidad permanente». Sólo que, en realidad, muy pocos juristas alemanes reconocieron, en esa época, la fragilidad del fundamento intelectual de esa construcción. La mayor parte aceptó la interpretación de la Constitución de Anschütz: «Una Revolución puede ser la nueva fuente de la ley si afirma con éxito su voluntad y especialmen-

---

[85] Georg Meyer y Gerhard Anschütz, *op. cit.* (7.ª ed., de 1914, p. 26), citado en Huber, *op. cit.,* vol. VI, p. 8.
[86] Huber, *op. cit.,* vol. VI, p. 9.

te si su legalidad obtiene el reconocimiento de aquellos a los que gobierna»[87]. Carl Schmitt, junto con Rudolf Smend y Hermann Heller, rechazaron este punto de vista. Creían que el positivismo jurídico no podía ofrecer ninguna certeza a la ciencia jurídica ni develar cuáles eran las fuentes políticas de la ley y del Estado. Schmitt creía que cabía pensar en un fundamento distinto para la República, que no fuera dependiente de los principios del positivismo jurídico, haciendo hincapié en la interpretación constitucional del poder legislativo del pueblo en la República y vinculando todo ello a la figura del presidente del *Reich*.

VIII. DECISIÓN, DISCUSIÓN Y VALORES POLÍTICOS EN WEIMAR

A estas alturas de la historia de la República Schmitt se encontraba, prácticamente, aislado, entre los constitucionalistas, con su planteamiento sobre las instituciones del Parlamento y la democracia plebiscitaria. Moritz Julius Bonn coincidía con él en que «exist[ía] un parlamentarismo sin democracia»[88], pero se resistía a proceder, como Schmitt, a reducir el Parlamento a una mera expresión de los principios de discusión y publicidad. Bonn objetaba asimismo el concepto de discusión propuesto por Schmitt en *Parlamentarismus*. Según Bonn, «la discusión parlamentaria no es únicamente una discusión que quiera persuadir al oponente de la

---

[87] Ibíd., p. 10.
[88] Moritz Julius Bonn, *Die Auflösung des modernen Staates*, Verlag für Politik und Wirtschaft, Berlín, 1921, p. 24.

falsedad de sus opiniones, sino una discusión cuyo propósito es un dar-y-tomar, un intercambio, una negociación [...]. Tengo la certeza de que en el parlamentarismo ha existido siempre, especialmente en cuestiones de impuestos, una conexión verdaderamente estrecha entre ideologías e intereses. Dos hombres de negocios, del tipo de aquellos a que usted se refiere, actuarían de una manera enteramente reconocible a como acostumbraban hacerlo los parlamentarios de la época más gloriosa del viejo parlamentarismo»[89]. Pero mientras Schmitt había afirmado en su *Politische Theologie* que «lo contrario a la discusión es la dictadura»[90], Bonn le escribía que «los partidarios de la dictadura también quieren la discusión, sobre todo porque los hombres son gregarios por naturaleza». Además, la esencia del Gobierno parlamentario no sería, para él, la «discusión» en el sentido que Schmitt confería al término, sino algo más cercano a lo que representa la «conferencia»; lo contrario a esto sería un «Gobierno fundado en la violencia»[91].

Hacia finales de los años 20, la crítica que efectuara Hermann Heller del artículo «Begriff des Politischen» (1927) de Schmitt en su trabajo «Politische Demokratie und soziale Homogenität» (1928), aceptaba, pese a su posición crítica respecto al principio de la homogeneidad social sustancial en la democracia de Schmitt, el elemento más importante de su análisis[92]. Además, He-

---

[89] Bonn a Schmitt, 11 de junio de 1926.
[90] Carl Schmitt, *Politische Theologie,* ed. cit., p. 78.
[91] Bonn a Schmitt, 11 de junio de 1926.
[92] Carl Schmitt, «Der Begriff des Politischen», en *Archiv für Sozialwissenschaft und Sozialpolitik,* LVIII (1927), pp. 1-33. Este artículo había sido, en su origen, una conferencia en la *Deutsche Hochschule für Politik,* en Berlín (mayo de 1927). Fue publicado en

ller ponía énfasis en el papel de los valores políticos en la democracia, como factores vitales de su éxito, pero seguía desarrollando el argumento de Schmitt:

> Propiamente la base espiritual e histórica (*geistesgeschichtliche*) del parlamentarismo no es la creencia en la discusión pública en sí misma, sino la fe en la existencia de un terreno común para la discusión, y con ella en la posibilidad de un *fair play* para con el rival en la política, con el que se quiere alcanzar un acuerdo en circunstancias que excluyen la fuerza bruta[93].

Aunque Heller estaba de acuerdo con Schmitt en que «un cierto grado de homogeneidad social era necesario para la construcción de la unidad democrática», insistía en que «ello nunca puede significar la eliminación de la necesariamente antagónica estructura social»[94]. Cual-

---

forma de libro en 1932, junto con otra conferencia titulada *Das Zeitalter der Neutralisierungen und Entpolitisierungen* (Congreso del *Europäischer Kulturbund* en Barcelona, octubre de 1929) y tres corolarios: Schmitt, *Der Begriff des Politischen,* Duncker & Humblot, Múnich y Leipzig, 1932. La traducción inglesa es de Georg Schwab, *The Concept of the Political,* Rutgers University Press, New Brunswick, N. J. [En español el texto de 1927 está incluido en la traducción citada de Francisco Javier Conde: *Escritos Políticos*. Existe también una nueva traducción de la edición de 1932 debida a Rafael Agapito: *El concepto de lo Político,* Alianza Editorial, Madrid, 1991.]

[93] Herman Heller, «Politische Demokratie und soziale Homogenität» (1928), en Heller, *Gesammelte Schriften,* ed. de Christoph Müller, vol. II, Sijthoff, Leiden, 1971, p. 427. [Hay traducción española de Salvador Gómez de Arteche: *Escritos Políticos,* Madrid, Alianza Editorial, 1985, pp. 257-268.] *Cf.* también Ellen Kennedy, «The Politics of Toleration in Late Weimar: Hermann Heller's Analysis of Fascism and Political Culture», en *History of Political Thought,* V (1984), pp. 109-127.

[94] Heller, *op. cit.,* pp. 427-428. [Otra versión en la tradución española citada pp. 262 ss.]

quier tentativa de eliminar estos conflictos en base a un principio de moral unitaria tiene que conducir, pensaba Heller, a la represión y a la injusticia. Al principio de la Gran Depresión, el escrito de Heller «Rechtsstaat oder Diktatur?» planteaba la cuestión de la justicia social y la estabilidad constitucional en términos contundentes: o el principio parlamentario se expandía de los problemas políticas a los problemas sociales y económicos, permitiendo que se pueda predecir en qué se fundamenta la idea del *Rechtsstaat* (Estado de Derecho) como un «*soziale Rechtsstaat*», o Alemania sucumbiría a la dictadura. No cabía otra alternativa[95].

En el último año de la República, Schmitt y Heller se encontraron en posiciones enfrentadas en el gran proceso judicial de la República ante el *Staatsgerichtshof* que pasó revista a los poderes del presidente y del *Reichstag* según el artículo 48 de la Constitución[96]. En-

---

[95] Herman Heller, «Rechtsstaat oder Diktatur?» (1929), en Heller, *Gesammelte Schriften,* ed. cit., pp. 443-462. [Traducido también al español por Salvador Gómez de Arteche en: *Escritos Políticos,* citados, pp. 283-303.] *Cf.* también Christoph Müller e Ilse Staff (editores), *Der soziale Rechtsstaat. Gedächtnisschrift für Hermann Heller* (Nomos Verlag, Baden-Baden, 1984) y Wolfgang Schluchter, *Entscheidung für den sozialen Rechtsstaat. Hermann Heller und die staatstheoretische Diskussion in der Weimarer Republik* (Nomos Verlag, Baden-Baden, 1983).

[96] *Preussen contra Reich vor dem Staatsgerichtshof* (Prusia contra el Reich ante el Tribunal Constitucional): *Stenogrammbericht der Verhandlungen vor dem Staatsgerichtshof in Leipzig vom 10. bis 14. und vom 17. Oktober 1932,* J. H. W. Dietz Nachf, Berlín, 1933. *Cf.* también Bendersky, *Carl Schmitt: Theorist for the Reich,* ed. cit., pp. 154 ss., y Ellen Kennedy, «Review Article Joseph W. Bendersky, "Carl Schmitt: Theorist for the Reich"», ed. cit. [En español, al respecto, véanse las referencias recogidas en el libro *La polémica Schmitt-Kelsen,* Clásicos del Pensamiento, Tecnos, Madrid, 2008.]

tretanto, la democracia parlamentaria alemana se encontraba ya sumida en los momentos finales de su eclipse, y un año después el nombramiento de Hitler por el presidente Hindenburg (enero de 1933), barrería los restos de la democracia en Alemania, no sólo como la entendían Thoma, Smend, Bonn y Heller, sino también como la concebía Carl Schmitt. En los años finales de la República de Weimar, la teoría de Schmitt había sido plenamente desarrollada, desde la crítica al empirismo de la ciencia política y defendiendo que el espíritu de la Constitución de Weimar podría ser protegido a expensas de su letra. En este punto, Schmitt consideraba al *Reichstag* como el elemento más peligroso en la República de Weimar; sólo el presidente del *Reich* ofrecía alguna esperanza de derrotar a los partidos «inconstitucionales». Años después, Schmitt calificaría su obra del período de 1929 a 1932, como «un aviso y un grito de ayuda» a favor de la realización de una acción efectiva que parara los pies a los nazis. El hecho histórico es que su esfuerzo fracasó. Si hubiera tenido éxito, como ha sugerido un comentarista, los cambios por los que abogaba Schmitt se podrían haber incluido, desarrollando la Constitución siguiendo la línea marcada por su consistencia interna[97]. Pero ello había alejado a Carl

---

[97] Schwab, *The Challenge of the Exception.* Schmitt argumentaba contra el nombramiento de Hitler por Hindenburg. A finales de los años 50, veía su obra de los últimos años de la República, especialmente *Legalität und Legitimität* (Duncker & Humblot, Múnich y Leipzig, 1932) [hay traducción española de José Díaz: *Legalidad y Legitimidad,* Aguilar, Madrid 1971], como «un aviso y un grito de socorro». *Cf.* Schmitt, *Verfassungsrechtliche Aufsätze aus den Jahren 1924-1954,* Duncker & Humblot, Berlín, 1958, pp. 345 ss. En opinión de Schmitt, el líder del *Deutsche Zentrumspartei,* el prelado Ludwig Kass, ejerció una influencia decisiva en el nombra-

Schmitt, incluso de la modesta esperanza que, a principios de la década de los años 20, había depositado en el Gobierno parlamentario.

IX. CONCLUSIÓN

El derecho constitucional y la política de la República de Weimar fueron la ocasión inmediata para la redacción del *Die geistesgeschitliche Lage des heutigen Parlamentarismus,* libro que se incluye en el debate sobre las instituciones fundamentales de la democracia liberal en la primera República alemana. El texto de Schmitt no fue un ejemplo aislado de la preocupación que muchos alemanes sentían por la inestabilidad del Gobierno parlamentario y la incierta autoridad de las institucio-

---

miento de Hitler como canciller del Reich por Hindenburg; en una carta del 26 de enero de 1933, dirigida al entonces canciller Kurt von Schleicher, Kass atacaba la posición de Schmitt como «ilegal». «Hitler hacía uso de la legalidad como de su arma más poderosa», escribía Schmitt semanas antes del 30 de enero; «su mejor instrumento para influir en Hindenburg era la amenaza de un nuevo proceso ante el *Staatsgerichtshof* [...]. Para un hombre como Hindenburg, la idea de verse de nuevo arrastrado ante el griterío y las chicanas de un juicio táctico y propagandístico resultaba insoportable» (ibíd., p. 450). Acerca de toda esta cuestión cf. Bendersky, *op. cit.,* pp. 185 ss., especialmente el informe sobre la réplica de Schmitt a Kass, en la p. 187. Extractos de los diarios de Schmitt publicados por Eberhard Straub indican lo deprimido que estaba ante la perspectiva del nombramiento de Hitler «El viejo [Hindenburg] se ha vuelto loco» (27 de enero de 1933); «Cancelada mi lectura. No podía trabajar. Un estado de cosas ridículo. Leídos los periódicos. Yo mismo excitado y en un estado particular de ánimo, en cuanto pasó el día» (31 de enero de 1933). *Cf.* «Der Jurist im Zweilicht des Politischen: Carl Schmitt und der Staat», *Frankfurter Allgemeine Zeitung,* 18 de julio de 1981.

nes políticas de Weimar. Pero el análisis que Schmitt efectuó sobre estos problemas se distingue de la mayor parte de los comentarios contemporáneos por el énfasis puesto en investigar «la base conceptual de esta particular institución». Tenía como propósito explicar el «núcleo más profundo de la institución del Parlamento moderno», y creyó encontrarlo en la discusión y en su condición pública[98]. Sólo desde este conocimiento podría llegar a entenderse la crisis del parlamentarismo y emprender la reforma de la democracia parlamentaria. Richard Thoma pensaba que ésa era la gran debilidad del libro de Schmitt, mientras que Rudolf Smend veía en ello su fuerza. Hermann Heller coincidía con Schmitt en que parte de la crisis del parlamentarismo en Weimar era de orden normativo, pero estaba en descuerdo con Schmitt en cuanto a la causa y los remedios de la misma. No obstante, todos sus lectores y sus contemporáneos coincidían en un punto: el radicalismo del planteamiento de Schmitt, y esto no precisamente en relación con la idea y la institución del Parlamento, sino en lo que respectaba a la asunción del pensamiento político liberal en su conjunto.

La teoría política elaborada por Schmitt hacía años la concepción de la democracia liberal partiendo de un tema aparentemente apolítico, la verdad y la razón. El seguimiento de este hilo argumental a lo largo de la historia del liberalismo llevó a Schmitt, como reconocía Rudolf Smend, a ver la «dinámica dialéctica» del parlamentarismo, en primer lugar, en las instituciones parla-

---

[98] *Die geistesgeschitliche Lage des heutigen Parlamentarismus*, ed. cit., pp. 7 y 30 [traducción castellana, pp. 157 y 192].

mentarias, como agentes políticos de una opinión libre de prejuicios y, en segundo lugar, en la estructura de la opinión pública que debería controlar y estimular la decisión política. La teoría liberal pondría como precondición práctica para el logro de la verdad (y, en consecuencia, de la justicia) en la vida política, la idea de un mandato libre de los representantes del pueblo en el Parlamento. Si las enseñanzas de la realidad contradecían esta idea —si los representantes hablaban y actuaban en nombre de intereses particulares o como delegados de sus partidos—, la legitimidad del parlamentarismo experimentaría un cambio fundamental. El tema de la integridad parlamentaria y la noción de la discusión libre y abierta vinculada con ella, no serían simplemente un tema de la incorruptibilidad personal del legislador (aunque también éste fuera un aspecto importante), sino también del propio proceso de legislar, de hacer la ley.

La teoría política contemporánea de Alemania de finales de los ochenta ha construido este aspecto de la argumentación de Schmitt en el *Parlamentarismus* mientras mantenía una distancia crítica en relación con el conjunto de su pensamiento político. Aunque se muestre escéptico respecto al uso que los neoconservadores han venido haciendo de Schmitt, el libro de Jürgen Habermas *Strukturwandel der Öffentlichkeit* (1962), comienza con una cuestión en torno a la paradójica evolución de lo público (*Öffentlichkeit*) que asume muchas de la argumentaciones de Schmitt. Habermas observa que mientras la esfera pública (*Öffentlichkeit*) no ha cesado de ampliarse, su función se ha hecho más débil. Pese a esta transformación que tiene lugar en la práctica, la *Öffentlichkeit* sigue siendo todavía un principio organizativo y una norma de los sistemas políticos liberales[99]. La dimensión política de esta transformación en la estructura de la esfera pública se encontraría, tanto para Habermas como para Otto Kirchheimer, en la desintegración de la coherencia de «lo público». La disolución de lo público no supone un elemento aislado de la teoría de la cultura política, sino que, según Habermas y Kirchheimer, pone en cuestión las instituciones centrales de la democracia liberal[100].

Carl Schmitt había vinculado ya esta transformación de lo público en la cultura y en las instituciones políticas, a cambios tecnológicos en los medios de la *Öffentlichkeit* y la economía política. La literatura política que ha fomentado el liberalismo clásico y que, a su vez, se encontró protegida por sus éxitos políticos, hacía especial énfasis en la prensa, como instrumento

---

[99] Jürgen Habermas, *Strukturwandel der Öffentlichkeit. Untersuchungen zu einer Kategorie der bürgerlichen Gesellschaft*, Luchterhand, Darmstadt y Neuwied, 1962, p. 17. [Tradución española de Antoni Domenech y Rafael Grasa: *Historia y Crítica de la Opinión Pública*, Gustavo Gili, Barcelona 1981.] La relación intelectual, verdaderamente complicada, de Habermas con Carl Schmitt no puede ser tratada en una nota a pie de página; *cf.*, por ejemplo, la introducción de Habermas a *Observations on «The Spiritual Situation of The Age»*, MIT Press, Cambridge, Mass., 1984, especialmente pp. 12 ss.

[100] Habermas, «Das umfunktionierte Prinzip der Publizität», en *Strukturwandel der Öffentlichkeit. Untersuchungen zu einer Kategorie der bürgerlichen Gesellschaft*, ed. cit., especialmente pp. 343 ss., y Kirchheimer, «Majoritäten und Minoritäten in westeuropäischen Regierungen», en *Die Neue Gesellschaft*, VI (1959), pp. 256-270. En lo tocante a la relación, igualmente ambivalente, de Kirchheimer con Schmitt, *cf.* la recopilación de Otto Kirchheimer, *Von der Weimarer Republik zum Faschismus: Die Auflösung der demokratischen Rechtsordnung*, Suhrkamp, Franckfurt, 1976.

principal de un público ilustrado y de un buen Gobierno. Justo después de la Primera Guerra Mundial, la *Kritik der öffentlichen Meinung* (1922), de Ferdinand Tönnies, demostraba que la teoría liberal explicaba falsamente la función social de la prensa en relación con la opinión pública; la prensa era mucho más activa en la creación de opinión de lo que imaginaban los antiguos teóricos del liberalismo. En la década posterior a la aparición de ese estudio, los sociólogos ampliaron la investigación de Tönnies hasta el problema general sobre el papel de la prensa y la opinión pública en el Estado moderno.

En el curso de este debate, Carl Schmitt señaló una diferencia principal entre la función tradicional de la prensa, y el *status* que le correspondía en el contexto de la teoría liberal, y de los nuevos medios radiofónicos. En el encuentro de los sociólogos alemanes que tuvo lugar en Berlín en 1930, Carl Brinkmann argumentaba que el desarrollo de la prensa como agente de la creación de opinión pública hacía esencial su neutralización. Esto, sostenía Brinkmann, restauraría la posición de la prensa libre dentro del liberalismo y eliminaría las distorsiones del interés político. En su réplica, Schmitt mostraba que tal neutralización era tan ingenua desde el punto de vista político como prácticamente imposible desde la perspectiva de los hechos. En este estado de cosas, o la radio se convertiría en diversión y, en consecuencia, algo «indiferente», o bien, aplicando la noción del acceso paritario, se debería dar a todos los partidos políticos una «oportunidad igual» de usarla. De uno u otro modo, la radio tenía que ser considerada como un medio de comunicación cualitativamente diferente: «Están en acción poderes enormes, y nosotros no podemos conocer qué son y si crecerán en el futuro»[101].

Mucho de lo que Carl Schmitt proponía como solución a los problemas inherentes a la «dinámica dialéctica» de la discusión y el carácter público de las instituciones parlamentarias nos parece ahora, considerado desde la experiencia de Weimar y de las dictaduras europeas de entreguerras, peligroso y destructivo. En Alemania, donde su influencia ha sido más profunda, la teoría política de Schmitt continúa sufriendo el castigo inherente a la propensión a culpar de las malas noticias al mensajero; por lo demás, tanto ahora como entonces, «seguro que, hoy día, no habrá muchas personas que quieran renunciar a las viejas libertades liberales»[102],

---

[101] Carl Schmitt, «Discussion über Presse und öffentliche Meinung», en *Verhandlungen der 7. Deutschen Soziologentages,* Mohr, Tubinga, 1931, pp. 56-59. Así se desarrolló la conferencia de los sociólogos alemanes, que tuvo lugar en Berlín desde el 28 de septiembre al 1 de octubre de 1930. La argumentación de Schmitt asumía lo dicho por Tönnies en su *Kritik der öffentlichen Meinung* (Springer, Berlín, 1922), especialmente la discusión del capítulo tercero. *Cf.* igualmente la extensa y crítica reseña hecha por Tönnies de *Die geistesgeschichtliche Lage des heutigen Parlamentarismus* de Carl Schmitt, con el título «Demokratie und Parlamentarismus», en *Schmollers Jahrbuch,* LI (1927), pp. 1-44. Las observaciones hechas aquí por Schmitt deberían ser leídas junto con lo que este mismo autor argumenta en su *Legalität und Legitimität* contra la «igualdad de oportunidades» de los partidos anticonstitucionales. Aquí como allí, menciona tanto al Partido Comunista (KPD) como al Partido Nazi (NSDAP), y está claro que éstos son su objetivo. Pretender una neutralidad respecto a éstos, contestaba a Carl Brinkmann en 1930, sería simplemente «un medio de escabullirse de la lucha». *Cf.* la ponencia de Brinkmann, «Presse und öffentliche Meinung», en las susodichas *Verhandlungen der 7. Deutschen Soziologentages,* ed. cit., pp. 9-31.

[102] *Cf. Die geistesgeschichtliche Lage des heutigen Parlamentarismus,* ed. cit., p. 63 [p. 254, de la traducción castellana].

pero todavía hay menos que hayan sabido captar, con la claridad de Carl Schmitt, las bases intelectuales de esas libertades y sus complicaciones democráticas. Hoy el problema es el mismo, y por tanto el dilema central de la República de Weimar —el equilibrio y la interacción de las instituciones liberales y el principio democrático— es también nuestro problema.

Títulos publicados
de la colección *Clásicos del Pensamiento*

- **(01)** 1229601-*El Discurso de Gettysburg y otros escritos sobre la Unión*
  ABRAHAM LINCOLN
  Edición y traducción de Javier Alcoriza Vento y Antonio Lastra Melià
  ISBN: 978-84-309-4247-5

- **(02)** 1229602-*La Ley de la libertad*
  GERARD WINSTANLEY
  Estudio preliminar y traducción de Enrique Bocardo Crespo
  ISBN: 978-84-309-4253-4

- **(03)** 1229603-*Obras*
  EPICURO
  Edición de M. Jufresa Muñoz
  Traducción de Monserrat Jufresa Muñoz, Monserrat Camps y Francesca Mestre
  ISBN: 978-84-309-4258-0

- **(04)** 1229604-*Discurso sobre el origen y los fundamentos de la desigualdad entre los hombres y otros escritos*, 5.ª edición
  JEAN-JACQUES ROUSSEAU
  Estudio preliminar, traducción y notas de A. Pintor Ramos
  ISBN: 978-84-309-4258-9

- **(05)** 1229733-*Del ciudadano y Leviathan*
  THOMAS HOBBES
  Edición de Enrique Tierno Galván
  Traducción de Andrée Catrysse y Manuel Sánchez Sarto
  Estudio de contextualización de Richard Tuck
  ISBN: 978-84-309-5770-5

- **(06)** 1229606-*Tratado de la naturaleza humana*, 4.ª edición
  DAVID HUME
  Edición preparada por Félix Duque
  ISBN: 978-84-309-4259-9

- **(07)** 1229662-*Carta sobre la Tolerancia*, 6.ª edición
  JOHN LOCKE
  Estudio preliminar y traducción de Pedro Bravo Gala
  Estudio de contextualización de John Dunn
  ISBN: 978-84-309-4713-3

- **(08)** 1229730-*Sobre la paz perpetua*, 8.ª edición
  IMMANUEL KANT
  Presentación de Antonio Truyol y Serra
  Edición de Joaquín Abellán García
  ISBN: 978-84-309-5582-4

- **(09)** 1229609-*Poema de Gilgamesh*, 4.ª edición
  Edición y traducción de Federico Lara Peinado
  ISBN: 978-84-309-4339-0

- **(10)** 1229715-*El príncipe* (edición bilingüe)
  NICOLÁS MAQUIAVELO
  Texto italiano establecido por Giorgio Inglese
  Estudio preliminar, traducción y notas de Helena Puigdomènech
  Estudio de contextualización de John G. Pocock
  ISBN: 978-84-309-5199-4

- **(11)** 1229611-*La Metafísica de las Costumbres*, 4.ª edición
  IMMANUEL KANT
  Estudio preliminar de Adela Cortina
  Traducción y notas de Adela Cortina y Juan Conill Sancho
  ISBN: 978-84-309-4342-0

(12) 1229665-*Libro de los muertos*, 5.ª edición
Estudio preliminar, traducción y notas de Federico Lara Peinado
ISBN: 978-84-309-4804-8

(13) 1229613-*Sobre la autonomía política de Cataluña*
MANUEL AZAÑA
Edición de Eduardo García de Enterría
ISBN: 978-84-309-4353-6

(14) 1229614-*Del sistema penitenciario en Estados Unidos y su aplicación en Francia*
ALEXIS DE TOCQUEVILLE y GUSTAVE DE BEAUMONT
Edición y traducción de Juan Manuel Ros Cherta y Juan Sauquillo González
ISBN: 978-84-309-4352-8

(15) 1229615-*Meditaciones cartesianas*, 3.ª edición
EDMUND HUSSERL
Edición y traducción de Mario A. Presas
ISBN: 978-84-309-4366-8

(16) 1229616-*Los seis libros de la República*, 4.ª edición
JEAN BODIN
Edición y traducción de Pedro Bravo Gala
ISBN: 978-84-309-4367-6

(17) 1229617-*Utopía*, 5.ª edición
TOMÁS MORO
Edición de Antonio Poch
Traducción de Emilio García Estébanez
ISBN: 978-84-309-7268-5

(18) 1229618-*Diálogos*, 4.ª edición
LUCIO ANNEO SÉNECA
Edición y traducción de Carmen Codoñer
ISBN: 978-84-309-3910-5

(19) 1229619-*Desobediencia civil y otros escritos*, 4.ª edición
HENRY D. THOREAU
Edición de Juan J. Coy Ferrer y traducción de M.ª Eugenia Díaz
ISBN: 978-84-309-4370-6

(20) 1229620-*Discurso del método*, 6.ª edición
RENÉ DESCARTES
Edición y traducción de Eduardo Bello Reguera
ISBN: 978-84-309-4371-4

(21) 1229621-*El banquete*, 2.ª edición
PLATÓN
Edición y traducción de Luis Gil
ISBN: 978-84-309-4372-2

(22) 1229622-*Teoría y práctica*, 4.ª edición
IMMANUEL KANT
Edición de Roberto Rodríguez Aramayo
Traducción de Roberto Rodríguez Aramayo, Juan Miguel Palacios García y M. Francisco Pérez López
ISBN: 978-84-309-4387-6

(23) 1229623-*Ensayos políticos*, 3.ª edición
DAVID HUME
Edición de Josep M. Colomer
Traducción de César Armando Gómez
ISBN: 978-84-309-4389-0

(24) 1229624-*Ideas para una historia universal en clave cosmopolita y otros escritos sobre filosofía de la historia*, 3.ª edición
IMMANUEL KANT
Edición de Roberto Rodríguez Aramayo
Traducción de Roberto Rodríguez Aramayo y Concha Roldán Panadero
ISBN: 978-84-309-4388-3

(25) 1229625-*Filosofía del arte*, 2.ª edición
F. W. J. VON SCHELLING
Edición y traducción de Virginia López-Domínguez
ISBN: 978-84-309-4390-6

(26) 1229626-*El Libro de las bestias*
Edición de RAMÓN LLULL
Traducción de Laureano Robles Carcedo
ISBN: 978-84-309-4432-3

(27) 1229627-*Ciencia nueva*
GIAMBATTISTA VICO
Presentación de León Pompa
Prólogo de José Manuel Romay Becaría
Traducción de Rocío de la Villa Ardura
ISBN: 978-84-309-4485-0

(28) 1229714-*Segundo Tratado sobre el Gobierno Civil*, 2.ª edición
JOHN LOCKE
Traducción, introducción y notas de Carlos Mellizo
Estudio preliminar de Peter Laslett
Estudio de contextualización de Víctor Méndez Baiges
ISBN: 978-84-309-5192-5

(29) 1229629-*Himnos sumerios*, 2.ª edición
Edición de Federico Lara Peinado
ISBN: 978-84-309-4421-4

(30) 1229630-*Código de Hammurabi*, 4.ª edición
Estudio preliminar, traducción y comentarios de Federico Lara Peinado
ISBN: 978-84-309-4418-7

(31) 1229631-*Cartas sobre educación infantil*, 3.ª edición
JOHANN H. PESTALOZZI
Edición y traducción de José María Quintana Cabanas
ISBN: 978-84-309-4419-4

(32) 1229632-*Sobre la ilustración*, 2.ª edición
MICHEL FOUCAULT
Edición de Javier de la Higuera
Traducción de Javier de la Higuera, Eduardo Bello y Antonio Campillo
ISBN: 978-84-309-4420-6

(33) 1229633-*Escritos políticos breves*, 2.ª edición
NICOLÁS MAQUIAVELO
Edición y traducción de M.ª Teresa Navarro Salazar
ISBN: 978-84-309-4422-2

(34) 1229634-*Las pasiones del alma*
RENÉ DESCARTES

Edición de José Antonio Martínez
Traducción de José Antonio Martínez y Pilar Andrade
Boué
ISBN: 978-84-309-4423-0

(35) 1229635-*Catolicismo romano y forma política*
CARL SCHMITT
Estudio preliminar de Ramón Campderrich Bravo
Traducción y notas de Pedro Madrigal
ISBN: 978-84-309-5204-5

(36) 1229636-*Del gobierno representativo*, 4.ª edición
JOHN STUART MILL
Edición de Dalmacio Negro Pavón
Traducción de Marta C. C. de Iturbe
ISBN: 978-84-309-4424-8

(37) 1229637-*Teoría de la naturaleza*, 2.ª edición
J. W. GOETHE
Edición de Diego Sánchez Meca
ISBN: 978-84-309-4497-2

(38) 1229638-*El socorro de los pobres. La comunicación de bienes*, 2.ª edición
JUAN LUIS VIVES
Edición y traducción de Luis Fraile Delgado
ISBN: 978-84-309-4498-9

(39) 1229639-*¿Qué es la ilustración?*, 5.ª edición
J. B. EDHARD y otros
Edición de Agapito Maestre Sánchez
Traducción de Agapito Maestre Sánchez y José Romagosa Fisa
ISBN: 978-84-309-4496-5

(40) 1229640-*La ciudad del sol*
TOMMASO CAMPANELLA
Edición y traducción de Miguel Ángel Granada
ISBN: 978-84-309-4494-1

(41) 1229641-*Educación del príncipe cristiano*, 2.ª edición
ERASMO DE ROTTERDAM
Edición de Pedro Jiménez Guijarro

Traducción de Pedro Jiménez Guijarro y Ana Martín
ISBN: 978-84-309-4514-6

(42) 1229642-*Obra política y constitucional*
SIMÓN BOLÍVAR
Edición de Eduardo Rozo Acuña
ISBN: 978-84-309-4517-7

(43) 1229643-*La ley de la naturaleza*
JOHN LOCKE
Edición y traducción de Carlos Mellizo
ISBN: 978-84-309-4538-2

(44) 1229644-*Sobre el poder civil. Sobre los indios. Sobre el derecho de la guerra*, 2.ª edición
FRANCISCO DE VITORIA
Edición y traducción de Luis Fraile Delgado
Estudio de contextualización de Leandro Martínez-Cardós
ISBN: 978-84-309-4519-1

(45) 1229707-*Discurso de la servidumbre voluntaria* (edición bilingüe)
ÉTIENNE DE LA BOÉTIE
Versión española, Estudio preliminar y notas de José de la Colina
ISBN: 978-84-309-5068-3

(46) 1229646-*Antropología práctica*, 2.ª edición
IMMANUEL KANT
Edición de Roberto Rodríguez-Aramayo
ISBN: 978-84-309-4534-4

(47) 1229695-*Tratado teológico-político. Tratado político*, 5.ª edición
BARUCH SPINOZA
Introducción de M.ª José Villaverde Rico
Estudio preliminar, traducción y notas de Enrique Tierno Galván
ISBN: 978-84-309-4995-3

(48) 1229648-*Tratado de la reforma del entendimiento y otros escritos*, 2.ª edición

BARUCH SPINOZA
Edición y traducción de Jean Paul Margot y Lelio Fernández
ISBN: 978-84-309-4576-4

(49) 1229649-*El contrato social o principios de derecho político*, 5.ª edición
JEAN-JACQUES ROUSSEAU
Estudio preliminar y traducción de M.ª José Villaverde
ISBN: 978-84-309-4577-1

(50) 1229650-*Sobre la clemencia* (edición bilingüe), 3.ª edición
LUCIO ANNEO SÉNECA
Estudio Preliminar y traducción de Carmen Codoñer Merino
ISBN: 978-84-309-4643-0

(51) 1229651-*Del espíritu de las leyes*, 6.ª edición
MONTESQUIEU
Edición de Enrique Tierno Galván
Traducción de Mercedes Blázquez Polo y Pedro de Vega
ISBN: 978-84-309-4532-0

(52) 1229652-*La monarquía*, 4.ª edición
SANTO TOMÁS DE AQUINO
Estudio preliminar de Eudaldo Forment
Edición y traducción de Ángel Chueca y Laureano Robles Carcedo
ISBN: 978-84-309-4642-6

(53) 1229653-*Defensa de Epicuro contra la común opinión*, 2.ª edición
FRANCISCO DE QUEVEDO
Edición de Eduardo Acosta Méndez
ISBN: 978-84-309-4641-9

(54) 1229654-*Últimos escritos sobre Filosofía de la Psicología. Vols. I y II*
LUDWIG WITTGENSTEIN
Estudios preliminares de Javier Sádaba y Luis Manuel Valdés
ISBN: 978-84-309-4574-0

(55) 1229655-*Historia natural de la religión*, 3.ª edición
DAVID HUME
Edición de Carlos Mellizo
ISBN: 978-84-309-4644-0

(56) 1229656-*Escritos en torno a la esencia del cristianismo*, 2.ª edición
LUDWIG FEUERBACH
Edición y traducción de Luis Miguel Arroyo Arrayás
ISBN: 978-84-309-4645-7

(57) 1229657-*La polémica Schmitt/Kelsen sobre la justicia constitucional: El defensor de la Constitución versus ¿Quién debe ser el defensor de la Constitución?*
CARL SCHMITT y HANS KELSEN
Estudio preliminar de Giorgio Lombardi
Traducción de Manuel Sánchez Sarto y Roberto J. Brie
Estudio de contextualización de Germán Gómez Orfanel
ISBN: 978-84-309-4646-4

(58) 1229658-*Escritos de crítica religiosa y política*
ERASMO DE ROTTERDAM
Estudio preliminar, traducción y notas de Miguel Ángel Granada
ISBN: 978-84-309-4674-7

(59) 1229659-*La Mandrágora*
NICOLÁS MAQUIAVELO
Estudio Preliminar y traducción de Helena Puigdomènech
ISBN: 978-84-309-4691-4

(60) 1229660-*De los delitos y las penas*
CESARE DE BECCARIA
Estudio Preliminar de José Jiménez de Villarejo
Traducción de Juan Antonio de las Casas
ISBN: 978-84-309-4693-8

(61) 1229661-*Vindiciae contra Tyrannos*
STEPHANUS JUNIUS BRUTUS
Estudio preliminar de Benigno Pendás

Estudio de contextualización de Harold Laski
Traducción de Piedad García-Escudero
ISBN: 978-84-309-4712-6

(62) 1229716-*Libertad y prensa*
WALTER LIPPMANN
Traducción, introducción y notas de Hugo Aznar
ISBN: 978-84-309-5216-8

(63) 1229663-*Sobre el gobierno tiránico del papa*, 2.ª edición
GUILLERMO DE OCKHAM
Estudio preliminar, traducción y notas de Pedro Rodríguez Santidrián
ISBN: 978-84-309-4716-4

(64) 1229664-*Del arte de la guerra*, 4.ª edición
NICOLÁS MAQUIAVELO
Estudio preliminar, traducción y notas de Manuel Carrera Díaz
Estudio de contextualización de Félix Gilbert
ISBN: 978-84-309-4799-7

(65) 1229717-*La* Ancient Constitution *y el derecho feudal*
J. G. A. POCOCK
Traducción de Santiago Díaz Sepúlveda y Pilar Tascón Aznar

ISBN: 978-84-309-5227-4

(66) 1229666-*Del espíritu de conquista y de la usurpación*
BENJAMIN CONSTANT
Estudio preliminar y notas de María Luisa Sánchez-Mejía
Traducción de Ana Portuondo Pérez
ISBN: 978-84-309-4800-0

(67) 1229771-*Ética a Nicómaco*, 4.ª edición
ARISTÓTELES
Estudio preliminar de Salvador Rus Rufino
Traducción de Salvador Rus Rufino y Joaquín E. Meabe
Revisión a cargo de Francisco Arenas Dolz
ISBN: 978-84-309-7346-0

(68) 1229668-*Escritos políticos*, 3.ª edición
 MARTÍN LUTERO
 Estudio preliminar y traducción de Joaquín Abellán
 ISBN: 978-84-309-4798-0

(69) 1229669-*Filosofía de la Historia*, 2.ª edición
 VOLTAIRE
 Estudio preliminar, traducción y notas de Martín Caparrós
 ISBN: 978-84-309-4801-7

(70) 1229670-*Brevísima relación de la destruición de las Indias*, 3.ª edición
 BARTOLOMÉ DE LAS CASAS
 Edición de Isacio Pérez Fernández
 ISBN: 978-84-309-4802-4

(71) 1229671-*Los designios del Destino*, 3.ª edición
 ARTHUR SCHOPENHAUER
 Estudio preliminar, traducción y notas de Roberto Rodríguez Aramayo
 ISBN: 978-84-309-4803-1

(72) 1229773-*Los fundamentos histórico-espirituales del parlamentarismo en su situación actual y la polémica con Thoma sobre el significado de la democracia*
 CARL SCHMITT
 Estudio preliminar y notas de Manuel Aragón
 Traducción de Pedro Madrigal y Patricio Montero-Martín
 Estudio de contextualización y notas de Ellen Kennedy
 ISBN: 978-84-309-7396-5

(73) 1229673-*La vida y el espíritu del Señor Benedicto de Spinosa o Tratado de los tres impostores (Moisés, Jesucristo y Mahoma)*
 ANÓNIMO CLANDESTINO (SS. XVII-XVIII)
 Estudio preliminar, edición, notas y traducción de Pedro Lomba
 Estudio de contextualización de Pierre-François Moreau
 ISBN: 978-84-309-4833-8

(74) 1229674-*Cartas persas*, 3.ª edición
 MONTESQUIEU

Estudio preliminar de Josep M. Colomer
Traducción de José Marchena
ISBN: 978-84-309-4855-0

(75) 1229675-*Los límites de la acción del Estado*, 2.ª edición
WILHELM VON HUMBOLDT
Estudio preliminar, traducción y notas de Joaquín Abellán
ISBN: 978-84-309-4856-7

(76) 1229676-*El defensor de la paz*, 2.ª edición
MARSILIO DE PADUA
Estudio preliminar, traducción y notas de Luis Martínez Gómez
ISBN: 978-84-309-4857-4

(77) 1229677-*Monarquía*, 2.ª edición
DANTE ALIGHIERI
Estudio preliminar, traducción y notas de Laureano Robles Carcedo y Luis Frayle Delgado
ISBN: 978-84-309-4858-1

(78) 1229678-*Escritos polémicos*, 2.ª edición
JEAN-JACQUES ROUSSEAU
Estudio preliminar de José Rubio Carracedo
Traducción y notas de Quintín Calle Carabias
ISBN: 978-84-309-4859-8

(79) 1229679-*La ley*, 2.ª edición
FRANCISCO DE VITORIA
Estudio preliminar y traducción de Luis Frayle Delgado
ISBN: 978-84-309-4860-4

(80) 1229680-*El gobierno de los jueces*
EDOUARD LAMBERT
Estudio preliminar de Luis Pomed
Traducción y adaptación de Félix de la Fuente
ISBN: 978-84-309-4874-1

(81) 1229681-*Escritos*
GEORGE WASHINGTON
Estudio preliminar y edición de Javier Alcoriza y Antonio Lastra

Traducción de Javier Alcoriza, José María Jiménez y Antonio Lastra
ISBN: 978-84-309-4890-1

(82) 1229682-*De agri cultura*
MARCO PORCIO CATÓN
Estudio preliminar, traducción y notas de Amelia Castresana
ISBN: 978-84-309-4901-4

(83) 1229683-*Sobre las revoluciones (de los orbes celestes)*, 2.ª edición
NICOLÁS COPÉRNICO
Estudio preliminar, traducción y notas de Carlos Mínguez Pérez
ISBN: 978-84-309-4942-7

(84) 1229684-*Los primeros Códigos de la humanidad*, 2.ª edición
Estudio preliminar, traducción y notas de Federico Lara Peinado y Federico Lara González
ISBN: 978-84-309-4987-8

(85) 1229719-*Areopagítica* (edición bilingüe)
JOHN MILTON
Estudio preliminar de Marc Carrillo
Traducción, edición y notas de Joan Curbet
ISBN: 978-84-309-5265-6

(86) 1229686-*La autoafirmación de la universidad alemana. El Rectorado, 1933-1934. Entrevista de Spiegel*, 3.ª edición
MARTIN HEIDEGGER
Traducción de Ramón Rodríguez García
ISBN: 978-84-309-4985-4

(87) 1229687-*Carta a D'Alembert sobre los espectáculos*, 2.ª edición
JEAN-JACQUES ROUSSEAU
Edición de Quintín Calle Carabias y José Rubio Carracedo
Traducción de Quintín Calle Carabias
ISBN: 978-84-309-4986-1

(88) 1229688-*El Estado como integración*, 2.ª edición
HANS KELSEN
Edición de Juan Antonio García Amado
ISBN: 978-84-309-4988-5

(89) 1229689-*Tres escritos esotéricos*, 3.ª edición
AVICENA
Estudio preliminar, traducción y notas de Miguel Cruz Hernández
ISBN: 978-84-309-4989-2

(90) 1229690-*De los prejuicios morales y otros ensayos*, 2.ª edición
DAVID HUME
Edición de Sofía García Martos y José Manuel Panea Márquez
Traducción de José Manuel Panea Márquez
ISBN: 978-84-309-4990-8

(91) 1229691-*Compendio del ensayo sobre el entendimiento humano*, 2.ª edición
JOHN LOCKE
Edición de Juan José García Norro y Rogelio Rovira Madrid
ISBN: 978-84-309-4991-5

(92) 1229692-*Pensamientos. Cartas. Testimonios*, 2.ª edición
MARCO AURELIO ANTONINO
Estudio preliminar, traducción y notas de F. Javier Campos Daroca
ISBN: 978-84-309-4992-2

(93) 1229720-*La Gran Restauración (*Novum Organum*)*
FRANCIS BACON
Traducción, introducción y notas de Miguel Á. Granada
Apéndice de Julián Martín
ISBN: 978-84-309-5281-6

(94) 1229703-*Ley de las XII Tablas*, 4.ª edición
Estudio preliminar, traducción y observaciones de César Rascón García y José María García González
ISBN: 978-84-309-5051-5

(95) 1229721-*Consideraciones políticas sobre los golpes de Estado*, 2.ª edición
GABRIEL NAUDÉ
Estudio preliminar, traducción y notas de Carlos Gómez Rodríguez
Estudio de contextualización de Louis Marin
ISBN: 978-84-309-5378-3

(96) 1229696-*Historia de Florencia*
NICOLÁS MAQUIAVELO
Estudio preliminar, traducción y notas de Félix Fernández Murga
Estudio de contextualización de Félix Gilbert
ISBN: 978-84-309-5012-6

(97) 1229697-*Tratado sobre la inmortalidad del alma*
PIETRO POMPONAZZI
Estudio preliminar, traducción y notas de José Manuel García Valverde
ISBN: 978-84-309-5033-1

(98) 1229698-*Introducción a la sabiduría. El Sabio*
JUAN LUIS VIVES
Estudio preliminar y versión de Luis Frayle Delgado
ISBN: 978-84-309-5031-7

(99) 1229699-*Coleridge*
JOHN STUART MILL
Estudio preliminar, traducción y notas de Carlos Mellizo

ISBN: 978-84-309-5032-4

(100) 1229700-*La Constitución de Alemania*
G. W. F. HEGEL
Estudio preliminar, traducción y notas de Dalmacio Negro Pavón
ISBN: 978-84-309-5030-0

(101) 1229701-*Exposición de la* República *de Platón*, 6.ª edición
I. R. AVERROES
Traducción y estudio preliminar de Miguel Cruz Hernández
ISBN: 978-84-309-5046-1

(102) 1229702-*Un fragmento sobre el Gobierno*, 2.ª edición
JEREMY BENTHAM
Estudio preliminar, traducción y notas de Enrique Bocardo Crespo
ISBN: 978-84-309-5047-8

(103) 1229722-*Derecho presupuestario*
PAUL LABAND
Estudio preliminar de Álvaro Rodríguez Bereijo
Traducción de José Zamit
ISBN: 978-84-309-5452-0

(104) 1229704-*El arte de la política (Los hombres y la ley)*, 2.ª edición
HAN FEI ZI
Estudio preliminar de Pedro San Ginés Aguilar
Traducción de Yao Ning y Gabriel García-Noblejas
ISBN: 978-84-309-5048-5

(105) 1229705-*Escritos sobre América*, 2.ª edición
FRAY LUIS DE LEÓN
Estudio preliminar, traducción y notas de Andrés Moreno Mengíbar y Juan Martos Fernández
ISBN: 978-84-309-5049-2

(106) 1229723-*¿Hay derecho a mentir? (La polémica Immanuel Kant/Benjamin Constant sobre la existencia de un deber incondicionado de decir la verdad)*
Estudio preliminar de Gabriel Albiac
Edición de Eloy García
ISBN: 978-84-309-5450-6

(107) 1229724-*Los orígenes ideológicos de la Revolución norteamericana*
(edición revisada por el autor)
BERNARD BAILYN
Estudio preliminar de Víctor Méndez Baiges
ISBN: 978-84-309-5451-3

(108) 1229708-*La Ciudad Ideal*, 3.ª edición
ABU NASR AL-FARABI
Presentación de Miguel Cruz Hernández

Traducción de Manuel Alonso Alonso
ISBN: 978-84-309-5171-0

(109) 1229709-*Los progresos de la Metafísica desde Leibniz y Wolff*, 2.ª edición
IMMANUEL KANT
Estudio preliminar y traducción de Félix Duque
ISBN: 978-84-309-5172-7

(110) 1229710-*Principios matemáticos de la Filosofía natural*, 3.ª edición
ISAAC NEWTON
Estudio preliminar, traducción y notas de Antonio Escotado
ISBN: 978-84-309-5173-4

(111) 1229725-*Diálogo llamado Demócrates*
JUAN GINÉS DE SEPÚLVEDA
Edición de Francisco Castilla Urbano
ISBN: 978-84-309-5473-5

(112) 1229712-*La Constitución de Weimar. La Constitución alemana de 11 de agosto de 1919*
Valoración de conjunto sobre la experiencia constitucional por Costantino Mortati
El proceso constituyente por Walter Jellinek
Comentario sistemático de sus preceptos por Ottmar Bühler
ISBN: 978-84-309-5117-8

(113) 1229713-*De la guerra* (ed. abreviada)
CARL VON CLAUSEWITZ
Estudio preliminar y guía para la lectura de la obra de Bernard Brodie
Traducción de Celer Pawlowsky
ISBN: 978-84-309-5118-5

(114) 1229726-*Sobre los cometas y la Vía Láctea* (De cometis et Lacteo Circulo)
BERNARDINO TELESIO (edición bilingüe)
Edición del texto latino, introducción, traducción y notas de Miguel Ángel Granada
ISBN: 978-84-309-5479-7

(**115**) 1229727-*Posiciones ante el Derecho*
CARL SCHMITT
Edición, estudio preliminar, traducción y notas de Montserrat Herrero
ISBN: 978-84-309-5492-6

(**116**) 1229729-*Diálogo en torno a nuestra lengua*
NICOLÁS MAQUIAVELO
Estudio preliminar, traducción y notas de María Teresa Navarro Salazar
Estudio de contextualización de Ornella Castellani Pollidori
ISBN: 978-84-309-5503-9

(**117**) 1229728-*Tres ensayos sobre la religión*
JOHN STUAR MILL
Edición, estudio preliminar, traducción y notas de Carlos Mellizo
ISBN: 978-84-309-5502-2

(**118**) 1229731-*La constitución inactuada*
PIERO CALAMANDREI
Estudio Preliminar y traducción de Perfecto Andrés Ibáñez
ISBN: 978-84-309-5734-7

(**119**) 1229732-*Libros de Retórica*
Libros I y II
JORGE DE TREBISONDA
Estudio Preliminar y traducción de M.ª Asunción Sánchez Manzano
ISBN: 978-84-309-5735-4

(**120**) 1229739-L*a naturaleza según sus propios principios*
BERNARDINO TELESIO
Traducción, introducción y notas de Miguel Saralegui
ISBN: 978-84-309-5836-8

(**121**) 1229774-D*iálogo entre un filósofo y un jurista y escritos autobiográficos*, 3.ª edición
THOMAS HOBBES

Estudio preliminar, traducción y notas de Miguel Ángel Rodilla
ISBN: 978-84-309-7413-9

(122) 1229735-*Behemoth*
THOMAS HOBBES
Estudio preliminar, traducción y notas de Miguel Ángel Rodilla
ISBN: 978-84-309-5796-5

(123) 1229737-*Bentham*
JOHN STUART MILL
Estudio preliminar, traducción y notas de Carlos Mellizo
Traducción de Manuel García Morente
ISBN: 978-84-309-5798-9

(124) 1229738-*El origen del conocimiento moral*
FRANZ BRENTANO
Estudio preliminar de Juan Miguel Palacios
Traducción de Manuel García Morente
ISBN: 978-84-309-5799-6

(125 1229736-*Cartas sobre dogmatismo y criticismo*
FRIEDRICH WILHELM JOSEPH VON SCHELLING
Estudio preliminar y traducción de Virginia Careaga
ISBN: 978-84-309-5797-2

(126) 1229742-*Una Constitución para la República de los Modernos. Fragmentos de una obra inacabada sobre la posibilidad de una Constitución Republicana en un gran país*
BENJAMIN CONSTANT
Estudio preliminar de María Luisa Sánchez-Mejía
Traducción de Ana Portuondo
Estudio de contextualización de Eloy García
ISBN: 978-84-309-5910-5

(127) 1229741-*Ensayos sobre la Dictadura 1916-1932*
CARL SCHMITT
Estudio preliminar de José M.ª Baño León
Traducción de José Díaz García y Pedro Madrigal Devesa
ISBN: 978-84-309-5859-7

(128) 1229740-*Escritos de gobierno*
NICOLÁS MAQUIAVELO
Estudio preliminar, traducción y notas de María Teresa Navarro Salazar
Estudio de contextualización de Félix Gilbert
ISBN: 978-84-309-5858-0

(129) 1229744-*Escritos políticos. Declaración de Independencia, Autobiografía, Epistolario...*
THOMAS JEFFERSON
Edición y estudio preliminar de Jaime de Salas
Traducción de Antonio Escohotado y Manuel Sáenz de Heredia
ISBN: 978-84-309-5921-1

(130) 1229743-*La sabiduría de los antiguos*
FRANCIS BACON
Estudio preliminar, traducción y notas de Silvia Manzo

ISBN: 978-84-309-5920-4

(131) 1229745-*El príncipe español. Antología de textos sobre Fernando el católico*
JUAN DE SOBRARIAS, NICOLÁS MAQUIAVELO, BALTASAR GRACIÁN
y DIEGO DE SAAVEDRA Y FAJARDO
Estudio preliminar, selección de textos y notas de Salvador Rus Rufino
Presentación de Julio Iglesias de Ussel
ISBN: 978-84-309-6189-4

(132) 1229746-*Los fundamentos racionales y sociológicos de la música*
MAX WEBER
Presentación de Javier Noya
Estudio y edición musicológica de Elena Queipo de Llano
Estudio sociológico de Arturo Rodríguez Morató
Traducción de Javier Noya y Miguel Salmerón
ISBN: 978-84-309-6190-0

(133) 1229747-*Ensayos sobre los poderes activos de la mente humana*

THOMAS REID
Edición y estudio preliminar de Carlos Mellizo
ISBN: 978-84-309-6191-7

(134) 1229748-*El sentido común y otros escritos*
THOMAS PAINE
Estudio preliminar, selección y traducción de Ramón Soriano y Enrique Bocardo
ISBN: 978-84-309-6364-5

(135) 1229749- *Escritos de dinámica*
GOTTFRIED WILHELM LEIBNIZ
Estudio preliminar y notas de Juan Arana-Cañedo Argüelles
Traducción de Juan Arana-Cañedo Argüelles y Marcelino Rodríguez Donís
ISBN: 978-84309-6365-2

(136) 1229751-*DE CIVE*
THOMAS HOBBES
Traducción de André Catrysse
Estudio preliminar de Richard Tuck
Traducción del estudio preliminar de Sebastián Martín
Recuerdos del Instituto de Estudios políticos de Caracas de Juan Carlos Rey
ISBN: 978-84-309-6281-5

(137) 1229750- *Estado de Derecho en mutación. Trabajos constitucionales 1954-1973*
ERNST FORSTHOFF
Reflexiones introductorias de Joaquim Gomes Canotilho y Lorenzo Martín-Retortillo
Traducción de Patricio Montero-Martín
ISBN: 978-84-309-6280-8

(138) 1229752- *Estado y nación / El derecho de las naciones a la autodeterminación*
KARL RENNER
Estudio preliminar de Xabier Arzoz Santisteban
Traducción de José Borja y Álvarez
Revisión de la traducción y notas de Xabier Arzoz Santisteban
ISBN: 978-84-309-6497-0

(139) 1229753- *La Constitución y los Partidos Políticos*
HEINRICH TRIEPEL
Estudio Preliminar de Ramón Punset
Traducción de Pedro Madrigal Devesa
Coordinación y revisión de los textos contenidos en esta edición por Ramón Punset
ISBN: 978-84-309-6550-2

(140) 1229754- *La cena de las Cenizas*
GIORDANO BRUNO
Traducción, introducción y notas de Miguel Á. Granada
ISBN: 978-84309-6564-9

(141) 1229758- *Los dogmas de la Constitución*
JONH JAMES PARK
Estudio preliminar de Joaquín Varela Suanzes-Carpegna
Traducción y epílogo de Ignacio Fernández Sarasola
ISBN 978-84-309-6710-0

(142) 1229760-*Escritos constitucionales*
JEAN-JACQUES ROUSSEAU
Introducción, traducción y edición de Antonio Hermosa Andújar
ISBN 978-84-309-6864-0

(143) 1229761-*Textos políticos*
JUAN CALVINO
Edición y traducción de Marta García-Alonso
ISBN 978-84-309-6728-5

(144) 1229762-*El ciudadano contra los poderes*
ALAIN
Estudio preliminar y notas de Eloy García
Traducción de Joaquín González Ibáñez
ISBN 978-84-309-4664-8

(145) 1229764-*Escritos sobre la ciencia y el cientificismo*
MIGUEL DE UNAMUNO
Estudio introductorio, selección de textos y notas críticas de Alicia Villar Ezcurra
ISBN 978-84-309-6949-4

(146) 1229763-*Cometas, ciencia y religión*
La polémica Galileo-Grassi
GALILEO-GRASSI
Introducción y notas de Antonio Beltrán Marí
Traducción de Antonio Beltrán Marí y Esther Artigas Álvarez
ISBN: 978-84-309-6911-1

(147) 1229757-*Vestigios «contractualistas» y estructura federal en la Constitución de los Estados Unidos*
ANTONIO LA PERGOLA
Estudio preliminar de Miguel Herrero de Miñón
Traducción y notas aclaratorias de Blanca Sáenz de Santa María
Una mirada retrospectiva de José Luis Cascajo y Augusto Martín de la Vega
ISBN: 978-84-309-6709-4

(148) 1229767-*La razonabilidad del cristianismo, tal como es presentado en las Escrituras*
JOHN LOCKE
Estudio introductorio de Leopoldo José Prieto López
Traducción y anotación crítica de Leonardo Rodríguez Duplá y Leopoldo José Prieto López
ISBN: 978-84-309-7073-5

(149) 1229766-*Un embajador florentino en la España de los Reyes Católicos*
FRANCISCO GUICCIARDINI
Estudio preliminar de María Teresa Navarro Salazar y Montserrat Casas Nadal
Traducción y notas de María Teresa Navarro Salazar
ISBN: 978-84-309-7074-2

(150) 1229768-*Las meditaciones del paseante solitario*
JEAN-JACQUES ROUSSEAU
Traducción de Menene Gras
Estudio preliminar de Robert Wokler
Edición y traducción del Estudio preliminar de Sebastián Martín
ISBN: 978-84-309-7133-6

(151) 1229765-*Enūma eliš. Poema babilónico de la Creación*
Edición y traducción de Federico Lara Peinado
ISBN: 978-84-309-7068-1

(152) 1229769-*Fundamentos de la Filosofía del Derecho o Compendio de Derecho Natural y Ciencia Política*
GEORG WILHELM FRIEDRICH HEGEL
Edición, traducción, estudio preliminar y notas de Joaquín Abellán
ISBN: 978-84-309-7173-2

(153) 1229772-*Política*
ARISTÓTELES
Estudio preliminar de Salvador Rus Rufino
Traducción y notas de Salvador Rus y Joaquín Meabe
Revisión a cargo de Francisco Arenas Dolz
ISBN: 978-84-309-7374-3

(154) 1229775-*De la causa, el principio y el uno*
GIORDANO BRUNO
Traducción, introducción y notas de Miguel Ángel Granada
ISBN: 978-84-309-7414-6

(155) 1229776-*El poder de la Iglesia*
FRANCISCO DE VITORIA
Estudio introductorio y versión de Luis Frayle Delgado
ISBN: 978-84-309-7608-9

Títulos en preparación

La extraña muerte de la Inglaterra Liberal
GEORGE DANGERFIELD
Traducción de Pablo Fernández Candina
Estudio de Presentación de Alfonso Cuenca Miranda
Epílogo de Eloy García

La teoría del Poder constituyente
EGON ZWEIG
Estudio preliminar de Duncan Kelly

Terminar la Revolución. La Polémica Benjamin Constant/Adrien de Lezay-Marnésia
BENJAMIN CONSTANT y ADRIEN DE LEZAY-MARNÉSIA
Traducción de Ana Portuondo
Estudio Preliminar de Eloy García

Escritos sobre Justicia Constitucional
HANS KELSEN
Traducción y notas de Juan Luis Requejo Pagés
Estudio de presentación de Javier Jiménez Campos

Consideraciones sobre las causas de la grandeza y decadencia de los romanos
MONTESQUIEU
Traducción María Teresa Navarro Salazar
Estudio de contextualización Judith Shklar

La responsabilidad de los ministros
BENJAMIN CONSTANT
Edición de Luis Díaz-Picazo

Johannes Althusius y el nacimiento histórico del contractualismo
OTTO VON GIERKE
Estudio preliminar de Benigno Pendás
Estudio de contextualización Carl J. Friedrich
Traducción de Pedro Madrigal

Discursos sobre las décadas de Tito Livio
NICOLÁS MAQUIAVELO
Estudio preliminar y traducción de Juan Manuel Forte Monge
Estudio de contextualización de Félix Gilbert

El arte de la prudencia
BALTASAR GRACIÁN
Estudio preliminar de Elena Cantarino

Sobre los deberes (edición bilingüe)
MARCO TULIO CICERÓN
Edición de José Guillén Caballero
Traducción de José Guillén Caballero

Discursos del New Deal
FRANKLIN DELANO ROOSEVELT
Edición, traducción y estudio preliminar de José María Rosales

Representación y Democracia de la identidad (Iniciativa legislativa popular y referéndum en la Constitución de Weimar)
CARL SCHMITT

Vida de Castruccio Castracani
NICOLÁS MAQUIAVELO
Edición y traducción de Helena Puigdomènech

Del saber morir
MICHEL DE MONTAIGNE
Edición, traducción y crítica de Menene Gras

Reflexiones sobre la Revolución Francesa
EDMUND BURKE
Estudio preliminar de John Pocock. Edición de Laura Adrián-Lara

Poder. Los Genios Invisibles de la Ciudad
GUGLIELMO FERRERO
Estudio preliminar y traducción de Eloy García

Del Infinito: el universo y los mundos
GIORDANO BRUNO
Estudio preliminar y traducción de Miguel Ángel Granada

La polémica Smend/Kelsen
RUDOLF SMEND, *Constitución y Derecho Constitucional* y
HANS KELSEN, *El Estado como integración. Una controversia de principio*

Sobre la autonomía política de Cataluña
MANUEL AZAÑA
Segunda edición
Estudio de presentación de Antonio Pau